Hans Prömper, Robert Richter (Hg.)

Werkbuch neue Altersbildung

Praxis und Theorie der Bildungsarbeit zwischen Beruf und Ruhestand

| 37 | EB Buch |

Die Reihe EB-Buch wird von der Katholischen Erwachsenenbildung Deutschland – Bundesarbeitsgemeinschaft e.V. (KEB Deutschland), Bonn, herausgegeben. Die KEB Deutschland veröffentlicht unter diesem Signet Symposien, Expertentagungen, Werkstattgespräche sowie Ergebnisberichte von Projekten mit bundesweitem Interesse; auch wissenschaftliche Abhandlungen werden berücksichtigt. Hiermit will die KEB Deutschland einen Beitrag für einen offenen Dialog über Fragen der Erwachsenenbildung heute leisten.

Gefördert aus Mitteln des Landes Hessen im Rahmen von HESSENCAMPUS 2012.

Die Verantwortung für den Inhalt dieser Publikation liegt bei den Autorinnen und Autoren.

© W. Bertelsmann Verlag GmbH & Co. KG
Bielefeld 2015

Gesamtherstellung:
W. Bertelsmann Verlag, Bielefeld
wbv.de

Umschlagabbildung:
shutterstock_ Naturalhill

Bestellnummer: 6004483
ISBN Print: 978-3-7639-5332-5
ISBN E-Book: 978-3-7639-5333-2
Printed in Germany

Das Werk einschließlich seiner Teile ist urheberrechtlich geschützt. Jede Verwertung außerhalb der engen Grenzen des Urheberrechtsgesetzes ist ohne Zustimmung des Verlags unzulässig und strafbar. Insbesondere darf kein Teil dieses Werkes ohne vorherige schriftliche Genehmigung des Verlages in irgendeiner Form (unter Verwendung elektronischer Systeme oder als Ausdruck, Fotokopie oder unter Nutzung eines anderen Vervielfältigungsverfahrens) über den persönlichen Gebrauch hinaus verarbeitet, vervielfältigt oder verbreitet werden.

Für alle in diesem Werk verwendeten Warennamen sowie Firmen- und Markenbezeichnungen können Schutzrechte bestehen, auch wenn diese nicht als solche gekennzeichnet sind. Deren Verwendung in diesem Werk berechtigt nicht zu der Annahme, dass diese frei verfügbar seien.

Bibliografische Information der Deutschen Nationalbibliothek
Die Deutsche Nationalbibliothek verzeichnet diese Publikation in der Deutschen Nationalbibliografie; detaillierte bibliografische Daten sind im Internet über http://dnb.d-nb.de abrufbar.

Inhalt

1 Neue Lebenszeitfenster für Bildung
Hans Prömper/Robert Richter 7

2 Altersbildung – Hintergründe und Reflexionen eines wachsenden Bildungsbereichs ... 15

    2.1   Edelstahl statt altes Eisen
           Loring Sittler 15

    2.2   Wenn noch so viel Leben vor uns liegt...
           Henning von Vieregge 25

    2.3   Übergang in den Ruhestand und Bildung im Alter
           Ines Himmelsbach 37

    2.4   Alter(n), Ehrenamt und Erwachsenenbildung – Zugänge und Reflexionen
           Elisabeth Vanderheiden 49

    2.5   Altersbildung in katholischer Trägerschaft
           Hartmut Heidenreich 60

3 Altersbildung – thematische und methodische Anregungen für die Praxis 75

    3.1   Übergänge in den Ruhestand – Neuorientierung für das 3. Lebensalter 75

        3.1.1   Übergang in den Ruhestand – Unternehmerische Verantwortung und Interessen
                Rüdiger Koch 75

        3.1.2   Arbeit und Alter – Zeit für Veränderung
                Lucie Perrot 82

        3.1.3   Was Jetzt?
                Renate Krol, Claudia Sommer 94

        3.1.4   Zeit für Neues – Mein Leben nach dem Beruf
                Andreas Böss-Ostendorf 102

        3.1.5   Mit Kreativität und Gefühlen – Seminare zur Neuorientierung
                Mechtild Messer 111

3.1.6　Selbst organisierte Gruppen im institutionellen Kontext
　　　　Julia Sipreck unter Mitarbeit von Klaus Süllow 118

3.1.7　Methodenkoffer Neuorientierung
　　　　Elisabeth Vanderheiden 123

3.2　Intergenerationelles Engagement 128

3.2.1　Wahlverwandtschaften – Die „Oma-Opa-Vermittlung"
　　　　Margit Grohmann und Helga Mikuszeit 128

3.2.2　Vorlesen und Erzählen: vom Herzen über den Mund zum Ohr
　　　　Birgit Reibel 133

3.2.3　„Kultur ist, wenn man freiwillig liest" – die Frankfurter Lesepaten
　　　　Edith Ibscher 137

3.3　Kulturell-historisches Engagement 143

3.3.1　Laienhistoriker: Stadtgeschichte – engagiert erforscht, neu erzählt
　　　　Oliver Ramonat 143

3.3.2　Von der Kirchenführung zur Kirchenbegehung
　　　　Frank Meessen 148

3.4　Interkulturelles Engagement 152

3.4.1　Das Projekt „Wegbegleiter" – Lotsen und Begleiter als Brücken der Altenhilfe
　　　　Gabriella Zanier 152

3.4.2　Migrantenbiografien als Medium interkulturellen Lernens
　　　　Hans Prömper 161

3.5　Selbsterfahrung und Selbstsorge – für ehrenamtlich Engagierte 171

3.5.1　„Hier bin ich" Selbsterfahrung für Engagierte
　　　　Renate Lippert 171

3.5.2　Atem.Pause
　　　　Jürgen Rottloff 177

3.6　Spezifische Fortbildungskonzepte 182

3.6.1　Kreative Methoden in der ehrenamtlichen Begleitung alter und
　　　　demenzerkrankter Menschen
　　　　Birgit Reibel, Rita Wagener, Gabriella Zanier 182

3.6.2	Gruppen leiten – sich in Gruppen bewegen *Ulrike Gerdiken*	194
3.7	Arbeit mit der (eigenen) Biografie	205
3.7.1	Sein Leben in die Hand nehmen – Biografische Lebensmuster entschlüsseln *Brigitte Hieronimus*	205
3.7.2	„Von wegen ab zum alten Eisen – die fruchtbare Sturm- und Drangzeit des Ruhestandes" *Brigitte Hieronimus*	209
3.7.3	Methodenkoffer Biografiearbeit *Elisabeth Vanderheiden*	216
3.7.4	Das Leben zurückerzählen *Anneliese Wohn*	225
3.7.5	Langes Fädchen – faules Mädchen *Anneliese Wohn*	228
3.8	Leben im sozialen Nahraum	232
3.8.1	Wer etwas für sich selbst tut, tut auch etwas für seinen Stadtteil – gemeinsam älter werden in ZWAR Netzwerken *Paul Stanjek*	232
3.8.2	Anders wohnen als gewohnt! Neue Wohnkonzepte für mehr Lebensqualität. *Birgit Kasper*	240
3.9	Partnerschaft und Sexualität im Alter(n)	246
3.9.1	Wenn Paare älter werden – Hintergründe und Zugänge *Hans Jellouschek*	246
3.9.2	Flirtkurse für Seniorinnen und Senioren – ein persönlicher Erfahrungsbericht *Werner Szeimis*	252
3.10	Akademisches Lernen	259
3.10.1	Die Universität als Lernort für das 3. Lebensalter *Silvia Dabo-Cruz*	259
3.10.2	Studieren ab 55 – ohne Hürden, ohne Prüfung *Monika Bischlager*	269

4	Männer als neue Zielgruppe der Altersbildung	279
4.1	Männer altern anders *Eckart Hammer*	279
4.2	Erfahrungen, Zugänge und Konzepte zu Männern in der Altersbildung	292
4.2.1	Bildungsarbeit mit älteren Männern – ein Werkstattgespräch *Peter Leonhardt, Hans Prömper, Helmut Schlegel und Werner Szeimis im Gespräch mit Robert Richter*	292
4.2.2	Das Leben neu (er)finden? Männer zwischen Beruf und Lebensabend *Hans Prömper*	304
4.2.3	Auf dem Weg zur Langlebigkeit? *Hans Prömper*	316
Herausgeber		327
Autorinnen und Autoren		328

1 Neue Lebenszeitfenster für Bildung

Einleitung und Überblick über das Werkbuch

HANS PRÖMPER/ROBERT RICHTER

Wir werden immer älter. Die Gesellschaften Westeuropas erleben eine Veränderung ihrer Alterspyramide in einem noch nie gekannten Ausmaß. Sie entwickeln sich zu Langlebigkeitsgesellschaften.

„Tag für Tag werden die Europäer älter. Tag für Tag gewinnen wir, die Schweizer und die Deutschen und die Europäer, sechs Stunden Lebenserwartung, das sind Jahr für Jahr drei Monate. Das Durchschnittsalter der Weltbevölkerung beträgt dreißig, jenes der Westeuropäer über achtzig Jahre. (...) Ein Mädchen, das heute hier geboren wird, wird fast neunzig Jahre alt." (Gross 2013, S.18) Dieser demografische Wandel wurde und wird unterschiedlich diskutiert und bewertet. Nach den anfänglichen, eher alarmistischen Katastrophenszenarien (mit dem Motto „Hilfe! Wer finanziert und pflegt das Heer der zu vielen Alten?") stehen zuletzt zunehmend die positiven, entwicklungsoffenen Bewertungen im Vordergrund. Vom Glücksfall und der zweiten Chance ist die Rede, sowohl individuell wie gesellschaftlich.

Die mit der Langlebigkeit einhergehende Streckung und langfristige Verschlankung des Altersaufbaus der Gesellschaft über drei bis fünf Generationen weist zudem dem langen Alter einen neuen, nie dagewesenen Sinn zu. „Die mit der Verdoppelung der Lebenserwartung gewonnenen Jahre eröffnen indes ein großes, in der bisherigen Geschichte ohne Beispiel aufbrechendes Lebenszeitfenster. Das Leben gewinnt eine neue Gestalt, die noch der Bearbeitung harrt." (Gross 2013, S.19) Gesellschaftlich bietet sich sogar die Chance einer Mäßigung von Beschleunigung und Ökonomisierung des Lebens und des damit einhergehenden ökologischen Ausverkaufs des Planeten Erde, so jedenfalls Peter Gross in seinem lesenswerten Essay „Wir werden älter. Vielen Dank. Aber wozu?" (Gross 2013). In Langlebigkeitsgesellschaften gewinnen soziale Beziehungen, zwischenmenschliche Netzwerke, bürgerschaftliches Engagement, selbstbestimmte Spiritualität und zweckfreie Eigenaktivitäten neue Qualitäten.

Das lange Leben erfordert aber auch ein neues Lernen bzw. weist dem lebenslangen Lernen eine neu auszufüllende Sinndimension zu – weg von berufsbezogener Bildung und Beschäftigungsfähigkeit hin zu lebensgestaltender Bildung und Lebensvollzug. Der demografische Wandel bietet die Chance, den Bildungsbegriff von seiner Engführung auf Jugend und Aufwachsen, auf berufliche Bildung und Qualifizierung zu lösen und ihn im vollen Sinn der Erwachsenenbildung breiter zu entwickeln als ganzheitliches, am Lebenslauf und Lebensvollzug in seiner ganzen Spanne orientiertes Lernen. Damit entwickeln sich Potenzialentfaltung, kulturell-gesellschaftliche Teilhabe, bürgerschaftliches Engagement, Freiwilligentätigkeit und Langlebigkeit zu qualitativen, thematischen Herausforderungen einer nach-beruflichen Erwachsenenbildung. „Wir könnten unter ‚Älterwerden' etwas anderes verstehen." (Hüther 2011, S. 172 ff.) Potentialentfaltung, Eigenverantwortung, Freiheit, Ganzheitlichkeit, Emotionalität, Verantwortung, Engagement und Spiritualität sind hier Signaturen und Herausforderungen eines (neuen?) Bildungsverständnisses der allgemeinen Erwachsenenbildung. Leider zielt die politische Steuerung der Bildung trotz vielfacher Lippenbekenntnisse immer noch in eine andere Richtung, sofern nach wie vor „in den formalen Bildungsinstitutionen eine zeitpolitisch überragende Dominanz der auf berufliche Kompetenzvermittlung zielenden kognitiven Wissensvermittlung bildungspolitisch zementiert wird" (Klein/Schwalb 2014, S. 23).

Diese Ausgangslage war 2012 Anlass für das Projekt „Altersbildung im demografischen Wandel", das die Katholische Erwachsenenbildung (KEB) Frankfurt in Kooperation mit Hessencampus Frankfurt und dem Bürgerinstitut Frankfurt durchführte. Finanziell gefördert wurde das Projekt vom Land Hessen über die „Sonderförderung Freier Träger" 2012 zur Entwicklung von Kooperationen und zum Aufbau von Supportstrukturen mit Hessencampus. Eine Kooperation mit dem Arbeitsbereich Erwachsenenbildung/außerschulische Jugendbildung der Philipps-Universität Marburg (Prof. Dr. Wolfgang Seitter) und eine zusätzliche Förderung durch die Hans Böckler-Stiftung ermöglichte die Mitwirkung von Dr. Robert Richter als Wissenschaftlichem Mitarbeiter im Projekt Altersbildung.

In Fachtagungen und experimentierenden Workshops wurde das neue Altersbild nicht nur diskutiert, sondern es wurden vor allem praktische Wege und Themen einer neuen Altersbildung recherchiert, begangen und erprobt. Schnell ergaben sich weitere Kontakte, Kooperationen, Netzwerke und Synergien, auf denen nun das vorliegende „Werkbuch neue Altersbildung" basiert. Neben allgemeinen, programmatischen Beiträgen versammelt es vor allem zahlreiche Praxismodelle und

Beispiele einer neuen Altersbildung, welche in neuer Weise Beruf und Alter, Erwerbstätigkeit und nachberufliches Leben miteinander verknüpfen und so die im Lebensverlauf gewonnenen Kompetenzen, Fähigkeiten und Erfahrungen als Ressourcen für ein selbstbestimmtes, facettenreiches und gemeinschaftsbezogenes Leben im langen Alter nutzen möchte. Dabei wird ein besonderes Augenmerk auf die Männer gerichtet, deren Frühsterblichkeit im Verhältnis zu den Frauen Herausforderung für eine neue Achtsamkeit und Aufmerksamkeit für ein gutes Leben sein sollte.[1]

Zum Inhalt des Werkbuchs

Wie verändert der demografische Wandel unsere Bilder vom Altern und unsere Erwartungen an das Alter? Welche neuen Bedeutungen gewinnen die Gestaltung des Übergangs Beruf-Ruhestand und nachberuflicher Bildungsangebote, gar neuer Bildungsnetzwerke und -landschaften? Dies loten die reflexiven Beiträge des allgemeinen Teils des Werkbuchs aus. Das gängige Bild einer vereinsamten, isolierten und antriebsarmen Generation entspricht nicht den wissenschaftlich erhobenen Tatsachen. Die heutigen Alten sind vital und beanspruchen Autonomie und Mitgestaltung auch im Alter. Dies sind die zentralen Erkenntnisse der Generali Altersstudie aus dem Jahr 2013, die *Loring Sittler* vorstellt. Auf dem Hintergrund seiner Interviews mit Managern zu deren ausbleibendem Ruhestand und vielfältigen Formen nacherwerblicher Tätigkeiten entwickelt *Henning von Vieregge* seine These vom neuen Silver-Patchwork-Life. An die Stelle klar abgegrenzter biografischer Phasen Ausbildung-Arbeit-Ruhestand tritt eine zunehmende Parallelität und Verschränkung dieser Phasen im Lebenslauf, welche auch das Alter unübersichtlicher, offener und interessanter machen. Dies verändert entsprechend Bildungsaktivitäten und den Bedarf an Bildung im Alter. Die Übergänge zwischen beruflicher und nachberuflicher Tätigkeit verflüssigen sich. Lebensgestaltung, Prävention, Erhalt der Arbeitsfähigkeit und Teilhabe, aber auch Gesundheitsvorsorge sind für *Ines Himmelsbach* heutige Herausforderungen der Bildungsakteure, die sich zunehmend stärker an Biografie und Individuum orientieren (müssen). Hier können gerade auch im Bereich des Nichtberuflichen aktive kirchliche Bildungsträger neue Lernräume eröffnen. *Elisabeth Vanderheiden* erwartet eine steigende Engagementbereitschaft und Bildungsbeteiligung Älterer, welche gerade auch dadurch soziale Teilhabe ermöglicht; vorausgesetzt und

---

1 Dass die Differenz der statistisch im Schnitt sechs Jahre längeren Lebenserwartung von Frauen gegenüber Männern sich auf zehn Jahre zwischen Männern erhöht, wenn wir die obersten und untersten sozialen Lagen von Männern miteinander vergleichen, weist allemal auf die gesellschaftlich bedingte und damit in der Lebensweise beeinflussbare, d. h. veränderbare durchschnittliche Lebenserwartung hin.

gefördert werden müsse aber auch die differenzierte sozialräumliche Verfügbarkeit entsprechender Angebote für alle Bevölkerungsschichten. Ausgehend von einem menschenrechtlichen Ansatz (Bildung als Menschenrecht) skizziert und unterscheidet *Hartmut Heidenreich* Felder der Bildung im Dritten und Vierten Lebensalter, wobei er der eigenständigen Kultivierung und Sinnstiftung der Lebensphasen, dem intergenerationellen Lernen und der Hereinnahme der Abschiedlichkeit des Lebens in die Biografie je eigene Akzente zuweist.

Die weiteren Beiträge des Werkbuchs wollen nun wirklich ein „Arbeitsbuch" sein. Sie stellen – untergliedert nach einzelnen Bildungsfeldern – erprobte Modelle vor und geben Anregungen für die Entwicklung und Erprobung eigener Praxis. Dabei wollen die Modelle nicht immer 1 zu 1 übersetzt werden, sondern im Sinne einer guten pädagogischen Praxis verstehen sie sich als Anregungen und Baustellen für Eigenes, das je individuell zu entwickeln ist.

Ein zentrales Feld der neuen Altersbildung ist die Aufweichung und Verzahnung der bis heute – bis in die Kultur der pädagogischen Arbeitsstile – weithin getrennten Bereiche beruflicher und allgemeiner Erwachsenenbildung. Während traditionell der Übergang in den Ruhestand der individuellen Lebensführung zugerechnet wird, erkennt hier *Rüdiger Koch* eine neue und originäre Aufgabe von Unternehmen, die sich in neuer Weise den Ressourcen und dem Erfahrungswissen älterer Arbeitnehmer annehmen, Arbeitszeitmodelle eines gleitenden Übergangs entwickeln und nutzen sowie der familiären Verantwortung in der Pflege Raum geben sollen. *Lucie Perrot* stellt Erwerbstätigkeit in ein breiteres Verständnis von Tätigkeiten und weist den Unternehmen entsprechend eine erweiterte Handlungsperspektive zu, die ihnen wie der Gesellschaft nützt. Der Stufenplan „Arbeit und Alter" der berufundfamilie gGmbH nennt Handlungsfelder und schlägt Maßnahmen einer altersgerechten Personalpolitik und Unternehmenskultur vor. Das Erfahrungs- und Handlungswissen von Führungskräften möchte Common Purpose dem Gemeinwohl und der Gesellschaft zur Verfügung stellen. *Renate Krol* und *Claudia Sommer* stellen ein Modellseminar vor, welches Kompetenzen und Führungswissen ausscheidender Manager für zivilgesellschaftliche Räume und Netzwerke öffnen möchte. Dass hier dennoch vielfach eine Neuorientierung nach dem Beruf nötig und sinnvoll zu begleiten ist, zeigen die Folgebeiträge. *Andreas Böss-Ostendorf* plädiert für die Gruppe Betroffener als Ort und Format der Bearbeitung der mit dem Übergang in den Ruhestand einhergehenden Umbrüche der Lebensfelder und Orientierungen. Dass Neuorientierung vor allem auch ein kreativ-schöpferischer und emotionaler Prozess ist, der mit kreativen Methoden und Ausdrucksformen gut unterstützt werden kann, wird bei *Mechthild Messer* spürbar. Kompetenzbilanzierung für das Ehrenamt ist eines der möglichen Themen. Die Kreativität, den Reichtum, aber auch die mögliche Eigendynamik neuer Ehrenamtsinitiativen zeigt *Julia Sipreck* am Beispiel verschiedener Freiwilligenprojekte im Rahmen der Ehrenamtsagentur Bürgerinstitut Frankfurt. Einen Einblick in den Reichtum und die Vielfalt erwachsenenbildnerischer Unterstützungsmöglichkeiten gibt *Elisabeth Vanderheiden* mit ihrem Methodenkoffer Neuorientierung.

Veränderte Familienformen und Lebensverhältnisse öffnen Räume für neue Felder und Formen intergenerationellen Engagements. *Margit Grohmann* und *Helga Mikuszeit* skizzieren Bedarf, Qualität und Hürden von ehrenamtlichen Patenschaften als soziale Großeltern in der Oma-Opa-Vermittlung eines sozialräumlich arbeitenden Familienzentrums. Vorlesen z. B. in Kindertageseinrichtungen oder Seniorenheimen ist ein Feld, für welches *Birgit Reibel* ein mehrteiliges Qualifizierungsseminar entwickelt hat. Ein anderes Feld sind Lesepaten, welche Kinder beim Erwerb und Erlernen von Lesefähigkeiten unterstützen. *Edith Ibscher* schildert Entstehung, Struktur und Arbeit eines Ehrenamtsprojekts, das ehrenamtliche Lesepaten fortbildet und an Schulen vermittelt.

Geschichtsvereine und Initiativen von Laienhistorikern sind Möglichkeiten des lokalen kulturellen Engagements und Lernens, das *Oliver Ramonat* am Beispiel der Frankfurter StadtteilHistoriker vorstellt. *Frank Meessen* skizziert die modularisierte Qualifizierung von interessierten Laien zur Durchführung von Kirchenbegehungen, welche vielfältig erwachsenenpädagogische Elemente mit erworbenen Kompetenzen verbinden. Die interkulturelle Öffnung von Einrichtungen und interkulturellen Lernen sind notwendige Antworten auf zunehmende Einwanderung nach Deutschland. Das von *Gabriella Zanier* mit Kooperationspartnern entwickelte Projekt Wegbegleiter qualifiziert Ehrenamtliche für die aufsuchende Beratung und Unterstützung älterer Italiener in Deutschland. In der Verknüpfung von Biografiearbeit mit vielfältigen Formen künstlerischer Gestaltung leistete das von *Hans Prömper* skizzierte Projekt Migrantenbiografien einen wichtigen Beitrag zur Identität und Sichtbarkeit von Migranten, vor allem durch den Einbezug nicht-sprachlichen Erlebens und Ausdrucks.

Für Ausbildung, Supervision und Begleitung von ehrenamtlich Tätigen bietet die Erwachsenenbildung heute ein reichhaltiges Instrumentarium an Methoden und Themen. Am Beispiel einer Selbsterfahrungsgruppe für Engagierte arbeitet *Renate Lippert* Persönlichkeitsentwicklung und Beziehungsgestaltung als unterstützende Elemente ehrenamtlichen Tuns heraus. Ehrenamtlichen in Besuchsdiensten und anderen Helfenden immer wieder Räume des Atemholens, der Selbstsorge und der spirituellen Vertiefung und Rückkopplung zur Verfügung zu stellen, ist Anliegen von *Jürgen Rottloff*. Als handlungsfeldspezifische Fortbildung haben *Rita Wagener, Birgit Reibel und Gabriella Zanier* eine Qualifizierung Ehrenamtlicher zur kreativen, teilweise auch nonverbalen Kulturarbeit mit Alten und Dementen entwickelt und erprobt. *Ulrike Gerdiken* stellt Erfahrungen und Elemente eines Modellkurses vor, der Ehrenamtliche in ihrer Gruppenleitungskompetenz fördert und stärkt.

Gerade ältere Menschen stehen vor der Herausforderung wie Chance, sich ihrer eigenen Biografie zu vergewissern und ihre Lebensgeschichte als immer wieder neue Entwicklungs- und Übergangsräume einzuholen. Hier bilden die Beiträge von *Brigitte Hieronimus, Elisabeth Vanderheiden* und *Anneliese Wohn* ein reichhaltiges Spektrum an Hintergründen, Themen und Methoden der Biografiearbeit ab. Lebensereignisse, Erinnerungen, Geschichten und Sprüche und vieles andere können in pädagogisch differenzierten Methoden und Settings immer wieder zur Reflexion des eigenen Lebens anregen.

Der Gestaltung sozialer Beziehungen und der Entwicklung neuer wie tragfähiger Netzwerke widmen sich die nächsten Beiträge. *Paul Stanjek* schildert ZWAR (Zwischen Arbeit und Ruhestand) als ein in NRW entwickeltes und regional verortetes Netzwerk von Bildung und Aktivitäten im sozialen Nahraum, welches nachbarschaftliche Selbstorganisation entwickelt und neu belebt. Auf neue Bedürfnisse gemeinschaftlichen Wohnens geht *Birgit Kasper* in ihrer Darstellung eines Projekts der Anbahnung, Beratung und Unterstützung neuer kommunitärer Wohnformen ein. Das lange Leben, auch Krisen und Krankheiten stellt *Hans Jellouschek* als eine Herausforderung für Paarbeziehungen dar, Partnerschaft immer wieder neu und achtsam zu gestalten. In „Flirtkursen" und anderen Formen der Spielpädagogik sieht *Werner Szeimis* ein wichtiges Feld der Seniorenbildung, das den Gefahren der Vereinsamung und Beziehungsarmut entgegenwirken hilft. Die Freiheit vom Beruf zieht viele Ältere in bislang verschlossene Räume des Wissens und der akademischen Bildung. *Silvia Dabo-Cruz* zeichnet Entstehung, Konzept und Nutzung des Angebots der Frankfurter Universität des 3. Lebensalters nach, welche neben bislang unerfüllten Bildungswünschen auch Orientierungswissen für die neue Lebensphase ermöglicht. Wie sich akademisches Lernen im Rahmen kirchlicher Erwachsenenbildung entwickeln kann, zeigt *Monika Bischlager* am Beispiel des Seniorenstudiums des Münchner Bildungswerks.

Für viele Männer, deren Identität und soziale Anerkennung stark mit dem Beruf verbunden ist, stellt der Eintritt in den Ruhestand ein kritisches Lebensereignis dar. Ausgehend vom 5-Säulen-Modell der Identität schreitet *Eckart Hammer* Felder männlicher Verletzbarkeit und deren Herausforderungen ab und benennt Ansatzpunkte einer männersensiblen Altersbildung. Dass hier schon einige Erfahrungen vorliegen, wird im Expertengespräch deutlich, das *Peter Leonhardt*,

Hans Prömper, Helmut Schlegel und *Werner Szeimis* mit *Robert Richter* führen. Die eigene Biografie und ein gelassener Umgang mit eigenen Ansprüchen erweisen sich als gute Zugänge zu Männern. In den beiden abschließenden Beiträgen skizziert *Hans Prömper* ein erprobtes mehrteiliges Kursmodell für Männer im Übergang Beruf-Ruhestand und er zeigt, wie durchaus milieuspezifisch ähnliche Themen mit unterschiedlichen Zugängen und Veranstaltungsformaten ins Gespräch kommen. Die signifikante Frühsterblichkeit von Männern im Vergleich zu Frauen könnte einer gelassenen Langlebigkeit weichen, so die Perspektive.

Dieses Werkbuch nahm seinen Ausgangspunkt im Projekt „Altersbildung im demografischen Wandel". Deshalb sei an dieser Stelle Beate Plänkers, Julia Sipreck, Silvia Dabo-Cruz, Andreas Böss-Ostendorf sowie Prof. Dr. Wolfgang Seitter sehr herzlich gedankt, die mit ihren jeweiligen Beiträgen zum Gelingen dieses Projekts und damit auch des Werkbuchs beigetragen haben.

Möge es wirklich ein Werkbuch sein: Ausgangspunkt und Anlass für vielfältige eigene Initiativen und Bildungsangebote einer neuen Altersbildung.

Literatur

Gross, Peter (2013): Wir werden älter. Vielen Dank. Aber wozu? Vier Annäherungen. Freiburg im Breisgau: Verlag Herder
Hüther, Gerald (2011): Was wir sind und was wir sein könnten. Ein neurobiologischer Muntermacher. Frankfurt: S. Fischer Verlag
Klein, Ansgar/Schwalb, Lilian (2014): Bürgerschaftliches Engagement als Lernfeld und Bildungsort. Eine vielfältige kommunale Bildungslandschaft ermöglicht politische Teilhabe. In: Erwachsenenbildung 4/2014, S. 21–24

2 Altersbildung – Hintergründe und Reflexionen eines wachsenden Bildungsbereichs

2.1 Edelstahl statt altes Eisen
Erkenntnisse der Generali Altersstudie 2013

LORING SITTLER

Zusammenfassung

Das gängige Altersbild bedarf einer grundlegenden Korrektur. Die heute 65- bis 85-jährigen Menschen betrachten sich selbst als eine aktive, engagierte und leistungsfähige Generation. Sie übernehmen in der Familie und im außerfamiliären Engagement Verantwortung. Wichtig ist einer großen Mehrheit von ihnen sowohl die autonome Lebensgestaltung im Alter als auch die Sicherung der Lebenschancen nachfolgender Generationen. Es zeichnet sich eine hohe Bereitschaft zu mehr bürgerschaftlichem Engagement ab. Nach wie vor bestehen erhebliche Defizite in der Teilhabe der Personen mit einem niedrigen sozialökonomischen Status. Gerade angesichts der demografischen Herausforderungen sind Politik, Wirtschaft und Zivilgesellschaft gefordert, das gesamte Potenzial der älteren Generation zu nutzen und Engagementmöglichkeiten zu stärken.

I Ein neues Bild des Alters

Die heutigen Alten sind sehr vital und beanspruchen Autonomie und Mitgestaltung auch im Alter. Dies sind die zentralen Erkenntnisse der Generali Altersstudie 2013, die das Institut für Demoskopie Allensbach gemeinsam mit dem Generali Zukunftsfonds herausgegeben hat. Bundesweit über 4.000 Personen im Alter zwischen 65 und 85 Jahren wurden für die Studie persönlich zu ihrer Lebenssituation befragt. Themenschwerpunkte waren die Lebenszufriedenheit, soziale Kontakte, Gesundheit, Wohnen und Mobilität, materielle Lebenssituation sowie Engagement inner- und außerhalb der Familie.

Das Ergebnis dieser in Umfang und Tiefe bisher einmaligen wissenschaftlichen Untersuchung ist in vielerlei Hinsicht bemerkenswert. Zugleich liefert die Studie wichtige Impulse für die Gestaltung politischer und ökonomischer Rahmenbedingungen in einer älter werdenden Gesellschaft. Und da besteht Handlungsbedarf.

Grundlage aller konkreten Schritte ist aber zunächst eine neue, den tatsächlichen Gegebenheiten entsprechende Haltung gegenüber dem Alter. Das gängige Bild einer vereinsamten, isolierten und antriebsarmen Generation entspricht nicht den wissenschaftlich erhobenen Tatsachen. Die derzeit in den öffentlichen Debatten beherrschende Assoziation des Alters mit Begriffen wie Pflegebedürftigkeit und Altersarmut führt in die Irre. Alte – so die medial allzu häufig verbreitete Botschaft – sind angesichts fehlender Pflegekräfte und stark dezimierter Rentenbeitragszahler ein Problem.

Die Realität sieht anders aus. Mit einer hohen Vitalität und einer überwiegend guten materiellen Basis sind die aktuellen Alten ein wichtiger Teil der Lösung. Dies ist keine sozialromantische Wunschvorstellung, sondern spätestens mit der Generali Altersstudie eine empirisch gesicherte Tatsache.

Die 65- bis 85-Jährigen in Deutschland führen mehrheitlich ein aktives, zufriedenes und abwechslungsreiches Leben, in dem Familie, Hobbys, aber auch ehrenamtliches Engagement eine große Rolle spielen. Der Erhalt der Gesundheit steht für sie im Mittelpunkt. Außerhalb der Familie engagieren sich laut der Altersstudie 45 Prozent im gesellschaftlichen Bereich.

Im Durchschnitt sind die 65- bis 85-Jährigen an rund fünf Tagen in der Woche außer Haus unterwegs, jeder dritte (32 Prozent) sogar täglich. Fast jeder zweite 75- bis 79-Jährige ist noch aktiver Autofahrer (1985: jeder zehnte).

Allgemeine Zufriedenheit und Unterstützung der Familie
Die Generation der 65- bis 85-Jährigen blickt mehrheitlich zufrieden auf ihr Leben. Auf einer Skala von 0 (überhaupt nicht zufrieden) bis 10 (völlig zufrieden) stufen 57 Prozent der Befragten ihr Leben mit 8 und mehr ein. 63 Prozent bewerten die eigene wirtschaftliche Lage als gut bis sehr gut.

Die Familie hat für die Älteren einen hohen Stellenwert. Ältere unterstützen ihre Kinder – vor allem in Form von Zeit und Geld. 38 Prozent unterstützen ihre Kinder mit zehn bis 19 Stunden, wobei die Unterstützung sehr vielfältig ist und vom Zuhören (66 Prozent) über Einspringen bei Krankheit (36 Prozent) bis zu Schulaufgabenhilfe (11 Prozent) reicht.

Basis: Bundesrepublik Deutschland, 65- bis 85-jährige Eltern
Quelle: Generali Altersstudie 2013

Starkes bürgerschaftliches Engagement der 65- bis 85-Jährigen

45 Prozent der 65- bis 85-Jährigen engagieren sich gesellschaftlich, unter anderem im kirchlichen Umfeld sowie in Freizeit-, Sport- und Kultureinrichtungen, mit durchschnittlich rund vier Stunden pro Woche. Damit weist die Generali Altersstudie einen deutlich höheren Anteil der außerhalb der Familie engagierten 65- bis 85-Jährigen aus, als andere Untersuchungen. Grund dafür könnte die Fragestellung nach dem allgemeinen Engagement sein, ohne die Frage auf ehrenamtliche Tätigkeiten zu beschränken.

Grenzt man die Frage auf „Ehrenamt" oder „Mitarbeit in Gruppen oder Organisationen" ein, verringert sich Zahl der Engagierten auf 24 Prozent. Der Umfang der meisten Engagierten (viele von ihnen in mehreren Bereichen) liegt bei rund vier Stunden pro Woche. Zudem sind diejenigen, die sich bereits engagieren, bereit sich noch mehr einzubringen.

Durchschnittliches Engagement im Umfang von rund vier Stunden pro Woche

Frage: „Einmal alles zusammengenommen: Wie viel Zeit wenden Sie für Ihr gesamtes freiwilliges bzw. ehrenamtliches Engagement im Durchschnitt pro Woche so ungefähr auf? Sind das ..."

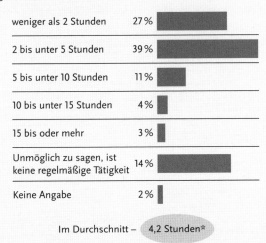

weniger als 2 Stunden	27 %
2 bis unter 5 Stunden	39 %
5 bis unter 10 Stunden	11 %
10 bis unter 15 Stunden	4 %
15 bis oder mehr	3 %
Unmöglich zu sagen, ist keine regelmäßige Tätigkeit	14 %
Keine Angabe	2 %

Im Durchschnitt – 4,2 Stunden*

* Bei der Kategorie „weniger als 2 Stunden" wurde als Durchschnitt 1 Stunde gesetzt, bei der Kategorie „15 Stunden oder mehr" 15 Stunden; bei den anderen Kategorien jeweils die Klassenmitte; berücksichtigt wurden nur Fälle mit konkreten Angaben

Basis: Bundesrepublik Deutschland, 65- bis 85-jährige bürgerschaftlich Engagierte
Quelle: Generali Altersstudie 2013

Potenziale heben, Engagement ermöglichen

Die Zukunftsfähigkeit einer alternden Gesellschaft wird unter Berücksichtigung der Studienergebnisse wesentlich davon abhängen, ob und wie es gelingt, die Zugänge der älteren Generation zu bürgerschaftlichem Engagement zu erleichtern. Dazu zählt die Entwicklung passender Angebote und flexibler Formate. Alte Menschen wollen sich nachweislich für die Gesellschaft engagieren, wollen sich aber nicht langfristig binden und auch zeitlich nicht übermäßig in Anspruch genommen werden. Besonderes Augenmerk muss dabei gelegt werden auf die Gewinnung der Personen mit niedrigem sozioökonomischen Status, da deren Teilhabequote weit niedriger liegt als die der besser gestellten und ausgebildeten Personen.

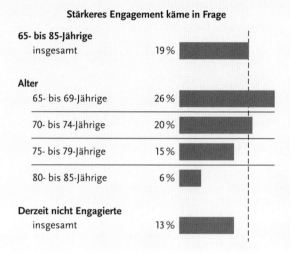

Basis: Bundesrepublik Deutschland, 65- bis 85-jährige Bevölkerung
Quelle: Generali Altersstudie 2013

Angesichts der großen demografischen Herausforderungen insbesondere im Bereich der Pflege und Betreuung von Alten, Hochaltrigen und Menschen mit Demenz und infolge des stark sinkenden informellen Pflegepotenzials in den Familien, die heute noch 70 Prozent aller Pflege- und Betreuungsleistungen auffangen, muss besonders die organisierte Zivilgesellschaft, also Verbände, Vereine und Wohlfahrtsorganisationen, klug reagieren und einen Mix an Pflegeleistungen aufbauen, die weit über konventionelle und bezahlte Dienstleistungen hinausgehen. Mehrgenerationenhäuser, Nachbarschaftshilfen, neue Formen gemeinschaftlichen Wohnens, ehrenamtliche Großelterndienste, Besuchsdienste in Krankenhäusern und Pflegeeinrichtungen – um nur einige Engagementmöglichkeiten zu nennen – sind künftig nicht mehr *für* die Alten, sondern *mit* ihnen gemeinsam zu entwickeln. Dazu zählt nicht zuletzt das Schaffen zeitlich flexibler und bedarfsgerechter Einsatzmöglichkeiten, aber auch eine gezielte Ansprache und eine neue Angebotstransparenz.

Viele Initiativen und Projekte weisen seit einigen Jahren in die richtige Richtung. Gleichwohl steht die Entwicklung noch am Anfang.

II Den Alten geht es gut ... noch

Die Studienergebnisse belegen ein überwiegend positives Gesamtbild: Die Generation der heute 65- bis 85-Jährigen lebt in einer materiell wesentlich gefestigteren Situation als diejenige vor 20 oder 30 Jahren. 63 Prozent bewerten ihre wirtschaftliche Lage mit „gut" oder „sehr gut", 30 Prozent mit „es geht".

Positive Beurteilung der eigenen wirtschaftlichen Lage

Frage: „Wie beurteilen Sie Ihre eigene wirtschaftliche Lage? Würden Sie sagen ..."

Basis: Bundesrepublik Deutschland, 65- bis 85-jährige Bevölkerung
Quelle: Generali Altersstudie 2013

Im Durchschnitt verfügen die 65- bis 85-Jährigen heute über ein Haushaltsnettoeinkommen von rund 2.200 Euro. Das Einkommen der 65-Jährigen und Älteren ist stärker gestiegen als bei der restlichen Bevölkerung.

Allerdings driften auch in dieser Altersgruppe die finanziellen Spielräume in den verschiedenen sozialen Schichten der 65- bis 85-Jährigen auseinander. In der Oberschicht stieg das persönlich frei verfügbare Einkommen von rund 440 Euro im Jahr 1992 auf heute rund 720 Euro (+65 %). In den mittleren und unteren so-

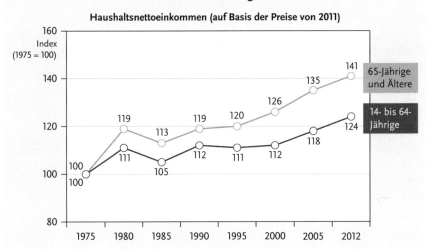

Basis: Westdeutschland, Bevölkerung ab 14 Jahre
Quelle: Allensbacher Markt- und Werbeträgeranalysen, zuletzt AWA 2012

zialen Schichten vergrößerten sich die finanziellen Spielräume dagegen nur um jeweils 28 Prozent.

Gleichwohl ist diese insgesamt positive Situation mit Blick in die Zukunft als fragil zu betrachten. Prof. Dr. Renate Köcher, Direktorin des Instituts für Demoskopie Allensbach, merkte bei der Präsentation der Generali Altersstudie deutlich an, dass bereits in der nächsten Altersstudie 2016 mit negativen Veränderungen zu rechnen sei.

Besteht heute nur für einen relativ geringen Teil der Altersgeneration ein reales Armutsrisiko, dürfte sich dieses Problem in Zukunft erheblich verschärfen. Dafür sprechen einige Indikatoren:
- Die vorgesehene (demografisch bedingte) gesetzliche Absenkung des Rentenniveaus auf 43 Prozent,
- die zunehmend unterbrochenen Erwerbsbiografien, insbesondere bei älteren Frauen wegen Kindererziehungszeiten und Pflegezeiten
- und die steigende Zahl schlecht bezahlter Dauerarbeitsverhältnisse oder Minijobs, die trotz lebenslanger Arbeit keine ausreichenden gesetzlichen Rentenansprüche für die Betreffenden generieren.

Unterstützt wird diese Annahme durch den nach wie vor weit überwiegenden Anteil der gesetzlichen Rentenversicherung an der persönlichen Altersvorsorge. Die Generali Altersstudie weist nach, dass die überwiegend gut situierten heute 65- bis 85-Jährigen zu 93 Prozent von staatlicher Rente bzw. Beamtenpensionen leben. Die private bzw. staatlich und betrieblich geförderte Altersvorsorge spielt für die aktuelle Altersgeneration kaum eine Rolle.

Die jüngeren Generationen tun hier zwar viel mehr, aber bei vielen reicht schon heute das Einkommen nicht, um in ausreichendem Maß zusätzlich privat vorzusorgen.

Um eine ausreichende materielle Absicherung künftiger Altersgenerationen zu gewährleisten, gibt es keine Alternative zu längerer sozialversicherungspflichtiger Erwerbstätigkeit und zu einer höheren Beschäftigungsquote insbesondere bei Frauen und bei den älteren Erwerbsfähigen.

III Ein neuer Generationenvertrag

Fassen wir die empirischen Ergebnisse und die daraus abzuleitenden Thesen zusammen, ergibt sich daraus ein klares Bild und zugleich ein gesellschaftlicher Auftrag:

Um die nachweislich starken Potenziale der Alten für ein gerechtes Zusammenleben optimal zur Geltung zu bringen, braucht es einen neuen Generationenvertrag: neu, weil er nicht bloß als Finanzierungs- beziehungsweise Umlagesystem zu betrachten ist; neu, weil er materielles und soziales Kapital miteinander verbindet; neu, weil er bisher nicht mitgedachte Instrumente einsetzt. Die möglichen Eckpunkte:

1. Eine längere Lebensarbeitszeit nutzt allen und verbessert auch den persönlichen Rentenanspruch. Das könnte ein Eckpunkt eines neuen Generationenvertrags sein: eine an die steigende Lebenserwartung gekoppelte Altersgrenze für das Renteneintrittsalter und damit eine signifikante Steigerung des tatsächlichen Renteneintrittsalters.

Entscheidend ist hierbei, dass es zu längeren Beitragszeiten in der Rentenversicherung und damit automatisch auch zu kürzeren Rentenbezugsdauern kommt – ein Gewinn für alle. Es ist allerdings nicht nur Sache des Gesetzgebers, sondern auch der Tarifpartner, flexible Tarifverträge zu ermöglichen. In diesen ist zumeist das automatische Ende des Arbeitsverhältnisses besiegelt. Ich sehe darin eine Altersdiskriminierung. Eine Verlängerung der Arbeitszeit für diejenigen, die das wollen, würde der Wirtschaft helfen, dem Fachkräftemangel zu begegnen, Erfahrungswissen in den Betrieben zu halten und besser zu transferieren. Zugleich würden solche flexiblen Vereinbarungen neue Teilhabechancen für ältere Beschäftigte eröffnen – auch mit reduzierter Zeit und flexibel geschnürten Aufgabenpaketen. Ursula Lehr sieht darin auch die beste Form der Gerontoprophylaxe.

2. Eine neue Gesundheits- und Präventionspolitik sollte dazu beitragen, dass Menschen nicht nur älter werden, sondern im Alter auch gesund und damit selbstbestimmt und aktiv leben können (healthy ageing). Dazu gehören Reha-Maßnahmen im Alter zur Vermeidung von Pflegebedürftigkeit und Wiederherstellung der Selbstständigkeit ebenso wie die gesetzlich geregelte Finanzierung neuer Formen der Integration ehren- und hauptamtlicher Pflege und Betreuung. Hier könnten wir uns Kooperationen zwischen Wohnungsunternehmen und zivilgesellschaftlichen Organisationen vorstellen, die auch den von einer großen Mehrheit gewünschten längeren Verbleib der Alten in ihren Wohnungen ermöglichen.

3. Lebenslanges Lernen ist wörtlich zu nehmen und darf sich nicht länger faktisch auf die Phase der Erwerbstätigkeit beschränken. Auch für die nachberufliche Phase brauchen Menschen passende, attraktive und leicht zugängliche Qualifizierungsangebote, um sich permanent zu aktualisieren und für die positiven Herausforderungen eines aktiven Alters zu rüsten.

4. Zeit als Währung eignet sich nicht nur für Menschen, die heute kein Geld, aber genügend Zeit für ein Engagement haben. Seniorengenossenschaften und Zeitbanken gibt es bereits. Hier können Menschen durch Hilfeleistungen Zeitkonten einrichten, die sie später bei eigenem Assistenzbedarf einlösen, ohne dafür Geld zu bewegen. Die flächendeckende Ausweitung solcher Modelle wäre wünschenswert und könnte eine weitere einkommensunabhängige Säule der Altersvorsorge werden. Das Problem der Altersarmut könnte zumindest gemildert werden.

5. Engagement und Teilhabe der Älteren müssen noch gezielter gefördert werden. Das beinhaltet ausdrücklich nicht nur das karitative bürgerschaftliche Engagement, sondern auch die politische Partizipation und gesellschaftliche Teilhabe der älteren Generation. Wir brauchen ihr Erfahrungswissen.

6. Selbstständiges Wohnen ist ein Wunsch, den die Älteren mit bemerkenswerter Klarheit artikulieren.

Dieser Wunsch, auch im hohen Alter zu Hause zu leben, steht in deutlichem Widerspruch zum Stand des altersgerechten Umbaus der bewohnten Immobilien. Maximal zwei Prozent der Wohnimmobilien in Deutschland gelten derzeit als altersgerecht. Hier braucht es ein umfassendes Maßnahmenpaket auf Bundes-,

Landes- und Kommunalebene. Und dafür bedarf es auch einer besseren Zusammenarbeit von Wohnungswirtschaft und zivilgesellschaftlichen Organisationen. Diese sollte nicht nur ein Programm zum altersgerechten Umbau umfassen. Ebenso wichtig ist ein verstärktes Engagement für neue Formen gemeinschaftlichen Wohnens, die Förderung von Nachbarschaftshilfen, die nicht automatisch entstehen, sondern gezielt aufgebaut und erhalten werden müssen. Die örtliche Nahversorgung gilt es so weit wie möglich zu erhalten oder in neuer Form zu lösen. Last but not least: Professionelle und bürgerschaftlich geleistete Assistenzleistungen müssen intelligenter verzahnt werden. Was wir brauchen sind sorgende Gemeinschaften.

IV Fazit und Ausblick

Das enorme Potenzial der Erfahrungsgeneration birgt Chancen, die optimistisch stimmen. Daran lassen die Ergebnisse der Generali Altersstudie keinen Zweifel. Auf der anderen Seite drohen die beschriebenen ökonomischen Ungleichgewichte. Der demografischen Herausforderung zu begegnen, heißt diese Schere zu schließen.

Der Umbau staatlicher Sozialsysteme kann dies ebenso wenig allein bewirken wie ein verstärktes bürgerschaftliches Engagement. Der Aufbau von Ermöglichungsstrukturen ist eine Gemeinschaftsaufgabe von Politik, Wirtschaft und Zivilgesellschaft. Ein gemeinsames, abgestimmtes Wirken der Sektoren erscheint unerlässlich, um den demografischen Wandel nicht geschehen zu lassen, sondern aktiv und chancenreich zu gestalten. Dabei muss ein ganz besonderes Augenmerk gelegt werden auf die Teilhabechancen der sozio-ökonomisch benachteiligten Personen sowie auf die der Hochaltrigen.

Dass wir bei diesem sozialen Innovationsprozess auf die Alten zählen können, ist nunmehr belegt.

Literatur

Generali-Zukunftsfonds (Hg.)/Institut für Demoskopie Allensbach (2012): Generali Altersstudie 2013. Wie ältere Menschen leben, denken und sich engagieren. Frankfurt: Fischer Taschenbuch Verlag

2.2 Wenn noch so viel Leben vor uns liegt...

Henning von Vieregge

Erkenntnisse und Erfahrungen zum ausbleibenden Ruhestand

Vielleicht noch so viel Leben ... Eine meiner Gesprächspartnerinnen[2] erzählt ein Beispiel:

> „Mein Schwiegervater hat mit Anfang 60 nach seiner Rückkehr aus Brasilien gesagt: ‚Dass ich in Deutschland noch mal einen Beruf anfange, das lohnt nicht mehr.' Er ist 101 geworden, bei bestem Verstand, ist noch mit 100 hier die lange Treppe hochgelaufen. Er hat in seinen 90ern gesagt: ‚Wenn ich gewusst hätte, dass ich noch so lange lebe bei so guter Gesundheit! Mein Gott, was habe ich verpasst! Jahrzehnte habe ich verpasst, weil ich immer gedacht habe, ich brauche da nichts mehr zu planen oder mich nicht mehr richtig zu engagieren.'"

Die Schlussfolgerung liegt auf der Hand: Es ist ratsam, sich auf ein langes Leben einzurichten. Fällt es dann doch kürzer aus, war diese Restlebenssortierung dennoch kein Fehler.

Mitunter hilft ein Schlüsselerlebnis, sich des Themas „Langes Leben planen" anzunehmen. Ein ehemaliger Hauptgeschäftsführer einer Kammer, jetzt über 80 mit lebenslangem vita activa, berichtet von einem Schlüsselerlebnis in seinen Vierzigern. Er habe einen Buchtitel auf seinem Schreibtisch gefunden „Der Ruhestand beginnt mit vierzig". Da habe er beschlossen, sich den Berufsausstieg von niemandem aus der Hand nehmen zu lassen.

So ist das manchmal: Ein Satz, ein Bild, stellen sich als Lebensweichensteller heraus.

Wer mit 40 anfängt, zum „Danach" Pläne zu schmieden (und zwar solche, die den Horizont öffnen), ist die absolute Ausnahme. Weitaus häufiger ist die Augen-zu-und-durch-Haltung, mit der man äußerlich unbehelligt das Ende seiner Vollbeschäftigung erreicht, um dann aber doch in eine Wand der Ratlosigkeit, gepaart mit Verlustängsten hineinzudotzen.

Die meisten Männer – und meine Gesprächspartner waren überwiegend männlich – mochten das Thema des Übergangs und der Neuorientierung zunächst nicht gern ansprechen. Es hat zu viel mit ihnen selbst zu tun. Ein Schutzmecha-

---

2 Die zitierten Gespräche sind dokumentiert in der Studie „Der Ruhestand kommt später" (Vieregge 2012).

nismus besteht darin, dass das Thema angeblich nur eines von „denen da oben" oder vom Nachbarn ist. Nur nicht von einem selbst.

Kommen die Umsteiger dann aber ins Reden, fließt es aus ihnen heraus.

Bei angestellten Beschäftigten, anders als in freien Berufen, bei Selbstständigen und Unternehmern, geschieht das Ausscheiden meistens abrupt, selbst wenn es überraschungsfrei gemäß geltender Altersgrenzen passiert. Franz Müntefering, selbst nun als SPD-Politiker ein Altgedienter und bekannt für seine Metaphern, bringt für den Ausstieg das Bild vom „Haut den Lukas": „Sie schießen sich bis 65 beruflich in die Höhe, knallen dann unter die Decke und fallen mit der Rente auf den Boden."

Jeder Leistungssportler weiß, dass es ungesund ist, einfach aufzuhören. Auslaufen, abtrainieren, langsam runterfahren, das ist gesünder. Sollte das nicht für jeden Vollbeschäftigten gelten? Aber die Wenigsten bekommen derartige Angebote. Wenn Arbeitskräfte wieder knapper und Arbeitnehmer problembewusster werden – der Wandel zeichnet sich ab –, werden sich die Dinge ändern.

Jetzt bleibt nur eines: sich selbst runterfahren. Einer der Gesprächspartner sprach davon, man solle sich nach Indianermanier an einen (realen oder imaginären) Fluss setzen und zuschauen, was da alles vorbeitreibt. Und wenn es Holzstücke und leere Flaschen sind, reicht die Fantasie aus, um daraus abgesägte, geschasste, vom Hof gejagte oder einfach nur altersüblich entlassene ehemalige Vorgesetzte oder Kollegen zu sehen. Sie alle schwimmen nun hilflos im Fluss des Lebens. Manche strampeln verzweifelt, andere lassen sich treiben. Wer daraus nicht wieder herausfindet, verschwindet so aus dem Sichtfeld der Gesellschaft. Denn das ist Ruhestand, wenn er als bloßes Sich-Treiben-Lassen gelebt wird: unsichtbar werden. Wie schade! Es hätte noch so viel passieren können. Nun wird er bald „zu meiner Zeit" sagen, wenn er erzählt, und jemand von gestern sein, ein Ruheständler eben.

Aber wie, bitte schön, soll ich mich denn optimal vorbereiten?

Eine Methode besteht darin, sein Alter zu leugnen, vor anderen und sich selbst. Zehn Jahre jünger als ihr kalendarisches Alter fühlen sich die neuen Alten heute in der Mehrzahl, sagen uns Umfragen (vgl. z. B. Generali 2012).

„Wir sind doch viel jünger als unsere Eltern in unserem Alter damals", heißt es. Und Fotobeweise werden geliefert, allein die Kleidung. Heute kleidet man sich auf jung, früher auf alt. „Man ist so alt, wie man sich fühlt", das ist der wohl meist benutzte Spruch der fitten Alten. Ich halte dies für puren Euphemismus, der die Enkelprobe nicht besteht. Sie finden uns so alt wie wir sind. Denn sie kennen unsere Eltern ja nicht.

Aussichtsreicher als die Altersverleugnung – Werber sprechen von Anti Aging – ist die Methode des aktiven Alterns. Ursula Staudinger, früher Jacobs University Bremen, heute Columbia Universität New York, ließ drei Gruppen älterer Menschen gegeneinander antreten: Gehirntraining versus Yoga versus Nordic Walking. Es siegte in den positiven Auswirkungen auf Hirn und Körper im Langzeitversuch die Gruppe 3, Nordic Walking. Deswegen ist allenthalben der dringende Rat „Beweg dich" zu hören. Und doch bleiben viele einfach sitzen. Wenn einem ein Gesprächspartner Folgendes erzählt, denkt man, der hat den Loriot-Film „Papa ante Portas" wohl zu oft gesehen, aber nein, der Bad Homburger Banker Michael Müller schwört darauf, er habe es erlebt.

„Ich habe einen ehemaligen Kollegen, der geht viermal am Tag mit dem Hund raus. Ansonsten hilft er seiner Frau, er berät sie beim Einkaufen, beim Umgang mit dem Haushaltsgeld. Die liegen sich nur in der Wolle, seit er den ganzen Tag zu Hause ist. Das passiert, wenn man nichts anderes zu tun hat."

Aus der Vollbeschäftigung in eine neue Lebenspassage. So einfach geht das leider nicht.

Wir setzen ein an der Nahtstelle zwischen Verabschiedung und Neuleben. Keine Spur von Einleben.

Die Reden sind gehalten, der Schreibtisch aufgeräumt, der Schlüssel abgegeben. Die Frage, wie es dir geht, musst du heiter beantworten: „Prima. Mir ging es noch nie so gut". Vielleicht ist dir aber zum Heulen zumute. Dann sagst du: „Ich gehe mit einem lachenden und einem weinenden Auge." Es ist üblich, das weinende Auge den Kollegen und den Mitarbeitern zuzuwenden, deren Aufgabe es ist, dich wie Klageweiber im Orient an Rührung zu übertreffen. Das lachende Auge gilt dem Arbeitsgegenstand. Aber ob das nun die Wahrheit ist, oder nur ein abgenutztes Bild, an das du dich verlegenheitshalber klammerst, das du bedienst, wie willst du das entscheiden?

Der Gesprächspartner, der Hamburger Banker Nils Abel, erzählt von seinem Frust und später, wie er ihn besiegte. Eine wichtige Rolle dabei spielt eine mehrwöchige Wanderung, oder soll man sagen Wallfahrt, nach Santiago de Compostela:

"Warum ich aufbrach? Psychologen können das viel besser erklären als ich. Ich war aus einem 13- oder 15-Stunden-Tag ausgestiegen. Wenn einem das Arbeiten Spaß macht, kann man das auch leisten. Und mir hat die Arbeit immer Spaß gemacht. Und mit einem Mal ist gar nichts mehr. Kein Schwein ruft mich an. Da habe ich überlegt, nun selber auch mit meiner beruflichen Vergangenheit zu brechen. Dazu bietet sich der Jakobsweg an.

Sechs Wochen bin ich gewandert, fast 700 Kilometer, diese unglaublichen Anstrengungen. Man muss ja über mehrere Gebirge rüber. Das war für mich genau das Richtige. Ich wollte einen Strich unter mein Berufsleben machen. Man steht ja im Grunde genommen mit leeren Händen da. Man überlegt: Was mache ich jetzt eigentlich mit meinem Leben? Man ist doch noch nicht tot! Die Spiritualität war für mich sehr wichtig, die findet man geballt auf dem Jakobsweg. Und die hat mich auch sehr beflügelt und gestützt.

Ich habe viele Selbstgespräche geführt, war sauer, enttäuscht und emotional, alles Mögliche durcheinander. Ich habe Leute getroffen, denen Ähnliches passiert ist. Man kann einen Lebensabschnitt mit so einer Wanderung beenden oder einen neuen beginnen, wie auch immer man das sieht.

Dieses Verarbeiten, Verdauen und Ausleben innerer Konflikte, das richtige Einordnen von Emotionen, Gesprächen, Verhaltensweisen und Begegnungen, in der Familie und außerhalb. Das richtige Einordnen. Ich bin jemand, der seine Sachen einordnen muss, ich versuche, Struktur in mein Leben und in das, was ich denke und tun werde, zu bringen."

Vom Einzelfall zum Muster: Gibt es für den Übergang aus der Vollbeschäftigung in den Abschnitt danach – wie immer wir ihn nennen wollen – einen idealtypischen Verlauf?

Fünf Phasen lassen sich unterscheiden:

- Die neue Realität nicht wahrnehmen wollen: großer Schmerz
- Beschluss, den Schlussstrich zu ziehen: rationale Bewältigung
- Zur Ruhe kommen: Beginn einer emotionalen Bewältigung
- Bereit, neu zu starten
- Eine Struktur hat sich gebildet: „Ich bin angekommen".

Das alles hört sich nun vielleicht gar nicht so schwierig an. Und viele Gesprächspartner werden einem versichern: Bei mir war es ganz leicht. Vor allem in der Rückschau ist der Schmerz vergessen wie nach der Heilung die Schmerzen unmittelbar nach der Operation. Aber so wie nicht bei jedem die völlige Heilung das Resultat der Operation ist, so wird auch nicht jeder glücklich mit dem Ankommen. Eine große Hürde ist der Status, genauer: die Angst um dessen Verlust.

Was dann schmerzt

Man kann beim Ausstieg aus der Vollbeschäftigung drei Angst-Cluster unterscheiden; jeder Cluster hat eine objektive und eine subjektive Seite. Es geht erstens um die Angst vor dem materiellen Verlust, den finanziellen Konsequenzen des Ausscheidens, zweitens um die Angst vor dem Verlust bisher gewohnter Rahmenbedingungen rund um die Arbeit, und drittens um die Angst vor Statusverlust. Ich möchte behaupten, dass über diese drei Ängste im umgekehrten Verhältnis zu ihrer Bedeutung gesprochen wird. Von 1 nach 3 nimmt die Tabuisierung zu und die Bereitschaft zur Auseinandersetzung ab. Die finanziellen Auswirkungen sollen hier nicht unterschlagen werden. Sie sind aber völlig unterschiedlich. Bezogen auf die jetzige und auch die nächste Generation der Ausscheidenden ist, im Gegensatz zur weit verbreiteten Sorge vorab und auch im Gegensatz zur öffentlichen Diskussion über Altersarmut, die Zufriedenheit mit der finanziellen Situation im Alter groß. Die Generali Altersstudie 2013 (Generali 2012), eine große repräsentative Umfrage unter 65- bis 85-Jährigen, weist aus, dass 63 Prozent der Befragten ihre materielle Lage als „gut" oder „sehr gut" (9 %) einschätzen, nur fünf Prozent als „eher schlecht" und ein Prozent als „schlecht".

Ebenso wenig sollen die praktischen Fragen dieses neuen Lebensabschnitts kleingeredet werden. Aber wir bleiben dabei: Das Entscheidende ist die emotionale Seite. Emotionen und Status, wie passt das zusammen?

Der englisch-französische Essayist Alain de Botton schreibt in seinem Buch „StatusAngst" (de Botton 2012: S. 3,18): Arbeitsverlust sei Statusverlust, und der sei wie Liebesverlust. Und deswegen sei der Statusverlust das Schwerste beim Ausscheiden.

Jeder Lebenslauf wird durch zwei große Liebesgeschichten bestimmt, meint der Autor. Das eine sei unsere Suche nach geschlechtlicher Partnerschaft, das andere die Geschichte unseres Werbens um die Liebe der Welt mit dem großen Sektor Arbeitswelt. Diese Liebe zur Welt ist „nicht weniger kompliziert, einschneidend, universell, und ihre Rückschläge sind nicht weniger schmerzhaft. Auch hier gibt es gebrochene Herzen, erkennbar am stumpfen, resignierten Blick derer, die die Welt zu Niemanden stempelt." Und natürlich verändert sich die Beziehung zum

Partner (mehr dazu Kleist 2006), wenn die Beziehung zur Welt sich verändert; beide Liebesgeschichten sind verwoben.

Die verwöhnte Generation

Nur wenige aus der Generation der 68er widersprechen mit Hinweis auf die eigene Biografie der Zuschreibung „eine verwöhnte Generation". Es gab das Glück des Aufstiegs, von ganz unten nach weit oben. Wer abgeworben wurde oder, selten genug, entlassen wurde, wechselte zumeist zeitlich fugenlos, es gab keine Zeit und keinen Grund für Erschütterungen und Infragestellungen. Das machte stark. Aus der Stärke erwuchs neue Stärke, schier unerschütterlicher Optimismus.

Die von den 68ern im Umgang mit ihrer angeschlagenen und historisch diskreditierten Elterngeneration trainierte Stärke konnte im Umgang mit den nachfolgenden Generationen angewendet werden. Deren Forderungen wurden ausgebremst, werden es bis heute. Umso stärker ist die Erschütterung der Unerschütterlichen am vermeintlichen oder tatsächlichen Ende ihrer Karriere. Die Langzeitsieger fragen sich: Waren es Pyrrhussiege? Wer soziale Nachhaltigkeit nicht bei sich eingebaut hat, geht nun als geschlagener Sieger vom Platz.

Insbesondere Manager, in der Regel bis zur Selbstausbeutung mit ihrer Arbeit im Einklang – sie halten sich für Unternehmer und merken spätestens beim oft abrupten vorzeitigen und ungewollten Ausscheiden, dass sie es nicht sind –, tun sich beim Übergang besonders schwer. Als Angehöriger der 68er Generation erlebten sie ihr Arbeitsleben als von Anfang an erfolgreich, rundum abgesichert, bruchlos und verwöhnend. Und dann kommt, zumeist ohne Vorwarnung, weil ohne Vorbereitung, eine heftige Rüttelstrecke, Länge und Ziel unbekannt.

Reine Männersache?

An dieser Stelle ist die Frage zu beantworten: Gibt es einen Unterschied zwischen Männern und Frauen im Bewältigen dieser Lebensphase? Empirische Forschung, die uns bei der Beantwortung weiterhilft, fehlt; sie wäre allerdings auch nur eine Momentaufnahme in einem Arbeitsmarkt, der sich, auch in den Führungspositionen, verweiblicht. Die erste, spontane Antwort lautet: Ja, es gibt einen Unterschied. In den Generationen 68 und Babyboomer waren Frauen, wenn sie berufstätig waren oder sind, in aller Regel diejenigen, die hauptsächlich die Unterbrechungsphase durch Kinder bestritten haben. Mindestens diese Frauen sind also unterbrochene Berufsverläufe gewohnt. Die Frage, ob der Beruf den überragenden Bezugspunkt im Leben stellen soll, haben sie für sich beantwortet und sich entschieden. In den Interviews kam von Männern nicht selten der Hinweis, es seien ihre Frauen gewesen, die die Freundschaftsnetze gepflegt hätten. Aber wenn heute die Unterschiede markant sind, ist es morgen die Ununterscheidbarkeit.

Nun also die Suche und Sehnsucht nach mehr Sinn im Leben

Ein Düsseldorfer Manager, Ernst von Bismarck, der nun auf dem Land in Mecklenburg und in Berlin lebt, formuliert seine Sinnsuche so:

„Ich spüre, dass wir schneller alt werden, wenn wir alles beim Alten lassen. Schwierig war die mentale Umstellung. Man war über Jahrzehnte gewohnt, alles gut zu bewältigen, was die Umwelt von einem verlangte. Aber man war doch – vielleicht oft ohne dass man das immer merkte – zu stark fremdgesteuert. Aus diesen eingefahrenen Gleisen hin zu etwas mehr Selbstbestimmung zu gelangen, das war auch für mich eine große Umstellung bis hin zu körperlichen Symptomen. Aber ich spüre, dass es mir schrittweise gelingt, mich aus der Gefangenschaft der alten Strukturen zu befreien. Man hat so vieles erlebt, was durchschaubar oberflächlich war und keine Ehrlichkeit in sich trug. Ich möchte meine Zeit wenn möglich nicht mehr für so etwas einsetzen."

Wer sagt, ich sehe das anders, dem ist nicht zu widersprechen. Die Menschen sind unterschiedlich, die Unterschiedlichkeit wird im Alter nicht geringer, sondern nimmt sogar zu. Es gibt also auch die Sinnsuchen-Verweigerung, manchmal sogar ausdrücklich:

„Ein Freund sagte mir, dass es auch für ihn in der Berufszeit verschüttete Sehnsüchte gebe, dass er diese aber ruhig unter der Erde schlummern lasse und sich lieber dem Genuss der heute gepflegten angenehmen Lebensgewohnheiten hingebe."

Was „gepflegte angenehme Lebensgewohnheiten" sein können, findet sich in Sven Kuntzes Buch „Altern wie ein Gentleman, Zwischen Müßiggang und Engagement" (Kuntze 2011, S. 191). Der Protagonist, also der ARD-Journalist Sven Kuntze, nun pensioniert, schildert seinen Alltag in Berlin nicht ohne Satirelust so:

„Meine unbeschwerte Form der Lektüre im Coffeeshop gegenüber wird regelmäßig unterbrochen durch Passanten, die, ebenfalls im Alter, alle Zeit haben für einen Gedankenaustausch über die wesentlichen Dinge im Leben, wie die Einkaufsliste, Sportergebnisse, Wehwehchen, Sonderangebote und die guten alten Zeiten. Am späten Vormittag

gehe ich öfter zum Schwimmen in ein zu dieser Zeit nur spärlich besuchtes Hallenbad, und ebenso häufig sehe ich mir am Nachmittag Filme an....Nachmittags gibt es herrlich leere, oft verbilligte Vorstellungen. Ich kann die Beine hochlegen, schlafen, essen und trinken. Selten hat man unmittelbare Nachbarn und kann während der Vorstellung die Toilette aufsuchen, ohne andere Zuschauer zu verärgern. Im Alter wird das eine bedenkenswerte Überlegung... Hinzu kommen Pilze sammeln, Kochen, mein Haushalt, gemeinsames Essen, gute Gespräche und loses Geplauder, Sport sowie sorgfältiges unerschöpfliches Pläneschmieden für Reisen und Ausflüge....Und spät in der Nacht schaue ich mir all die herrlichen Filme an, die eine rätselhafte Programmplanung dorthin verbannt hat...Eine entspannte und gelassene Stimmung hat sich über mein Leben gelegt."

Ohne Kuntze und anderen Generationsgenossen die Freude an einem so angelegten Leben vergällen zu wollen – bei Kuntze sind übrigens auch andere Töne vernehmbar –, sei doch die Frage gestattet: War es das?

Das neue Alter

Wer sich dem Thema Alter nähert, ob nun als interessierter Zeitgenosse oder als Betroffener, stößt rasch auf den Begriff „Dritte Lebensphase". Was ist damit gemeint? Wir sind aufgewachsen mit der Vorstellung einer Einteilung des Lebens in drei Lebensphasen: Kindheit und Jugend, Erwachsenenzeit, Alter. Oder auch: Bildung, Arbeit, Ruhestand. Aber nun gibt es eine Phase 3 a. Das Alter ist so lang geworden, dass sich eine Unterteilung anbietet. Lebensabschnitt fittes Alter, Silver-Ager oder nur dritte Lebensphase, eine noch weithin weiße Fläche, von Rollenbildern wenig geprägt. Diese Lebensphase, das sind die geschenkten oder die gewonnenen Jahre. Sie hat sich im demografischen Wandel mit einem Zugewinn von zehn bis 20 Jahren überwiegend gesunder Zeit innerhalb eines Jahrhunderts, in der sich die durchschnittliche Lebenserwartung nahezu verdoppelte, Tendenz steigend, vor die Alterszeit der Hinfälligkeit und des Sterbens geschoben. Aber täuschen wir uns nicht: Noch prägt die Phase der Hochaltrigkeit unser Bild vom Alter. Und da geht es vor allem um die Defizite: was wir früher konnten und heute nicht mehr.

Wie aber sieht die neue Realität vom Leben in der dritten Lebensphase aus? Hierzu Klaus Dörner (Dörner 2007: S.12), ein erfahrener und bekannter Therapeut, ein visionärer Mann, erfolgreicher Publizist und Referent, einer der Väter der Idee von der sorgenden Gemeinschaft in der Nachbarschaft und der Inklusion. Wie geht es einem solch visionären Mann persönlich an der Übergangsschwelle?

"Dass ich mich aus dem Altern, also aus dem, was mir ohne mein Zutun täglich widerfährt, herauslebe, ist außer dem Sterben das einzige mir Gewisse. Meine jeweils zukünftige Altersstufe, in die ich mich hineinlebe, ist mir neu, unbekannt, fremd. Wenn ich sie erreicht habe, werde ich ein Anderer sein. Deshalb sagt man, der Mensch lebt weltoffen. Spätestens bei meinem Übertritt ins Rentenalter hat mich dieses Widerfahrnis überrascht. Erst nach dem Übertritt merkte ich, dass mein reiches theoretisches Wissen mir nichts nutzen konnte. Ich fand mich im sozialen Niemandsland des sozialen Lebensabschnittes ohne Rollenerwartungen wieder und brauchte zwei Jahre Versuch und Irrtum, um einen zu mir passenden Rhythmus zu finden."

Das Zitat ist in seiner Tiefe beim ersten Lesen wahrscheinlich nicht ganz einfach zu verstehen. Drei Gedanken dazu:

Erstens: Zitat *„Altern, das mir ohne Zutun täglich widerfährt"*. Altern beginnt nicht mit dem Alter (wann immer das Alter einem das erste Mal begegnet): Ist das eine banale Aussage? Schön wär`s. Aber sind wir nicht darauf geeicht, Altern als individuellen und gesellschaftlichen Verkümmerungsprozess und nicht als lebenslangen Austauschprozess mit Chancenpotenzial zu begreifen? Wir alle haben die Bilder im Kopf vom Halb-Kreislauf des Lebens mit dem Höhepunkt in den dreißiger oder vierziger Jahren eines Lebens und dann der abfallenden Kurve. Alter, das ist Krankheit, Tod, perdu.

Zweitens: *„Meine jeweils zukünftige Altersstufe"* sagt Dörner. Hier streiten sich die Gelehrten, wie sie einteilen, in welchen Jahren man zu Recht von einem alten Menschen spricht und wie viele Stufen es bis zur Phase der Hochaltrigen braucht und wann sie beginnt. Der Streit ist nur in fragwürdiger, aber unvermeidlicher Verallgemeinerung aufzulösen, denn Alternsforscher bestätigen uns doch, was wir ahnen: Wenn beim Baby noch die Vergleichbarkeit viel bringt (wann sollte es zu sprechen oder zu laufen anfangen?), dann klaffen im Alter die individuellen Realitäten immer weiter auseinander. Hundertjährige, dies zeigt der Fotograf Karsten Thormaehlen in seiner Porträtserie „Happy at Hundred" (Thormaehlen 2011), können uns mit ihren sprechenden Gesichtern die Vorstellung, selber so alt zu werden, verlockend näher bringen.

Und dann der dritte Punkt aus dem Dörner-Zitat: *„Meine jeweils zukünftige Altersstufe ist mir neu, unbekannt, fremd."* Dörner spricht *vom sozialen Niemandsland ohne Rollenerwartungen*. Das ist eine aufregende Aussage für meine Generation und die folgenden. Wir sind in einem Umbruch der Altersbilder, weil wir in einem Umbruch der sozialen Realität des Alters und seiner Interpretation sind. Wir sind auf der Suche nach neuen Bildern und neuer Sprache. Jeder von uns ist davon ein Teil. Wir können mitschwimmen. Oder mitverändern, indem wir für andere und damit auch für uns Sinnvolles tun. Individuell ist Freiwilligenarbeit, Ehrenamt, bürgerschaftliches Engagement (die drei Begriffe werden überwiegend synonym benutzt) offenbar, Forschung legt diesen Schluss nahe, klug, gewissermaßen eine Lebensversicherung gegen Schnellstvergreisung.

Fazit: Der Trend zum Silver Patchwork-Life

Der Befund ist: Die Generation der 68er, die in diesen Jahren aus ihrer letzten Vollbeschäftigung ausscheidet, strukturiert ihr Leben anders als ihre Vorgängergenerationen. Daraus wird sich ein Trend entwickeln, der jetzt in den Umrissen sichtbar wird, der Trend zur zweiten Karriere, die Amerikaner sprechen von encore career, die ehrenamtliche Arbeit einschließt (Vieregge 2013). Sie ist keine bloße Fortsetzung der ersten. Mit „Patchwork" lässt sich Arbeit aus verschiedenen Bestandteilen, zum Beispiel Teilzeitarbeit plus Selbstständigkeit plus Engagement-Arbeit bezeichnen. Ein „Patchwork-Life" ist ein Leben rund um verschiedene Bestandteile von Arbeit und Leben, die zu einem individuell passenden Ganzen zusammengesetzt werden. Das „Silver Patchwork-Life" ist eine Form davon, die nach der letzten Festanstellung beginnt. Patchwork-Life steht für eine bewusst herbeigeführte Balance zwischen Arbeit und allen anderen Lebensbestandteilen. Die Arbeit ist in aller Regel nicht aus einem Stück, oft in einem Mix aus angestellt und selbstständig, und dies alles in steter Veränderung. Der Arbeitsmarkt verändert sich in diese Ausprägung. Es gibt Menschen, die darunter leiden, und solche, die genau dies wollen.

Patchwork-Life hat das bisherige Lebens- und Arbeitsverständnis gewiss nicht vollständig abgelöst. Realität, insbesondere kollektive, verändert sich nicht in harten Schnitten, sondern langsam. Silver Patchwork-Life wäre als Lebensabschnittskonzept schon viel deutlicher hervorgetreten, gäbe es nicht Hindernisse: die bisher zu geringe Akzeptanz solcher Modelle bei Arbeitgebern, arbeitsrechtliche und tarifäre Hindernisse in Form von Schutzbestimmungen sowie gruppen- und generationsspezifische Merkmale. Die jetzt ausscheidende Generation hätte gern mehr Optionen für bezahlte und übrigens auch unbezahlte Arbeit, fühlt sich aber nicht stark und informiert genug, um sich diese zu besorgen oder gegen Widerstände durchzusetzen.

Man möchte ankommen, weiß aber nicht, wo und wie. Der Weg zurück in die alte Herrlichkeit ist verstellt.

Es locken die Silberjahre des Lebens.

Wer im Vollzeitberuf seine Zweitkarriere aber nicht vorbereitet hat und nun auf den Anruf ins unbezahlte, aber bitte schon wenigstens attraktive Arbeitsfeld wartet, dürfte in den allermeisten Fällen enttäuscht werden. Nur Topmanager können auch auf Toppositionen im unbezahlten Arbeitsmarkt hoffen. Der Rest muss sich hinten anstellen.

Aber: Jeder Vierte der Älteren, die unbezahlt für Mitbürger arbeiten, ist ein Neueinsteiger (Generali 2012). Der Rollenwechsel vom Entscheider zum Ratgeber, vom Teamleiter zum Selbermacher, der bei bezahlten wie bei unbezahlten Jobs notwendig ist, fordert einem manches ab. Aber wer sagt denn, dass dies keine reizvolle Herausforderung ist?

Literatur

Alain de Botton (2006): StatusAngst. Frankfurt: S. Fischer Verlag
Backes-Gellner, Uschi/Veen, Stephan (Hg.) (2009): Altern, Arbeit und Betrieb. (Altern in Deutschland, Bd. 3) Stuttgart: Wissenschaftliche Verlagsgesellschaft
Dörner, Klaus (2007): Leben und Sterben, wo ich hingehöre. Dritter Sozialraum und neues Hilfesystem. Neumünster: Paranus Verlag
Dörner, Klaus (2012): Helfensbedürftig. Heimfrei ins Dienstleistungsjahrhundert. Neumünster: Paranus Verlag
Embacher, Serge (2012): Baustelle Demokratie. Die Bürgergesellschaft revolutioniert unser Land. Hamburg: edition Körber-Stiftung
Generali-Zukunftsfonds (Hg.)/Institut für Demoskopie Allensbach (2012): Generali Altersstudie 2013. Wie ältere Menschen leben, denken und sich engagieren. Frankfurt: Fischer Taschenbuch Verlag
Gronemeyer, Reimer (2013): Das 4. Lebensalter. Demenz ist keine Krankheit. München: Pattloch Verlag
Heckel, Margaret (2012); Die Midlife-Boomer. Warum es nie spannender war, älter zu werden. Hamburg: edition Körber-Stiftung
Heetderks, Gerrit (Hg.) (2011): Aktiv dabei: Ältere Menschen in der Kirche. Göttingen: Vandenhoeck und Ruprecht
Klein, Stefan (2010): Der Sinn des Gebens. Warum Selbstlosigkeit in der Evolution siegt und wir mit Egoismus nicht weiterkommen. Frankfurt: S. Fischer Verlag
Kleist, Bettina von (2006): Wenn der Wecker nicht mehr klingelt. Partner im Ruhestand. Berlin: Christoph Links Verlag

Kocka, Jürgen/Staudinger, Ursula (Hg.) (2009): Gewonnene Jahre. Empfehlungen der Akademiegruppe Altern in Deutschland. (Altern in Deutschland, Bd. 9) Stuttgart: Wissenschaftliche Verlagsgesellschaft
Krüger, Roland/Sittler, Loring (2011): Wir brauchen Euch! Wie sich die Generation 50plus engagieren und verwirklichen kann. Hamburg: Murmann Verlag
Kuntze, Sven (2011): Altern wie ein Gentleman. Zwischen Müßiggang und Engagement. München: C. Bertelsmann Verlag
Lotter, Wolf (2013): Zivilkapitalismus. Wir können auch anders. München: Pantheon
Mulia, Christian (2011): Kirchliche Altenbildung. Herausforderungen, Perspektiven, Konsequenzen. Stuttgart: Kohlhammer
Otten, Dieter (2008): Die 50+ Studie. Wie die jungen Alten die Gesellschaft revolutionieren. Hamburg: Rowohlt Taschenbuch
Prömper, Hans/Jansen, Mechtild M./Ruffing, Andreas (Hg.) (2012): Männer unter Druck. Ein Themenbuch. Opladen: Verlag Barbara Budrich
Rifkin, Jeremy (2010): Die emphatische Zivilisation. Wege zu einem globalen Bewusstsein. Frankfurt: Campus Verlag
Roth, Roland (2011): Bürgermacht. Eine Streitschrift für mehr Partizipation. Hamburg: edition Körber-Stiftung
Thormaehlen, Karsten (2011): Mit Hundert hat man noch Träume. Happy at Hundred. Heidelberg: Kehrer Verlag
Vieregge, Henning von (2012): Der Ruhestand kommt später. Wie Manager das Beste aus den silbernen Jahren machen. Frankfurt: Frankfurter Allgemeine Buch
Vieregge, Henning von (2012a): Die Un-Rentner. Manager im Ruhestand. In: ManagerSeminare, H. 173/2012, S. 30–35
Vieregge, Henning von (2013): Encore Career. Von der Ausnahme zur Normalität. In: APuZ 2013/4–5, S. 13–17
Wegner, Gerhard (Hg.) (2013): Alternde Gesellschaft. Soziale Herausforderungen des längeren Lebens. Gütersloh: Gütersloher Verlagshaus

2.3 Übergang in den Ruhestand und Bildung im Alter
Hintergründe und Bezüge in erziehungswissenschaftlicher Perspektive

INES HIMMELSBACH

Zusammenfassung

Bildung im Alter umfasst eine Spanne von 40 bis 50 Jahren. Innerhalb dieser Spanne stellt der „Übergang in den Ruhestand" einen Referenzpunkt für die Differenzierung nach klassischer Erwachsenenbildung/Weiterbildung und Bildung im Alter dar, vermag aber keinesfalls das Phänomen Bildung im Alter vollumfänglich zu beschreiben: Denn Bildung im Alter kann sämtliche Formen des Lernens von Erwachsenen von etwa 50 Jahren bis hin zum Lebensende umfassen. Um diese Zeitspanne im Hinblick auf die Vielfältigkeit von Bildung und Alter zu beleuchten, versucht dieser Beitrag zunächst das Phänomen „Übergang in den Ruhestand" zu fassen, ordnet dann das Thema erziehungswissenschaftlich ein und fokussiert daran anschließend die zentralen Begriffe Lebenslanges Lernen und (Bildungs-)Biografie. Zum Ende des Beitrags werden Formen sowie Chancen und Herausforderungen der Praxis der Bildung im Alter beleuchtet.

Einführung – Übergänge und Bildung im Alter

Der Übergang in den Ruhestand wird häufig als Anlass der Thematik Bildung im Alter verstanden. Dennoch handelt es sich dabei um alles andere als um einen festgesetzten Zeitpunkt: Sind doch die Eintrittsalter in den Ruhestand recht heterogen, abhängig von gesetzlichen Normierungen und demografischen sowie arbeitsmarktpolitischen Einflüssen. Der frühe Abschied in den Ruhestand galt über lange Jahre als geeignete Option, um die Interessen auf dem Arbeitsmarkt, der Unternehmen und nicht zuletzt der Arbeitnehmer selbst in Einklang zu bringen. Gesellschaftliche Debatten und Normen lassen erwarten, dass in Zukunft ein verstärktes Interesse an der Einbindung und Beibehaltung des Arbeitspotenzials älterer Arbeitnehmer bestehen wird und die Potenziale Älterer damit vermehrt an Bedeutung für Fragen der Weiterbildung gewinnen werden. Im Alterssurvey (Engstler 2011)[3] wird z. B. der Frage nachgegangen, ob sich diese Trendumkehr zur längeren Lebensarbeitszeit schon in den Ansichten der Befragten niederschlägt. So erscheint den Befragten ein früher Rentenbeginn unwahrscheinlicher, ein genauer Austrittszeitpunkt bleibt jedoch ungewiss. Zudem werden nahtlose Übergänge von der Arbeit in die Rente seltener. So hat der Anteil derer stark zu-

---

3 vgl. http://www.dza.de/forschung/deas.html

genommen, die vor dem Übergang in die Rente eine Phase der Arbeitslosigkeit oder des Vorruhestandes hinter sich brachten. Von den Jahrgängen 1923–27 waren nur 4 Prozent vor Beginn der Rente Arbeitslose oder Vorruheständler. Dieser Anteil versechsfachte sich bei den Jahrgängen 1938–42 (auf 23 Prozent). Eine weitere Differenzierung liegt im Bereich des Geschlechts. Frauen wechseln anders in den Ruhestand als Männer: Vor allem Frauen zeigten je nach Region sehr unterschiedliche Übergänge in den Ruhestand. Ostdeutsche Frauen der Jahrgänge 1933–37 schlossen ihr Erwerbsleben im Durchschnitt mit 55,7 Jahren ab, westdeutsche Frauen schon mit 49,4 Jahren. Insbesondere in diesen Jahrgängen ist die Rate der westdeutschen Frauen vergleichsweise hoch, die die Erwerbsarbeit nach der Familienphase aufgegeben haben. Diejenigen westdeutschen Frauen der Jahrgänge 1933–37 aber, die erwerbstätig blieben, arbeiteten länger als ostdeutsche Frauen (vgl. Engstler 2011). So variiert der Zeitpunkt des Übergangs stark, sowohl hinsichtlich des Lebensalters als auch bzgl. der Dauer des Erwerbslebens.

Eine weitere Differenzierungsebene stellt die Bedeutung des Übergangs in den Ruhestand für das Individuum dar. Gerontologische Erkenntnisse weisen darauf hin, dass eine Menge von Faktoren das Wohlbefinden im Alter beeinflussen. Aus einer Vielzahl von psychogerontologischen Theorien dazu sei hier auf Ryffs Dimensionen positiven psychischen Funktionierens verwiesen (Ryff, Kwan & Singer, 2001): Sie unterscheiden nach Selbstakzeptanz, positiven Beziehungen zu anderen, der Fähigkeit, selbstständig den Alltag zu meistern, Autonomie und persönlichem Wachstum. Diese Ebenen wurden in zahlreichen Studien mit untersucht. In den fünf Dimensionen zeigen sich unterschiedliche Altersveränderungen: Während Selbstakzeptanz und positive Beziehungen zu anderen stabil bleiben, zeigt sich bei Alltagsmeisterung und Autonomie eine Zunahme mit steigendem Alter, wohingegen Autonomie und persönliches Wachstum mit zunehmendem Alter von einem Abwärtstrend gekennzeichnet sind (Martin & Kliegel, 2005). Dies soll beispielhaft erläutern, dass der Übergang in den Ruhestand zwar eine bedeutsame Zäsur darstellt, dem aber jedes Individuum mit ganz eigenen persönlichen Ressourcen und Herausforderungen gegenübersteht. Dementsprechend kann man der Argumentation Costards folgen, dass es sowohl gesellschaftlichen wie individuellen Bedarf an Bildungsangeboten zum Thema „Übergang in den Ruhestand" gibt. So fordert Costard vermehrt Angebote, die bereits vor dem Ruhestand einsetzen und den Ruhestandsprozess begleiten (Costard 2006, S. 48). Eine alleinige Fokussierung auf den Übergang greift jedoch v. a. mit Blick auf die Diskurse um das Wohlbefinden im Alter zu kurz. Vielmehr sind auch nach der Statuspassage in den Ruhestand Lernen und Bildung im Alter von großer Bedeutung. Der Übergang in den Ruhestand bedarf und ermöglicht eine neuartige Lebensgestaltung in besonderem Maße. Deshalb möchte ich den Übergang in den Ruhestand im Weiteren als *Startpunkt vielfältiger Bildungsoptionen* betrachten und in einen breiteren erziehungswissenschaftlichen Diskurs einordnen.

Aus erziehungswissenschaftlicher Perspektive betrifft die Bildung im Alter ihre beiden Teildisziplinen Erwachsenenbildung/Weiterbildung und Sozialpädagogik/ Soziale Arbeit. Die Erwachsenenbildung hebt eher auf Bildung im Rahmen „später Freiheiten" ab, wohingegen Hilfen für das belastete Alter, wie Beratung und Begleitung, eher der Altenhilfe und somit der Sozialen Arbeit zugeschrieben werden.[4] Diese Trennung hat sich einerseits historisch entwickelt, nimmt aber auch Entwicklungen der Theoriebildung der Gerontologie und der Erziehungswissenschaften auf. So hat beispielsweise die Aktivitätstheorie bei gleichzeitigem Aufkommen des Konzepts des Lebenslangen Lernens erst die Bildungsaktivitäten für ältere Menschen jenseits der Altenhilfe freigesetzt (vgl. Kolland, 2008). Allerdings lässt die gesellschaftliche und wissenschaftliche Dynamisierung des Erwachsenen- und Altenbildes die disziplinäre Trennung zunehmend brüchig werden. Dafür spricht erstens die zunehmende Pädagogisierung des *gesamten Lebenslaufs* (vgl. dazu auch Hof, 2009; Karl, 2009; Kolland, 2008). Zweitens bewirkt die Bildungsoffensive der 60er und 70er Jahre, dass besser ausgebildete Ältere nun selbst auf Bildungsoptionen einwirken (vgl. Karl, 2009, S. 12). So treten nun Kohorten in den Lebensabschnitt des Alter(n)s bzw. des Ruhestands ein, die im Rahmen der sozialen Bewegungen der 70er Jahre schon in frühen Jahren selbstorganisiert gelernt haben und zudem über ein höheres Maß an Weiterbildungsbeteiligung über ihren Lebenslauf hinweg verfügen (vgl. Strobel et al., 2011, S. 2). Aber es darf drittens auch nicht verkannt werden, dass mit diesen emanzipatorischen Folgen und dem gesellschaftlichen Wandel eine Instrumentalisierung des Lernens im Alter im Sinne hin zu einer (freiwilligen) Aktivierung des Bürgers einhergeht (vgl. Alheit & Dausien, 2002; Köcher et al., 2013). In diesen Diskursen setzt Bildung im Alter damit eher auf Steigerung und vernachlässigt bislang Elemente des Stillstands und des Verlustes im Alter. So wird vor allem das „junge Alter" von zahlreichen Initiativen adressiert und von Forschern in den Blick genommen. Noch offen und empirisch kaum beantwortet ist die Frage des Umgangs mit Verlusten und Grenzen des Alternsprozesses aus pädagogischer Sicht.

---

4 Ein etwas anderer Zugriff ergibt sich, wenn man den Begriff der „Geragogik" in den Mittelpunkt stellt: Nach Bubolz-Lutz et al. (2010) entwickelt sich zunehmend eine eigene integrierende Disziplin der Geragogik, die sowohl auf dem Grundwissen von Gerontologie und Erziehungswissenschaften aufbaut, aber auch diese beiden Disziplinen durch ihre eigenen Forschungsergebnisse beeinflusst (vgl. S. 58).

Zentrale Begriffe – Lebenslanges Lernen und (Bildungs-)Biografie

Lebenslanges Lernen und (Bildungs-)Biografie sollen hier als zwei zentrale Begriffe dienen, um eine Klammer zwischen den Teildisziplinen und unterschiedlichen Funktionen von Bildung zu beschreiben. *Lebenslanges Lernen* ist wohl der schillerndste Begriff, wenn es um das Lernen Erwachsener geht. Lebenslanges Lernen lässt sich in seiner historisch-systematischen Sicht als Wandel eines Lernverständnisses beschreiben: Von der Selbstverständlichkeit des Lernens im Lebenslauf über die Fokussierung auf institutionalisierte Lehr-Lern-Arrangements muss Lebenslanges Lernen heute als ein zeitlich, räumlich und inhaltlich entgrenztes Lernverständnis beschrieben werden (vgl. Hof, 2009, S. 56). Die Entgrenzung des Pädagogischen in zeitlicher Hinsicht verschiebt den Blick weg von der einzelnen Lebensphase (auch dem Alter!), hin zum gesamten Lebenslauf. Die räumliche Entgrenzung des Lernens beschreibt, dass das Lernen nicht nur in pädagogischen Einrichtungen stattfindet, sondern auch im Alltag oder in hybriden Institutionen (neben der Bildungsabsicht verfolgen sie auch andere Ziele, wie bspw. Geselligkeit). Die inhaltliche Entgrenzung beschreibt, dass über den allgemeinbildenden Kanon oder über berufsqualifizierende Inhalte hinaus auch die Vielfältigkeit aller Lebensbereiche und damit sowohl Selbst- als auch Weltwissen, Fertigkeiten und normative Orientierungen zum Lerninhalt werden können.

Im Hinblick auf die Lernprozesse selbst werden all diese sinnvollen Lernaktivitäten differenziert nach formalen, non-formalen und informellen Lernprozessen: Bei *formalen* Lernprozessen handelt es sich um solche, die in den klassischen Bildungsinstitutionen stattfinden und in der Regel mit gesellschaftlich anerkannten Zertifikaten abgeschlossen werden; *non-formale* Lernprozesse laufen jenseits etablierter Bildungseinrichtungen ab (bspw. am Arbeitsplatz, in Vereinen, in Initiativen) und als *informell* werden Lernprozesse bezeichnet, die nicht notwendigerweise intendiert sind und im alltäglichen Leben gleichsam beiläufig geschehen (vgl. Alheit & Dausien, 2002, S. 573). Neben Entgrenzung und Lernprozessen ist die Unterscheidung zwischen *lifelong* und *lifewide learning* zu beachten: Lernen soll nicht nur über den gesamten Lebenslauf gestreckt werden, sondern auch auf alle Lebensbereiche ausgedehnt stattfinden, das bedeutet auf individueller Seite, dass das Lernen „als (Trans-) Formation von Erfahrungen, Wissen und Handlungsstrukturen im lebensgeschichtlichen und lebensweltlichen ('lifewide') Zusammenhang [steht]. [...] Auf der Ebene biographischer Erfahrung sind analytische Unterscheidungen wie die zwischen formalem, nicht-formalem und informellem Lernen nicht unbedingt trennscharf. Im Gegenteil, es gehört zur Eigenart der Biographie, dass institutionell und gesellschaftlich spezialisierte und separierte Erfahrungsbereiche im Prozess der lebensgeschichtlichen Erfahrungsaufschichtung integriert und zu einer besonderen Sinngestalt (neu) zusammengefügt werden" (vgl. Alheit & Dausien, 2002, S. 575).

Damit ist die *Biografie* als weiterer zentraler Begriff aufgerufen. Zunächst gilt es den Lebenslauf von der Bildungsbiografie begrifflich zu differenzieren: Der Lebenslauf, ein klassisches soziologisches Analysefeld, stellt die chronologische Aufschichtung der sozialisatorischen Instanzen im Verlauf des Lebens dar. Er ist durch gesellschaftliche Vorgaben strukturiert. Die (Bildungs-)Biografie hingegen, genuin im Zuständigkeitsbereich der Erziehungswissenschaft, kennzeichnet sich durch subjektive und sinnhaft geordnete Interpretationsleistungen. Da diese autobiografische Selbstthematisierung in der Beobachterperspektive (Lebenslauf) und der Betroffenenperspektive (Bildungsbiografie) auf komplexe Weise miteinander verschachtelt sind, kann das eine nicht ohne das andere wissenschaftlich angemessen erschlossen werden (vgl. Kade, Nittel & Seitter, 2007, S. 27). Für die Praxis der Bildung bedeutet dies nicht automatisch die Anwendung biografischer Methoden in den Lehrveranstaltungen. Vielmehr erscheint Bildung durch den Zugriff auf individuelle Biografien als ein fortlaufender Prozess, durch den sich im Durchgang durch verschiedene Lebenssituationen der eigene Verstehens- und Verantwortungshorizont und das persönliche Aktions- und Verhaltensrepertoire ständig erweitern (vgl. Kolland, 2008, S. 177).

„Dem alternden Individuum bleibt es vorbehalten, die verschiedenen altersbezogenen Referenzfolien (kalendarisches, biologisches, soziales und bildungsbiografischen Alterns) aufzunehmen, die damit verbundenen Erwartungen zu koordinieren und – sofern möglich – in ein mehr oder weniger konsistentes Altersselbstbild zu integrieren." (Nittel & Seitter, 2006, S. 133) Bildung im Alter knüpft unter anderem mit Angeboten an diese Bewältigungsaufgaben und die damit verbundenen Lernanforderungen an (vgl. Karl, 2009, S. 26), und zwar entweder im Zusammenhang von Bildung und Lernen (trad. im Zuständigkeitsbereich der Erwachsenenbildung): Bildungsangebote oder Selbstbildung besitzen dabei die Dimensionen der zweckfreien Selbstentfaltung, aber auch nachträgliche kompensatorische Behebung vorausgegangener lernbiografischer Defizite. Oder aber im Zusammenhang von „Hilfe und Lernen" (trad. Soziale Arbeit): Hierbei geht es ebenso sowohl bei Bildungsangeboten als auch bei Formen der Selbstbildung um pädagogische Interventionen und flankierende Kompensationsstrategien (z. B. Aneignung Hörgerät mit oder ohne Hilfe). Es handelt sich hierbei um Strategien des Verlernens, Umlernens und Neuerlernens lebensweltlicher Routinen (z. B. beim Eintritt ins Pflegeheim) (vgl. Nittel & Seitter, 2006, S. 135).

Bildung und Alter umfasst damit mehr als bloß die Teilnahme an Angeboten. „Interventionen für ein gutes Altern" sind Bildungsangebote vielmehr durch ihre Folgen im Hinblick auf Biografie und Selbstbild.

Bildung im Alter – empirische Studien

Zwei größere empirische Studien versuchen nähere Auskunft über Weiterbildungsverhalten und -interessen Älterer zu geben. Dabei wurden im Rahmen des BMBF-Projektes EdAge erstmals Verhalten und Interessen im Rahmen der Weiterbildung von 45- bis 80-Jährigen (N = 4.909) in Ergänzung zum Berichtssystem Weiterbildung erhoben (Tippelt, Schmidt, Schnurr, Sinner & Theisen 2009). Das Projekt „Competencies in Later Life" (CiLL) hingegen erweitert die PIACC-Untersuchung (Programme for the International Assessment of Adult Competencies)[5] um die Alterskohorte der 66- bis 80-Jährigen mit dem Ziel der Ermittlung des Forschungsstandes zur Bildung und Kompetenz älterer Menschen (Strobel, Schmidt-Hertha & Gnahs, 2012).

Der integrierte Forschungsansatz, der quantitativ-repräsentative und qualitativ-explorative Verfahren verbindet, schließt eine Lücke insbesondere in den Bereichen non-formalen und informellen Lernens. Beispielsweise kann mit dem auf Datenmangel beruhenden Irrtum aufgeräumt werden, dass der stete Rückzug aus Bildungsaktivitäten einzig in Abhängigkeit vom Alter interpretiert wird, entscheidend ist die Hinzuziehung der Erwerbsquote. Die Teilnahme an Weiterbildung setzt sich in außerberuflichen Kontexten fast linear bis ins hohe Alter fort. Und das, obwohl es sich hierbei um Generationen handelt, die weniger auf lebenslanges Lernen vorbereitet sind als nachwachsende Kohorten. Weiter lässt eine hohe Korrelation zwischen Bildungsabschlüssen und Weiterbildungsaktivitäten im Alter einen deutlichen Anstieg der Bildungsaktivitäten infolge der Bildungsexpansion erwarten (vgl. Tippelt, Schmidt & Kuwan, 2009). Die *Weiterbildungserfahrungen* hängen mit der Teilnahme zusammen. Je niedriger der Schulabschluss ist, desto weniger Weiterbildungserfahrungen geben die Beteiligten an. Dies setzt sich gleichermaßen im Berufsstatus fort. In negativer Sicht lässt dies darauf schließen, dass negative Erfahrungen tatsächlich zu einer reduzierten Teilnahme führen. Für die Erwerbstätigen stellt berufliche Verwertbarkeit ein zentrales Kriterium dar. In der nachberuflichen Phase hingegen sind es die Merkmale des Angebots selbst, die in den Vordergrund rücken, wie z. B. die Zusammensetzung der Teilnehmer und Aspekte der Geselligkeit (vgl. Theisen, Schmidt & Tippelt, 2009).

---

5 http://www.gesis.org/piaac

In der CiLL-Studie konnten 1325 Interviews mit älteren Menschen realisiert werden, die neben Hintergrundinformationen zu Bildungs- und Qualifizierungsprozessen und dem Erwerbsstatus als zentrales Element drei Domänen von Kompetenzen bei Erwachsenen abbildet: die Lesekompetenz, die mathematische bzw. Rechenkompetenz und die Fähigkeit zum Problemlösen mithilfe von Informations- und Kommunikationstechnologien (Strobel, Schmidt-Hertha & Gnahs, 2012). Die Daten dieser Studie befinden sich derzeit in Auswertung. Von beiden Studien sind aber grundlegende Erkenntnisse zu erwarten, die genuin aus dem Bereich der Erziehungswissenschaften wertvolle Daten für gegenwärtige und zukünftige Zielgruppen von Bildung im Alter generieren und damit für die Praxis von hoher Bedeutung für Planungsprozesse sein können.

Praxis von Bildung im Alter – Formen und Angebote

In diesem Abschnitt sollen nun Bildungsangebote für Ältere im Übergang in den Ruhestand nach ihren Formen gruppiert werden. Dabei werden die Formate unter Verweis auf die ihnen innewohnenden Lernprozesse vorgestellt. Es geht dabei insbesondere um Formate, die Zielen der Erwachsenbildung folgen, wie Lebensgestaltung, Prävention, Erhalt der Arbeitsfähigkeit und Teilhabe. Aber auch Interventionen für ein gutes Alter, die eher im Bereich Bildung und Hilfe anzusiedeln sind, sollen Erwähnung finden.

Weiterbildung für ältere Arbeitnehmer

Neben üblichen non-formalen Angeboten (PC-Kurse, Gesundheitsbegleitung, etc.) und informellen Selbstlernaktivitäten in Betrieben gehört zur Weiterbildung für ältere Arbeitnehmer auch eine altersgerechte Personalpolitik im Sinne der lernförderlichen Arbeitsplatzgestaltung, der altersgerechten Aufgabenverteilung, altersgemischter Teams und Laufbahngestaltung mit Blick auf die gesamte Erwerbsbiografie (vgl. Iller, 2008, S. 72). Dies bedeutet dabei auch den rechtzeitigen Einstieg in Programme des Übergangs in den Ruhestand, damit diese Phase sowohl für Unternehmen als auch Mitarbeiter gewinnbringend gestaltet werden kann. Zentrales Problem in der beruflichen Weiterbildung stellt die Struktur des Weiterbildungsmarktes in Deutschland dar. Er ist geprägt von Aktivitäten der Betriebe, den individuellen beruflichen Weiterbildungsaktivitäten jenseits der Unternehmen und den Angeboten der Bundesagentur für Arbeit. Die drei Bereiche sind strukturell voneinander getrennt und folgen eigenen Logiken, sodass eine übergeordnete Steuerung kaum möglich ist (vgl. ebd., S. 86).

Bildung an Volkshochschulen, Seniorenakademien, kirchlichen Bildungsangeboten und Hochschulen

Zu den klassischen institutionellen Angeboten gehören diejenigen der *Volkshochschule* (VHS), der kirchlichen Weiterbildungsträger, der Hochschulen und der Seniorenakademien. An der VHS ist das Altersspektrum 50plus mittlerweile mit einem Drittel vertreten und nimmt somit in der institutionellen Bildungsarbeit bereits wesentlichen Raum ein. Das Interesse der Älteren liegt insbesondere in den Bereichen Gesundheit, Kultur, Politik/Gesellschaft. VHS-Angebote sind vorwiegend durch Kursförmigkeit geprägt.

Die *kirchliche Erwachsenenbildung*, in katholischer als auch evangelischer Trägerschaft, kennzeichnet sich als institutionelles Angebot ebenso durch eine Reihe von Spezifika. Kirchliche Erwachsenenbildung versteht sich als Nahtstelle von Mensch, Kirche und Gesellschaft. Sie kennzeichnet sich durch die Kombination von Sach-, Qualifizierungs- und Orientierungswissen. Weitere Kennzeichen sind ihre ausgeprägte Flächenorientierung, ehrenamtliche Engagementstruktur, programmatische Breite, Themenspezifik und Zielgruppenausrichtung sowie eine doppelte kirchlich-weltliche Verweisungsstruktur. Die Nutzung ehrenamtlichen Engagements bspw. befördert eine orts- und lebensweltnahe Form der Bedarfs- und Angebotsplanung. Als werteorientierte und wertevermittelnde Instanz kreist die Arbeit der kirchlichen Erwachsenenbildung insbesondere um die Pole Identität und Solidarität auf der Grundlage des Evangeliums. Die Krisenhaftigkeit und Fragmentarität des Lebens geraten dabei ebenso in den Blick wie der generationenübergreifende Austausch und das solidarische gemeinschaftsorientierte Handeln. Zentrale Bildungsthemen auf Grundlage dieser Prämissen stellen religiöse Bildung selbst, Geschlechter- und Generationsbeziehungen, aber auch politische Bildung und globales Lernen dar. Neben Frauen, Männern und Familien stellen ältere Menschen dabei eine wesentliche Zielgruppe dar (Seitter, 2013).

Das *Seniorenstudium* (vgl. Beitrag von Dabo-Cruz in diesem Band) reicht in über 50 Hochschulen vom Gasthörerstatus über eigene Angebote im Rahmen des Seniorenstudiums bis hin zu zertifizierten Seniorenstudiengängen. Die Öffnung von allgemeinen Lehrveranstaltungen allein ersetzt kein spezielles Angebot, das am Bildungsbedarf älterer Studierender ausgerichtet ist. Über ein strukturiertes Angebot für ältere Erwachsene verfügen mittlerweile 20 Einrichtungen (z. B. vorbereitendes Studium auf das Ehrenamt). *Seniorenakademien* (vgl. Beitrag von Bischlager in diesem Band) sind in ihrer Organisation und ihrem Angebot sehr heterogen. Sowohl eigenständige Einrichtungen, separate Zielgruppenangebote einer Volkshochschule oder anderer Seniorenorganisationen können derart bezeichnet sein. Die Angebote sind jedoch schwer vergleichbar, da sie weder vernetzt sind noch über gemeinsame Programme verfügen (vgl. Karl, 2009, S. 121–125).

Engagementpolitische Initiativen

Lernen in Projektkontexten wächst in Initiativen älterer Menschen stetig an (vgl. Beitrag von Stanjek in diesem Band). Projekte mit Namen Erzählcafé, Wissensbörse oder Projekt zur Planung gemeinschaftlichen Wohnens (vgl. Kasper in diesem Band) behandeln z. T. auch das eigene Altern. Anders als in Kursen (s. oben) geht es den Initiativen meist um die interaktive Klärung gemeinsamer Interessen und Wertvorstellungen. Wie sozialpolitisch erwünscht Initiativen sind, zeigt das EFI-Programm – Erfahrungswissen für Initiativen (www.efi-programm.de). Dort werden *seniorTrainerinnen* als Multiplikatoren ausgebildet, um Wissen über Initiativen weiterzuvermitteln. Allgemein dienen Initiativen der Förderung des ehrenamtlichen Engagements Älterer und somit der Verwertbarkeit ihres Wissens und ihrer Kompetenzen für die Gesellschaft. (vgl. Karl, 2009, S. 125).

Interventionen für ein gutes Altern – Lernfeld Gesundheit, Krankheit

Unter den Begriffen der Interventionsgerontologie und Angewandte Gerontologie oder aber Lernformen im Bereich Bildung und Hilfe sind Angebote zu subsummieren, die sich mit zunehmender Beeinträchtigung im Alter auseinandersetzen. Dies kann reichen vom Gedächtnistraining, über Wohnberatung bis hin zur Begleitung von Sterbenden im Pflegeheim. Wichtig erscheint zu betonen, dass auch diese Formen den Älteren in nicht unbeträchtlichem Maße Lern- und Anpassungsprozesse abverlangen und deshalb in den Kanon von Bildungsangeboten im Alter mit aufzunehmen sind (zu Hinweisen zur Vielfältigkeit der Formen und der Gestaltung solcher Interventionsprogramme, siehe Bubolz-Lutz et al. 2010; Wahl, Tesch-Römer & Ziegelmann, 2010). Die Formate dieser Angebote können sehr vielfältig sein. Sie reichen von gezielten, kursförmig geschlossenen Gruppen- oder Individualangeboten bis hin zu Formen der Selbstvergewisserung und Selbstaneignung.

Selbst organisierte Formen des Lernens

Eine vierte Art von Bildungsaktivitäten Älterer sind Formen der selbstbezüglichen Aneignung und des informellen Lernens, bei denen zeitweise aber auch auf Institutionen (in Form von Beratung oder Begleitung) zurückgegriffen wird (vgl. Beitrag von Messer in diesem Band). Es kann sich dabei beispielsweise um die Notwendigkeit von Lernen im Umgang mit eintretenden Kompetenzeinbußen handeln (z. B. Himmelsbach, 2009). Dies ist zu unterscheiden von Angeboten für das bedürftige Alter. Aber auch dort können Mischformen zwischen (Selbst-)Bildung, Kommunikation, Beratung und Hilfe liegen, so wie sich in einigen Seniorenwohnanlagen bzw. -heimen hoch spezialisierte Bildungsangebote etabliert haben (vgl. auch Karl, 2009).

Aufgaben pädagogisch Tätiger im Bereich Altern und Bildung

Die Hinwendung zum Lebenslangen Lernen hat auch die Praxis der Bildung (älterer) Erwachsener verändert. Bislang gängige Differenzierungen nach Adressaten und Institutionen werden zunehmend brüchig, da das Individuelle ins Zentrum rückt. Hof (2009) schlägt aus diesem Grund drei Kernarbeitsbereiche für Pädagogen vor (vgl. S. 151 ff.):

Unterstützung durch professionelle Lehr-Lern-Gestaltung: Lebenslanges Lernen eröffnet eine Vielzahl von Lernorten und Vermittlungsformen. Es kann auf Aneignung von Information, Handlungsfertigkeiten oder Reflexionskompetenz gerichtet sein. Pädagogen haben die Frage zu beantworten, wie die konkrete Lernumgebung zu gestalten und welches Lehr-Lern-Arrangement für die jeweiligen Adressaten am besten geeignet ist.

Unterstützung durch Konzeption und Gestaltung institutioneller Rahmenbedingungen: Um eine Durchlässigkeit und Transparenz des Bildungssystems zu gewährleisten, ist die Vernetzung von Bildungsanbietern (z. B. in lokalen Netzwerken) eine weitere Aufgabe.

Unterstützung durch Beratung: Die Forderung nach individueller Gestaltung der Lernprozesse über den gesamten Lebensverlauf zwingt das Individuum, sich selbst mit seiner Bildungsbiografie zu befassen. Beratungen hierzu können in Form personenbezogener Beratung, als Weiterbildungsberatung oder Lernberatung, von Bedeutung oder an Organisationen gerichtet sein, um Betriebe und Weiterbildungsanbieter in der Realisierung lebenslanger Lernprozesse zu unterstützen.

Spezifischer auf die Bildungsarbeit mit älteren Erwachsenen gerichtet, beschreiben Bubolz-Lutz et al. (2010) didaktische Prinzipien vor dem Hintergrund der Vielfältigkeit und Besonderheit des Alterns. Differenzielle Bildung meint demnach Fokussierung der Bildungsarbeit auf die individuellen Voraussetzungen und Eingehen auf die Unterschiedlichkeit der Akteure. Als ermöglichungsdidaktische Grundlage werden daher acht Prinzipien vorgeschlagen:
- Die Verknüpfung von Reflexion und Handeln,
- Anregung zum Erfahrungsaustausch,
- Thematisierung der Lernbiografie,

- Förderung der Selbst- und Mitbestimmung,
- Ermöglichung von Kontakten und Zugehörigkeit,
- Auseinandersetzung mit Wertvorstellungen,
- Einbindung in Lebenszusammenhänge und Sozialraum sowie
- die Schaffung anregender Lernumgebungen (siehe ausführlich dazu: Bubolz-Lutz et al., S. 128–160).

Aktuelle und zukünftige Herausforderungen und Chancen für die Bildungsarbeit mit Älteren

Trotz oder gerade weil mit einem vermehrten Aufkommen an bildungsbereiten Älteren in Zukunft zu rechnen ist, sollte sich die Praxis der Bildungsarbeit mit dem Spannungsfeld von (ehrenamtlichem) Engagement und bildungsbiografischer Selbstreflexion auseinandersetzen. Wie viel Engagement ist möglich und wie viel Selbstreflexion für das Individuum notwendig? Bildungsbiografische Selbstreflexion, wie oben unter dem Begriff (Bildungs-)Biografie beschrieben, ermöglicht aber in unterschiedlichster Weise und unter Einbindung verschiedener Lernprozesse an eine Bildung im Alter zu denken, die bis ans Lebensende reicht und damit auch nicht vor spirituellen oder sinnbehafteten Themen im Umgang mit Sterben und Tod Halt macht. Durch diese Ebene ist es möglich, auch Altern im Angesicht von Stillstand und Verlust in die Debatte von Bildung und Alter zu integrieren.

Literatur

Alheit, Peter; Dausien, Bettina (2002): Bildungsprozesse über die Lebensspanne und lebenslanges Lernen. In: Tippelt, Rudolf (Hrsg.): Handbuch Bildungsforschung (S. 565–585). Opladen: Leske + Budrich.
Bubolz-Lutz, Elisabeth; Gösken, Eva; Kricheldorff, Cornelia; Schramek, Renate (2010): Geragogik: Bildung und Lernen im Prozess des Alterns. Stuttgart: Kohlhammer.
Costard, Astrid (2006): Der Übergang in den Ruhestand als Bezugspunkt für Bildungsangebote. Diplomarbeit. URL: http://www.die-bonn.de/doks/costard0601.pdf. Zugriff: 15.01.2014

Engstler, Heribert (2005): Erwerbsbeteiligung in der zweiten Lebenshälfte und der Übergang in den Ruhestand. In: Tesch-Römer, Clemens; Engstler, Heribert; Wurm, Susanne (Hrsg.): Altwerden in Deutschland: Sozialer Wandel und individuelle Entwicklung in der zweiten Lebenshälfte. Wiesbaden: VS Verlag.

Himmelsbach, Ines (2009): Altern zwischen Kompetenz und Defizit: Der Umgang mit eingeschränkter Handlungsfähigkeit. Wiesbaden: VS Verlag.

Hof, Christiane (2009): Lebenslanges Lernen: Eine Einführung. Stuttgart: Kohlhammer.

Iller, Carola (2008): Berufliche Weiterbildung im Lebenslauf – bildungswissenschaftliche Perspektiven auf Weiterbildungs- und Erwerbsbeteiligung. In: Kruse, Andreas (Hrsg.): Weiterbildung in der zweiten Lebenshälfte (S. 67–92). Bielefeld: Bertelsmann.

Kade, Jochen; Nittel, Dieter; Seitter, Wolfgang (2007): Einführung in die Erwachsenenbildung/Weiterbildung (2., überarbeitete Auflage). Stuttgart: Kohlhammer.

Martin, Mike; Kliegel, Matthias (2005): Psychologische Grundlagen der Gerontologie. Stuttgart: Kohlhammer.

Karl, Fred (2009): Einführung in die Generationen- und Altenarbeit. Opladen: Budrich.

Köcher, Renate; Bruttel, Oliver (2013): Generali Altersstudie 2013. Wie ältere Menschen leben, denken und sich engagieren. Originalausg. Frankfurt am Main: Fischer.

Kolland, Franz (2008): Lernbedürfnisse, Lernarrangements und Effekte des Lernens im Alter. In: Aner, Kirsten; Karl, Ute (Hrsg.), Lebensalter und Soziale Arbeit. Ältere und alte Menschen (S. 174–186). Baltmannsweiler: Schneider Verlag Hohengehren.

Nittel, Dieter; Seitter, Wolfgang (2006): Die Bedeutung des demographischen Wandels für die Erwachsenenbildung. In: Der Pädagogische Blick, 14, S. 132–139.

Theisen, Catharina; Schmidt, Bernhard; Tippelt, Rudolf (2009): Weiterbildungserfahrungen. In: Tippelt, Rudolf; Schmidt, Bernhard; Schnurr, Simone; Sinner, Simone; Theisen, Catharina (Hrsg.): Bildung Älterer: Chancen im demografischen Wandel (S. 46–58). Bielefeld: Bertelsmann.

Tippelt, Rudolf; Schmidt, Bernhard; Schnurr, Simone; Sinner, Simone; Theisen, Catharina (Hrsg.) (2009): Bildung Älterer: Chancen im demografischen Wandel. Bielefeld: Bertelsmann.

Tippelt, Rudolf; Schmidt, Bernhard; Kuwan, Helmut (2009): Bildungsteilnahme. In: Tippelt, Rudolf; Schmidt, Bernhard; Schnurr, Simone; Sinner, Simone; Theisen, Catharina (Hrsg.): Bildung Älterer: Chancen im demografischen Wandel (S. 32–45). Bielefeld: Bertelsmann.

Ryff, Carol D.; Kwan, Christine M.; Singer, Buron H (2001): Personality and aging: Flourishing agendas and future challenges. In: Birren, James E.; Schaie, K. Warner; Abeles, Roland P. (Hrsg.) Handbook of the psychology of aging (5. Auflage, S. 477–499). San Diego, CA: Academic Press.

Seitter, **Wolfgang** (2013): Profile konfessioneller Erwachsenenbildung in Hessen: Eine Programmanalyse. Wiesbaden: VS Verlag.

Strobel, **Claudia; Schmidt-Hertha, Bernhard; Gnahs, Dieter** (2011): Bildungsbiographische und soziale Bedingungen des Lernens in der Nacherwerbsphase. In: Magazin erwachsenenbildung.at. Das Fachmedium für Forschung, Praxis und Diskurs, 13, 06/2–06/11.

Wahl, **Hans-Werner; Tesch-Römer, Clemens; Ziegelmann, Jochen Phillip (Hrsg.)** (2012): Angewandte Gerontologie. Interventionen für ein gutes Altern in 100 Schlüsselbegriffen. Stuttgart: Kohlhammer.

2.4 Alter(n), Ehrenamt und Erwachsenenbildung – Zugänge und Reflexionen

ELISABETH VANDERHEIDEN

Zusammenfassung

„Alt sein ist eine herrliche Sache, wenn man nicht verlernt hat, was anfangen heißt." So formulierte es Martin Buber einmal. Der demografische Wandel und die gestiegene Lebensqualität im Alter haben in den letzten Jahren zu einer Neubewertung des Alters in Deutschland geführt. Seniorinnen und Senioren in Deutschland leben heute durchschnittlich über 30 Jahre länger als noch vor 100 Jahren und haben oft die Möglichkeit, ihr Leben im Alter bei guter Gesundheit aktiv zu gestalten.

Viele dieser Menschen engagieren sich ehrenamtlich oder wären bereit, dies zu tun. Was kennzeichnet dieses spezielle Engagement? Dieser Frage geht dieser Artikel nach. Bildungsarbeit für Menschen im dritten und vierten Lebensalter ist angesichts dieser demografischen und lebenszeitlichen Entwicklung eine zentrale aktuelle und zukünftige Herausforderung – nicht nur für Institutionen der Erwachsenenbildung.

1 Ehrenamtliches Engagement Älterer

In den letzten Jahren ist das ehrenamtliche Engagement älterer Menschen kontinuierlich angestiegen. So belegt der letzte Freiwilligensurvey (2010)[6], dass es eine besonders deutliche und kontinuierliche Steigerung des freiwilligen Engagements bei den älteren Menschen gab. So stieg die Engagementquote bei über 65-Jährigen von 23 % (1999) auf 26 % (2004) bzw. auf 28 % (2009). Zwischen 1999 und 2004 erhöhte sich die Engagementquote besonders stark bei den 60- und 69-Jährigen, zwischen 2004 und 2009 bei der älteren Gruppe im Alter ab 70 Jahren (1999: 20 %, 2004: 22 %, 2009: 26 %). Besonderes Augenmerk verdient dabei das Engagement der Menschen bis zur Altersgrenze von 75 Jahren, denn hier beträgt die Engagementquote sogar 29 %. Als Gründe dafür benennt die Studie, dass hier gerade jene Jahrgänge aktiv sind, für die in jüngeren Jahren der zivilgesellschaftliche Aufschwung der 1960er- und 1970er-Jahre ein prägender Eindruck war. Daher kann prognostiziert werden, dass sich dieser Sondereffekt bei den jüngeren Seniorinnen und Senioren verlieren wird. Zugleich darf vermutet werden, dass „wegen ihrer steigenden Fitness und ihres verbesserten Bildungsniveaus die älteren Menschen weiterhin für freiwilliges Engagement aufgeschlossen sein werden, sich jedoch in steigendem Maße als kritische und selbstbewusste Engagierte erweisen. Zwar kümmern sich engagierte Seniorinnen und Senioren, vor allem im sozialen Bereich, verstärkt um ältere Menschen, dennoch richtet sich ihr Engagement zunehmend auch direkt auf das Gemeinwesen." (Freiwilligensurvey Zusammenfassung, S. 19)

Ein zentrales Ergebnis des o. g. Freiwilligensurveys bestand im Nachweis, dass es vor allem die Seniorinnen und Senioren sind, die sich durch freiwilliges Engagement immer stärker in die Zivilgesellschaft einbringen. Gleichzeitig stellen sie im betagteren Alter eine bedeutsame Zielgruppe des freiwilligen Engagements dar. Dabei gibt es eine Überschneidung zwischen Altersgruppe und Zielgruppe: Je älter die Engagierten, desto häufiger setzten sie sich auch für ältere Menschen ein (33 % der über 65-Jährigen, 38 % der über 75-Jährigen). Dabei sind es vor allem die älteren Frauen, die sich um ältere Menschen kümmern. Interessanterweise spielt bei diesem Engagement für ältere Menschen Verwandtschaft kaum eine Rolle. (Freiwilligensurvey Zusammenfassung, S. 37)

---

6 Der Freiwilligensurvey (FWS) wird seit 1999 im Auftrag des Bundesfamilienministeriums durchgeführt. Es ist die umfassendste und detaillierteste quantitative Erhebung zum bürgerschaftlichen Engagement in Deutschland. Freiwilliges Engagement und die Bereitschaft zum Engagement von Personen ab 14 Jahren werden detailliert erhoben und können differenziert nach Bevölkerungsgruppen und Bundesländern dargestellt werden. Die nächste Erhebung ist für 2014 geplant. Zitiert wird sowohl aus dem längeren Hauptbericht (BMFSFJ 2010) sowie aus der kürzeren Zusammenfassung (BMFSFJ 2010a).

1.1 Schwerpunkte und zeitlicher Aufwand des Engagements Älterer

Thematisch liegen die Schwerpunkte des freiwilligen Engagements älterer Menschen weiterhin im kirchlichen und sozialen Bereich, wie die nachfolgende Grafik deutlich macht:

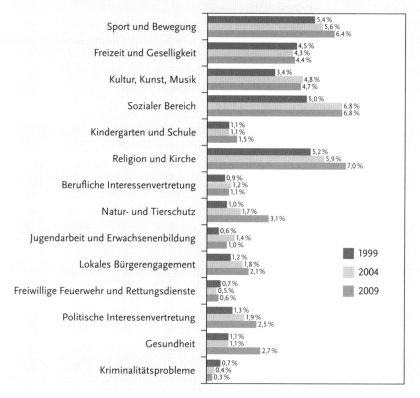

Abb.: Freiwilligensurvey Bericht, S. 158

Dabei hat sich im Vergleich zu früheren Untersuchungen vor allem seit 2004 der Sport verstärkt als dritter Schwerpunkt des Engagements etabliert, was mit der zunehmenden Fitness der Älteren zu tun haben dürfte bzw. mit dem Bedürfnis, länger fit zu bleiben. Der Freiwilligensurvey arbeitete heraus, dass das Engagement der Älteren im Bereich Gesundheit und Sport durch die zunehmende körperliche und geistige Fitness vieler Älter begünstigt wird, sich andererseits aber auch positiv auf ihr Wohlbefinden auswirkt: „Engagement bedeutet Aktivität, Herausforderung der körperlichen und geistigen Kräfte sowie soziale Integration" (Freiwilligensurvey Bericht, S. 156). Gerade bei älteren Menschen muss immer wieder herausgehoben werden, wie wichtig für ihre soziale Integration bereits die öffentliche Beteiligung in der Infrastruktur der Zivilgesellschaft ist, auch ohne dass sie bestimmte freiwillige Tätigkeiten übernehmen.

Weiterhin sind Kultur und Musik sowie der Freizeitbereich zentrale Domänen des Engagements älterer Menschen. Spannend ist die relativ kontinuierliche Zunahme des Engagements Älterer in den Bereichen Umwelt- und Tierschutz, Politik und bürgerschaftliches Engagement am Wohnort, vor allem aber gilt es festzuhalten, dass sich das Engagement der Älteren stärker als früher auch unmittelbar auf die Mitgestaltung des Gemeinwesens richtet.

Dabei sind deutliche Unterschiede zwischen den Geschlechtern zu beobachten: Frauen sind deutlich weniger sportlich engagiert (4 %) als Männer (10 %). Weitere große Unterschiede sind im gesamten Vereinsbereich zwischen älteren Frauen und Männern vor allem bei Kultur und Musik, insbesondere aber bei Freizeit und Geselligkeit zu konstatieren. Dabei wird das inzwischen stark gewachsene ökologische und politische Engagement besonders durch die älteren Männer repräsentiert. Typische Schwerpunkte des Engagements älterer Frauen sind nach wie vor im Bereich Soziales als auch im Bereich Kirche und Religion anzusiedeln. (Freiwilligensurvey Bericht, S. 156)

Während die Ehrenamtlichen 1999 durchschnittlich 18 Stunden pro Monat für ihr ehrenamtliches Engagement investierten, reduzierte sich 2009 dieser Zeitaufwand auf 16 Stunden. Besonders deutlich war der Rückgang bei älteren Engagierten. Der gesunkene Zeitaufwand bei den älteren Freiwilligen wurde aber durch den höheren Anteil von Seniorinnen und Senioren im Engagement kompensiert.

1.2 Geschlechterdifferenzen im ehrenamtlichen Engagement Älterer

Die traditionelle Arbeitsteilung der Geschlechter in der Familie, in der Gesellschaft und der Berufswelt setzt sich anscheinend auch in der Zivilgesellschaft fort: Das zeigt sich nicht nur in der oben bereits ausgeführten unterschiedlichen thematischen Ausrichtung weiblichen und männlichen Engagements, sondern auch an der geringeren Repräsentanz von Frauen in Leitungspositionen.

Die Autoren des Surveys bewegt dies zur folgenden Formulierung: „Frauen arbeiten mehr am Menschen und Männer mehr an der Sache. Diese Sacharbeit der

Männer ist oft mit mehr Attraktivität und Prestige verbunden als die Menschenpflege der Frauen. Hochbetagte Seniorinnen und Senioren profitieren besonders von der Zuwendung der Frauen, aber auch behinderte und sozial benachteiligte Menschen. Unabhängig davon, dass man darüber streiten kann, ob und in welchem Maße Unterschiede zwischen dem Engagement von Männern und Frauen abgebaut werden sollten, ist es die besondere mitmenschliche Qualität des weiblichen Engagements wert, hervorgehoben und anerkannt zu werden." (Freiwilligensurvey Bericht, S. 167)

Auffällig ist der starke Rückgang des Engagements von Frauen im Alter zwischen 20 und 34 Jahren, ebenfalls zwischen 55 und 64 Jahren sowie zwischen 70 und 74 Jahren. Dennoch sind es nach wie vor die Frauen, die das Engagement in den meisten sozialen Bereichen der Zivilgesellschaft tragen (Kindertagesstätte und Schule, Soziales, Gesundheit, Kirche). Die Männer engagieren sich hingegen besonders bei Sport und Freizeit, im politischen und berufsbezogenen Engagement sowie bei der Freiwilligen Feuerwehr bzw. den Rettungsdiensten. Der überproportional höhere Anteil der Männer im engeren Bereich der Zivilgesellschaft setzt sich in der bevorzugten Besetzung zivilgesellschaftlicher Führungspositionen mit Männern fort, sogar in Bereichen, die vom ehrenamtlichen Engagement von Frauen bestimmt werden (Freiwilligensurvey Bericht, S. 169). Dies ist vor allem auf das eher knappere Zeitbudget von Frauen zurückzuführen, die zunehmend Bildungs-, Ausbildungs- und Erwerbsarbeit – deutlich stärker als Männer – mit Familien- und sozialer Beziehungsarbeit (inkl. der Pflege von Angehörigen) vereinbaren müssen. Dies hat dann Konsequenzen, sowohl im Hinblick auf die Beteiligung am Engagement als auch beim Zeitaufwand für das Engagement.

1.3 Ehrenamtliches Engagement in Katholischer Erwachsenenbildung
Katholische Erwachsenenbildung in Deutschland basiert vor allem auf ehrenamtlichem Engagement, denn die Erwachsenenbildung ist in den meisten Bistümern stark auf die Gemeinde vor Ort ausgerichtet und lebt dort von ihren ehrenamtlich Engagierten. Es sind diese ehrenamtlich Tätigen, die sicherstellen, dass lebensraumorientierte und bedarfsgerechte Erwachsenenbildungsangebote konzipiert und realisiert werden. Sie gewährleisten die Einbindung der Erwachsenenbildung in das sonstige gemeindliche Leben, etwa durch die Anbindung an den Pfarrgemeinderat. Damit stellt dieses Netz von Ehrenamtlichen ein unverzichtbares Qualitätsmerkmal dar und ist entscheidend für das Vorhalten einer nahezu flächendeckenden Struktur von katholischen Erwachsenenbildungsangeboten.

Zu Recht verweist die KEB Deutschland in ihrem Impulspapier zu Engagement und Bildung 2012 daher darauf, dass Kirche und Gesellschaft aktuell vor gewaltigen Umbrüchen stehen:

„Dies hat sowohl Auswirkungen auf das Selbstverständnis und die Aufgaben der (ehrenamtlichen) Laien wie auf die Struktur und Ausrichtung der Katholischen Erwachsenenbildung. Nach wie vor ist sie in den meisten Bistümern auf die Gemeinde vor Ort ausgerichtet und lebt dort von ehrenamtlich Engagierten. (...) Ohne dieses Netz von Ehrenamtlichen wäre das Vorhalten einer nahezu flächendeckenden Struktur von katholischen Erwachsenenbildungsangeboten kaum vorstellbar.

Wo dieses Netz nicht mehr aufrechtzuerhalten ist, müssen neue Konzepte entwickelt und erprobt werden. Ziel muss es sein, weiterhin sicherzustellen, dass die vielfältigen Bedarfe von ehrenamtlich Engagierten mit qualitativen Angeboten von Seiten der katholischen Erwachsenenbildung und ihren Kooperationspartnern befriedigt werden können." (KBE 2013, S. 9–10)

Wie sich diese Strukturveränderungen langfristig auf die Anzahl der Ehrenamtlichen auswirken, die sich hier engagieren, auf ihre Aufgabenprofile, ihre Unterstützungsnetze etc., das ist noch nicht abzusehen. Auswirkungen hat hier natürlich auch der Imageverlust der katholischen Kirche.

1.4 Ehrenamtliches Engagement im Wandel
Für die künftigen Generationen der Älteren prognostiziert der Freiwilligensurvey eine Verschlechterung im Hinblick auf das Ausmaß ehrenamtlichen Engagements älterer Menschen: „Eine so gute öffentliche Versorgung und ein so frühes Rentenalter, wie es viele heutige Seniorinnen und Senioren genießen, wird es in absehbarer Zeit nicht mehr geben. Man kann davon ausgehen, dass die im Vergleich zu früher und zu später besonders günstige aktuelle Lage vieler Seniorinnen und Senioren in Kombination mit ihrem sich modernisierenden Lebensstil ein wichtiger Hintergrund des Aufschwungs der öffentlichen Beteiligung und des freiwilligen Engagements bei den älteren Menschen war." (Freiwilligensurvey Bericht, S. 164) Damit – so schlussfolgern die Autorinnen und Autoren des Surveys – ist für die Zukunft ein Rückgang im Hinblick auf das ehrenamtliche Engagement von Älteren zu vermuten.

Zahlreiche Ehrenamtsforscher haben auf einen sog. Strukturwandel des Ehrenamtes verwiesen, so z. B. Sebastian Braun (Braun 2008). Er geht dabei von einem gesellschaftlichen Wertewandel aus, der beschrieben wird als die Abwendung von materiellen Werten (z. B. Streben nach Wohlstand) bei gleichzeitiger Hinwendung zu postmateriellen Werten wie Freiheit, Selbstverwirklichung, Selbsterleben oder Glück als Produkt der Sozialisation in materiell hoch entwickelten Gesellschaften. In einer Übersichtstabelle stellt er Merkmale dieses „Strukturwandels des Ehrenamtes" dar:

„Altes Ehrenamt"	„Neues Ehrenamt"
weltanschauliche und dauerhafte Bindung an eine charakteristische Trägerorganisation	vielfältige, zeitlich befristete, pragmatische und tätigkeitsorientierte Engagements in verschiedenen Organisationsformen in neuen Engagementfeldern (z. B. Ökologie, Umweltschutz) vor dem Hintergrund eines zeitweise gemeinsamen Themas
milieugebundene Sozialisation	biografische Passung
selbstloses Handeln, Aufopferung und Fürsorge	Norm der Gegenseitigkeit von Geben und Nehmen; Medium der Selbstfindung und Selbstsuche
unentgeltlich	Aufwandsentschädigung, Honorartätigkeit
Laientätigkeit	Ausbildungsorientiert, Kompetenzentwicklung, (Semi-) Professionalität

(Braun 2008, S. 4)

Andererseits spielen natürlich auch veränderte gesellschaftliche Rahmenbedingungen wie veränderte Lebensentwürfe, gestiegene Mobilitätserfordernisse, der hohe Berufstätigkeitsanteil, die steigende Skepsis gegenüber Großorganisationen etc. eine bedeutsame Rolle bei diesen Veränderungsprozessen. Dieser Wandel vom sogenannten „alten" zum „neuen" Ehrenamt wird insbesondere angesichts der Ergebnisse der letzten Milieustudie weitreichende Folgen gerade für katholische Einrichtungen haben. Darauf nimmt auch die Katholische Erwachsenenbildung Deutschland Bezug, wenn sie in ihrer 2013 veröffentlichten Publikation zum ehrenamtlichen Engagement in der Katholischen Erwachsenenbildung schreibt: „Untersuchungen zeigen, dass die Menschen zunehmend veränderte Anforderungen an ihr Engagement stellen: klare und präzise Aufgabenstellung, zeitliche Befristung, Berücksichtigung ihrer Charismen, Angebote zur Qualifikation, Erzielen von Wirksamkeit und Erfolgen, persönlicher Kompetenzgewinn, spürbare Anerkennung und wirksame Teilhabe." (KBE 2013, S. 7) Daraus ergeben sich Forderungen: „In einer pluralen, durch den Freiheitswillen des Einzelnen geprägten Gesellschaft wird eine selbstbestimmte, den Fähigkeiten und zeitlichen Ressourcen entsprechende, mit Wirkungsmacht versehene Ausgestaltung eines veränderten ehrenamtlichen Engagements zwingend notwendig sein. Damit wird Offenheit gegenüber neuen Formen des Ehrenamtes notwendig, die sich z. B. durch Projektbezogenheit und Organisationsunabhängigkeit der Beteiligten auszeichnet." (KBE 2013, S. 7)

2 Weiterbildungsbeteiligung Älterer und Ehrenamtlicher

Die empirischen Bestandsaufnahmen und Prognosen des Infas-Instituts zur Weiterbildung Älterer im demografischen Wandel sind zu dem Ergebnis gekommen, dass die Nachfrage nach Bildungsangeboten im Alter stark zunehmen wird (vgl. Landesbeirat 2006). Allein die heute 40- bis 55-Jährigen, die geburtenstarken Jahrgänge der 1960er Jahre, werden bis 2015 für einen Anstieg von zirka zwei Millionen mehr Teilnehmenden beziehungsweise Nachfragenden sorgen. Die Bildungsexpansion in den 60ern hat bewirkt, dass die Älteren der Zukunft zu einem sehr viel höheren Anteil eine weiterführende und höhere Schulbildung mitbringen werden und fast alle eine Ausbildung haben.

Die Zahl der Über-65-Jährigen wird bis 2037 nach Angaben des Statistischen Bundesamtes um 50 % steigen. Bis zum Jahr 2020 wird die Zahl der Über-80-Jährigen von etwa 3,6 bis auf zirka 5,9 Millionen steigen, bis 2050 werden zehn Millionen Menschen über 80 Jahre alt sein. Den überwiegenden Anteil werden Frauen ausmachen, die – zumindest statistisch gesehen – das weiterbildungsaffinere Geschlecht sind.

Bereits heute verfügen Senioren und Seniorinnen über höhere Schulabschlüsse als frühere Kohorten und nehmen auch häufiger an Bildungsmaßnahmen teil. Es darf davon ausgegangen werden, dass sich dieser Trend in der Zukunft noch deutlich verstärken wird: Menschen, für die (Weiter-)Bildung stets ein vertrauter Bestandteil ihres Lebens war, werden darauf auch im Alter nicht verzichten wollen.

Die Angebotspalette der Themen, die bei Seniorinnen und Senioren auf besonderes Interesse stoßen, reicht von Kunst, Kultur, Umwelt, Recht, Politik, Technik bis hin zu Neue Medien und Fremdsprachen. Aber auch handwerkliches, musisches, künstlerisches Gestalten und Gesundheit stehen weit vorne auf der Nachfrageskala. Vom Alter unabhängig ist die Nachfrage nach Angeboten zu Daseinsfragen, Religion und Philosophie. Insgesamt ist davon auszugehen, dass die informelle, selbst bestimmte und selbst organisierte Bildung bei Personen in der zweiten Lebenshälfte eine nicht zu unterschätzende Bedeutung einnehmen wird.

Statistisch nimmt die Beteiligung an Weiterbildungsangeboten bereits ab 70 Jahren deutlich ab. Die eigene Gesundheit wird mit steigendem Alter ein ausschlaggebendes Kriterium für Teilnahme beziehungsweise Nichtteilnahme. Allerdings hat insbesondere auch die örtliche Präsenz einer Weiterbildungseinrichtung deutlich positive Auswirkungen auf die Weiterbildungsbeteiligung. Zugleich wächst die Bedeutung an aufsuchenden Angeboten gerade für hochaltrige Menschen, für die vor allem im Kontext Katholischer Erwachsenenbildung diverse Konzepte entwickelt und erprobt wurden.

Vor allem ehemals oder aktuell Ehrenamtliche haben ein ausgeprägtes Bildungsverhalten und signalisieren ein stärkeres Bildungsinteresse für die Zukunft. Sie nehmen fast doppelt so häufig an Bildungsveranstaltungen teil wie andere Ältere und fragen häufig Schlüsselqualifikationen und handlungsfeldbezogene Weiterbildungsangebote nach (Vanderheiden 2010). Die Möglichkeit zur Teilnahme an Weiterbildungskursen oder -seminaren fördert zum einen die Kompetenzen der Ehrenamtlichen in unterschiedlichen Handlungsfeldern, ist aber laut Freiwilligensurvey auch ein Zeichen für die Anerkennung ihrer Leistungen. In vielen Bereichen vermitteln Maßnahmen zur Weiterbildung zudem elementares Wissen, das für die Ausübung der Tätigkeit sogar Voraussetzung ist (z. B. bei der freiwilligen Feuerwehr und den Rettungsdiensten). Knapp die Hälfte der Engagierten hat bisher einmal oder mehrmals eine Veranstaltung zur Weiterbildung besucht (47 %). Interessant ist der hohe Anteil von Engagierten, die bereits mehrfach an solchen Veranstaltungen teilgenommen haben (36 %). Eine knappe Mehrheit der Engagierten hat bisher keine Seminare oder Kurse zur Weiterbildung besucht (53 %). Die positiven Effekte der Weiterbildung zeigen sich daran, dass diejenigen Engagierten, die bereits mehrfach an einer Weiterbildung teilgenommen hatten, ihren Kompetenzgewinn im Engagement besonders hoch bewerten. Einen positiven Einfluss auf das Weiterbildungsverhalten hat übrigens der Anteil von Hauptamtlichen in den Organisationen: Je mehr Hauptamtliche es gibt, desto höher der Anteil von Engagierten, die schon einmal oder mehrmals an der Weiterbildung teilnahmen. (Freiwilligensurvey Bericht, S. 228)

3 Fazit

Bildung und Weiterbildung sind Voraussetzungen für die Entwicklung der Menschen und ihre gesellschaftliche Teilhabe und damit für Wohlstand, Wachstum und (internationale) Wettbewerbsfähigkeit, aber auch für die Sicherstellung von Partizipation. Sie bieten ein hohes Potenzial für die Integration von Bevölkerungsgruppen – wie etwa die von Menschen mit Zuwanderungsgeschichte oder Angehörigen materiell marginalisierter Bevölkerungsgruppen. (Weiter-)Bildung hilft so, Begabungsreserven auszuschöpfen und gesellschaftliches Konfliktpotenzial zu mindern.

Dabei ist Weiterbildung nicht immer nur ein vermeintliches Zuschussgeschäft: Aktuelle Untersuchungen weisen darauf hin, dass 2050 ein durchschnittlicher Haushalt ein Drittel mehr für Freizeit, Unterhaltung und Kultur ausgeben wird als 2003. Ältere Menschen über 60 repräsentieren derzeit rund 316 Millionen Euro Kaufkraft jährlich und tragen damit etwa ein Drittel der Gesamtausgaben für den privaten Konsum. Ihre Finanzkraft wird 2050 auf etwa 386 Millionen Euro anwachsen – 41 % der Gesamtausgaben.

Menschen, denen Bildung ihr ganzes Leben lang wichtig war, werden auch im Alter in dieses Gut investieren. Aber auch dies bleibt letztlich nur leistbar, wenn eine entsprechende bedarfsgerechte Infrastruktur flächendeckend verfügbar ist. Zugleich bleibt zu berücksichtigen, dass Armut in Deutschland voraussichtlich zukünftig auch ein „altes Gesicht" haben wird. Auch für diese Menschen muss Partizipation an Bildung leistbar sein.

Bildung für Menschen im dritten und vierten Lebensalter kann, insbesondere wenn sie als intergenerationelles Angebot gestaltet ist, einen unverzichtbaren Beitrag zu selbstbestimmtem, geistig und politisch regem und gesundem Leben bis ans Lebensende leisten. Sie will und kann soziale und politische Teilhabe erleichtern, existenzielle Entwicklungsaufgaben bewältigen helfen, soziale Dialogprozesse verstetigen und Beiträge zu bedarfsorientierter, menschennaher Gestaltung von Lebensräumen leisten.

Wenn Bildungsarbeit für Menschen im dritten und vierten Lebensalter gelingen soll, ist es von entscheidender Bedeutung, dass die differenzierte Bildungsnachfrage der Seniorinnen und Senioren auch auf ein entsprechendes Angebot stößt. Ein Angebot also, das leicht zu erreichen und bezahlbar ist, das bedarfsgerecht und leicht zugänglich und im umfassendsten Sinne des Wortes „barrierefrei" ist, das – passend zum eigenen Kultur- oder Milieuhintergrund in pluraler Trägerschaft – ein vielfältiges Angebot vorhält. Dazu sind rechtzeitige Interventionen und Weichenstellungen erforderlich, wie etwa die Sicherung und der Ausbau der Weiterbildungsinfrastruktur, um den prognostizierten Zuwachs aufnehmen zu können. Bei einer Verbesserung der Angebotsseite ist sogar davon auszugehen, dass sich die Nachfrage noch weiter erhöhen wird. Dies setzt allerdings eine entsprechende Infrastruktur und entsprechend qualifiziertes und ausreichendes Weiterbildungspersonal voraus, das solche Angebote vorhalten kann. Hier ist eine konzertierte Aktion der öffentlichen Hand auf allen Ebenen, der Freien Träger – wie etwa der Kirchen –, aber auch vieler anderer Beteiligter, etwa der Krankenkassen erforderlich.

Die Grundförderung der allgemeinen Weiterbildung muss fortgesetzt und umfassend ausgebaut werden, um die Weiterbildungsteilnahme älterer Menschen aller sozialen Gruppen und in allen Regionen entsprechend der Zielsetzung des Landes grundsätzlich sicherzustellen.

Was die Qualifizierung von Ehrenamtlichen betrifft, so hat die Erwachsenenbildung in katholischer Trägerschaft auch hier vieles beizutragen: jahrzehntelange Erfahrungen, bewährte Konzepte, bunte und vielfältige neue Formate[7] und ihr ungebrochenes Engagement für adäquate Rahmenbedingungen. Denn auch wenn die Bedeutung von Bildungsangeboten für diese Zielgruppen unbestritten ist, bedarf ihre Realisierung konkreter bildungspolitischer Visionen und Handlungsstrategien.

Auch für die Bildungsarbeit mit heutigen und zukünftigen Seniorinnen und Senioren im Ehrenamt und darüber hinaus gilt das Motto des früheren amerikanischen Präsidenten John F. Kennedy:

„Es gibt nur eins, was auf die Dauer teurer ist als Bildung: keine Bildung."

Literatur

Braun, Sebastian (2008): Vom „alten" zum „neuen" Ehrenamt. Anmerkungen zum freiwilligen Engagement im vereins- und verbandsorganisierten Sport. In: BBE-Newsletter 13/2008. http://b-b-e.de/uploads/media/nl13_braun.pdf [14.12.2013]

BMFSFJ (Hg.) (2010): Hauptbericht des Freiwilligensurveys 2009. Zivilgesellschaft, soziales Kapital und freiwilliges Engagement in Deutschland 1999 – 2004 – 2009. Ergebnisse der repräsentativen Trenderhebung zu Ehrenamt, Freiwilligenarbeit und Bürgerschaftlichem Engagement. Berlin: Bundesministerium für Familie, Senioren, Frauen und Jugend [zitiert als: Freiwilligensurvey Bericht]

---

7   Beispielhaft sei hier hingewiesen auf ein Projekt zu Politischer Bildung und Social Media, das Ehrenamtliche bei der Gestaltung und Umsetzung zu politischen Themen unterstützt: http://netz-kampagne.jimdo.com/ [14.12.2103]

BMFSFJ (Hg.) (2010a): Hauptbericht des Freiwilligensurveys 2009. Zivilgesellschaft, soziales Kapital und freiwilliges Engagement in Deutschland 1999 – 2004 – 2009. Ergebnisse der repräsentativen Trenderhebung zu Ehrenamt, Freiwilligenarbeit und Bürgerschaftlichem Engagement. Zusammenfassung. Berlin: Bundesministerium für Familie, Senioren, Frauen und Jugend [zitiert als: Freiwilligensurvey Zusammenfassung]

Katholische Bundesarbeitsgemeinschaft für Erwachsenenbildung (KBE) (Hg.) (2004): Bildung lebenslang. Leitlinien einer Bildung im dritten und vierten Alter. 3. Aufl. Bonn: Eigendruck KBE

Katholische Bundesarbeitsgemeinschaft für Erwachsenenbildung (KBE) (Hg.) (2013): Ohne Ehrenamt keine Zukunft für Kirche und Gesellschaft! Herausforderungen für die Katholische Erwachsenenbildung. [Impulspapier, erarbeitet von der Kommission „Engagement und Bildung" der Katholischen Bundesarbeitsgemeinschaft für Erwachsenenbildung (KBE); verabschiedet von der KBE-Mitgliederversammlung 2012] Bonn: Eigendruck KBE

Landesbeirat für Weiterbildung in Rheinland-Pfalz (Hg.) (2006): Demographischer Wandel in Rheinland-Pfalz. Herausforderung für die Weiterbildung. Mainz: Eigendruck Landesbeirat für Weiterbildung

Vanderheiden, Elisabeth (Hg.) (2005): Der Mensch lernt niemals aus! Konzepte und Anregungen für eine Bildungsarbeit im 4. Lebensalter. Mainz: KEB Rheinland-Pfalz

Vanderheiden, Elisabeth (2010): Der Mensch lernt niemals aus! Seniorenbildung als Zukunftsaufgabe. In: ZIRP (Hg.): „Den demographischen Wandel gestalten". Band 2. Mainz

2.5 Altersbildung in katholischer Trägerschaft

Auftrag, Besonderheiten, Anlässe und Rahmen

HARTMUT HEIDENREICH

Alter im Sinne einer mehrere Jahrzehnte umfassenden nachberuflichen Lebensphase, die inzwischen sogar die Kindheits- und Jugendphase zusammengenommen an Dauer übersteigt, ist ein historisch und soziologisch relativ junges Phänomen. Damit ist auch die Gestaltung dieser Lebensphase und die Vorbereitung darauf eine Aufgabe geworden für Individuum, Gesellschaft und (kirchliche) Bildung. Auch Altersbildung ist, man muss es betonen, wie Bildung generell ein Menschenrecht. Indem Kirche sich in der Altersbildung engagiert, setzt sie ein Zeichen für kulturelle Diakonie: im Dienst für den einzelnen Menschen, für die soziale Umgebung der Menschen, für die Gesellschaft – eine typisch kirchliche Option, wenn sie selbstlos erfolgt.

Im Folgenden soll es darum gehen, auf diesem Grundverständnis aufbauend einige Ansätze und Anlässe kirchlicher Altersbildung aufzuzeigen. Zumal wenn wir uns mit kirchlicher Bildung im dritten und vierten Alter beschäftigen, so geht es nicht um einen häufig verengten Begriff des Lebenslangen Lernens. Dieses wird nämlich meist diskutiert im Kontext beruflich verstandener Weiterbildung als *Anspruch* an älter werdende Beschäftigte, beruflich fit zu bleiben. Gerade katholischer Erwachsenenbildung geht es eher um das *Anrecht* des Individuums auf lebensbegleitendes Lernen und die Chancen, die dieses für die einzelnen Menschen und auch die Gesellschaft sowie die Kirche bietet, wenn man es aus seiner Engführung befreit. Und da Bildung ein Menschenrecht und als solches lebensphasisch unteilbar ist, steht sie auch älteren Menschen zu (mehr dazu vgl. Heidenreich 2015).

1 Bildungsverständnis und Bildung im Alter

Bei „Bildung" denken die meisten Menschen zuerst an Schule, also an jüngere Menschen und Lernen in einer Institution. Und *Weiterbildung* wird oft mit betrieblicher Fort- und Weiterbildung gleichgesetzt. Lebenslanges Lernen schließlich wird oft nur im beruflichen Kontext gesehen als notwendiges Update, um der beschleunigten Halbwertzeit des Wissens entgegenzuwirken und die eigene berufliche Kompetenz und Verwendbarkeit (employability) bzw. auf nationaler Ebene die Wettbewerbsfähigkeit der Volkswirtschaft zu sichern.

Bildung von Erwachsenen und zumal von älteren Menschen ist aber mehr als etwa noch eine Fremdsprache zu lernen. Das dem Deutschen eigentümliche Wort *Bildung* bezeichnet sowohl einen Vorgang wie ein Ergebnis. Aufgabe der Bildung ist, „den Menschen in die Lage zu versetzen, Veränderungen der Welt zu interpretieren" (Kruse/Schmitt 2010, S.16). Dabei soll der Mensch sich selbst und die Umwelt einordnen können in größere Zusammenhänge (sozial, historisch, politisch etc.) – und mehr: Er soll sich darin als identische und handelnde Person verstehen; also ein reflektiertes Verhältnis zu sich, zu anderen und zur Welt gewinnen und daraus (s)eine Handlungsmotivation und Handlungskompetenz beziehen.

Wichtige individuelle Ziele von Bildungsbemühungen im Alter sind vor allem
- Aktivität und sozialer Kontakt,
- Partizipation (als Bürger, Zeitgenosse, Kirchenmitglied etc.),

- der größtmögliche Erhalt von Selbstbestimmung,
- Autonomie in der alltäglichen Lebensführung und
- Gesundheitsprophylaxe.

Diese haben freilich erhebliche gesellschaftliche Auswirkungen (Kostensenkung im Gesundheitswesen, bürgerschaftliches bzw. ehrenamtliches Engagement, intergenerationelle Kontakte und Solidarität...).

In Differenzierung dazu ist *Weiterbildung* der Oberbegriff für Bemühungen um den Erhalt und die Verbesserung von Kenntnissen und Kompetenzen sowie um den Erwerb neuer Kompetenzen und Kenntnisse nach einer ersten qualifizierenden Bildungsphase (vgl. Deutscher Bildungsrat 1970).

Bezogen auf das dritte und vierte Lebensalter kann man unterscheiden zwischen *Altenbildung* und *Alter(n)sbildung*. Bei Ersterem geht es um Bildungsaktivitäten von, mit und für ältere Menschen. Bei Letzterem steht im Vordergrund die Vorbereitung aufs Alter und der Prozess des Alterns, etwa um mit dem Altern verbundene Veränderungen, Entwicklungsaufgaben, Statuspassagen. Es geht hierbei um das Lernen des Älterwerdens. Dabei steht als Hauptziel vor Augen der möglichst lange und möglichst weitgehende Erhalt von Selbstständigkeit, Selbstbestimmung und Selbstgestaltung in der Altersphase.

Zwischen Gerontologie und Altenbildung etabliert sich quasi eine neue Disziplin, die *Geragogik* als Lehre, Erforschung und Praxis der Prozesse des Alterns und des Umgangs damit (vgl. Bubolz-Lutz 2007; Bubolz-Lutz u. a. 2010).

Für Altenbildung gibt es eine Menge weiterer, teils euphemistischer Begriffe, die das Wort „Alter" zu vermeiden suchen, wie Seniorenbildung, Bildung 50/60plus, Bildung für Best Ager oder Silver Ager – sie meinen alle dasselbe.

Freilich signalisieren sie ein Grundproblem: Die Alten, das sind immer die anderen! So empfinden manche Menschen die Bezeichnung „Altenbildung" als Zumutung, sich sozusagen als Eintrittskarte erst für „alt" erklären zu müssen.

Dabei kommt einem allerdings in den Sinn, dass für Suchtkranke der erste Schritt zur Besserung schon der ist, sich selbst überhaupt als suchtkrank anzuerkennen. Offenbar tun sich viele ältere Menschen schwer, ihr Älterwerden zu benennen, zu akzeptieren oder ihm gar positive Aspekte abzugewinnen. Das hat auch mit Altersbildern in Gesellschaft und Kirche zu tun (vgl. BMFSFJ 2010).

Generell lässt sich sagen, dass zum einen Bildung und Gesundheit korrelieren: Personen mit einer langen und aktiven Bildungsphase haben i. d. R. einen besseren Gesundheitsstatus – Bildung ist das Kriterium, nicht Einkommen!

Zum anderen wirkt sich die positive Selbstwahrnehmung des eigenen Alters auf eine bessere funktionale Gesundheit aus: In einer Longitudinalstudie zeigte sich 23 Jahre nach Untersuchungsbeginn bei positiver Einstellung zum eigenen Alter eine um 7,5 Jahre erhöhte Lebenserwartung (vgl. u. a. Kruse/Schmitt 2010, S. 22). Und Bildung kann zu einer aktiven und positiven Lebenseinstellung beitragen.

Gerontologie und Altenbildung haben längst von einer früheren Defizitorientierung zur Orientierung an Potenzialen des Alters gefunden (so auch der 5. Altenbericht: BMFSFJ 2006).

Lernen kann auch im Alter in vielfältigen Formen bzw. Kontexten stattfinden. Die Kommission der EU (vgl. Kommission 2001) hat die Unterscheidung von drei Lernformen eingeführt, die auch in den 5. Altenbericht eingegangen sind:
- *Formales Lernen* findet in Bildungseinrichtungen statt, ist strukturiert (Lernziel, Inhalt, Methode etc.) und führt oft zu Abschlüssen in Form von Zeugnissen oder Zertifikaten.
- *Non-formales Lernen* ist nicht streng (nach Lernziel, Inhalt und Methode) strukturiert, aber durchaus zielgerichtet angelegt, jedoch eher als Erfahrungslernen, etwa in Praktika, und i. d. R. außerhalb von Bildungseinrichtungen.
- *Informelles Lernen* erfolgt eher beiläufig, etwa in alltäglichen sozialen Interaktionen als Erfahrungsaustausch zwischen Gleichberechtigten, und wird daher oft nicht als Lernprozess empfunden, kann gleichwohl zielgerichtet sein (vgl. auch 5. Altenbericht, Abschn. 3.2: BMFSFJ 2006, S. 125 ff.).

Dass diese Unterteilung keine terminologische Fingerübung ist, wird in unterschiedlichen Kontexten deutlich: So wird in einem Pflegeheim oder einer Klinik informelles Lernen eine häufige, aber kaum als solche wahrgenommene Lernform sein – ebenso das Erlernen der Bedienung eines neuen Fahrkartenautomaten (vgl. das KBE-Projekt KLASSIK zu Strategien der Metakognition: www.kbe.bonn.de unter „Projekte"; bzw. Kaiser/Kaiser/Hohmann 2012).

2 Bildung im dritten Alter – Kultivierung einer reifen Lebensphase

Als *drittes Alter* soll hier die erste nachberufliche Lebensphase verstanden werden bzw. die Phase nach der Familienversorgung.[8]

---

8 Ein soziologisches Verständnis vom dritten (und auch vierten) Alter ist hier wichtig, orientiert an den Möglichkeiten sozialer Teilhabe, an sozialen Rollen, an Mobilität und Kommunikation usw. Nur wenn man es rein kalendarisch an Lebensjahren misst, z. B. ab 65 oder 70 (und das vierte Alter dann ab 80 oder 90), trifft die Kritik der GENERALI-Hochaltrigenstudie an einer Unterscheidung von drittem und viertem Alter (vgl.

Menschen im dritten Alter werden viel umworben, denn sie gelten als Zielgruppe mit großen Ressourcen an Zeit und Geld. Sowohl als mögliche Teilnehmer einer Kreuzfahrt wie als ehrenamtlich Mitarbeitende in Vereinen, Initiativen und Kirchen bzw. beim bürgerschaftlichen Engagement werden sie angesprochen. Selbst die lange Zeit jugendzentrierte Werbung entdeckt die „Silbergeneration" bzw. die „Woopies" (well-off older people) als neue kaufkräftige Konsumentengruppe mit teils eigens für sie gestalteten Produkten und Angeboten.

Bildung ist, besonders für Menschen im dritten Alter, als Teil der Kultivierung ihres Lebens (vgl. KBE 2002, S. 11) und Alltags zu verstehen. Bildungsaktivitäten sind zugleich ein wichtiges Element der Altersprophylaxe. Denn wer auch im Alter (bildungs)aktiv bleibt, hat gute Chancen, die Entwicklung zur Unselbstständigkeit, Abhängigkeit und Morbidität hinauszuzögern oder gar zu verhindern. Die aktive Einstellung zur Bildung muss allerdings so früh wie möglich konkret werden, spätestens im dritten Alter.

Bildungsprozesse im dritten Alter kreisen dabei um vier grundsätzliche Fragen und Herausforderungen, denen sich alternde Menschen stellen müssen:
- „Wo werde ich leben? – Die Frage nach dem angemessenen Lebensraum im Alter.
- Mit wem werde ich leben? – Die Frage nach sozialen Bindungen und Lebensformen.
- Wovon werde ich leben? – Die Frage nach den individuellen und gesellschaftlichen Ressourcen im Alter.
- Wofür werde ich leben? – Die Frage nach Lebenszielen und Entwicklungsaufgaben." (Wittrahm 2007, S. 40)

In Angeboten der Altersbildung können diese vier „großen" Fragen gemeinsam mit anderen „Betroffenen" auf konkrete Lebenssituationen bezogen und bearbeitet werden. Dabei geht es um konkrete Fragen und Vorhaben wie z. B.:
- *Übergang in den Ruhestand*: Vorbereitung auf einen großen und oftmals kritischen Einschnitt im Lebenslauf („Fall in die Bedeutungslosigkeit"), zumal der Beruf in unserer Gesellschaft immer noch ein roter Faden der Identitätszuschreibung – insbesondere für Männer – ist. Hier geht es um die Planung der Lebensphase nach dem Ausscheiden aus dem Beruf.
- *Paarsituation*: neue Rollenverteilung und Alltagsgestaltung des Paares nach dem Ausscheiden aus dem Berufsleben. Hier sind ganz unterschiedliche Va-

---

Generali Zukunftsfonds 2014). Das aber wäre wenig sinnvoll, da es fitte 80-Jährige und multimorbide 60-Jährige gibt. Und es trüge für Bildung nicht viel aus, da die (Bildungs-)Bedürfnisse innerhalb von Jahrgängen oder Jahrgangsgruppen je nach Gesundheitsstatus, sozialem Engagement, innerer und äußerer Mobilität sehr unterschiedlich sind.

rianten denkbar, die jeweils eine Neuorientierung notwendig machen: ein Partner war zuhause, beide haben nun ggf. den ganzen Tag gemeinsam; beide arbeiteten, einer arbeitet voll weiter, einer arbeitet reduziert weiter oder scheidet aus dem Berufsleben aus; beide gehen zeitnah miteinander in Rente etc.

- *Empty nest-Situation*: Die letzten (jüngeren) Kinder gehen aus dem Haus. Die neue Situation muss sowohl im Hinblick auf die Kinder als auch den Partner neu gestaltet werden.
- *Großelternrolle*: Die Geburt von Enkelkindern verändert die Generationenkonstellation und macht eine Neupositionierung der (Groß-)Eltern zu Kindern wie Enkeln notwendig.
- *Selbstwirksamkeitserfahrungen im Alter*: Das nachberufliche ehrenamtliche Nutzen von beruflichen bzw. Fachkompetenzen hilft vielen Älteren ihrem Bedürfnis nach „Gebrauchtwerden" nachzugehen (vgl. seniorTrainer, Silver Worker u.a., vgl. Karl 2009, S. 80 ff.; und www.efi-programm.de, Deller/ Wöhrmann 2012). Dazu kann auch gehören, Neues oder bisher Versäumtes oder Vernachlässigtes anzugehen (Hobbys, Fertigkeiten etc.).
- *Wohnen im Alter planen*: Sind Kinder aus dem Haus, werden Ältere unselbstständiger, drohen einsam zu werden, ist es höchste Zeit, sich (gemeinsam mit anderen) Gedanken über die künftige Wohnsituation zu machen (zuhause, betreut, in alternativen Formen und Projekten) (vgl. BAGSO 2009 sowie www.bagso.de; und der Artikel von Birgit Kasper in diesem Band).

3 Intergenerationelle Bildung: das Abenteuer der Begegnung von Generationen

Innerhalb von Familien ist die Generationenbeziehung i. A. problemlos bis positiv besetzt. Großeltern gehören für die meisten Jugendlichen zu den für sie wichtigsten Menschen auf der Welt (vgl. Zinnecker u.a. 2002). Ängste und Vorbehalte gibt es eher nach außen („wir müssen deren Rente tragen") (vgl. Shell-Studie: Picot/Willert 2006).

Intergenerationelle Bildung ist daher von großer Bedeutung nicht nur für die einzelnen Personen und Familien, sondern in der Gesellschaft für die Generationensolidarität. Allerdings ergibt sich ein Dialog der Generationen nicht von allein, er muss gestaltet und es müssen „Ermöglichungsräume" dafür geschaffen werden (vgl. KBE 2009, S. 30 ff. passim).

Wenn mehrere Generationen beteiligt sind, kann man drei Weisen des Lernens unterscheiden (vgl. Franz u.a. 2009, S. 37 ff.; Franz 2010; KBE 2009, S. 28 ff.):

- Voneinander-Lernen:
Eine Generation lässt die andere an ihren Erfahrungen, Kenntnissen, Fertigkeiten teilhaben. Bislang waren es meist die Jüngeren, die von Älteren lernten, es geht auch zunehmend umgekehrt (etwa wenn die Enkel den Großeltern beibringen, im Internet zu surfen).
- Miteinander-Lernen:
Die Generationen arbeiten gemeinsam an einem Projekt oder Thema (z. B. als betroffene „Zeitgenossen"), wobei keine von beiden der anderen aufgrund der Generationszugehörigkeit etwas an spezifischem Wissen oder Erfahrung voraushat (von ökologischen und Nachhaltigkeits-Projekten bis konkreten Vorhaben im örtlichen Umfeld).
- Übereinander-Lernen:
Eine Generation lernt über die andere (etwa wenn Zeitzeugen Angehörigen einer anderen Generation erzählen, wie sie den Krieg, die Nachkriegszeit oder die 1968er-Zeit erlebt haben).

Bei intergenerationeller Bildung müssen generationssensibel die unterschiedlichen Bedürfnisse beachtet werden (bezüglich Pausen, Bewegung, Tempo, Medien... – vgl. Antz u. a. 2009; Franz 2014; Franz/Scheunpflug 2013).

Da wir zwar durch die gestiegene Lebenserwartung mehr Vier-Generationen-Familien haben, diese aber oft nicht an einem Ort zusammenleben durch berufliche Mobilität u. a. („multilokale Mehrgenerationen-Familie"), gibt es neue Anregungen und Anforderungen: Großeltern wollen mit ihren Enkeln im Auslandssemester in Neuseeland und Buenos Aires mailen oder skypen; oder: Junge Familien suchen „Leih-Omas" und „-Opas", es gibt auch schon „Au-pair-Omas" (vgl. den Beitrag von Margit Grohmann und Helga Mikuszeit in diesem Band). Diese suchen oft begleitende und qualifizierende Bildungsangebote für diese Aktivitäten.

Auch für die Jüngeren sind solche Kontakte wichtig, da sich frühe Bilder des Alters in der eigenen Biografie als erstaunlich zählebig erweisen und später noch die Wahrnehmung des eigenen Alters prägen (vgl. 6. Altenbericht: BMFSFJ 2010, Kap. 5.3).

4 Biografische Bildung als Herausforderung zwischen drittem und vierten Alter

Biografische Bildung (vgl. Klingenberger/Krecan-Kirchbichler 2012; Klingenberger 2007; Kade 2001; s. a. Abschnitt 3.7 in diesem Band) beginnt bei den Fragen: Wer bin ich? und: Was kann ich? Es geht weiter über die Einordnung schöner oder auch kritischer Lebensereignisse in den eigenen Lebensweg sowie das Bearbeiten offener Wunden der Biografie bis hin zur Auseinandersetzung mit der eigenen Endlichkeit. Die Biografie umgibt den Menschen wie ein unverwechselbarer und nicht austauschbarer Mantel, macht seine Individualität und Identität aus (vgl. Schibilsky 2002).

Eine Aufgabe, die eigentlich das ganze Leben durchzieht, sich aber im vierten Alter aufdrängt, ist zu lernen, abschiedlich zu leben und zugleich die eigene Existenz bis zum Tod als gestaltbar zu erleben (vgl. Kruse 2012; auch KBE 2012, S. 4).

Jede Lebensentscheidung hat bereits etwas davon: die Entscheidung für einen Beruf ist faktisch eine Entscheidung gegen eine Reihe anderer Möglichkeiten, die Entscheidung für eine Frau/einen Mann ist zugleich eine gegen Millionen anderer möglicher Partner. Allerdings entscheidet sich auch hier, ob ich diese gewählte Möglichkeit als realisierten Gewinn erlebe oder mit dem Ausschluss all der anderen hadere. Dies gilt auch im Rückblick auf die eigene Biografie und ihre vielfachen Weggabelungen. Es ist eine der großen Aufgaben des vierten Alters, sich mit der eigenen Geschichte und mit der eigenen Endlichkeit zu versöhnen.

5 Bildung im vierten Alter: Chancen nutzen, mit Grenzen versöhnen

Als *viertes Alter* soll dasjenige verstanden werden, in dem man zunehmend auf Unterstützung (bis hin zur Pflege) angewiesen ist und einen großen Teil der Ressourcen (an Zeit, Kraft, Geld...) für den täglichen Selbsterhalt aufwenden muss (vgl. KBE 2002, S. 29 f.; KBE 2009, S. 4; Heidenreich 2002, S. 63; Heidenreich 2005, S. 171 f.; Wittrahm 2007, S. 41 f.). Die Mobilität – die physische, oft und teils als Folge aber auch die soziale und geistige – nimmt ab. Die Verletzlichkeit der Menschen, ihre Vulnerabilität, ist in diesem Alter erhöht und dies durchaus wieder in mehreren Dimensionen: physisch, sozial, psychisch.... Dies ist brisant auch dadurch, dass es um eine neue und oftmals fragile Balance von Abhängigkeit und Autonomie zwischen Menschen im vierten Alter und ihrer Umgebung geht: Sie wollen (und sollen) möglichst selbstbestimmt leben, sind aber in mancherlei Hinsicht auf Hilfe angewiesen (vgl. Heidenreich 2002; Heidenreich 2005, S. 172 ff.).

Der Begriff „viertes Alter" stammt von Laslett (vgl. Laslett 1989), der damit einen soziologischen Begriff einführt, ihn aber mehr als letzte Lebensphase bis hin zur Phase des Siechtums definiert. Andere Autoren (wie der Alterspsychologe Baltes) lassen das vierte Alter z. B. mit dem 80. Lebensjahr beginnen, was aber zu wenig der Tatsache Rechnung trägt, dass es ja auch recht fitte und selbstständige 80-Jährige und morbide Jüngere gibt.

Daher ist es hilfreich, den Begriff soziologisch zu verstehen, d. h. an der Lebenslage orientiert und zunächst unabhängig vom Lebensalter, gemessen an der Selbstständigkeit und Teilnahmemöglichkeit am sozialen Leben. In diesem Sinne kann auch ein junger Mensch, den ein Unfall in den Rollstuhl zwingt, im vierten Alter sein, sozusagen ohne je das dritte Alter durchlaufen zu haben.

In der Altenbildung geht freilich das vierte Alter meist mit Hochaltrigkeit einher (vgl. Bubolz-Lutz 2000). In Absetzung von Laslett gilt es zudem zu betonen, dass es auch im vierten Alter, wenn auch unter einschränkenden Bedingungen, noch Spielräume und Entwicklungsmöglichkeiten zu füllen gibt, damit möglichst lange die Selbstständigkeit im gewohnten Lebensumfeld erhalten bleibt – was auch mit der Würde des Menschen zu tun hat (vgl. Heidenreich 2005, S. 173 f.). Flapsig gesagt: Das vierte Alter ist der Übergang vom Rollator zum Rollstuhl (wobei dann freilich nur die physische Komponente angesprochen ist).

Zudem sind zwei weitere Faktoren von großer Bedeutung: Zum einen ist die innere Einstellung des älteren Menschen (aktive Lebenserwartung, subjektiv wahrgenommene Gesundheit, subjektiv erfahrene Gewinne im Alter) von großer Bedeutung für ein Hinausschieben z. B. des Schweregrades von Einschränkungen, Behinderungen und Krankheiten. Zum anderen korreliert ein hohes Bildungsniveau mit geringerer Morbidität und Mortalität, mit geringeren körperlichen Einschränkungen und Behinderungen (vgl. Kruse 2007, S. 28 ff., S. 40) – was Bildung im gesamten Lebenslauf und auch noch im vierten Alter einen hohen Stellenwert bei der Gesundheitsförderung und bei der Primärprävention zuweist (vgl. Kruse 2009, S. 831 ff.), aber noch lange nicht in der entsprechenden Förderung berücksichtigt ist.

Bei der Bildung im vierten Alter sind wichtige Themen u. a.
- Selbstbestimmung,
- Lebensbereicherung,
- Entwicklungsbegleitung,

- Sinnstiftung,
- Gestaltung von Generationenbeziehungen,
- Einbetten in Sorge-Beziehungen und das
- Vorbeugen vor und die
- Behebung von Situationen des Mangels (an Orientierung, Erfahrung, Kommunikation) (vgl. KBE 2002, S. 34 f.)

6 Zusammenfassende Thesen

Ältere Menschen sind in der Kirche eine mehrheitliche Realität – im Gemeindealltag ebenso wie bei ihren Repräsentanten. Dem entspricht noch nicht ganz, wie sie wahrgenommen und berücksichtigt werden (vgl. dazu KBE 2012). Dabei enthält Altersbildung besondere Chancen.

Bildung im Alter

- nimmt ältere Menschen als Person mit ihrer individuellen Geschichte und damit in ihrer Würde ernst
- unterstützt das Bemühen älterer Menschen um möglichst lange Selbstständigkeit sowie eigenständige Bewältigung des Alltags
- sieht realistisch die Einschränkungen des Alters, aber nutzt die noch innewohnenden Chancen
- traut älteren Menschen etwas zu (Veränderung, Leistung, Gestaltung...)
- bietet soziale Kontakte und stellt im besten Fall Unterstützungsnetzwerke her
- geschieht in Kursen und Institutionen, aber auch „en passant" und informell (im Alltag, in einem Pflegeheim, in einer Klinik)
- ist in der Kombination von geistiger und physischer Aktivität besonders wirksam
- hebt das Gesundheitsempfinden und reduziert das Morbiditätsrisiko
- trägt bei zum Erhalt der neuronalen Plastizität
- kann antidepressiv wirken
- hat generell prophylaktische Effekte
- reduziert die Alterskosten für die Gesellschaft
- ist ein lebensphasisch unteilbares Anrecht des Menschen auf Gestaltung und Veränderung seiner selbst und der Umwelt – abgeleitet aus der Menschenwürde (und Gottebenbildlichkeit)

Literatur

Antz, Eva-Maria/Franz, Julia/Frieters, Norbert/Scheunpflug, Annette (2009): Generationen lernen gemeinsam. Methoden für die intergenerationelle Bildungsarbeit. Bielefeld: W. Bertelsmann Verlag

Blasberg-Kuhnke, Martina/Wittrahm, Andreas (Hg.) (2007): Altern in Freiheit und Würde. Handbuch christliche Altenarbeit. München: Kösel

BAGSO – Bundesarbeitsgemeinschaft der Senioren-Organisationen e.V. (Hg.) (2009): Wohnen im Alter. Eine Entscheidungshilfe. Rechtliche Tipps zu Wohnen(-bleiben) zu Hause, Betreutem Wohnen, alternativen Wohnformen. München

BMFSFJ – Bundesministerium für Familie, Senioren, Frauen und Jugend (2006): Fünfter Bericht der Bundesregierung zur Lage der älteren Generation in der Bundesrepublik Deutschland: Potenziale des Alters in Wirtschaft und Gesellschaft. Der Beitrag älterer Menschen zum Zusammenhalt der Generationen. Berlin [auch auf: http://www.bmfsfj.de/doku/altenbericht/data/archiv.html]

BMFSFJ – Bundesministerium für Familie, Senioren, Frauen und Jugend (2010): Sechster Bericht zur Lage der älteren Generation in der Bundesrepublik Deutschland: Altersbilder in der Gesellschaft. Berlin [auch auf: http://projekte.bagso.de/altersbilder-in-der-gesellschaft/sechster-altenbericht-gesamtfassung.html]

Bubolz-Lutz, Elisabeth (2000): Bildung und Hochaltrigkeit. In: Becker, Susanne/Veelken, Ludger/Wallraven, Klaus Peter (Hg.): Handbuch Altenbildung. Theorien und Konzepte für Gegenwart und Zukunft. Opladen: Leske u. Budrich, S. 326–349

Bubolz-Lutz, Elisabeth (2007): Geragogik – eine Bestandsaufnahme. Wissenschaftliche Disziplin und Feld der Praxis. In: EB – Erwachsenenbildung 53, S. 178–181

Bubolz-Lutz, Elisabeth/Gösken, Eva/Kricheldorff, Cornelia/Schramek, Renate (2010): Geragogik. Bildung und Lernen im Prozess des Alterns. Das Lehrbuch. Stuttgart: Kohlhammer

Deller, Jürgen/Wöhrmann, Anne Marit (2012): Abschied Beruf – Neubeginn Berufung. Arbeitsbezogene Tätigkeiten im Ruhestand. In: DIE Zeitschrift für Erwachsenenbildung 2012/1, S. 30–33

Deutscher Bildungsrat (1970): Empfehlungen der Bildungskommission. Strukturplan für das Bildungswesen. Bad Godesberg

Franz, Julia (2010): Intergenerationelles Lernen ermöglichen. Orientierungen zum Lernen der Generationen in der Erwachsenenbildung, Bielefeld: W. Bertelsmann Verlag
Franz, Julia (2014): Intergenerationelle Bildung. Lernsituationen gestalten und Angebote entwickeln. Bielefeld: W. Bertelsmann Verlag
Franz, Julia/Frieters, Norbert/Scheunpflug, Annette/Tolksdorf, Markus/Antz, Eva-Maria (2009): Generationen lernen gemeinsam. Theorie und Praxis intergenerationeller Bildung, Bielefeld: W. Bertelsmann Verlag
Franz, Julia/Scheunpflug, Annette (2013): Intergenerationenelle Bildungs- und Handlungsräume ermöglichen – Ein Beitrag zur Vermessung der konfessionellen Erwachsenenbildung im Blick auf die Generationen. In: Ziegler, Horst/Bergold, Ralph (Hg.) (o.J. – 2013): Neue Vermessungen. Katholische Erwachsenenbildung heute im Spannungsfeld von Kirche und Gesellschaft. Dillingen/Saar: Krüger Druck u. Verlag, S. 227–250
Generali Zukunftsfonds/Institut für Demoskopie Allensbach (Hg.) (2012): Generali Altersstudie 2013. Wie ältere Menschen leben, denken und sich engagieren. Frankfurt: Fischer Verlag
Generali Zukunftsfonds (Hg.)/Institut für Gerontologie der Universität Heidelberg (2014): Der Ältesten Rat. Generali Hochaltrigenstudie: Teilhabe im hohen Alter. Eine Erhebung des Instituts für Gerontologie der Universität Heidelberg mit Unterstützung des Generali Zukunftsfonds. Köln-Heidelberg [auch abrufbar unter: http://zukunftsfonds.generali-deutschland.de/online/portal/gdinternet/zukunftsfonds/content/314342/1010874]
Heidenreich, Hartmut (2002): Bildung im 4. Alter. Neue Leitlinien der KBE-Kommission Altenbildung. In: EB – Erwachsenenbildung 48, S. 63–65
Heidenreich, Hartmut (2005): Bildung im 4. Alter – eine Aufgabe kirchlicher Erwachsenenbildung. In: Vanderheiden, Elisabeth (Hg.): Der Mensch lernt niemals aus! Konzepte und Anregungen für eine Bildungsarbeit im 4. Lebensalter. Mainz 2005: Kath. Erwachsenenbildung Rheinland-Pfalz, S. 170–179 [auch unter: http://www.der-mensch-lernt-niemals-aus.de/Texte/bildung.pdf]
Heidenreich, Hartmut (2012): Altern in Würde und Freiheit. Chancen und Aufgaben der Bildung im 3. und 4. Alter. In: EB – Erwachsenenbildung 58, S.180–184
Heidenreich, Hartmut (2015): Altersbildung – weder Placebo noch Allheilmittel, aber ein Menschenrecht: In: Geiger, Gunther u.a. (Hg.): Menschenrechte und Alter. Opladen: Budrich Verlag (erscheint Ende 2015)
Kade, Sylvia (2001): Altersbildung. In: Arnold, Rolf/Nolda, Sigrid/Nuissl, Ekkehard (Hg.), (2002): Wörterbuch Erwachsenenpädagogik. Darmstadt u. Bad Heilbrunn: Julius Klinkhardt, S. 18 f.

Kaiser, Arnim/Kaiser, Ruth/Hohmann, Reinhard (Hg.) (2012): Metakognitiv fundierte Bildungsarbeit – Leistungsfördernde Didaktik zur Steigerung der Informationsverarbeitungskompetenz im Projekt KLASSIK. Bielefeld: W. Bertelsmann Verlag
Karl, Fred (2009): Einführung in die Generationen- und Altenarbeit. Opladen-Farmington Hills: Budrich Verlag
KBE – Kath. Bundesarbeitsgemeinschaft für Erwachsenenbildung (Hg.) (2002): Bildung lebenslang. Leitlinien einer Bildung im 3. und 4. Alter.
KBE – Kath. Bundesarbeitsgemeinschaft für Erwachsenenbildung – Kommission Altenbildung (Hg.) (2009): Leben. Miteinander. Lernen. Grundlagen zur Intergenerationellen Bildung und Generationensolidarität. Bonn: KBE [auch auf: www.kbe-bonn.de (Dokumente/Links)]
KBE – Kath. Bundesarbeitsgemeinschaft für Erwachsenenbildung – Kommission Altenbildung (Hg.) (2012) Das Dritte und Vierte Lebensalter in der Kirche groß schreiben! Eine Positionierung der KBE aus Anlass aktueller gesellschaftlicher Debatten und des 6. Altenberichtes der Bundesregierung. Bonn: KBE [auch auf: www.kbe-bonn.de (Dokumente/Links)]
Klingenberger, Hubert (2007): Orientierung und Ermutigung finden durch Biografiearbeit. In: Blasberg-Kuhnke/Wittrahm (Hg.) (2007), a. a. O., S. 276–281
Klingenberger, Hubert/Krecan-Kirchbichler, Brigitte (2012): Sinn – Teilhabe – Lebensbejahung. Das Münchner Modell der Biografiearbeit: eine pädagogische Handlungskonzeption. In: EB – Erwachsenenbildung 58, S. 132–136
Kommission der Europäischen Gemeinschaften (2001): Mitteilung der Kommission. Einen europäischen Raum des lebenslangen Lernens schaffen (21.11.2001 – KOM(2001) 678 endgültig), Brüssel [auf: http://eur-lex.europa.eu/LexUriServ/LexUriServ.do?uri=COM:2001:0678:FIN:DE:PDF]
Kruse, Andreas (2007): Alter und Altern – konzeptionelle Überlegungen und empirische Befunde der Gerontologie. In: Kruse, Andreas (Hg.): Weiterbildung in der zweiten Lebenshälfte. Multidisziplinäre Antworten auf Herausforderungen des demografischen Wandels. Bielefeld: W. Bertelsmann Verlag, S. 21–48
Kruse, Andreas (2009): Bildung im Alter. In: Tippelt, Rudolf/Hippel, Aiga von (Hg.) (2009): Handbuch Erwachsenenbildung/Weiterbildung. 3. überarb. u. erw. Aufl.. Wiesbaden: VS Verlag für Sozialwissenschaften, S. 827–840
Kruse, Andreas/Schmitt, Eric (2010): Potenziale des Alters im Kontext individueller und gesellschaftlicher Entwicklung. In: Kruse, Andreas (Hg.): Potenziale im Altern. Chancen und Aufgaben für Individuum und Gesellschaft. Heidelberg: Akademische Verlagsanstalt, S. 3–30

Kruse, Andreas (2012): Die Existenz bis in den Tod geöffnet halten. Bildungsperspektiven des letzten Abschieds. In: DIE Zeitschrift für Erwachsenenbildung 2012/1, S. 41–45
Laslett, Peter (1989): Das Dritte Alter. Historische Soziologie des Alterns (A Fresh Map of Life). Weinheim-München: Juventa
Picot, Sibylle/Willert, Michaela (2006): Jugend in einer alternden Gesellschaft. Die Qualitative Studie: Analyse und Portraits. In: Deutsche Shell Holding (Hg.): Jugend 2006 – Eine pragmatische Generation unter Druck. 15. Shell-Jugendstudie (Konz. u. Bearb.: Hurrelmann, Klaus/Albert, Mathias/TNS Infratest Sozialforschung), Frankfurt: Fischer Taschenbuch Verlag, S. 241–442
Schibilsky, Michael (2002): Bildung – am Beispiel Altenarbeit. In: Pädagogik und Theologie (ZPT) 54, S. 25–32
Wittrahm, Andreas (2007): Alter: Tatsachen und Probleme. In: Blasberg-Kuhnke/ Wittrahm a. a. O., S. 29–51
Zinnecker, Jürgen/Behnken, Imbke/Maschke, Sabine/Stecher, Ludwig (2002): Null zoff & voll busy. Die erste Generation des neuen Jahrtausends. Opladen: Leske u. Budrich

3 Altersbildung – thematische und methodische Anregungen für die Praxis

3.1 Übergänge in den Ruhestand – Neuorientierung für das 3. Lebensalter

3.1.1 Übergang in den Ruhestand – Unternehmerische Verantwortung und Interessen

RÜDIGER KOCH

Der demografische Wandel und der Umgang von Unternehmen mit älteren Beschäftigten

Der demografische Wandel kommt inzwischen mehr oder weniger spürbar in den Unternehmen an. In seiner Folge müssen sich Arbeitgeber mit zwei neuen Problemfeldern befassen, dem Fachkräftemangel und dem angemessenen Umgang mit einer älter werdenden Belegschaft. Die Älteren stellen eine wichtige Ressource dar; sie sind Wissens- und Erfahrungsträger, sie kennen den Betrieb und seine Abläufe und können in schwierigen Situationen moderierend einwirken. Allerdings zeigen viele Studien, dass das Potenzial und die Motivation der Älteren entscheidend von der Wertschätzung ihrer Person und ihrer Arbeit, insbesondere durch ihre Vorgesetzten abhängen. Vor diesem Hintergrund haben viele Unternehmen inzwischen die große Bedeutung einer entsprechenden Sensibilisierung und Schulung ihrer Führungskräfte erkannt.

Weitere wichtige Faktoren für die Arbeitszufriedenheit und Leistungsfähigkeit älterer Beschäftigter sind eine auf sie zugeschnittene Arbeitsorganisation (Gestaltung des Arbeitsplatzes, Flexibilisierung der Arbeitszeit, Vermeidung hoher Dauerbelastung) und die (Gesund-)Erhaltung ihrer Arbeitskraft. Um dem zentralen Thema der Gesundheit am Arbeitsplatz gerecht zu werden, haben viele Unternehmen in den letzten Jahren die betriebliche Gesundheitsförderung und den Arbeitsschutz verstärkt ausgebaut. Beide sind wichtige Aspekte „Guter Arbeit" und einer nachhaltigen Unternehmensführung und stellen Voraussetzungen für ein gesundes Erreichen und Erleben des Ruhestandes dar.

Regelungen zur Gestaltung des Übergangs in den Ruhestand

Inzwischen gibt es zahlreiche Betriebsvereinbarungen, die in deutschen Unternehmen zur Gestaltung des Übergangs in den Ruhestand abgeschlossen wurden (Riegel/Röhricht 2013). Insgesamt spiegeln sie den Wunsch und die Notwendigkeit wider, die starre Rentenaltersgrenze zu „flexibilisieren" und sie möglichst ohne oder nur mit geringen Gehaltseinbußen und Rentenabschlägen den betrieblichen und individuellen Bedürfnissen anzupassen.

Das Modell der Altersteilzeit ist dabei seit dem Ende der Förderung durch die Arbeitsagentur in den Hintergrund getreten. Es sieht einen (häufig drei Jahre früheren) Austritt aus dem Unternehmen ohne Rentenabschläge vor, wird aber wegen der Kosten nur noch seltener von Unternehmen vereinbart.

Auch Lebensarbeitszeitkonten erlauben ein früheres Ausscheiden ohne Gehalts- und Renteneinbußen aus dem Unternehmen, können aber auch zur Reduzierung der Arbeitszeit vor dem Ruhestand genutzt werden. Die Konten werden in der Regel durch angesparte Zeit- und Geldbeträge von Beschäftigten und Arbeitgebern gefüllt.

Neuere Regelungen gehen in Richtung einer lebensphasenorientierten Arbeitszeit. So gibt es im Tarifbereich Chemie/Pharmazie die Möglichkeit, von 2,5 Stunden bis zu einem Tag pro Woche bei gleichbleibendem Gehalt die Arbeitszeit zu reduzieren. Die Finanzierung erfolgt dabei durch tariflich vereinbarte Fonds.

Schließlich werden auch Arbeitszeitmodelle wie Teilzeit oder Vertrauensarbeitszeit zur Flexibilisierung der Phase vor dem Ruhestand genutzt. Auch die Reduzierung der Personal- und Fachverantwortung von hoch belasteten Beschäftigten in den letzten Berufsjahren kann im Einzelfall eine gute Lösung sein.

Insgesamt lässt sich beobachten, dass es in der Wirtschaft je nach Unternehmen oder einzelnem Betrieb große Unterschiede in Art und Umfang der Ausgestaltung des Übergangs in den Ruhestand gibt.

Familiäre Aufgaben vor und nach dem Übergang in den Ruhestand

In einer älter werdenden Arbeitswelt nehmen die familiären Aufgaben gerade zum Ende des Berufslebens wieder zu. Sie können alle Beschäftigten betreffen, auch diejenigen, bei denen es keine Kinderbetreuungsphase gab. Die familiären Verpflichtungen in den letzten Berufsjahren ziehen sich häufig bis weit in den Ruhestand hinein. Insbesondere gilt dies für das Thema Pflege von Angehörigen, teilweise aber auch für die Betreuung der Enkel zur Entlastung der eigenen berufstätigen Kinder. Gerade für ältere Beschäftigte spielt die Vereinbarkeit von Beruf und Familie also (wieder) eine große Rolle.

Für die Unternehmen ergibt sich daraus die Verantwortung, durch Beratung und Angebote diese Vereinbarkeit insbesondere auch in der Zeit vor dem Berufsende zu ermöglichen. Sie leisten damit gleichzeitig ein Stück Vorbereitung auf den Ruhestand, in dem diese Aufgaben ja meist fortdauern. Das Gelingen der Vereinbarkeit ist bei Älteren eng gekoppelt an eine möglichst stabile Gesundheit, die es den Betroffenen erlaubt, eine solche Zusatzaufgabe häufig für längere Dauer zu übernehmen. Auch deshalb sind die Gesunderhaltung der Belegschaft von jungen Jahren an und die Sorge für gute Arbeitsbedingungen zentrale Unternehmensaufgaben und wichtige Voraussetzungen zur Bewältigung des Ruhestandes.

Das Ehrenamt als Klammer zwischen Beruf und Ruhestand und die Verantwortung der Unternehmen

Der Stellenwert ehrenamtlicher Tätigkeit neben der Berufsausübung gewinnt im betrieblichen Geschehen allmählich an Bedeutung. Ehrenamtliches Engagement gehört wie die Familie und der Freundeskreis zur persönlichen Work Life Balance. Im Sinne der Corporate Social Responsibility (CSR) wird inzwischen von den Unternehmen anerkannt, dass sich Beschäftigte neben der beruflichen Verantwortung verstärkt auch außerhalb ehrenamtlich engagieren, wie auch Social Sponsoring oder Social Days inzwischen als Aspekte unternehmerischer Verantwortung begriffen werden.

Dennoch gibt es bei der konkreten Unterstützung ehrenamtlicher Tätigkeiten in den Unternehmen noch erhebliche Defizite. Ehrenamtliches Engagement wird in der Regel als Privatangelegenheit gesehen, die zwar toleriert, aber nicht aktiv gefördert oder herausgehoben wird. Gerade für ältere Beschäftigte wäre dies aber notwendig, da für sie das Ehrenamt eine wichtige Klammer zwischen Beruf und Ruhestand darstellen kann.

Zur sozialen Verantwortung der Unternehmen auch im eigenen Interesse sollte es daher gehören, im Rahmen einer Vorbereitung auf den Ruhestand den Betroffenen schon frühzeitig entsprechende Impulse für später zu geben und sie nicht „unvorbereitet" in den Ruhestand zu entlassen. Ehrenämter sind eine der tragenden Säulen für die persönliche Verwirklichung und Sinngebung im Ruhestand, ohne die auch die Bewältigung vieler gesellschaftlicher Aufgaben in Zukunft nicht mehr zu denken ist. Davon profitieren direkt und indirekt auch Unternehmen.

Der persönliche und betriebliche Umgang mit dem Ruhestand

Der persönliche Umgang mit dem nahenden Ruhestand ist ambivalent und reicht von aktiver Planung und Auseinandersetzung bis zur Verdrängung und einer fatalistischen Erwartungshaltung, von Vorfreude bis zu Ängsten und Unsicherheit. Insbesondere Männer, für die der Beruf häufig von zentraler Lebensbedeutung ist, stellen sich dem Thema nur ungern und reden kaum darüber. Da die Arbeitswelt nach wie vor stark von männlichen Regeln und Haltungen geprägt ist, hat dies auch Auswirkungen auf den betrieblichen Umgang mit dem Ruhestand. Ruhestand und alles, was damit zusammenhängt, ist hier in der Regel kein offizielles, nur ein privates Thema.

Die gewisse Tabuisierung hat auch damit zu tun, dass der Übergang in den Ruhestand einen der großen Wendepunkte darstellt, der das näher rückende Alter und die Endlichkeit des Lebens deutlich macht. Dabei spielt selbstverständlich eine entscheidende Rolle, in welcher Weise Beschäftigte in Ruhestand gehen. Erfolgt der Ruhestand freiwillig oder unfreiwillig oder gar im Zorn (z. B. nach Entlassung)? Erfolgt er bei guter Gesundheit oder krank und ausgelaugt? Erfolgt er mit einer hohen Altersversorgung oder nur mit einer kleinen Rente?

Diese Rahmenbedingungen bestimmen auch den eigentlichen Abschied von der Firma. Hier gibt es viele Varianten, die zugleich auch eine Aussage machen über die jeweilige Unternehmenskultur: von der großen Verabschiedung einer herausgehobenen Person mit allgemeiner Firmeneinladung, Laudatio und Geschenken, bei der das Unternehmen sich meist auch selbst feiert, über die Abteilungsfeier im kleineren Kreis bis zur einfachen Abschieds-Mail an ausgewählte Kolleginnen und Kollegen oder dem unbemerkten „Verschwinden von der Bildfläche".

In Zeiten des beginnenden oder schon existenten Fachkräftemangels haben sich viele Unternehmen inzwischen ausgiebig Gedanken über eine umfassende Willkommenskultur für neue Mitarbeiterinnen und Mitarbeiter gemacht. Es wäre wünschenswert, ebenso auch eine bewusste Abschiedskultur zu entwickeln, zu der der wertschätzende Umgang mit älteren Beschäftigten genauso gehört wie deren Vorbereitung auf den Ruhestand durch Informations- und Beratungsangebote und die Enttabuisierung des Themas Ruhestand im Betrieb. Hier gibt es noch erheblichen Nachholbedarf.

Vorbereitung der Beschäftigten auf den Ruhestand durch das Unternehmen

Fragt man ältere Beschäftigte, z. B. im Rahmen von Mitarbeiterbefragungen, wünschen sich viele durchaus eine Vorbereitung auf den Ruhestand durch das Unternehmen. Das gilt ausdrücklich auch für Männer. Denkbare Möglichkeiten sind gemeinsame Beratungs- und Informationsveranstaltungen für Betroffene, Seminare mit Fachleuten, individuelle Planungsgespräche u. a. Die Inhalte sollten ein breites Themenspektrum an Anregungen, Perspektiven und Hilfestellungen umfassen. Sie sollten auch schon die Zeit vor dem Ruhestand betreffen, z. B. persönliche Arbeitsorganisation, Abschluss von Tätigkeiten und Projekten oder Wissenstransfer und die Einarbeitung von Jüngeren in generationsübergreifenden Teams oder Tandems.

Mindestens ebenso wichtig sind aber die Themen für die Zeit nach der Verabschiedung: Neuausrichtung der Interessen, Alltagsstrukturierung ohne den beruflichen Rahmen, Umgang mit dem Zustand ohne „Amt und Würden", Sinngebung und Bedeutungsfindung auf der Grundlage eigener Ziele und Wünsche, u. a. Neben den potenziellen Freiheiten wie Ausschlafen, Reisen, Genießen von Kultur und Natur oder Hobbies gibt es möglicherweise Einschränkungen finanzieller oder gesundheitlicher Art oder familiäre Verpflichtungen bei der Pflege von Angehörigen oder der Betreuung der Enkel.

Zwei wichtige Tätigkeitsfelder neben den genannten Themen verdienen bei der Vorbereitung auf den Ruhestand besondere Betrachtung: ehrenamtliches Engagement und (Weiter-)Bildung im Alter. In beiden Bereichen gibt es zahlreiche Möglichkeiten, die Interessierten aufgezeigt und für die Anlaufstellen genannt werden sollten. Hier lohnt es sich, die Betroffenen umfassend zu beraten, zu inspirieren und sie zu ermutigen, die Fühler auszustrecken und Ehrenamts- und Bildungsangebote auch auszuprobieren. Kompetente Ansprechpartner gibt es genügend, von den sozialen, kulturellen und politischen Institutionen bis zur Volkshochschule oder der Universität des dritten Lebensalters (U3L).

(Un)Ruhestand – Weiterbeschäftigung und soziale Aufgaben im Unternehmen

Bisweilen haben Ehemalige auch die Möglichkeit, in Absprache oder auf Wunsch des Unternehmens weiterhin Aufgaben im bisherigen Tätigkeitsbereich zu übernehmen, z. B. den Abschluss eines Projektes, das Aufarbeiten von Liegengebliebenem, Aushilfstätigkeiten bei Belastungsspitzen im Team oder kurzzeitige Vertretungen. Insbesondere auf der Managementebene scheiden Beschäftigte oft mit einem Beratervertrag aus, der dem Unternehmen noch für eine bestimmte Zeit das jeweilige Know-how sichert und auch für die Betroffenen die Übergangssituation abfedert. Solche Tätigkeiten sind vergütet, Einschränkungen kann es allerdings geben, wenn Zuverdienstgrenzen existieren wie im Fall der Altersteilzeit.

Eine andere Form der Weiterbeschäftigung im Ruhestand besteht in der Übernahme ehrenamtlicher sozialer Aufgaben für das Unternehmen. Ein typisches Beispiel ist die Betreuung von Mitarbeiterkindern in den Ferien oder in Notfällen durch Firmenseniorinnen und -senioren. Gerade Senioren sind hier sehr engagiert, für sie bedeutet dies oft ein Nachholen der versäumten Zeit mit den eigenen Kindern. Auch bei der Unterstützung von Beschäftigten mit Pflegeaufgaben durch die Übernahme haushaltsnaher Dienste oder bei Kranken-, Jubiläums- oder Geburtstagsbesuchen helfen Ehemalige im Interesse des Unternehmens öfters mit.

Neben dieser direkten Einbindung ehemaliger Beschäftigter gibt es in vielen Firmen, besonders auch in Familienbetrieben ein traditionelles Ruhestandsritual: die jährliche Einladung der Ehemaligen zu Kaffee und Kuchen, Ausflügen, kulturellen Darbietungen und Informationen. Als Zeichen der Verbundenheit mit dem alten Arbeitgeber und Gelegenheit, alte Kolleginnen und Kollegen wiederzusehen, werden diese Treffen von vielen gern besucht. Zusätzlich werden ausgeschiedene Beschäftigte von manchen Unternehmen über die Firmenzeitung auf dem Laufenden gehalten oder nehmen über persönliche Kontakte oder die sozialen Medien weiterhin am Firmengeschehen teil.

Unternehmen in der Verantwortung

Noch immer besteht die Auffassung, dass der Ruhestand vor allem ein Thema des Einzelnen oder der Gesellschaft, nicht aber der Unternehmen ist. Sofern es von Unternehmen in der Vergangenheit Angebote zur Vorbereitung auf den Ruhestand gab, geschah dies meist, um Personalabbaumaßnahmen bei älteren Beschäftigten auf diese Weise etwas abzufedern. Gewichtige Gründe sprechen jedoch für eine grundsätzliche Veränderung der Sicht auf den Ruhestand.

Zu einer vorausschauenden Personalplanung gehört, dass sich Unternehmen im Rahmen einer Demografieanalyse mit der Altersentwicklung ihrer Belegschaft befassen und für die notwendigen Ressourcen an qualifizierten, motivierten und leistungsfähigen Beschäftigten an der jeweiligen Stelle im Betrieb sorgen. Dazu müssen mit den Älteren Planungsgespräche geführt werden, um die Themen Arbeitszufriedenheit, Gesundheit, familiäre Aufgaben, Weiterbildung, Wissenstransfer, Nachfolgeregelungen, aber insbesondere auch ihre Vorstellungen zu der Zeit vor und nach dem Übergang in den Ruhestand zu besprechen.

Zur Unterstützung dieser Gespräche sind spezielle Firmenangebote zur persönlichen Vorbereitung auf den Ruhestand äußerst sinnvoll und ein Gewinn für alle Beteiligten. Dabei kann es nicht allein um die Gestaltung der Zeit bis zum Ausscheiden aus dem Unternehmen gehen. Ausdrücklich sollte in solchen Runden auch über alle Möglichkeiten informiert und diskutiert werden, wie die Zeit des Ruhestands selbst – neben den eventuell schon bestehenden Verpflichtungen – genutzt und gefüllt werden kann. Eine solchermaßen ganzheitliche Mitarbeiterorientierung, die für ältere Beschäftigte auch die Zeit nach dem Ruhestand in die Betrachtungen einbezieht, ist Zeichen einer nachhaltigen Personalpolitik.

Das zunehmende Bekenntnis von Unternehmen zu Corporate Social Responsibility (CSR) geht in die gleiche Richtung. Die Übernahme familiärer und ehrenamtlicher Aufgaben sowohl während der Berufstätigkeit als auch im Ruhestand wird mehr und mehr zur wichtigen Voraussetzung für das gelingende Zusammenleben und Funktionieren aller Bereiche unserer Gesellschaft, von der einzelnen Familie über das städtische Wohnquartier bis zum natürlichen Lebensraum. Unternehmen akzeptieren inzwischen bereitwilliger, dass es nicht nur Aufgabe der Gesellschaft ist, ihre Bürgerinnen und Bürger für Familiensorge und Ehrenamt zu gewinnen, sondern dass auch sie als Teile des Ganzen von der enormen ökonomischen, ökologischen, sozialen und kulturellen Wertschöpfung durch dieses Engagement direkt und indirekt profitieren.

Unternehmen sind also gut beraten, die Chancen zu erkennen, die für sie in einer frühzeitigen Befassung mit dem Thema Ruhestand liegen. Die These, Ruhestand sei eine individuelle oder gesellschaftliche Angelegenheit, ist zu kurz gegriffen und gehört der Vergangenheit an. Unternehmen tragen hier im eigenen Interesse eine große Mitverantwortung.

Literatur

Riegel, Hans/Röhricht, Dietmar (2013): Gestaltung des Übergangs in den Ruhestand. Analyse und Handlungsempfehlungen. Frankfurt: Bund-Verlag (Reihe: Betriebs- und Dienstvereinbarungen)

3.1.2 Arbeit und Alter – Zeit für Veränderung

Ein neuer Ansatz der berufundfamilie gGmbH

LUCIE PERROT

Wie wäre es,

...wenn eine 60-jährige Marketingkauffrau für sechs Monate ein Sabbatical einlegt und diese Zeit für ein lang gehegtes Buchprojekt oder einen ehrenamtlichen Einsatz im Ausland nutzt? Welchen Erfahrungsschatz bringt die Rückkehrerin nach ihrem Sabbatical in ihr Unternehmen mit?

... wenn ein 55-jähriger Meister von seinem Arbeitgeber einmal in der Woche freigestellt wird, um an der Gesamtschule Berufsvorbereitungsseminare für benachteiligte Jugendliche zu geben? Wie muss er gebildet sein, um die dafür erforderlichen Fähigkeiten zu entwickeln? Wie blickt er auf seine letzten Berufsjahre und die Zeit danach?

...wenn ein 65-jähriger Softwareentwickler nach Erreichen des Renteneintrittsalters mit reduzierter Stundenzahl und mit größerem Flexibilisierungsgrad weiterbeschäftigt bleibt? Wie hält er sein Wissen aktuell, und wie gibt er sein Wissen weiter?

Diese unterschiedlichen fiktiven Lebenswege sind mit Bildung im Alter verknüpft, und die Beispiele zeigen, dass Arbeitgeber dabei eine wichtige Rolle spielen und von dem Facettenreichtum dieser Lebenswege profitieren können. Eine Vision oder baldige Normalität?

Neue Perspektiven auf den Übergang in den Ruhestand

Zum alten Eisen zu gehören, nicht mehr gefragt zu werden, das wünscht sich niemand. Dennoch argumentieren viele Ältere, dass sich Weiterbildung für sie nicht mehr lohne. „Was soll ich denn noch lernen? Ich bin doch schon fünfzig!" So oder so ähnlich bekunden sie selbst. Mit dem Alter sinkt die Bereitschaft vieler Beschäftigter, sich beruflich weiterzubilden, und auch die Motivation, außerhalb des beruflichen Kontextes zu lernen, lässt nach (BMAS 2014, S. 21).

Und Arbeitgeber? Dass Weiterbildung einen Beitrag zur Erhöhung der Produktivität und der Qualität leistet, wird kaum jemand bestreiten, dennoch sind ältere Beschäftigte in der betrieblichen Weiterbildung unterrepräsentiert. Je älter die Beschäftigten sind, desto geringer ist das Angebot an berufsbezogener Qualifizierung. Bei den 35- bis 49-Jährigen nehmen 47% an betrieblichen Weiterbildungen teil, aber nur 42% der 50- bis 64-Jährigen (BMAS 2014, S. 19).

Mit dem Heraufsetzen des gesetzlichen Renteneintrittsalters auf 67 Jahre scheint eine neue Dynamik in die Diskussion um die Bildung älterer Beschäftigter gekommen zu sein. Der Ruf nach mehr beruflicher Weiterbildung und Förderung des lebenslangen Lernens hallt lauter, doch die Antworten darauf greifen häufig zu kurz.

Es reicht nicht aus, nur die Grenze des Alters, bis zu der sich Bildungsinvestitionen für den Betrieb oder das Individuum noch „lohnen", an die steigende Lebenserwartung anzupassen. Das wird keinen nachhaltigen Einfluss auf die Förderung der Weiterbildung durch Arbeitgeber und die Bereitschaft zur Weiterbildung von Seiten der Beschäftigten haben.

Die Forderung nach mehr beruflicher Weiterbildung für ältere Beschäftigte bzw. mehr Altersbildung wird erst erfolgreich sein, wenn sie in ein verändertes Verständnis von Arbeit im Alter bzw. vom Übergang von Erwerbstätigkeit in den Ruhestand eingebettet wird.

Mit den geburtenstarken Jahrgängen steht ein so hoher Anteil an Erwerbstätigen wie noch nie zuvor vor dem Übergang in den Ruhestand. Die Chancen stehen somit gut, dass ein Umdenken in der Arbeitswelt erfolgen kann.

Im Folgenden soll eine veränderte Perspektive auf den Übergang zwischen Erwerbstätigkeit und Ruhestand vorgestellt werden; und es werden Wege aufgezeigt, wie Arbeitgeber als wichtige Akteure Arbeit im Alter gestalten können.

„Generation Übergang"

Egal ob ein Verfechter der Rente mit 63 oder 67 zu Wort kommt – es besteht Einigkeit bei einer Grundannahme: Beschäftigte arbeiten in der Regel bis zum Tag X, und danach beginnt das Leben im Ruhestand. Aber das Gezerre an dem für den Ruhestand „richtigen Alter" verstellt den Blick auf eine grundlegende Tatsache: Auch im Alter sind wir verschieden. Ältere Beschäftigte unterscheiden sich in ihren Lebenswegen, Fähigkeiten und Vorstellungen über ihre Zukunft. Und mit dieser Heterogenität treffen alle auf das nahezu einheitliche gesetzliche Renteneintrittsalter und auf eine betriebliche Praxis, die von der Frühverrentung der letzten Jahre geprägt ist. Es gibt zwar individuelle Modelle für den Eintritt in das Berufsleben, der Berufsaustritt verläuft jedoch nahezu gleich.

Neue Brisanz entfaltet die Frage nach dem Übergang ins Rentenalter durch das Älterwerden der geburtenstarken Jahrgänge: Bis zum Jahr 2040 werden diese Alterskohorten, die derzeit noch nahezu vollständig im Erwerbsleben stehen, kollektiv das Rentenalter überschritten haben und nicht mehr erwerbstätig sein. Die entscheidende Phase des Übergangs der geburtenstarken Jahrgänge vom Erwerbsleben in den Ruhestand findet um das Jahr 2030 statt. Bis dahin werden Jahr für Jahr deutlich mehr Personen das Rentenalter erreichen als je zuvor. Eine demografische Umwälzung dieser Größenordnung wird den Arbeitsmarkt nachhaltig prägen.

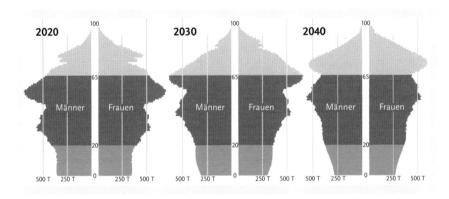

Abb. 1: Bevölkerungsentwicklung 2020 bis 2040[9]

In den nächsten 15 Jahren werden sich rund 20 Millionen Menschen intensiv mit der Frage beschäftigen müssen, wie sie diesen Übergang gestalten – und sie werden somit zu einer „Generation Übergang".

Für vorausschauend agierende Arbeitgeber stellen sich Fragen wie „Welchen Stellenwert haben ältere Beschäftigte in meiner Belegschaft?", „Welche Bedürfnisse

9 Statistisches Bundesamt, 12. koordinierte Bevölkerungsvorausberechnung, www.destatis.de/bevoelkerungspyramide, aufgerufen am 10.09.2014.

haben sie?" und „Wie bin ich mit einer älteren Belegschaft innovativ und erfolgreich?".

Erweitert man das bisherige Verständnis von Arbeit im Alter, entstehen große Gestaltungsräume. Denn in einer modernen Tätigkeitsgesellschaft kann sich Arbeit nicht allein auf Erwerbsarbeit beschränken und auch nicht mit dem Erreichen des gesetzlichen Renteneintrittsalters enden. Werden älteren Menschen Wahlmöglichkeiten eröffnet, ihre Kompetenzen einzubringen und ihren Interessen nachzugehen, ergreifen viele diese Chance auch für andere Formen sinnstiftender Arbeit:
- durch Erwerbsarbeit als Rentner oder
- durch informelle Tätigkeiten (BiB 2014, S. 13) neben der Erwerbsarbeit bereits vor dem Renteneintritt – wie Familienarbeit, ehrenamtliche Arbeit oder Nachbarschaftshilfe, oder
- durch informelle Tätigkeiten als Rentner.

In dieser Gesamtbetrachtung liegen große Chancen für die Arbeitswelt und die Gesellschaft. Die Potenziale älterer Menschen können dadurch wesentlich besser zum Einsatz kommen als bei einem abrupten, von einem Tag auf den anderen stattfindenden Wechsel von der Erwerbsarbeit in den Ruhestand, der oftmals einen erheblichen Verlust an Know-how für Arbeitgeber und in nur wenigen Fällen ein größeres Engagement für die Gesellschaft nach sich zieht (BMFSFJ 2019, S. 99).

Auf eine ältere Generation zu setzen, die sich in vielerlei Hinsicht engagiert, wird allerdings nur gelingen, wenn älteren Menschen Handlungsoptionen offen stehen und sie diese auch nutzen. Das beinhaltet strukturelle Komponenten wie beispielsweise zeitliche Freiräume, aber auch kulturelle Komponenten wie die Wertschätzung der Potenziale von Älteren.

Bei einer alters- und bedarfsgerechten Neugewichtung von Arbeit und Alter kommt den Arbeitgebern eine zentrale Rolle als maßgebliche Gestalter zu. Vor Erreichen des Renteneintrittsalters ist die Erwerbsarbeit in der Regel das prägendste Element im Leben, um das herum andere Aktivitäten „arrangiert" werden, und die „Gewohnheiten", die sich in der Phase der Erwerbstätigkeit herausbilden, prägen häufig die Ausgestaltung des Ruhestandes.

Daher stellt sich die Frage, wie es gelingen kann,
- dass Lösungen für den flexiblen Übergang vom Erwerbsleben in den Ruhestand im betrieblichen Alltag geschaffen werden,

- dass ein dynamischer Wechsel zwischen Erwerbsarbeit und informellen Tätigkeiten gelingt und
- dass älteren Menschen durch mehr Wahlfreiheit die Möglichkeit eröffnet wird, ihre Potenziale sinnvoll und sinnstiftend einzubringen.

Eine Handlungshilfe für Arbeitgeber: der Stufenplan „Arbeit und Alter"

Zurzeit ist die Gestaltung der letzten Arbeitsphase und des Übergangs in den Ruhestand in vielen Betrieben ein eher zufälliges Ergebnis, abhängig vom Engagement des einzelnen Beschäftigten oder der einzelnen Führungskraft. Es fehlt an Verständnis, dass die Zeit vor und nach dem Renteneintritt eine eigenständige Lebensphase darstellt, die es zu gestalten gilt.

Dabei erhöhen Arbeitgeber mit flexiblen Übergangskonzepten maßgeblich ihre Attraktivität und damit die Chance, gute ältere Fachkräfte länger für den Betrieb zu gewinnen. In Anbetracht der Situation auf dem Arbeitsmarkt wird dies für Arbeitgeber immer wichtiger: „Die Arbeitsmarktlage und der zunehmende Facharbeitermangel erlaubt es vielen Babyboomern, auch in den letzten Berufsjahren anspruchsvoll zu sein und von den Unternehmen passgenaue Angebote zu verlangen." (Niejahr 2014, S. 21)

Arbeitgebern steht eine breite Palette an personalpolitischen Maßnahmen zur Verfügung, die zur Gestaltung einer flexiblen Übergangsphase genutzt werden können. Flexible Arbeitszeitmodelle, arbeitsorganisatorische Maßnahmen, Ansätze zur Gesundheitsförderung oder Maßnahmen zur Vereinbarkeit von Beruf und Familie werden in immer mehr Unternehmen umgesetzt. Zudem gibt es unterschiedliche Möglichkeiten zur Unterstützung des bürgerschaftlichen Engagements sowie der Rückbindung und Beschäftigung von Rentnern. Jedoch bieten das aktuell nur sehr wenige Arbeitgeber an (berufundfamilie gGmbH 2014).

Die entscheidende Frage ist, wie die unterschiedlichen Maßnahmen gezielt zusammengebracht werden und in welchem kulturellen Setting sie verortet sind: Welche bewussten und unbewussten Altersbilder herrschen bei den Beschäftigten und den Führungskräften vor, welchen Stellenwert haben Kommunikation und Führung im Unternehmen?

Um Arbeitgebern eine Arbeitshilfe an die Hand zu geben, die zur (Weiter-)Entwicklung einer altersgerechten Personalpolitik und Gestaltung einer flexiblen Übergangsphase zwischen Erwerbsarbeit und Ruhestand anregt, hat die berufundfamilie gGmbH den Stufenplan „Arbeit und Alter" entwickelt. Darin finden sich Maßnahmen aus acht personalpolitischen Handlungsfeldern, die zusammengetragen und systematisiert wurden.

Die acht Handlungsfelder des Stufenplans sind:
1. Zeitflexibilität erhöhen
2. Arbeit altersgerecht organisieren
3. Miteinander der Generationen fördern
4. Personal altersgerecht gewinnen und entwickeln
5. Gesundheit erhalten
6. Rentner einbinden und beschäftigen
7. Beruf und Pflege vereinbaren
8. Bürgerschaftliches Engagement unterstützen

Insgesamt sind 112 Maßnahmen erfasst, die in vier Stufen unterteilt sind:
1. Ausgangslage analysieren
2. Betriebliche Angebote ausbauen
3. Altersgerechte Unternehmenskultur fördern
4. Nachhaltigkeit sichern.

Bei der Einführung der Maßnahmen sind folgende Aspekte besonders wichtig:

Agieren, und nicht reagieren

Arbeitgeber profitieren davon, wenn sie vorausschauend agieren und nicht nur auf die „Rentnerwelle" reagieren. Wenn Arbeitgeber nicht auf die Verabschiedung von Gesetzen warten, sondern – im Rahmen ihrer Möglichkeiten – selbst aktiv werden, haben sie die Möglichkeit, gemeinsam mit ihren Beschäftigten tragfähige Lösungen zu erarbeiten. Hierdurch können sie den personellen Folgen der demografischen Entwicklungen vorbeugen und auch Kosten sparen. Umso strategischer das Thema „Arbeit und Alter" dabei verortet wird, umso besser wird dies gelingen.

Personalpolitische Handlungsfelder systematisch verknüpfen

Beim Stichwort „Maßnahmen für ältere Beschäftigte" denken die meisten Menschen an Gesundheitsmanagement oder Weiterbildung. Der Stufenplan „Arbeit und Alter" zeigt jedoch, dass das Angebot viel weiter gehen kann. Unter Umständen bedarf es gar nicht der Einführung vieler neuer Maßnahmen. Schon mit der systematischen Verknüpfung unterschiedlicher personalpolitischer Handlungsfelder und der Anpassung der vorhandenen Maßnahmen an die spezifischen Bedarfe älterer Beschäftigter kann viel erreicht werden. Wie können beispielsweise die bestehenden Möglichkeiten der Arbeitszeitflexibilisierung gezielt an ältere Beschäftigte adressiert werden? Wie können Erfahrungen mit Kontakthalteprogrammen während der Elternzeit für ehemalige Beschäftigte genutzt werden? Darüber hinaus lohnt sich auch der Blick über den Tellerrand: Welches Potenzial entfaltet sich, wenn Modelle erprobt werden, um Rentner weiter zu beschäftigen, oder wenn bürgerschaftliches Engagement gefördert wird?

(Weiter-)Bildungsmaßnahmen für ältere Beschäftigte sind im Stufenplan „Arbeit und Alter" integriert und stehen in Wechselwirkung mit den anderen Maßnahmen. Das Angebot von Weiterbildung mit altersgerechter Didaktik oder innerbetrieblichen Praktika entfaltet seine Wirkung, wenn es von Maßnahmen flankiert wird wie beispielsweise der strukturierten Wissensweitergabe, altersgerechten Auswahl- und Bewertungsverfahren oder Mitarbeitergesprächen, in die Fragen zur Übergangsgestaltung frühzeitig integriert sind.

Betriebsspezifisch planen
Es gilt *nicht, alle* Maßnahmen des Stufenplans „Arbeit und Alter", *sondern die* für den eigenen Betrieb *richtigen* Maßnahmen umzusetzen. Produktionsbetriebe werden zu ganz anderen Antworten kommen als Unternehmen mit überwiegenden „Schreibtischtätigkeiten". Um die richtigen Maßnahmen zu identifizieren, ist es unabdingbar, die Ausgangslage im Unternehmen zu analysieren, wofür unterschiedliche Instrumente zur Verfügung stehen. Altersstrukturanalysen bieten häufig einen ersten guten Einstieg. Zudem lohnt sich der Blick auf den Status quo: Welche Maßnahmen sind bereits vorhanden? Wie werden sie genutzt?

Wenn dann noch Einstellungen und Erwartungen erfasst werden, indem beispielsweise die Frage nach den Altersbildern von Führungskräften und Beschäftigten gestellt wird, dann entsteht ein umfassendes Wissen über die betriebsspezifischen Herausforderungen. Mit diesem Wissen können Maßnahmen erfolgreich entwickelt und umgesetzt werden.

Der Unternehmenskultur einen hohen Stellenwert einräumen
Die innovativsten Maßnahmen helfen nicht weiter, wenn sie im Widerspruch zu der im Betrieb vorhandenen Kultur stehen. Unter Umständen ist mit einigen ausgesuchten Maßnahmen und viel Engagement bei der Einbindung von Führungskräften mehr erreicht als durch einen umfassenden Maßnahmenkatalog.

Führungskräfte zu gewinnen und von den Vorteilen zu überzeugen, ist unabdingbar. Viele Führungskräfte scheinen dabei auf einem guten Weg zu sein: Im Ergebnis der Umfrage „Arbeit und Alter" hat der überwiegende Teil der befragten Entscheidungsträger einen Mehrwert darin gesehen, sich mit der Gestaltung des Übergangs zu befassen.

Frage: Inwieweit ist es Ihrer Meinung nach Aufgabe der Arbeitgeber, sich mit der Gestaltung des Übergangs der Beschäftigten von **Erwerbsarbeit in den Ruhestand** zu befassen? Skala: „Stimme voll und ganz zu" bis „Stimme überhaupt nicht zu" – absteigend sortiert nach Top 2 Box

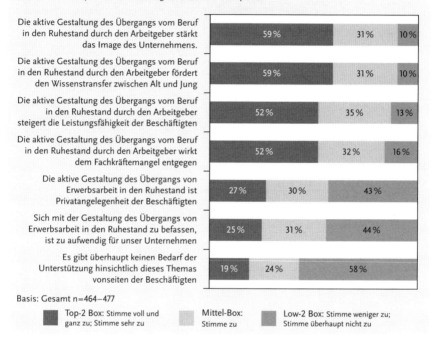

Basis: Gesamt n=464–477

■ Top-2 Box: Stimme voll und ganz zu; Stimme sehr zu   ▒ Mittel-Box: Stimme zu   ■ Low-2 Box: Stimme weniger zu; Stimme überhaupt nicht zu

Abb. 2: Arbeit und Alter – Unternehmens- und Beschäftigtenumfrage[10]

---

10 vgl. berufundfamilie gGmbH, Arbeit und Alter – Unternehmens- und Beschäftigtenumfrage, www.arbeit-und-alter.de/umfrage, aufgerufen am 10.09.2014.

Stufenplan »Arbeit und Alter«

	Zeitflexibilität erhöhen	Arbeit altersgerecht organisieren	Miteinander der Generationen fördern	Personal altersgerecht gewinnen und entwickeln
1 Ausgangslage analysieren				Altersstruktur
				Belegschafts
			Bestandsaufnahme und Evaluierung	
				Benchmarking in Bezug
	Bestandsaufnahme vorhandener Arbeitszeitmodelle und Nutzung nach Zielgruppen	Analyse des Arbeitsplatzes, der Arbeitsmittel und Arbeitsprozesse	Befragungen von Fokusgruppen	Personalbedarfsanalyse
		Alterssimulationen		Kompetenz- und Potenzialanalyse
		Gefährdungs- und Belastungsbeurteilung*		Qualifikationsbedarfsanalyse
	Flexible Pausenregelungen	Förderung von Teamarbeit	Altersgemischte Teams	Förderung des lebenslangen Lernens
	Gleitzeit/ Vertrauensarbeitszeit	Vertretungsregelungen	Paten-/ Mentorenmodelle	Altersübergreifende Lerngruppen
	Reduzierte Arbeitszeiten	Anpassung der Arbeitsinhalte an reduzierte Arbeitszeiten	Tandemmodelle	Senior-Azubis/ Senior-Trainees
	Flexibilisierung des Ausstiegs	Job-Enrichment/ Job-Enlargement	Planung und Gestaltung von Übergabeprozessen	Weiterbildungsangebote mit altersgerechter Didaktik
	Arbeitszeitkonten/ Zeitwertkonten	Belastungsstreuung/ Job-Rotation	Nutzung von Instrumenten zur (Erfahrungs-)Wissensweitergabe	Innerbetriebliche Praktika
2 Betriebliche Angebote ausbauen	Altersgerechte Schichtplanung	Aktive Einhaltung des Arbeitsschutzes	Nachfolgeplanungen	Planung von Karriere- und Ruhestandswegen
	Telearbeit/ mobiles Arbeiten	Reduktion von Arbeitsbelastungen	Einbeziehung älterer Beschäftigter in die Entwicklung von Produkten und Dienstleistungen für Senioren	»Horizontale« Karrierewege ermöglichen
	Job-Sharing	Ergonomische Arbeitsplatzgestaltung		Mitarbeitergespräche/ Zukunftsgespräche
	Zusatzurlaub/ Sonderurlaub	Betriebsvereinbarungen		Gezielte Personalgewinnung älterer Fachkräfte
	Sabbaticals	*verpflichtend im Arbeitsschutzgesetz und den Berufsgenossenschaftlichen Vorschriften festgelegt		Altersgerechte Auswahlverfahren und Bewertungsverfahren
				Seminare zur Ruhestandsgestaltung
				Betriebliche Altersvorsorge und sonstige finanzielle Hilfen
3 Altersgerechte Unternehmenskultur fördern	**Kommunikation**	Vorteile und Möglichkeiten einer altersgerechten Personalpolitik bekannt machen		
		Betriebliche Ansprechpartner benennen (z. B. Übergangsmanager)	»Neue« Altersbilder im Betrieb fördern	
		Austausch und Vernetzung fördern (z. B. durch Generationendialog, Stammtische, betriebliche Netzwerke)		
	Führung	Führungskräfte sensibilisieren und gewinnen	Handlungshilfen für Führungskräfte	
			Mitarbeitergespräche	Partizipationsprozesse fördern
4 Nachhaltigkeit sichern			Evaluation und Controlling der Maßnahmen	
			Prognosen der zukünftigen Rahmenbedingungen und Bedarfe	

© berufundfamilie gGmbH 2014

Abb. 3: Stufenplan Arbeit und Alter für Arbeitgeber, berufundfamilie gGmbH, 2014

für Arbeitgeber

Gesundheit erhalten	Rentner einbinden und beschäftigen	Beruf und Pflege vereinbaren**	Bürgerschaftliches Engagement unterstützen	ARBEIT UND ALTER
analyse				
befragung				
vorhandener personalpolitischer Maßnahmen				
auf altersgerechte Personalpolitik				Ausgangslage analysieren **1**
Krankenstandsanalyse	Analyse der aktuellen und zukünftigen Bedarfe/ Einsatzmöglichkeiten	Befragungen zu aktuellen und erwarteten Pflegeaufgaben	Ermittlung des vorhandenen Engagements der Belegschaft	
		Recherche zu Beratungs- und Pflegeangeboten	Recherche zu regionalen Ehrenamtsstrukturen	
Aktive Pause	Einladung von Ruheständlern zu Feiern und besonderen Anlässen	Enttabuisierung des Themas »Pflege«	Freistellung fürs Ehrenamt	
Ruheraum	Zugang zur Kantine für Ruheständler	Zeitflexibilität (siehe 1. Spalte)	Teilnahme an sozialen Gemeinschaftstagen/betrieblich organisierte Ehrenamtsaktionen	
Ergonomie-schulung	Zusendung der Mitarbeiterzeitung	Notfallpläne/ Vertretungsregelungen	Kooperationen mit Ehrenamtsbörsen	
Förderung von Bewegung, Sport und Entspannung	Zugang zum Intranet	Interne oder externe Information und Beratung für Pflegende	Förderung von Schüler- bzw. Schulpatenschaften älterer/ ehemaliger Beschäftigter	
Gesundes Essen in der Kantine/ Ernährungsberatung/Kochkurse	Weiterbeschäftigung nach Renteneintritt (ggf. in Teilzeit)	Kompetenzseminare für Pflegende*	Unterstützung von Nachbarschaftshilfe	
Betriebsärztliche (Vorsorge-)Untersuchung	Beschäftigung als Senior Expert	Vermittlung oder Bereitstellung von Senioren- und Pflege-Services***	Aufbau/Unterstützung von Generationennetzwerken	Betriebliche Angebote ausbauen **2**
Gesundheitstag	Springerpool	Finanzielle Unterstützung	Social Sponsoring	
Gesundheitslotsen	Begleitung des beruflichen Rollenwechsels	Pflege-Guides		
Gesundheitscoaching	Mentoren für den Wiedereinstieg	*eine detaillierte Übersicht finden Sie im Stufenplan »Beruf und Pflege«		
Kurse zum Stressmanagement, Konfliktbewältigung etc.		***ggf. in Kooperation mit anderen Arbeitgebern		
Psychosoziale Beratung				
Betriebliches Eingliederungsmanagement				
Über gesetzliche Rahmenbedingungen und betriebliche Angebote informieren				
Vielfältige Optionen fürs Arbeiten im Alter aufzeigen		Best-Practice-Beispiele bekannt machen		Altersgerechte Unternehmens-kultur fördern **3**
Jüngere Generationen einbinden und das Thema an die gesamte Belegschaft adressieren			Externe Öffentlichkeitsarbeit	
Leitbild der wertschätzenden und altersgerechten Führung		Trainings zur Förderung von wertschätzender und altersgerechter Führung		
Kriterien wertschätzender und altersgerechter Führung bei Beurteilungen, Beförderung und Honorierung aufnehmen				
Sicherstellung der Bedarfsgerechtigkeit und Passgenauigkeit der Maßnahmen				Nachhaltigkeit sichern **4**
Anpassung und Weiterentwicklung der Maßnahmen				

(Fortsetzung Abb. 3)

Förderlich ist sicherlich, dass zurzeit viele Entscheidungsträger selbst der „Generation Übergang" angehören und sich die Frage nach dem eigenen Übergang stellen.

Der Dialog über alle Hierarchieebenen und Generationen hinweg kann einen wichtigen Beitrag leisten, um mögliche Ängste und Vorbehalte abzubauen und eine bedarfsgerechte Gestaltung des Übergangs in den Ruhestand zu ermöglichen. Denn gewinnbringende Lösungen lassen sich am besten gemeinsam erarbeiten.

Es ist letztlich die durch den Dialog gewachsene Kultur, die den Erfolg eines Unternehmens ausmacht, und nicht die in Hochglanzbroschüren vorgestellten Leistungsangebote.

Vielfalt beachten

Es sind nicht nur viele, sondern auch unterschiedliche Ältere, mit denen Arbeitgeber in Zukunft zu tun haben. Hinzu kommt noch, dass die Generation der heute 50-Jährigen es gewohnt ist, in wechselnden Strukturen zu leben und flexibel zu arbeiten. Es gilt daher, die Vielfalt älterer Beschäftigter zu beachten.

Eine erfolgreiche altersgerechte Personalpolitik zeichnet sich daher dadurch aus, dass sie die Unterschiedlichkeit der Lebensentwürfe und der daraus resultierenden Anforderungen anerkennt und vielfältige, bedarfsgerechte Maßnahmen anbietet.

Altersbilder und Altersbildung

Was ist zuerst da? Das geänderte Altersbild oder die geänderte Altersbildung?

Das Altersbild von heute transportiert entweder den gebrechlichen Greis oder den fitten, aktiven Alten. In der Realität spannt sich zwischen diesen beiden Polen eine Bandbreite an Lebensentwürfen, Vorstellungen und Wünschen.

Im systematischen Zusammenwirken der oben aufgeführten personalpolitischen Handlungsfelder kommt Bildung im Kontext der altersgerechten Personalentwicklung eine große Bedeutung zu. Viele Perspektiven eröffnen sich Beschäftigten erst durch ausreichende Bildung im Alter. Gleichermaßen hat die betriebliche Praxis große Auswirkungen auf das Altersbild und dadurch auf die Altersbildung. Wer im beruflichen Kontext Wertschätzung seiner Person und seiner Fähigkeiten als älterer Beschäftigter erfährt, wird mit einem anderen Bild des Alterns die eigene Übergangsphase zwischen Erwerbsarbeit und Ruhestand gestalten. Wer bereits im Arbeitskontext gelernt hat, altersgerecht zu lernen, wird dies darüber hinaus auch auf andere Gebiete übertragen können, zum Beispiel im Bereich ehrenamtlicher Tätigkeiten, für die ebenso Qualifikationen erwartet werden.

Der Flexibilisierung des Übergangs zwischen Erwerbsarbeit und Ruhestand unter Einbeziehung der notwendigen Freiräume für informelle Tätigkeiten wie Familienarbeit oder bürgerschaftliches Engagement kommt eine Schlüsselrolle zu. Erst dadurch entstehen Wahlmöglichkeiten, die zu einer aktiven Gestaltung des Übergangs einladen.

Durch eine erweiterte Perspektive auf Arbeit und Alter entstehen Arbeitgebern Vorteile: Beschäftigte bleiben leistungsfähiger und motivierter im Betrieb, sie bringen ihr Know-how länger ein, und wer konsequent auf eine alters- und übergangsgerechte Unternehmenskultur setzt, erfährt eine Aufwertung der Arbeitgebermarke.

Arbeitgeber sind aber nicht nur Profiteure eines veränderten Verständnisses von Arbeit im Alter, sondern auch Motoren des gesellschaftlichen Wandels, um zu einem neuen Selbstverständnis des Alters und über diesen Weg auch zu einer gelingenden Bildung im Alter beizutragen.

Literatur

berufundfamilie gGmbH (2014): Arbeit und Alter – Unternehmens- und Beschäftigtenumfrage. www.arbeit-und-alter.de/umfrage. Abruf: 10.09.2014
BiB (2014): Erwerbsarbeit & informelle Tätigkeiten der 55- bis 70-Jährigen in Deutschland. Wiesbaden: Bundesinstitut für Bevölkerungsforschung
BMAS (2014): Fortschrittsreport „Altersgerechte Arbeitswelt". Ausgabe 4: Lebenslanges Lernen und betriebliche Weiterbildung. Bonn: Bundesministerium für Arbeit und Soziales
BMFSFJ (2010): Hauptbericht des Freiwilligensurveys 2009. Berlin: Bundesministerium für Familien, Senioren, Frauen und Jugend
Niejahr, Elisabeth (2014): Der große Renten-Irrtum. Das geplante Altersgeld ab 63 ist sehr beliebt. Doch neue Studien zeigen: Viele Ruheständler vermissen ihren alten Job. In: Die Zeit, vom 30.01.2014

3.1.3 Was Jetzt?

Ein Programm von Common Purpose für Führungskräfte am Übergang in einen aktiven Ruhestand

RENATE KROL, CLAUDIA SOMMER

Common Purpose:
Das Ziel von Common Purpose (CP) ist die Förderung des Denkens und Handelns zum Nutzen des Gemeinwohls. Dabei spielt die Ressource „Leadership" (Führungsverantwortung) in allen Bereichen der Gesellschaft eine Rolle. CP-Aktivitäten zielen deshalb darauf ab, diese Ressource zu fördern und zu stärken. Mittels des interdisziplinären und ganzheitlichen Ansatzes werden heutigen und zukünftigen Entscheidern Erfahrungen und Einblicke angeboten, die sie brauchen, um an neuen Lösungen mitzuwirken – auch dort, wo sie über keine formale Autorität verfügen.

Die Idee von CP hat ihre Wurzeln in England. Im Jahre 2004 haben es wichtige Frankfurter Persönlichkeiten ermöglicht, das Konzept nach Deutschland zu übertragen, um in einem jährlichen Weiterentwicklungsprogramm Führungskräfte aller Bereiche und in mittlerweile acht Städten und Regionen für gesamtgesellschaftliches Denken und bürgerschaftliches Engagement zu inspirieren. Nach und nach wurden auch Konzepte für Jugendliche und Führungskräfte am Übergang in den Ruhestand entwickelt.

Im Jahre 2010 ergab sich für die Autoren dieses Beitrages die Gelegenheit, als Beobachter an einem viertägigen Seminar in Redding bei London teilzunehmen. Hier war eine Gruppe von Senior Managern einer internationalen Wirtschaftsprüfungsgesellschaft versammelt, keiner über 60 Jahre alt, die sich auf die Zeit nach ihrer Karriere vorbereiteten. Für uns stand damals eine Aufforderung an die ausscheidenden Manager ganz deutlich im Raum: *„The society wants from you 10 decent years of active citizenship and although you have been corporate animals you could learn new ways to lead in the society."*

Das Erlebte hinterließ einen nachhaltigen Eindruck und war für uns augenöffnend und Ansporn sich zuhause in Deutschland Gedanken darüber zu machen, wie die Common Purpose Deutschland (g)GmbH als gemeinnütziger Bildungsträger für Leadership einen Teil dazu beitragen kann, dass der Schatz an Wissen und Erfahrungen ausscheidender Führungspersonen nicht nur auf Golfplätzen, Kreuzfahrten und Altersruhesitzen landet. Was bleibt also, wenn die Arbeit erledigt, aber noch viel vom Leben übrig ist? (Willenbrock, S.133)

Grundüberlegungen

Das Streben nach Erfüllung und Verwirklichung ist neben den monetären Aspekten eine wesentliche Antriebsfeder für eine erfolgreiche Berufskarriere. Mit dem Erreichten könnte man sich nun berechtigterweise zufrieden zurücklehnen und in die Privatsphäre zurückziehen. Trotzdem fühlen sich viele Führungspersonen am Ende ihrer Karriere immer noch motiviert und fit genug, neue Herausforderungen zu suchen und anzunehmen. Welche Möglichkeiten haben diejenigen, die nicht bereit sind, sich ausschließlich privaten Interessen zu widmen, sondern in der Gesellschaft noch etwas zu leisten? Wie können wir als Gesellschaft und Organisationen dem Verlust dieser reichen Ressource an Erfahrung und Wissen entgegenwirken? Können wir es uns überhaupt leisten, den Fundus an Leadership-Erfahrungen ungenutzt liegen zu lassen, vor allem im Hinblick auf die bekannten sich abzeichnenden demografischen Entwicklungen?

Die Antwort muss heißen – nein! Das Erfahrungswissen und die vielseitigen Talente unserer Verantwortungsträger und Leader werden über ihre aktive Berufszeit hinaus gebraucht. Diese Idee ist einfach und zugegebenermaßen auch nicht neu – nur ist der Übergang für ehemalige Leistungsträger alles andere als leicht. Wie funktioniert der Switch in ein neues Betätigungsfeld? Welche Fallstricke liegen auf solch einem Weg? Welche Bedarfe kann die Gesellschaft für hochwertiges Engagement dieser Manager bereithalten? Und welche gesellschaftliche Rolle schreiben wir überhaupt den geschätzten Älteren letztendlich zu?

Obwohl viele dieser Manager ein überdurchschnittliches Interesse zeigen, sich nach dem Ende eines oft turbulenten Berufslebens noch einmal auf ganz andere Weise zu vernetzen und für die Gesellschaft zu engagieren, findet dies in einem viel zu geringen Maße tatsächlich statt. Warum tut dies nur ein Bruchteil der „Nachberufler"?

Dies hat viele Gründe: Oft mangelt es – auf den ersten Blick zumindest – an Möglichkeiten, die den speziellen Kompetenzen, Erfahrungen und Ansprüchen dieser Klientel gerecht werden. Dazu kommen vielmals die Unerfahrenheit und sogar eine oft unbewusste Scheu, sich einem als fremd empfundenen sozial-kulturellen Milieu oder Sektor zu nähern oder darin angemessen zu kommunizieren. Auch herrscht – auf beiden Seiten – ein eklatanter Mangel an Erfahrungen, wie Menschen mit hochqualifizierten Berufsbiografien und ausgeprägten Führungsprofilen im ehrenamtlichen Bereich eine ihnen angemessene Rolle finden und wie sie auch in anderen Sektoren – aber auf ganz andere Weise als in ihrer früheren Vorgesetztenrolle – eine gestaltende Funktion übernehmen können.

Genau auf diese „weichen", modifizierten Führungs- und Gestaltungskompetenzen als gesellschaftliche Ressource kommt es aber gerade bei der notwendigen weiteren Entwicklung unserer Gesellschaft zunehmend an.

Motivation und Zielsetzung

Somit machten wir uns auf den Weg, das in Großbritannien erprobte und erfolgreiche Programm *What Next?*[11] an unsere Bedingungen anzupassen, für die hiesigen Anforderungen weiterzuentwickeln, zur Serienreife zu bringen und bundesweit anzubieten. Leichter gesagt als getan!

Zunächst haben wir uns einen Überblick über aktuelle Entwicklungen verschafft und viele Gespräche mit Akteuren und inspirierenden Menschen geführt, die uns einerseits in unseren Zielen bestärkten, andererseits auch einen steinigen Weg vor Augen führten.

Nicht neu, aber umso dringlicher ist es, dass in Deutschland insbesondere die demografische Entwicklung zum Handeln drängt, um die Potenziale zugunsten des Einzelnen und zum Nutzen der Gesellschaft über die Zeit des aktiven Berufslebens hinaus aktiv zu halten. Es ist allgemeiner Konsens, dass unser Staat in seiner Rolle als Versorger und Steuerer zudem an seine Grenzen gekommen ist und auf Prozesse der aktiven Teilhabe und der verantwortlichen Beteiligung am Gemeinwesen setzt. Darüber hinaus ist der klassische Ruhestand für viele Menschen nicht mehr das gewünschte Lebensmodell für das Alter. Der Frage, wie sich dieses Geschenk in Lebensqualität für den Einzelnen und in Gemeinwohl übersetzen lässt, widmet beispielsweise Henning von Vieregge sein Buch „Der Ruhestand kommt später" (Vieregge 2012; vgl. auch der Beitrag von v. Vieregge in diesem Band). Darin beobachtet er auch, dass dem zunehmenden Wunsch nach einer sinnvollen Gestaltung bei Renteneintritt heute oftmals immer noch keine oder nur wenige entsprechende Angebote gegenüberstehen.

Hierbei sticht ein wesentlicher Unterschied zu den Gesellschaftsstrukturen in Großbritannien besonders deutlich hervor: Ausscheidende Manager bereiten sich dort frühzeitig und gezielter darauf vor, sich mit ihren Kompetenzen, Erfahrungen und Erwartungen auf angemessene Weise gesellschaftlich zu engagieren – mit dem kleinen, aber prägnanten Unterschied, dass ihnen die Gesellschaft unterschiedlichste Rollen und Positionen bereithält. Dies geschieht auf einer viel breiteren Basis als hier üblich, in der Rolle als *Non-Executives* in Kuratorien oder Vorständen von Schulen oder Museen, als Coaches oder Mentoren von Verant-

---

11 Common Purpose UK führt das Programm seit Jahren gemeinsam mit Oxford Said Business School durch.

wortungsträgern im sozialen Sektor oder in Aufsichts-, Beratungs- oder Leitungsfunktionen von gemeinnützigen Projekten etwa von Bürgerstiftungen oder anderen lokalen Trägern.

Neben der gesellschaftlichen Perspektive ist ein wichtiger Aspekt die Sorge um die eigene ganzheitliche Lebenszufriedenheit. Klaus Dörner sah bei seinem Übergang hierin eine besondere Herausforderung und berichtet: „Man sagt, der Mensch lebt weltoffen. Spätestens bei meinem Übertritt ins Rentenalter hat mich dieses Widerfahrnis überrascht. Erst nach dem Übertritt merkte ich, dass mein reiches theoretisches Wissen mir nichts nützen kann. Ich fand mich im sozialen Niemandsland des dritten Lebensabschnittes ohne Rollenerwartungen wieder und brauchte zwei Jahre Versuch und Irrtum, um einen zu mir passenden Rhythmus zu finden." (Dörner 2007)

Was also ist gelingendes Leben im Alter? Darauf antwortet der bekannte deutsche Gerontologe Andreas Kruse mit fünf Kategorien, die auf die Wechselwirkung von Individuum und Gemeinschaft hinweisen: Selbstständigkeit, Selbstverantwortung, bewusst angenommene Abhängigkeit, Mitverantwortung und Selbstaktualisierung. Eine Person zu sein, die Teil der Gemeinschaft bildet, sei eine für das subjektive Lebensgefühl entscheidende Erfahrung (Kruse 2012).

Diese Wechselwirkung zwischen Individuum und Gesellschaft lieferte für unsere Programmkonzeption den maßgeblichen roten Faden, mit dem Ziel, die Motivation und die Ressourcen von Führungspersonen in der letzten Phase ihres Berufslebens zu fördern, um sie für den Übergang in die Zeit der freien Lebensgestaltung zu stärken. Dabei sollen Wege aufgezeigt werden, wie sie ihre beruflichen Kompetenzen für einen Mehrwert in der Gesellschaft einsetzen können und aus dem Gefühl „des Gebrauchtwerdens" eine persönliche Kraftquelle für die nächsten Lebensjahre für sich ableiten (Dammann/Gronemeyer 2009).

Konzeption

Das Programm *Was Jetzt?* richtet sich an Manager und Führungspersonen aller Sektoren, Arbeits- und Lebensbereiche im Alter von 55 bis 67 Jahren, die sich entweder auf den Übergang in eine selbstbestimmte Lebensphase für die Zeit nach ihrer Berufstätigkeit einstellen oder sich darin für hochrangige, nebenamtliche Management-Aufgaben in der lokalen Gesellschaft orientieren wollen.

Bei der Planung des Curriculums standen zum einen die Interessen der teilnehmenden Personen im Vordergrund. Dabei ging es darum, ihre persönlichen Potenziale zu reaktivieren, neue und alte Leidenschaften als Stärken neu zur Geltung zu bringen, sie mit aktuellen Herausforderungen anderer Sektoren bekannt zu machen, kommunikative Brücken in andere Kulturen zu schlagen und sie mit Gleichgesinnten in Verbindung zu bringen.

Andererseits sollte das Curriculum einen Nutzen für die Unternehmen und die Gesellschaft stiften, indem es den Austausch von Qualifikationen zwischen Unternehmen und gesellschaftlichen Stakeholdern fördert. Darüber hinaus spielten der Wissenstransfer und der Perspektivwechsel zwischen den Generationen, die Schnittstellen zwischen Unternehmen, Politik, Kommunen und Synergien zwischen Wirtschaft und Gesellschaft, auch zur gesellschaftlichen Entwicklung eine wichtige Rolle.

Umsetzung

Diese hehren Ansprüche konnten wir ohne finanzielle Unterstützung nicht bewerkstelligen. In der Robert Bosch Stiftung und dem Generali Zukunftsfonds fanden wir zwei ideelle und finanzielle Förderer, die wesentlich dazu beitrugen, dass unser Vorhaben in die Tat umgesetzt werden konnte. Ein erster Durchlauf des Programms fand 2012 in Stuttgart mit Teilnehmenden aus Stuttgart und Frankfurt statt und ein weiterer 2013 in Frankfurt mit Teilnehmenden aus ganz Deutschland.

In der jetzigen Form erstreckt sich das Programm über drei Tage und schließt mit einem vierten Praxistag nach drei Monaten ab.

Der erste Programmtag dient der *Standortbestimmung* und legt die in der Teilnehmergruppe vertretenen Sichtweisen auf aktuelle Themen und Anliegen offen. Er vertieft die Wechselwirkungen von Organisationen und Gesellschaft am Beispiel drängender Herausforderungen und setzt sich mit vorhandenen Sichtweisen, Klischees und Vorurteilen auseinander. Herausgearbeitet werden dabei die individuellen Prägestöcke durch sektorspezifische Arbeitsprozesse und lebenslange Erfahrungen. Das Eintauchen in die Realität durch „Vor-Ort-Besuche" dient dazu, gesellschaftliche Themen und Paradigmenwechsel bei der Herangehensweise von nachhaltigen Lösungen aufzuzeigen – aber auch, um die Krisenhaftigkeit der Entwicklung zu verdeutlichen, wenn es nicht besser gelingt, die selbstorganisatorischen Kräfte in unserer Gesellschaft zu stärken oder Spielräume für weiterführende Rollen unserer fähigsten und langgeprüften Leitungskräfte zuzulassen. Wo erkenne ich für mich Handlungswille oder Handlungsbedarf?

Alte und neue Leidenschaften, Talente, Erfahrungs- und Expertenwissen stehen im Zentrum des zweiten Programmtages, um *neue Territorien* der Betätigung ins

Visier zu nehmen. Dabei helfen Gedanken über eigene Perspektiven, Visionen, Leidenschaften, um Optionsräume und Handlungsbedarf für die eigene Persönlichkeit zu erkunden sowie die eigene „Marke" sichtbarer zu machen. Wo stehe ich in meiner Planung für den Übergang? Was ist der eigene Ausgangspunkt (siehe Abbildung) und welche Aspekte der Arbeit werde ich am meisten vermissen: Respekt, Professionalität, Reputation, etc.? Mit Blick auf zukünftige Aktivitäten werden darüber hinaus Kriterien für die Wahl des eigenen Engagements herausgearbeitet, wie beispielsweise der Grad an Autonomie und Flexibilität, der Wunsch nach Prestige oder Kollegen, die Notwendigkeit eines Gehalts/Lohns oder sozialen Nutzens, den man sich für zukünftige Tätigkeiten wünscht.

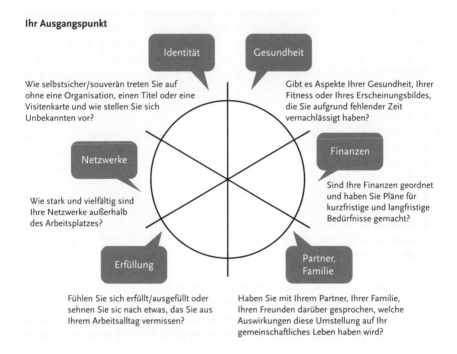

Common Purpose – Arbeitsblatt „Ausgangspunkt"

Wie können Kompetenzen und Stärken in neuen gesellschaftlichen Kontexten zur Geltung gebracht werden? Zur Reflexion hierzu tauchen die Teilnehmenden in die Realität ein und diskutieren mit Gästen, hauptamtlichen und ehrenamtlichen Aktiven, über gelingende Partnerschaften und Kooperationen, besonders da, wo nebenamtliche Manager in Arbeitsprozesse ambitionierter Leader integriert sind. Welche Erfahrungen machen dabei beide Seiten? Was gelingt, was gelingt nicht?

Auf Grundlage der vorausgegangenen zwei Programmtage werden im weiteren Verlauf die Eindrücke und Erfahrungen in die Unternehmen und Organisationen rückbezogen, zunächst mit Blick auf die gegenwärtige Führungsrolle der Teilnehmenden und weiterführend mit Fokus auf mögliche zukünftige Rollen, ob als Mentor oder Berater. Beispielhafte Lebensgeschichten aus der Praxis führen die unterschiedlichen Formen nebenamtlicher Tätigkeiten vor Augen und unterlegen sie mit persönlichen Bildern und Berichten. Neue Sichtweisen auf die Formen bürgerschaftlichen Engagements sollen das große Potenzial für persönliche Anerkennung hervorheben. Der offene Austausch mit Gästen aus dem Alltag über Wirken und Nutzen soll eigene Präferenzen und Leidenschaften der Teilnehmenden stimulieren. Wo kann ich mich neu verorten? Wo möchte ich mich einbringen? Von wem möchte ich angefragt werden?

Drei Monate später werden die Teilnehmenden dabei unterstützt, eigene Projekte, Vorhaben oder Fragestellungen, die sie seit dem ersten Treffen angegangen sind, weiterzuentwickeln. Der Nutzen dieser Arbeitsweise liegt in der stark praxisbezogenen, aktiven Mitwirkung an neuen Lösungsansätzen und dem Kennenlernen fremder Bereiche.

Das Common Purpose-Lernmodell des Erfahrungslernens kommt hierbei voll zur Anwendung: Außerhalb gewohnter Kontexte und gemeinsam mit Vertretern anderer Berufs- und Lebensbereiche lernen die Teilnehmenden durch konkrete Erfahrungen und nachdenkliches Beobachten, in Gesprächen mit Experten und Entscheidern, während der Besuche vor Ort und voneinander. Interaktive Gruppenarbeiten, Diskussionen und Gespräche fordern zur Reflexion auf. Aktuelle Herausforderungen, eingebracht von Experten aus der Praxis, fördern die Anwendung komplementärer Kompetenzen, die aktiv in kleinen Gruppen für die Erarbeitung neuer Handlungsvorschläge eingebracht werden. Die Praxis ist Lehrmeisterin für die Gruppe, während der einzelne Teilnehmende aus Erfahrungen der anderen ganz individuelle Lernprozesse für sich ableitet.

Perspektiven

Es ist davon auszugehen, dass erhöhtes Engagement seitens ausscheidender Manager und Führungspersonen aller Arbeitsbereiche, besonders aber aus der Privatwirtschaft, Bedarfe für neue und anspruchsvolle Strukturen notwendig macht, um Handlungswillen und diese frei werdenden Ressourcen für unser Gemeinwohl zum Einsatz zu bringen. Wir erwarten, dass in den kommenden Jahresprogrammen von *Was Jetzt?* zunehmend darüber reflektiert wird, wie und wo neue Formen und Möglichkeiten nachgefragt werden können. Denn dass gerade sie in hohem Maße für die Bewältigung gesellschaftlicher Anliegen dringend gebraucht werden – etwa zur ehrenamtlichen Begleitung von gemeinnützigen Projekten, Vereinen oder sozialen Initiativen, als Mentoren, aktive Mäzene oder Gründer von neuen sozialen Initiativen – darüber sind wir uns alle einig.

Das Programm stellt die Erfahrungen all jener in den Mittelpunkt, die diesen Weg erfolgreich eingeschlagen haben oder mit Hindernissen angegangen sind, damit die nachkommenden Generationen am Übergang in einen aktiven Ruhestand darauf aufbauen können.

Literatur

Dammann, Rüdiger/Gronemeyer, Reimer (2009): Ist Altern eine Krankheit? Wie wir die gesellschaftlichen Herausforderungen der Demenz bewältigen. Frankfurt, New York: Campus Verlag
Dörner, Klaus (2007): Leben und Sterben, wo ich hingehöre. Dritter Sozialraum und neues Hilfesystem. Neumünster: Paranus Verlag
Embacher, Serge (2012): Baustelle Demokratie. Die Bürgergesellschaft revolutioniert unser Land. Hamburg: edition Körber-Stiftung
Giersberg, Dagmar (2008): Und dann? 101 Ideen für den Ruhestand. Bielefeld: W. Bertelsmann Verlag
Klein, Stefan (2010): Der Sinn des Gebens. Warum Selbstlosigkeit in der Evolution siegt und wir mit Egoismus nicht weiterkommen. Frankfurt: S. Fischer Verlag
Krüger, Roland/Sittler, Loring (2011): Wir brauchen Euch! Wie sich die Generation 50plus engagieren und verwirklichen kann. Hamburg: Murmann Verlag
Kruse, Andreas (2012): Menschenbild und Menschenwürde als grundlegende Kategorien der Lebensqualität demenzkranker Menschen. In: Gutes Leben im Alter. Stuttgart: Reclam, S. 244–247
Rifkin, Jeremy (2010): Die emphatische Zivilisation. Wege zu einem globalen Bewusstsein. Frankfurt: Campus Verlag
Roth, Roland (2011): Bürgermacht. Eine Streitschrift für mehr Partizipation. Hamburg: edition Körber-Stiftung
Strauch, Barbara (2012): Da geht noch was! Berlin: Bloomsbury-Verlag

Todenhöfer, Jürgen (2012): Teile dein Glück und du veränderst die Welt. Fundstücke einer abenteuerlichen Reise. München: Goldmann
Vieregge, Henning von (2012): Der Ruhestand kommt später. Wie Manager das Beste aus den silbernen Jahren machen. Frankfurt: Frankfurter Allgemeine Buch
Willenbrock, Harad (2014): Der getaktete Mensch. In: brand eins H. 2/2014

3.1.4 Zeit für Neues – Mein Leben nach dem Beruf

Thematische Impulse und Gruppengespräche für Menschen, die sich aus dem Beruf verabschieden und neue Erfahrungsmöglichkeiten entdecken möchten

ANDREAS BÖSS-OSTENDORF

Inhalte und Ziele

Der Abschied aus dem Beruf ist ein gravierender Einschnitt im Leben. Die sozialen Kontakte, die institutionelle Zugehörigkeit, die gewohnte berufliche Rolle und der Tagesablauf: Alles verändert sich. Anders als bei den im Leben bereits durchgestandenen Schwellensituationen scheint die kommende Lebensphase jedoch weniger spannend und attraktiv zu sein. Jetzt kommt der „Ruhe-Stand". Schon dieser Begriff klingt nach Stagnation und Langeweile. Wie kann die neue Zeit gestaltet werden? Wie können die sich bietenden Freiräume als Chancen genutzt werden? Thematische Impulse und Gespräche in der Gruppe helfen, auf die persönlichen Kompetenzen zu vertrauen und das Neuland mutig zu betreten.

Zielgruppe

Frauen und Männer in der Altersgruppe 55 bis 70 Jahre, die sich auf den Ruhestand vorbereiten möchten oder schon einige Zeit Erfahrungen mit dem Ruhestand gemacht haben.

Veranstaltungsrahmen

- drei bis fünf zweistündige Treffen oder ein Wochenende
- sechs bis 14 Teilnehmer/innen bei einer Leitungsperson. Bis 24 Teilnehmer/innen bei zwei Leitungspersonen und Teilung der Gruppe für die Gesprächsrunden
- Raum mit Stuhlkreis

Kursleitung

Die Kursleiter/innen sollten in Gruppenarbeit und Gesprächsführung geübt sein. Wünschenswert ist die Erfahrung in Gesprächen mit Personen aus der Altersgruppe 50+ und in der Begleitung von Menschen in Übergangssituationen. Vorteilhaft ist die Leitung im Team (zwei Personen, m/w) mit jeweiliger Absprache der Moderatorenrolle und der Möglichkeit Kleingruppen zu bilden.

Anlass für diese Veranstaltung

Die Frage, welchen Wert ehrenamtliches Engagement für die Gestaltung des Lebens nach dem Beruf haben kann, war ein Auslöser für dieses Angebot. Suchen Menschen im „Ruhestand" Orte, an denen sie sich engagieren können? Und kann ein soziales Engagement diese Lebensphase bereichern? Bei der Formulierung der Ausschreibung wurde bewusst darauf verzichtet, ehrenamtliches Engagement als Zielvorstellung anzubieten. Der Titel signalisiert Offenheit: Zeit für Neues.

Generelles zu Ablauf und Struktur

1. Kennenlernen: Eine vertrauensvolle Gesprächssituation schaffen, in der persönliche Dinge ausgesprochen werden können. Erwartungen abklären und den Gruppenrahmen absprechen. Für den Gesprächsprozess sinnvoll ist die Anwesenheit aller Teilnehmer an allen Terminen.

2. „Mein Leben": Die ersten Worte des Untertitels setzen den Übergang aus dem Beruf in den Kontext des gesamten Lebenslaufes: „Vergangenheit, Gegenwart und Zukunft" oder „Jugend, Berufsleben und Alter". Die biografischen Muster werden bewusst. In der Biografie können Kompetenzen wiedergefunden werden, die helfen, auch den anstehenden Übergang zu gestalten.

3. Heute: Eine Situationsanalyse des persönlichen Lebensumfeldes macht deutlich, dass sich nicht alles verändert. Vieles bleibt und kann als Ausgangspunkt für neue Erfahrungen gesehen werden.

4. Zukunft: Jetzt ist Gelegenheit, sich über Wünsche, Träume, Möglichkeiten, Befürchtung und Hindernisse bewusst zu werden.

5. Themen aus der Gruppe aufgreifen: Nicht alle Themen des Kurses müssen vorher von der Leitung festgelegt werden. In einer Gruppe kam beispielsweise das Thema Grenzen des Lebens und Tod auf, eine andere Gruppe wollte sich

stärker mit dem Thema Ehrenamt beschäftigen. Es ist hilfreich, sich die Themen, die im Laufe der Treffen von den Teilnehmer/innen angesprochen werden, aufzuschreiben, um sie eventuell zu einem eigenen Thema zu machen.

Drei Treffen: Konkrete Ablaufplanung und methodische Ausgestaltung

Erstes Treffen: Ruhestand und Lebenslauf

A Kennenlernen

Mögliche Methoden:
- Bitte stehen Sie doch einmal auf. Gehen Sie durch den Raum. Wenn Sie den Gong hören, treffen Sie sich in Paaren und tauschen sich kurz über die Frage aus, die wir dann ansagen. Zeit: jeweils ca. drei Minuten. Fragen: Wie heißen Sie? Wo, in welcher Straße wohnen Sie? Welchen Beruf haben Sie? Haben Sie ein Hobby? Welche typische Eigenschaft besitzen Sie? ...
- Bitte stellen Sie sich hier im Stuhlkreis mit Ihrem Namen und mit einer passenden persönlichen Eigenschaft vor, die mit dem gleichen Buchstaben anfängt wie Ihr Vorname.
- Bitte notieren Sie auf den beiden farblich unterschiedlichen Zetteln: a. Diese Frage möchte ich in diesem Kurs für mich klären... b. Das möchte ich in diesem Kurs nicht ... Jede Teilnehmerin und jeder Teilnehmer stellt sich daraufhin kurz mit Namen vor, heftet die Zettel nacheinander an eine Pinnwand und liest die eigenen Beiträge vor.

B Lebenslauf zeichnen und Vernissage der entstandenen Bilder

- *Das Thema unseres Kurses bezieht sich auf eine bestimmte Lebensphase, auf einen Übergang, der gestaltet werden kann. Wir wollen zunächst einmal die Weitwinkelperspektive einnehmen und schauen, wie dieser Übergang zu Ihrem gesamten Lebenslauf passt. Nach einer kurzen Zeit der Besinnung, in der wir Sie bitten, die wichtigsten Phasen Ihres Lebens in den Blick zu nehmen, laden wir Sie ein, Ihren Lebenslauf zu zeichnen. Nutzen Sie dafür die bereitliegenden A3-Blätter und die farbigen Stifte. Nehmen Sie sich für diese Übung 20 Minuten Zeit.*
- *Anschließend hängen wir diese Bilder auf und werden uns wie bei einer Museumsführung die Bilder nacheinander anschauen und kurz besprechen.*

Mögliche Themen bei der Vernissage: Wertschätzung meines Lebenslaufes. Was hat sich entwickelt? Was wurde zurückgelassen? Wie erscheint die Zukunft?

Erfahrungen
Die Teilnehmer/innen müssen für diese Übung sorgfältig vorbereitet werden. „Malen" ist für viele ungewohnt und wird von einigen abgelehnt. Manche sind nicht bereit, sich mit ihrer Vergangenheit auseinanderzusetzen. Sie befürchten, dass beim Malen des Lebenslaufes „zu viel aufbricht". Dennoch ist diese Übung eine Schlüsselmethode des Kurses. Unverarbeitete Brüche im Leben erschweren zukünftige Übergänge, weil sie als weitere Brüche befürchtet werden. Brüche als Übergänge zu erkennen, wirkt beruhigend.

Die Bilder unterscheiden sich in der Form sehr. Manche Lebensläufe werden als Weg gemalt, andere in ein Koordinatensystem eingefügt. Wieder andere bestehen aus abstrakten Farbmustern, die Befindlichkeiten ausdrücken. Andere bilden konkrete Szenen ab. Manche Bilder bestehen aus Gebäuden: Elternhaus, Schule, Ausbildungsstätte, Firma 1, Firma 2, ... Einige Lebensläufe enden in der Gegenwart, andere gehen weit in die Zukunft. Und garantiert jedes Bild hat eine tiefe Bedeutung. Nach der Vernissage nimmt meistens jede/r Teilnehmer/in das eigene Bild mit nach Hause. Oft wird, wie bei einem kostbaren Bild, darauf geachtet, dass es nicht verknickt.

Der Austausch in der Gruppe macht allen Teilnehmer/innen deutlich, dass auch andere in ihrem Leben „harte Zeiten durchgemacht" haben. Der eigene Lebenslauf ist nicht unbedingt der schwierigste gewesen. Im Lauf des Lebens wurden viele Krisen und Probleme überwunden, meistens durch eigenes Zutun, durch aktives Handeln. Die Gruppe, die verschiedene Lebensläufe vor Augen hat, entdeckt außerdem, dass das Leben nicht ein Berg mit einem Höhepunkt in der Lebensmitte ist; und alles, was nach 50 Lebensjahren kommt, geht nicht nur bergab, der Kraftlosigkeit und dem Tod entgegen. Die Teilnehmer/innen erinnern sich an schwere Krisen, die sie in der Jugend oder im jungen Erwachsenenalter durchgemacht haben. Im Vergleich dazu gehe es ihnen heute viel besser. Das Alter ist nicht der absteigende Ast des Lebens, sondern die Zeit, in der Freiheit und Selbstbestimmung wieder eine größere Rolle spielen. Lebenskurven sind keine Berglinien, sondern sehen eher nach Hügelland aus.

C Abschlussrunde

Reihum ein oder zwei Sätze: Was habe ich heute für mich entdeckt? Was hätte ich mir noch gewünscht?

Hausaufgabe: Vielleicht haben Sie im Laufe der nächsten Tage Zeit, sich über diese beiden Fragen Gedanken zu machen: Was lasse ich durch den Abschied aus dem Beruf hinter mir? Welche Träume habe ich, die ich jetzt leben kann? Zu Beginn unseres nächsten Treffens werden wir uns darüber unterhalten.

Zweites Treffen: Mein Leben heute

A Begrüßung und thematischer Anschluss an das erste Treffen:
- Gespräch über die Frage: Was hat Sie nach der letzten Sitzung noch beschäftigt?
- Austausch über die Fragen der „Hausaufgabe": Was lasse ich durch den Abschied aus dem Beruf hinter mir? Welche Träume habe ich, die ich jetzt leben kann? Sammeln der Antworten auf einer Flipchart.

B Mein Lebensdorf[12]

- *Wir haben auf DIN A5-Blättern schematisch Häuser abgedruckt und ausgeteilt. Wir Menschen halten uns oft in Häusern und Gebäuden auf. Wir leben und arbeiten darin und besuchen uns in Häusern. In welchen Häusern halten Sie sich auf? Benennen Sie das jeweilige Haus (Wohnort, Familie, Verein, Kirchengemeinde, ...). Greifen Sie zu mehreren Blättern, es kann am Ende ein ganzes Lebensdorf entstehen.*
- *Auf den Bildern hat jedes Haus ein Erdgeschoss und ein Obergeschoss. Im Erdgeschoss steht: Das habe ich erlebt, erlernt, gemacht. Schreiben Sie bitte hier hinein, wann das Haus errichtet wurde und was Sie in ihm bisher gemacht, was Sie dort erlebt haben.*
- *Im Obergeschoss steht: Das möchte ich noch erleben, erlernen, machen. Schreiben Sie bitte hier hinein, was Sie in diesem Bereich, in diesem Haus noch alles machen können oder wollen. Was möchten Sie hier noch gestalten?*

Die Teilnehmer/innen legen ihre Häuser vor den Platz, und die Gruppe spricht über Besonderheiten in den Lebensdörfern: Wer hat viele Häuser? Gibt es gleiche Bezeichnungen? Was tat sich im Erdgeschoss? Was steht im Obergeschoss?

Erfahrungen
Diese Übung lenkt den Blick auf den gegenwärtigen Lebenszusammenhang. Nicht alles verändert sich durch das Ausscheiden aus dem Beruf. Nicht alles bewegt sich. Es gibt „Immobilien", die weiterhin binden. Welche sind das? Welche Bedeutung haben sie? Belasten sie? Muss es dort zu Veränderungen kommen? Bestehen dort neue Möglichkeiten und Freiräume? In der Gruppe erscheint mein Lebensdorf in neuem Licht: Ist es im Vergleich groß oder eher klein? Habe ich Häuser vergessen, die andere Teilnehmer dazugezählt haben? Wie leben die anderen in ihren Häusern? Können sie mir Hinweise im Umgang mit den Lebensbereichen geben? Eine Frau, die stark gebunden an das Elternhaus (Pflege der

---

12 Die Übung wurde von Christine Sauerborn-Heuser entwickelt und angeleitet.

Mutter) und an das „Haus" der Tochter (Beaufsichtigung der Kinder) war, entschloss sich in der Gruppe, zukünftig häufiger mit ihrem Mann auf Reisen zu gehen ...

C Bedenkenswert: Kronos und Kairos

Ich möchte Sie heute mit Καιρός bekannt machen. Er ist ein griechischer Gott. Ich habe Ihnen eine Abbildung von ihm ausgeteilt.

Kairos ist ständig in Bewegung. Er hat Flügel am Fuß und fliegt wie der Wind. Auf der Stirn hat er lockiges Haar, damit man ihn ergreifen kann, wenn man ihm begegnet. Am Hinterkopf ist er aber kahl. Wenn er mit fliegendem Fuß erst einmal vorbeigeglitten ist, kann ihn keiner mehr von hinten erwischen. Kairos wurde zu einem religiös-philosophischen Begriff für den günstigen Zeitpunkt einer Entscheidung, dessen ungenütztes Verstreichen nachteilig sein kann. Im Altgriechischen gibt es einen weiteren Zeitbegriff, „Kronos", der den gleichförmigen Zeitverlauf beschreibt.

Die Redensart, „die Gelegenheit beim Schopf" zu packen, wird auf diese Darstellung des Gottes zurückgeführt: Wenn die Gelegenheit vorbei ist, kann man sie am kahlen Hinterkopf nicht mehr fassen. Dementsprechend bezeichnet man in der Psychologie die Angst, Entscheidungen zu fällen, als Kairophobie.

Aus dem sich anschließenden Gespräch:

Bringt der Ruhestand ein neues Zeitempfinden mit sich? Begegnet man in ihm öfter oder weniger oft dem Kairos? Und was wird der Kairos bringen? Bin ich bereit, Chancen zu ergreifen? Oder fürchte ich mich davor, etwas zu wählen? Ist die verbleibende Lebenszeit so kostbar, dass ich fürchte, sie mit den falschen Entscheidungen zu vergeuden?

D Abschlussrunde

a.: *Ich teile Ihnen nun einen Zettel aus. Bitte schreiben Sie darauf eine Idee, die Ihnen vielleicht heute in der Gruppe eingefallen ist. Zum Beispiel zu der Frage, was Sie in einem Ihrer Lebenshäuser verändern möchten. Oder was Sie demnächst einmal unternehmen möchten. Stecken Sie den Zettel ein. Wenn Sie ihn irgendwann wiederfinden, haben Sie die Chance zu sehen, was sich aus der Idee entwickelt hat, oder Sie erinnern sich an sie und setzen sie dann um.*

b.: *Reihum ein oder zwei Sätze: Mit welchem Thema sollte sich die Gruppe beim nächsten Mal beschäftigen?*

c.: *Hausaufgabe: Sie alle haben in Ihrem Leben bereits Erfahrungen mit dem Ruhestand gemacht – wenn nicht mit dem eigenen, dann zumindest mit dem von Kol-*

leginnen und Kollegen oder Personen im Bekanntenkreis. Bei unserem nächsten Treffen werden wir Aktionen, Projekte und Tätigkeiten sammeln, die man im Ruhestand ergreifen kann. Sammeln Sie bis dahin Ideen und vielleicht auch Material, Adressen und Programme von Orten, an denen dieses neue Engagement möglich ist.

Drittes Treffen: Zeit für Neues

A Begrüßung und thematischer Anschluss an das erste Treffen:

- Gespräch über die Frage: Was hat Sie nach der letzten Sitzung noch beschäftigt?
- Die Gruppenleitung spricht darüber, welche Themen beim letzten Treffen gewünscht wurden und heute behandelt werden und welche nicht mehr behandelt werden können.

B Zeit für Neues und die 3L-Formel

Leider lässt sich nicht mehr feststellen, wer die 3L-Formel für ein langes und aktives Leben entdeckt hat. Hinter den 3 L verbergen sich: Laufen – Lernen – Lieben. Manchmal wird sie durch ein viertes L ergänzt: Lachen. Das Lachen jedoch sollte sowieso alles andere begleiten: Das Lieben, das Lernen und warum nicht auch das Laufen? Laufen, Bewegung ist eine Grundvoraussetzung für die Gesundheit. Wer läuft, schwimmt, radelt oder irgendwie regelmäßig Sport treibt, trainiert seinen ganzen Körper: Lunge, Herz, Muskeln, ... Das wiederum hat einen positiven Effekt auf den Stoffwechsel und die Stimmung. Ebenso wie die Bewegung ist das Lernen ein Lebenselixier. Niemand muss die Notwendigkeit des lebenslangen Lernens betonen, denn: Leben ist Lernen. Lernen ist die Anpassung des Gehirns an die jeweilige Umwelt, und das geschieht in jeder Sekunde unseres Lebens. Unser Gehirn ist ein plastisches Organ, das sich bis ins hohe Alter verändert, regeneriert und neue Synapsenverknüpfungen erstellt. Lernen ist ein gutes Mittel, um geistig fit zu bleiben. Und weil wir Menschen soziale Wesen sind, ist das Lieben das dritte Element der Lebensformel. Die sozialen Kontakte spielen im jungen oder im hohen Alter ebenso eine wichtige Rolle wie in allen anderen Lebensphasen. Die Freiräume des Ruhestandes ermöglichen, viele neue Kontakte aufzunehmen, die auch im hohen Alter ein vielfältiges soziales Leben ermöglichen.

Die 3L-Formel kann ein Ausgangspunkt dafür sein, Neues zu entdecken. Wir baten Sie schon in der Hausaufgabe, Aktionen, Projekte und Tätigkeiten zu sammeln, die Sie für lohnenswert halten, im Ruhestand neu zu entdecken oder sich darin zu engagieren. Bitte schreiben Sie Ihre Ideen auf diese Pinnwandzettel. Nehmen Sie für jede Idee einen eigenen Zettel. Heften Sie Ihre Zettel dann an die vorbereitete Wand. Dort gibt es die Bereiche: Laufen – Lernen – Lieben. Versuchen Sie, jede Idee einem dieser Bereiche zuzuordnen.

Mögliche Fragen für das anschließende Gruppengespräch vor der Zettelwand: Was steckt konkret hinter den Ideen? Wie kann ich sie realisieren? Welche Idee interessiert mich besonders? Was hindert mich daran, Neues zu entdecken? Wie finde ich die Motivation, mich für eine Idee zu entscheiden? Zu welchem L gibt es viele Ideen? Zu welchem L gibt es weniger Ideen?

Erfahrungen mit der Übung
Es mangelt nicht an konkreten Ideen. Meistens hängen viele Zettel an der Wand. Die Teilnehmer sind gut informiert und haben selbst schon viele Aktivitäten ausprobiert. Tatsächlich ist die Zeit nach dem Ruhestand die vielfältigste Phase im Leben des Menschen. Sie ist die einzige Lebensphase, in der man sich nicht an eine Institution anpassen muss und deshalb wirklich sein eigenes Leben führen kann.

C Bedenkenswert: Abraham

Abraham ist eine Schlüsselfigur des jüdischen, islamischen und christlichen Glaubens. Für unser Gottesbild sind die Texte im Buch Genesis sehr wichtig. Gott zeigt einem Menschen seine Nähe, und das hat Konsequenzen: Der Mensch macht sich auf den Weg, nimmt sich die Freiheit und zieht als Nomade in ein unbekanntes Land. Abraham vertraut darauf, dass Gott mit ihm geht. Und tatsächlich erfüllen sich Hoffnungen und Träume. Das Leben mit allen Höhen und Tiefen wird zum Segen, nicht nur für Abraham, sondern für sein Volk, für Israel und für alle Menschen. Interessant ist die Abrahamsgeschichte auch wegen der Altersangaben: Abraham war, als er die erste Verheißung bekam und aus Ur aufbrach: 22? Nein! 34? Nein! 58? Nein! Er war sage und schreibe 75 Jahre alt. Mit 86 wurde sein Sohn Ismael geboren, mit 100 Jahren wurde Abraham zum zweiten Mal Vater. Sein Sohn Isaak kam zur Welt. Er bekam noch sechs weitere Kinder und starb im Alter von 175 Jahren. Exegeten rätseln bis heute, welchen Sinn das hohe Alter Abrahams hat und warum es so oft in der Bibel betont wird. Wahrscheinlich gibt es mehrere symbolische Bedeutungszusammenhänge. Für unser Thema ist die naheliegende Deutung am wichtigsten: Auch im Alter liegen Aufgaben und Ziele vor mir, erreichen mich Verheißungen, die über meine Person hinausgehen. Das Alter spielt keine Rolle, wenn es darum geht, das Leben rund zu machen. Gott schenkt Zeit, neue Orte und Ziele zu erreichen, ich muss mich nur, wie Abraham, in Bewegung setzen.

Aus dem sich anschließenden Gespräch:

Wer ist Verheißungsträger? Um welche Verheißungen geht es? Wie wichtig ist mir die lebensbegleitende Gegenwart Gottes? Welche Möglichkeiten gibt es, sie in meiner Stadt zu entdecken?

D Abschlussreflexion:

Wir kommen zum Ende unserer Gesprächsreihe „Zeit für Neues. Mein Leben nach dem Beruf". Bitte erinnern Sie sich noch mal an alle Kurstreffen und an den Anfang. Wie sind Sie auf das Angebot aufmerksam geworden? Wie empfanden Sie das erste Treffen? Die thematische Reihenfolge? Die Begleitung durch die Kursleiter? Die Gespräche in der Gruppe? Bitte teilen Sie uns Ihre Antworten auf diese beiden Fragen mit:

Was hat Ihnen in diesem Kurs gut gefallen? und:

Was hätten Sie sich noch gewünscht?

Verabschiedung

Fazit

Die Chance dieses Kursformates ist die Möglichkeit der persönlichen Reflexion. Die Teilnehmer/innen signalisierten am Ende, dass sie angeleitet wurden, sich eigene Gedanken zu dem Thema Ruhestand zu machen. Das war bei vielen ursprünglich nicht ihre Erwartung an den Kurs. Sie dachten, dass sie gesagt bekommen, wie sie ihre Zeit gestalten können. Umso mehr wunderten sich einige Teilnehmer/innen am Ende, dass sie in der Gruppe auf so viele neue Gedanken gekommen sind und mit konkreten Plänen den Kurs beenden.

Nicht jeder Teilnehmer oder jede Teilnehmerin lässt sich zu Beginn darauf ein, den „Reflexionsmodus einzuschalten". Gerade beim „Malen" des Lebenslaufes kann es zu Widerständen kommen, die die Kursleitung nur dadurch lockern kann, dass sie vorsichtig zum Zeichnen einlädt. Es empfiehlt sich, vorher zu erklären, dass es bei der Übung nicht um Schönheit und künstlerischen Wert der Bilder geht, sondern um die Gedanken beim Malen und die Vorstellung des eigenen Lebens. Jeder muss auch nur das abbilden, was er zeigen möchte.

Die Arbeit in Gruppen ist nicht nur ein Mittel zum Zweck, ein bestimmtes Ziel zu erreichen. Meistens klingt in der Gruppe das Ziel auch schon an, wird im Prozess bereits erlebbar. Dies ist auch in den Gruppen wahrnehmbar gewesen, die mit dieser Methode arbeiteten: Die Teilnehmer/innen erlebten „Zeit für Neues". Die Gruppe realisierte modellhaft, wie „ein Leben nach dem Beruf" sinnvoll ist. Antworten wurden in der Gruppe greifbar: Begegne Menschen. Beteilige dich in Gruppen. Beschäftige dich mit existenziellen Themen. Achte auf dich und deine Entwicklung. Sei offen für neue Erfahrungen.

3.1.5 Mit Kreativität und Gefühlen – Seminare zur Neuorientierung

MECHTILD MESSER

Seit über zehn Jahren biete ich bei verschiedenen Trägern und mit verschiedenen Formaten und Themen Kurse und Seminare zur biografischen Neuorientierung an. Dabei leitet mich die Erfahrung wie die Überzeugung: Lernen ist ein emotionaler Prozess, der es mit Energien zu tun hat. Ich arbeite vielfach intuitiv, prozess- und beziehungsorientiert. Jeder Kurs ist – bei gleicher Ausschreibung – doch irgendwie anders. Es gibt für mich nicht „die Methode", die irgendwie zum Transfer beschreibbar ist. Die Teilnehmenden, ihre Fragen und Interessen, ihre Lebensthemen *öffnen* bei mir immer wieder unterschiedliche Fächer und Böden meines Methodenkoffers. Jeder Workshop hat also etwas von einem individuellen pädagogischen „Kunstwerk".

Bei aller individuell-situativen Gestaltung gebe ich jetzt hier dennoch ein paar Einblicke in die Ebene, auf der ich mit den Menschen arbeite. Ich tue dies auch mit Bildern. Denn nicht alles ist sprachlich exakt ausdrückbar. Nicht alles Lernen ist kognitiv. Ich meine: Emotionales Lernen ist eher durch Bilder und Teilnehmerstimmen beschreibbar.

Spurwechsel – Neuorientierung für das dritte Lebensalter

*„Frage nicht, was die Welt braucht, frage vielmehr, was dich lebendig macht.
Dann gehe hin und tue es.
Denn, was die Welt braucht sind Menschen, die lebendig sind."*

Don Juan Matus (1890–1973)
Zitat zum Einstieg in das Seminar Spurwechsel

Das Seminar gibt einer umfangreichen Standortbestimmung Raum, es gibt keine in Stein gemeißelten Abläufe, denn lebendig werden ist ein Prozess. Die Teilnehmer erarbeiten Stärken, Fähigkeiten und Prägungen aus ihrer eigenen Geschichte heraus und jeder formuliert die wesentliche Frage, auf die er im Seminar eine Antwort sucht.

Beweggründe von Teilnehmenden
- Mein Arbeitsplatz ist nicht mehr sicher.
- Ich bin mit dem, was ich beruflich mache, nicht zufrieden.
- Ich trete auf der Stelle – es muss sich etwas ändern.
- Ich will schon lange was anderes machen, aber was und wie?
- Mir fehlt der Mut, mich beruflich zu verändern.
  Was kann ich überhaupt gut?
- Ich möchte erkennen, was privat/beruflich veränderbar ist.
- Welches Potenzial habe ich?
- Ich möchte den roten Faden in meiner Biografie erkennen können.
- Ich möchte mehr Selbstbewusstsein! Mehr Mut zu Entscheidungen!
- Ich möchte Klarheit! Bin ich an meinem Arbeitsplatz richtig?
- Wie kann ich mein Leben bewusst und glücklich gestalten?

Wer seinem Herzensanliegen und seinen Fragen Raum verschaffen möchte, sollte jedoch nicht schnelle Antworten suchen. Nein! Es geht eher um ein Gespür für die richtige Richtung. Es geht um das Fühlen eines sinnerfüllten Lebens, das Erkennen, auf der richtigen Lebensspur zu sein, was zum jetzigen Zeitpunkt gelebt werden möchte. Der Berufsaustritt/die Pensionierung ist eine einzigartige Chance, sich das Brachland von Nicht-mehr-und-noch-nicht bewusst zu machen. Ziel des Spurwechsels ist es, Frauen und Männer in ihrer Klarheitsfindung und im Bewusstwerden darin zu unterstützen, was fortan mehr getan werden möchte. Das, was wesentlich, sinnhaft und wichtig erscheint.

Das Seminar Spurwechsel wird an fünf aufeinanderfolgenden Tagen oder an zwei Wochenenden durchgeführt. Die Methoden sind vielfältig, ihre Auswahl hängt von vielen Faktoren ab: der Anzahl der Teilnehmenden, ihrer Zusammensetzung, den Erwartungen und persönlichen Fragestellungen. Dabei sind sämtliche Methoden ressourcen- und lösungsorientiert – sie kommen z. B. aus der Biografiearbeit, aus dem NLP (Neurolinguistisches Programmieren), der Laufbahnberatung, der Individualpsychologie sowie aus der christlichen Meditation und beinhalten nicht zuletzt Achtsamkeits- und Entspannungsübungen.

Inhalt des Seminars
– Drei Kernelemente der Laufbahnberatung
- Wo stehen Sie? Im Beruf? Im Leben?
- Was hat Sie geprägt?
- Welche Ressourcen haben Sie?
- Was ist Ihnen wichtig?
- Wie möchten Sie sich weiterentwickeln?
- Welche Ihrer Kompetenzen möchten Sie wie stärken?
- Was ist Ihr nächstes Ziel? Wie wollen Sie dies erreichen?
- Wie setzen Sie Ihre neu entdeckten/erweiterten Ressourcen ein?

Die Methoden und Rituale bedienen allesamt weniger den Verstand als vielmehr die Wahrnehmung, die Intuition und das Gefühl, denn unvermutete Entdeckungen in versteckten Lebensecken sind nicht nur auf der Verstandesebene möglich. Diese unbekannten Regionen kennenzulernen, führt zu mehr Klarheit im Leben und zum Gefühl für die richtigen Entscheidungen. Gegen Ende des Seminars sind die Teilnehmenden in der Lage, im Gleichklang von Herz und Verstand konkrete Ziele und Handlungsschritte für ihr weiteres Vorwärts-kommen und Vorgehen zu formulieren.

Als besonders wertvoll empfinden Teilnehmende immer wieder die Anregungen und Anstöße, die sie in sich selbst entdecken, sowie den wertschätzenden Austausch mit Gleichgesinnten.

Die Fotos vermitteln Ihnen, als Leser, Einblicke in die Methodenvielfalt, wie sie in den Spurwechsel-Seminaren zum Einsatz kommen.

Erstes Wochenende
Intensive Standortbestimmung
Sie reflektieren, Sie nehmen wahr:
- Was Sie im Leben geschafft haben, beruflich wie privat.
- Was Ihnen wichtig und bedeutsam im Berufsleben ist.

- Was Ihr Herz, Ihre Seele, Ihren Körper und Ihren Geist zufrieden macht.
- Welche Stärken, Fähigkeiten Sie haben und welche Sie davon erweitern, vertiefen möchten.
- Sie stellen sich Ihre Fragen und finden Ihre Antworten:
- Wer Sie sind?
- Was Sie können?
- Was Sie wirklich im Berufsleben wollen?
- Wer oder was Sie im Leben stärkt und bereichert?
- Wie Sie leben und arbeiten möchten?

Zweites Wochenende
Ziel- und Wegfindung
Sie gewichten, Sie wählen aus:
- Ihre gesammelten Ideen und Möglichkeiten.
- Was Ihnen am Herzen liegt; was Ihr Herz zum Singen bringt.
- Sie kommen Ihrer Vision näher.
- Sie treffen konkrete Entscheidungen.
- Sie überprüfen Ihr Ziel auf Realisierbarkeit.
- Sie durchdenken und schreiben Ihren Weg zum Ziel auf.
- Sie planen und gehen die ersten Schritte.

Rückmeldung einer Teilnehmerin zum Seminar „Spurwechsel":
„Um mein Ziel zu erreichen, brauche ich keine Schnelligkeit, nur ein Gefühl für die richtige Richtung." – einer von vielen mir wichtig gewordenen Sätzen, die mir im Seminar „Spurwechsel" über den Weg gelaufen sind.

Ich habe mein Leben, drei Monate nach Ende des Kurses, nicht völlig umgekrempelt, nach außen hin hat sich sogar nicht viel bewegt, aber in mir drin bin ich dem auf der Spur, was mein Ziel, meine Vorstellung von geglücktem Leben ist und ich spüre eine Sicherheit, dass es mir gelingen wird, diese Vorstellung auch zu verwirklichen.

Geholfen haben mir die vielfältigen, gut ausgewählten Methoden, mit denen wir das Thema umkreist haben. Vor allem die Arbeitsweisen, die zunächst nicht über den Kopf gelaufen sind, haben mir nicht vermutete Entdeckungen beschert, die mir mehr Klarheit über mich und mein Leben brachten. Wir haben sehr viel und sehr konzentriert gearbeitet und nicht alles „zerredet". So konnten die eigenen Gedanken wachsen. Wo es nötig war, z. B. bei den eigenen Zielsetzungen, verlangte Mechthild Messer unmissverständliche und klare konkrete Vorschläge, sodass ich nicht ausweichen konnte. Das hilft mir gerade heute auf der Spur zu bleiben und nicht alle Ideen im Alltag wieder zuzuschütten.

Bedanken möchte ich mich für die Herzlichkeit und Wärme, die Mechthild eingebracht hat, und dass sie es trotzdem geschafft hat, die Distanz zu wahren. So war überraschend schnell eine Atmosphäre geschaffen, in der sich jeder aus der Gruppe ernst genommen und wertgeschätzt fühlte."

Mit meinen Talenten das passende Ehrenamt finden

Ein Orientierungstag für ehrenamtlich Engagierte und solche, die es werden möchten.

„Was kann ich tun, wie kann ich von Nutzen sein?
Es ist etwas in mir, doch was kann es sein?"

VINCENT VAN GOGH (1853–1890)

Viele Menschen wollen sich in ihrer Nachberufsphase ehrenamtlich sinnvoll engagieren. Um die passende Aktivität herauszufinden, gibt es zwei gleichberech-

Seminar „Talente" (Foto: Mechthild Messer)

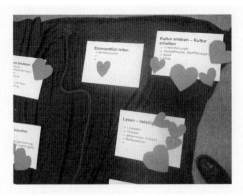

Seminar „Talente" (Foto: Mechthild Messer)

tigte Vorgehensweisen: die aufgabenorientierte und die talenteorientierte. Die aufgabenorientierte ist die bekannte Vorgehensweise. Menschen recherchieren im Internet, lesen Broschüren oder suchen Beratungsstellen auf, um ein mögliches Ehrenamt auszuwählen. Bei der talenteorientierten Vorgehensweise wird der Blick zunächst auf die Antriebskraft und auf den tiefer liegenden Beweggrund für ein Ehrenamt gerichtet. Erst nach dieser inneren Suche und Klärung wird fortsetzend nach passenden Aufgabenfeldern Ausschau gehalten.

„Es ist etwas in mir, doch was kann es sein?" Genau darum geht es beim Orientierungstag

Die Teilnehmenden werden mit dem Gedanken vertraut gemacht, dass jeder Mensch über eine tiefer liegende Schöpferkraft – über eine natürliche Schöpferquelle verfügt. Jedem Menschen wird mit seiner Geburt eine individuelle positive Kraft, eine Begabung als Geschenk mitgegeben. Dieses Geschenk wollen wir als Genius bezeichnen. Der Genius könnte als starke Neigung, Begabung bezeichnet werden. Der Orientierungstag hat das Ziel, sich dem persönlichen Genius anzunähern – ihn herauszufinden und zu benennen. Der Genius ist ein Geschenk an die Person selbst und an andere.

Vielleicht finden Sie die Umschreibung für Ihren Genius: *Fürsorge schenken, Verbundenheit spüren, Menschen verbinden, Gemeinschaft erleben, in der Schöpfung leben, Potenziale wecken.* Nur Sie selbst können wahrnehmen, ob Sie für Ihren Genius den passenden Namen (mit zwei Worten, Verb und Substantiv) gefunden haben. So bietet der Orientierungstag die Möglichkeit, sich seiner „angeborenen" Talente bewusst zu machen, sich ihnen anzunähern und dafür treffende FORMu-

lierungen zu finden, in FORM zu bringen. Hierzu reflektieren die Teilnehmenden anhand verschiedener Fragestellungen:
- Was tun Sie mit Freude?
- Welches Geschenk machen Sie anderen immer wieder?
- Was können Sie am besten, womit Sie anderen gleichsam dienlich sein können?
- Was treibt Sie an?
- Was motiviert Sie, ehrenamtlich tätig werden zu wollen?

Idee und Konzept eines solchen Orientierungstages wurden gemeinsam von Pfarrer Thomas Popp (Amt für Gemeindedienst, Nürnberg) und Cornelia Stettner (Forum Erwachsenbildung ev. Bildungswerk Nürnberg) entwickelt und erprobt. Die Grundidee entstammt aus dem Buch von Dick Richards „Weil ich einzigartig bin".

Der Orientierungstag umfasst folgende wesentliche Inhalte:
- Was ist ein Genius?
- Wie Sie Ihrem Genius auf die Spur kommen und ihn benennen.
- Ihre „Antriebskraft" herausfinden: Was will ich in der Welt bewirken?
- Passende Engagementfelder dem Genius zuordnen.
- Welche Erwartungen haben Sie an ein Ehrenamt?

Seminar „Talente" (Foto: Mechthild Messer)

3.1.6 Selbst organisierte Gruppen im institutionellen Kontext

Freiwilligenprojekte im Themenfeld Alter und bürgerschaftliches Engagement – Erfahrungen aus dem Bürgerinstitut Frankfurt

JULIA SIPRECK UNTER MITARBEIT VON KLAUS SÜLLOW

Eine gute Projektidee im zivilstaatlichen Bereich haben und sie dann umsetzen – dafür gibt es hauptsächlich zwei Möglichkeiten: einerseits selbst einen Verein oder eine Bürgerstiftung gründen oder andererseits eine Institution suchen, an die sich das Projekt anlehnen kann. Eine solche Institution ist das Bürgerinstitut[13] in Frankfurt, das als gemeinnütziger Verein organisiert ist und mit seinen 20 hauptamtlichen und 300 freiwilligen Mitarbeitern eine Vielzahl von Projekten in den Themenfeldern Alter und bürgerschaftliches Engagement beheimatet. Das Segment der selbst organisierten Freiwilligenprojekte wird von allen Seiten als offener Gestaltungsspielraum für bürgerschaftliches Engagement verstanden, in dem es nur geringe Steuerungsmöglichkeiten durch Hauptberufliche gibt.

Von den Erfahrungen mit Projekten, die außerhalb des Bürgerinstituts in bürgerschaftlicher Initiative entstehen, deren Umsetzung dann aber unter dem Dach des Bürgerinstituts erfolgt, soll im Folgenden die Rede sein. Neben positiven Aspekten soll auf kritische Punkte eingegangen werden, die sich auf der personellen und auf der institutionellen Ebene einstellen können.

Lust auf Engagement – Beispiele für Freiwilligenprojekte im Bürgerinstitut

Gemeinsames Merkmal der selbst organisierten, interessengeleiteten Freiwilligenprojekte im Bürgerinstitut ist, dass sie von Freiwilligen geleitet werden und sich dadurch organisatorisch deutlich von den internen, durch hauptamtliche

---

13 Das Frankfurter Bürgerinstitut e. V. wurde 1899 als „Centrale für private Fürsorge" gegründet und blickt auf eine lange Tradition freiwilligen Engagements zurück. Die Arbeitsschwerpunkte des Vereins liegen in den Themen Alter und Förderung des bürgerschaftlichen Engagements. Mit rund 300 freiwilligen und 20 hauptberuflichen Mitarbeiter/innen bietet der Verein Beratung und Unterstützung für das gesamte Spektrum des fortgeschrittenen Alters: Seniorenbegegnungsstätte, allgemeine Seniorenberatung, Wohnberatung und Wohnen für Hilfe, Demenzberatung, rechtliche Betreuung und Sterbebegleitung. Das zweite thematische Standbein, die Förderung des ehrenamtlichen, freiwilligen Engagements in der Stadt Frankfurt wird von der Freiwilligenagentur BüroAktiv im Bürgerinstitut realisiert. Gegründet wurde sie im Rahmen eines Bundesmodellprojekts als Seniorenbüro im Jahr 1992. Idee war es, in einem partizipativen Ansatz Angebote nach Beruf und Familienphase mit denjenigen zu generieren, die dieser Lebensphase angehören. Mittlerweile sind die Zielgruppen der Freiwilligenagentur altersmäßig ausgeweitet und seit dem Jahr 2002 werden über die Jugendfreiwilligenagentur Jung & Freiwillig insbesondere Jugendliche für freiwilliges Engagement geworben.

Mitarbeiter gesteuerten Projekten des Hauses unterscheiden. Projektverantwortliche und -mitarbeitende sind bei allen diesen Angeboten Personen, die sich im Ruhestand oder Vorruhestand befinden, d. h. in der Regel sehr lebens- und berufserfahrene Personen sind.

Die Entstehungsgeschichte der selbst organisierten Gruppen im Bürgerinstitut geht in der Regel auf Einzelpersonen oder kleine Gruppen zurück, die mit ihrer Idee die Anbindung an das Bürgerinstitut gesucht haben, um einen Rahmen und Unterstützung zur Realisierung zu erhalten. Die Gründerpersonen bzw. Projektleitungen sind bei aller Unterschiedlichkeit ausnahmslos ausgeprägt umsetzungsstarke Persönlichkeiten, die mit Beharrlichkeit, Kreativität und einer großen Frustrationstoleranz beherzt für ihre Idee kämpfen. In den 1990er Jahren wurden drei dieser Projekte (Lesefreuden, Sicherheitsberatung für Senioren und der Senioren Computer Club) im Bürgerinstitut ins Leben gerufen, später kamen drei weitere (Kinder hören Märchen, Kunst nicht nur mit den Augen sehen und Frankfurter Lesepaten) hinzu.

Literaturbegeisterung vereint die rund 30 Mitglieder – überwiegend Frauen – der 1997 gegründeten *Lesefreuden*. Die Gruppe bietet jährlich rund 800 literarische Veranstaltungen hauptsächlich in Einrichtungen der offenen und stationären Altenhilfe an und ist auch im Bürgerinstitut mit vielen eigenen Veranstaltungen vertreten. Die Ausgaben der Lesefreuden werden im Wesentlichen durch Gebühren gedeckt, die von den oben genannten Auftraggebern erhoben werden.

Ebenfalls 1997 wurde die männlich geprägte *Sicherheitsberatung für Senioren* ins Leben gerufen. Ziel der Gruppe ist es, ältere Mitbürger vor den Gefahren des täglichen Lebens zu warnen. Rund 100 Vorträge werden jährlich von sechs Freiwilligen vor älterem Publikum gehalten. Neben Gebühren für Vorträge werden zusätzlich Spendenmittel eingeworben.

Eine Sonderrolle spielt der 1997 gegründete und im Jahr 2013 aufgelöste *1. Frankfurter Senioren Computer Club*, da die Gründung von bereits aktiven Ehrenamtlichen im Bürgerinstitut erfolgte. Die Zielgruppe der im Kursverfahren angebotenen EDV-Themen waren Ältere, die einen Einstieg und Vertiefung in den Umgang mit dem PC suchten und von Trainern der eigenen Altersgruppe seniorengerecht geschult wurden. Das Leitungsteam des Senioren Computer Clubs, dessen Mitglieder zunächst als freiwillige Mitarbeiter der Freiwilligenagentur dort angebunden waren, verstand sich von Beginn an als selbstständige Organisation innerhalb der Organisation Bürgerinstitut e. V. Räumlich war der Computer Club von Anfang an außerhalb des Bürgerinstituts untergebracht. In den Anfangsjahren traf das Angebot eine Marktlücke. Die Kurse für Word und Excel waren stets ausgebucht und es gab lange Wartelisten. Im Laufe der Zeit haben sich allerdings sowohl das Umfeld (weitere Anbieter in dem Segment) als auch die Zielgruppe (immer weniger Senioren ohne EDV-Kenntnisse) verändert. Die Reaktion darauf war das Angebot von Einzelunterricht, das aber nur schleppend nachgefragt wurde, und so erfolgte im Sommer 2013 die endgültige Schließung. Der Blick auf die Leitung des Trainerteams von zwischenzeitlich über 20 Personen weist auf eine nicht seltene Situation in Freiwilligen-Projekten hin. Es ist der Gründergeneration nicht gelungen, geeignete Nachfolger in der Leitung zu finden.

Kinder hören Märchen vereint 20 Märchenerzählerinnen und -erzähler, die nach einer Qualifizierung Frankfurter Kindertagesstätten besuchen und dort in einem sechsteiligen Kursangebot Kindern Märchen aus aller Welt erzählen (und nicht vorlesen!). Nach dem Erzählen wird das Märchen dann gemeinsam nachbearbeitet, z. B. wird darüber gesprochen oder es werden Bilder gemalt. Ziel ist eine nicht leistungsorientierte Erweiterung der Sprachkenntnisse sowie die Förderung der Kreativität und Fantasie der Kinder. Für dieses Projekt werden einerseits Gebühren von den Kitas erhoben, andererseits auch Spenden eingeworben.

Kunst nicht nur mit den Augen sehen versteht sich als inklusives Projekt. Nichtsehende und Sehende planen gemeinsame Kunsttermine (Oper, Theater, Ausstellungen) und betätigen sich auch selbst künstlerisch.

Das zahlenmäßig größte Projekt, die *Frankfurter Lesepaten*, umfasst über 200 Personen, die an einer stetig wachsenden Anzahl (zurzeit 51) Frankfurter Grundschulen beim Lesenlernen unterstützen. Die Koordination zwischen Paten und Schulen, Qualifizierung der Lesepaten, Öffentlichkeitsarbeit und Spendenakquise läuft zum größten Teil über ein fünfköpfiges Koordinierungsteam. Die Arbeit der Lesepaten wird in einem eigenen Beitrag (Edith Ibscher in diesem Band) dargestellt.

Zwischen Selbststeuerung, Unterstützung und Frust – Strukturen und Konflikte im Management von Freiwilligenprojekten

Obwohl sich die selbst organisierten Gruppen im Bürgerinstitut bezüglich der Anzahl der Freiwilligen, der Themen und der internen Organisation stark voneinander unterscheiden, gibt es an der Schnittstelle mit der Institution Bürgerinstitut und deren hauptberuflichen Repräsentanten oft ähnliche Fragen und mitunter auch konflikthafte Situationen. Allseitiger Konsens ist, dass die Projekte die Leitideen des Bürgerinstituts mittragen müssen: d. h. im Wesentlichen der Einsatz für Schwächere (insbesondere für Ältere) sowie die Förderung des „Helferwillens", wie es in der Satzung des Bürgerinstituts formuliert ist. In der Praxis spielen diese Grundlagen bei den selbst organisierten Gruppen jedoch oft nur eine nachgeordnete Rolle. Priorität hat in der Regel die eigene Idee, die mittels des institutionellen Rahmens umgesetzt werden soll. Der Verein und seine Angebote werden dabei als sachliche und personelle Ressource für das eigene Projekt gesehen. Dieser Erwartungshaltung entspricht das Bürgerinstitut, indem es den Projekten Räume, Telefon, EDV-Infrastruktur und Postverteiler zur Verfügung stellt. Auch die Mitteleinwerbung läuft häufig über das Bürgerinstitut sowie fast immer die Abwicklung sämtlicher Aktivitäten der Finanzverwaltung, insbesondere der Buchhaltung und dem Ausstellen von Spendenbescheinigungen.

Alle selbst organisierten Projekte haben eine hauptberufliche Ansprechpartnerin, die der Geschäftsführung angehört und die auch in konzeptionelle Fragen einbezogen werden kann und soll. Fragen der Öffentlichkeitsarbeit, der Rahmenbedingungen wie Versicherungsschutz, Fahrtkostenerstattung, Finanzmittel, Einhaltung von Fristen bei Verwendungsnachweisen sowie Themen von Qualifizierungsangeboten werden in regelmäßigen Besprechungen erörtert. Grundlage der Arbeit des Bürgerinstituts ist dabei sowohl die fachliche Expertise im Bereich von Freiwilligenkoordination als auch die Berücksichtigung und Einhaltung allgemeiner Grundsätze des Vereins, wie eine abgesprochene und auf die Vereinspublikationen abgestimmte Öffentlichkeitsarbeit, z. B. beim Erstellen des Jahresberichts des Vereins.

Für das Bürgerinstitut hat es sich zudem als wichtig herausgestellt, jenseits dieser verabredeten Themen zur Verfügung zu stehen und auf die Besonderheiten der jeweiligen Gruppen einzugehen. So nutzen beispielsweise nicht alle ehrenamtlichen Projektleitungen Internet und E-Mail, sodass hier nicht auf die üblichen elektronischen Kommunikationswege zurückgegriffen werden kann, während andere Gruppen mit diesen Techniken sehr gut vertraut sind. Der Rahmen, den das Bürgerinstitut bietet, reicht also von nur unscharf umrissenen konzeptionellen Aufgaben über die Einbettung des Projekts in die Rechtsform eines gemeinnützigen Vereins bis hin zu Büro- und Verwaltungstätigkeiten.

Aus der Perspektive der Leitung selbst organisierter Gruppen, die mit viel Engagement und Ausdauer die eigenen guten Ideen umsetzen, sieht die Zusammenarbeit mitunter anders aus. Die Selbstwahrnehmung, die sich in Aussagen wie „Ich bin das Gesicht des Bürgerinstituts", „Wir fördern den Bekanntheitsgrad des Bürgerinstituts" oder „Wir sind die Zugpferde" spiegelt, ortet das eigene Projekt als Mittelpunkt des Institutslebens. Entsprechend leicht stellt sich Enttäuschung ein, wenn Anerkennung, Wertschätzung und Dankbarkeit in höherem Maße erwartet werden, als sie ohnehin schon ausgesprochen werden.

Immer wieder problematisch für die Projekte sind Anforderungen, die sich aus der Gesamtorganisation des Instituts ergeben, den Projekten jedoch als institutionelle Hürden erscheinen. An einigen beispielhaften Fragestellungen ist diese Reibungsfläche gut ablesbar:

- Warum soll sich eine Projektgruppe in der Öffentlichkeitsarbeit absprechen oder sogar Hauptberufliche in einen Pressetermin einbinden? Die Hauptarbeit wurde doch von den Freiwilligen erbracht und es besteht Gefahr, dass die Organisation sich die Erfolge zugute schreibt, die eindeutig auf die Leistungen des Projekts zurückzuführen sind.
- Warum soll sich ein Projekt in eine Gesamtdatenbank einfügen, die so komplex ist, dass die Projektverantwortlichen sie nicht selbst bedienen können und immer auf eine verfügbare Hauptamtliche angewiesen sind, wenn es doch auch über eine einfache Excel-Tabelle geht?
- Warum soll die eigene Projekt-Internetpräsenz über die Homepage des Gesamtinstituts laufen, auf der das Projekt eines von vielen und daher nicht genügend herausgestellt ist?

Auch bei der Akquisition und Verwendung von Mitteln kann die Gesamtorganisation als Konkurrenz erlebt werden. So kann es bei der Mittelverwendung als unzulässige Bevormundung erlebt werden, wenn der Verein vorher der Vergabe von Aufträgen zustimmen möchte, insbesondere dann, wenn die Projekte die Mittel selbst eingeworben haben. Auch die Beteiligung an den Gesamtkosten des Vereins bei den Projekten kann als ungerechte Zumutung verstanden werden.

Die beschriebenen Punkte können, müssen aber nicht auftauchen. Sie lassen sich erfahrungsgemäß nur bedingt vorhersehen, denn in allen Freiwilligen-Projekten und insbesondere in selbst organisierten, steht der Inhalt der Arbeit an erster Stelle. Auch beim Abschluss von Vereinbarungen, schriftlich festgehaltenen Verabredungen oder einer strukturierten Kommunikation ist nur bedingt erwartbar, dass die Perspektive des gesamten Vereins eingenommen wird. Eine Steuerung der Gruppen ist ebenfalls nur bedingt möglich, da ja gerade die Selbststeuerung eines der herausragenden Merkmale ist. Dennoch zeigt die Erfahrung, dass die Bedingungen für die Einbindung eines selbst organisierten Projekts vorher zu klären sind und in einem kontinuierlichen Aushandlungsprozess an die Realität angepasst werden müssen. Organisationen wie das Bürgerinstitut und andere müssen dabei immer die Perspektive der freiwilligen Projektverantwortlichen im Blick haben und auf unterschiedliche Interessen und Anforderungen an die Organisation gefasst sein.

Die Herausforderung an die Organisation besteht darin, einerseits die Autonomie eines selbst organisierten Projektes zu respektieren und andererseits das autonome Projekt in ein gemeinsames Ganzes zu integrieren. Da zu erwarten ist, dass die Engagementform der selbst organisierten Gruppen zunehmen wird, sollten zivilstaatliche Organisationen wie das Bürgerinstitut darauf reagieren und weitere Modelle für die Umsetzung schaffen.

3.1.7 Methodenkoffer Neuorientierung

ELISABETH VANDERHEIDEN

Kaleidoskop der Weisheiten

> *Der eine wartet,*
> *dass die Zeit sich wandelt,*
> *der andere packt sie kräftig an und handelt.*
>
> DANTE

Vielen Menschen fällt die Beschäftigung mit dem Älterwerden schwer. Oft ist es nicht so einfach, auf der Sachebene einen adäquaten Zugang zum Thema zu bekommen, der die anstehenden Themen, Ziele und Aufgaben erarbeiten hilft und diese anschaulich und konkret werden lässt. Diese Übung bietet den Raum und die Gelegenheit, die anstehenden Aspekte des Älterwerdens zu reflektieren und zu äußern, worum es geht, welches Verständnis die beteiligten Personen vom Älterwerden haben, und was gelingendes Alter für jede/n Einzelne/n bedeuten kann. Sie kann zudem einen kreativen Prozess einleiten und ein gemeinsames Verständnis vom eigenen Altersbild (z. B. bei Paaren) vorbereiten helfen.

Folgend finden Sie eine Sammlung von Zitaten („Weisheiten"), die sich im engeren oder weiteren Sinne mit dem Thema Älterwerden befassen. Diese dienen als Basis für die hier beschriebene Übung, alternativ kann auch eine eigene Zusammenstellung von Zitaten dienen.

Ziel	Diese Methode eignet sich besonders für eine selbstständige Auseinandersetzung mit dem Thema Altern, den damit verbundenen Assoziationen, Gefühlen und Gedanken. Jede/r der Teilnehmenden erhält Gelegenheit zu äußern, was er/sie mit verschiedenen „Weisheiten" zum Alter verbindet und was für sie/ihn Altern persönlich bedeutet.
Material/ Aufwand	Die Vorlage mit ausgewählten Zitaten zum Altern wird einzeln auf Karten geschrieben oder kopiert und den Teilnehmenden zur Verfügung gestellt. Diese können auch gern eigene Sprüche, Zitate, Merksätze und andere Weisheiten zum Thema Veränderung, Öffnung, Wandel etc. ergänzen und auf Moderationskarten festhalten.

	• Arbeitsblatt, ggf. Karten mit Zitaten • Moderationskarten • Stifte
Zeitfenster	• ca. 30 Minuten
Teilnehmende	• Bis zehn TeilnehmerInnen, ansonsten Kleingruppen
Ablauf	Die Karten liegen auf dem Boden oder Tisch, jede/r darf eine Karte auswählen. **Arbeitsauftrag:** Stellen Sie sich dazu folgende Fragen: • Suchen Sie eine Zitat-Karte aus, die Ihnen zum Altern passt, und erzählen Sie uns danach, was dieses Zitat über Ihren persönlichen Bezug zum Thema aussagt. • Welche Erinnerungen und Erfahrungen weckt die Karte bei mir? • Was löst dieses Thema in Ihnen für Urteile, Gedanken, Gefühle aus? • Was bedeutet das für mich und mein Älterwerden? Die Äußerungen der Teilnehmenden sollten nicht zusammengefasst werden, aber die Inhalte, die genannt werden, sollten auf Karten/Flipchart etc. festgehalten und im Laufe des weiteren Prozesses vertieft werden. Dazu kann es hilfreich sein, zu unterscheiden und zusammenzufassen bzw. zu clustern, z. B. nach • inhaltlichen Aspekten, die mit dem Thema verbunden werden, • Hoffnungen, • Wünschen, • Befürchtungen. Diese können dann auf unterschiedlichen Charts oder Moderationswänden festgehalten und weiterbearbeitet werden.

Frauen: die Geliebten der Männer in der Jugend, die Gefährtinnen auf der Höhe des Lebens, die Pflegerinnen im Alter. *Francis Bacon*	Alt werden ist natürlich kein reines Vergnügen. Aber denken wir an die einzige Alternative. *Robert Lembke*	Man muss sich einen Stecken in der Jugend schneiden, damit man im Alter daran gehen kann. *Konfuzius*
Das Alter verklärt oder versteinert. *Marie von Ebner-Eschenbach*	Um so alt zu werden, wie heute die 20-Jährigen sind, hätte ein Mensch früher dreihundert Jahre gebraucht. *Wolfgang Pohrt*	Jetzt sind die guten alten Zeiten, nach denen wir uns in zehn Jahren zurücksehnen. *Peter Ustinov*
Wer aufgehört hat zu lernen, ist alt. Er mag zwanzig oder achtzig sein. *Henry Ford*	Wenn wir älter werden, legen wir eine Menge Fehler ab: Wir brauchen sie nicht mehr. *Paul Claudel*	Die Tragödie des Alters ist nicht, dass man alt ist, sondern dass man jung ist. *Oscar Wilde*
Die meisten Menschen legen ihre Kindheit ab wie einen alten Hut. Sie vergessen sie wie eine Telefonnummer, die nicht mehr gilt. Früher waren sie Kinder, dann	Wohlgemut mache ich darauf aufmerksam: Ich altere, also bin ich. *Elisabeth Steinmann*	Wir wollen unsere Zeit der Natur gemäß durchleben und heiter beendigen, so wie die reifgewordene Olive fällt, indem sie die Erde segnet, die sie hervorgebracht,

wurden sie Erwachsene, aber was sind sie nun? Nur wer erwachsen wird und ein Kind bleibt, ist ein Mensch. *Erich Kästner*		und dem Baum dankt, der sie genährt hat. *Marc Aurel*
Wir werden nicht jeden Tag älter, sondern jeden Tag neu. *Emily Dickinson*	Schritte, die man getan hat, und Tode, die man gestorben ist, soll man nicht bereuen. *Hermann Hesse*	Wenn die Zeit kommt, in der man könnte, ist die vorüber, in der man kann. *Marie von Ebner-Eschenbach*
Man sollte nicht daran denken, fertig zu werden, wie man ja nicht reift, um anzukommen, sondern um zu reifen. *Johann Wolfgang von Goethe*	Die meisten brauchen sehr lang, um jung zu werden. *Pablo Picasso*	Alternde Menschen sind wie Museen: Nicht auf die Fassade kommt es an, sondern auf die Schätze im Innern. *Jeanne Moreau*
Der Blick des Verstandes fängt an scharf zu werden, wenn der Blick der Augen an Schärfe verliert. *Platon*	Es kommt nicht darauf an, wie alt man wird, sondern wie man alt wird. *Ursula Lehr*	Alt sein ist eine herrliche Sache, wenn man nicht verlernt hat, was anfangen heißt. *Martin Buber*

Labiles Dreieck

Der Ursprung aller Konflikte zwischen mir und meinen Mitmenschen ist, dass ich nicht sage, was ich meine, und dass ich nicht tue, was ich sage.

MARTIN BUBER

Die Übung bietet den Raum und die Gelegenheit, zu reflektieren und zu äußern, welche Hoffnungen, aber auch welche möglicherweise vorhandenen Befürchtungen mit dem Thema „Älter werden" für die/den Einzelnen verbunden sein könnten.

Ziel	Diese Methode eignet sich besonders gut, um einen Konflikt im Kontext des Älter-Werdens, seine Ursachen und seine Lösungsstrategien zu bearbeiten.
Material/ Aufwand	Stifte, Pinnwandpapier, Pinnwand (Dreieck anzeichnen) Alternativ: aus Holzlatten nachbauen, mit Holzklötzen stützen, dann Vorschläge, z. B. ausgeschnittene Sägebilder schreiben
Zeitfenster	ca. 30 bis 45 Minuten
Teilnehmende	drei bis fünf TeilnehmerInnen, ansonsten Kleingruppen

Ablauf	Eine von den Teilnehmern benannte Konfliktsituation zum Thema Alter(n) wird in das „labile Dreieck" (ein auf einer Spitze stehendes Dreieck) geschrieben. Das Dreieck kann nur stehen, wenn es von äußeren Kräften gestützt wird. Daher werden „Stützen" gesucht: Ursachen, die den Konflikt erzeugt haben, Kräfte, die den labilen Konfliktzustand stabilisieren. Sie werden einzeln als Stützen am Dreieck angebracht. Zu jeder Stütze wird nun ein Vorschlag gesucht, der diese Stütze „absägt": eine Lösungsstrategie. Wenn die Gruppe zu viele Teilnehmende umfasst, ist es sinnvoll, sie in Kleingruppen aufzuteilen und im Anschluss die Dreiecke in Bezug auf ihre Gemeinsamkeiten oder Unterschiede zu vergleichen und Schwerpunkte für die gemeinsame Arbeit zu erarbeiten.

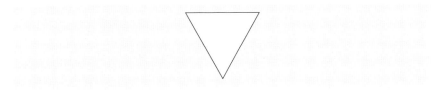

Veränderungsporträt

*Für Wunder muss man beten,
für Veränderungen aber arbeiten.*

THOMAS VON AQUIN

Diese körperorientierte Übung kann dazu beitragen, nachzuspüren, zu reflektieren und sich zu vergewissern, welche Beiträge der eigene Körper bzw. einzelne Körperteile zum eigenen gelingenden Älterwerden leisten kann bzw. „will".

Sie eignet sich besonders im Anschluss an eine Fantasiereise, eine Auseinandersetzung mit dem eigenen Körper oder im Kontext von Angeboten zur Neuorientierung wie dem Übergang in den Ruhestand, um neue Vorhaben und Ideen im wahrsten Sinne vom Kopf auf die Füße zu stellen.

Ziel	Diese Methode eignet sich dazu, individuell zu reflektieren, was jede/r Einzelne zu einem gelingenden Prozess im Kontext des Alterns beitragen kann.
Material/ Aufwand	Stifte, Kopiervorlage mit Silhouette eines Menschen für jede/n TeilnehmerIn
Zeitfenster	30 bis 60 Minuten

Teilnehmende	10 bis 25 Teilnehmende
Ablauf	Die Teilnehmenden erhalten jeweils ein Blatt mit der Silhouette eines Menschen. Diese können sie mit den Stiften so umgestalten, wie es ihnen gefällt und entspricht. Dabei werden sie gebeten, sich zu überlegen, welche Stärken sie an ihrem Körper und in ihrem Handeln markieren und beschreiben können, generell, aber auch – falls möglich – schon explizit in Bezug auf das Älterwerden. Dazu machen sie sich an bestimmten Stellen der Silhouette kurze Notizen oder malen geeignete Symbole an die relevante Stelle (z. B. „Mit meinen Händen kann ich besonders tatkräftig...", „Mit meinem Kopf kann ich wichtige Schritte in Hinblick auf mein Älterwerden identifizieren." etc.). Es können aber auch Veränderungswünsche markiert werden (z. B. „Mit meinen Füßen möchte ich in Bezug auf das Thema Interkulturelle Öffnung am liebsten sofort...", „Mein Herz wünscht sich eine ..."). Die Veränderungen können sich sowohl auf die einzelne Person als auch auf die Familie, den Arbeitskontext etc. beziehen. Dann werden die Veränderungsporträts einzeln vorgestellt und ggf. ein Aktionsplan erstellt, ggf. werden nächste Schritte vereinbart. Es können sich auch Paare bilden, die im Nachgang im Kontakt bleiben, um sich bei der Umsetzung von Zielen zu unterstützen.

Kopiervorlage Menschliche Silhouette[14]

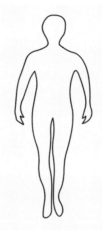

---

14 Mensch Umriss von **Andrea Prock** steht unter einer Creative Commons Namensnennung-NichtKommerziell-Weitergabe unter gleichen Bedingungen 3.0 Österreich Lizenz. Download unter: http://www.bilder.tibs.at/index.php?page_id=6&img=233

3.2 Intergenerationelles Engagement

3.2.1 Wahlverwandtschaften – Die „Oma-Opa-Vermittlung"

Generationen verbinden – das Familienzentrum Monikahaus vermittelt Patengroßeltern

MARGIT GROHMANN UND HELGA MIKUSZEIT

Was ist die Oma-Opa-Vermittlung?

Die tägliche Arbeit im Familienzentrum Monikahaus im Frankfurter Gallus zeigt häufig, dass familiäre Netzwerke immer weniger greifen. Paare oder alleinerziehende Mütter leben vermehrt isoliert oder räumlich getrennt von ihren Herkunftsfamilien, sodass eine generationenübergreifende Unterstützung oft nicht möglich ist. Dies hat auch zur Folge, dass viele Kinder beim Aufwachsen keinen Kontakt zu Großeltern erleben und vielen Senioren der Kontakt zu Enkeln fehlt. Beziehungen und Bindungen zur älteren Generation sind jedoch eine wichtige Erfahrung für die Persönlichkeitsentwicklung eines Kindes. Umgekehrt sind der Einbezug und die Teilhabe am Leben von jungen Familien für „Senioren" der Generation 50 plus eine wichtige Bereicherung ihres Lebens. Hier setzt das Angebot der Oma-Opa-Vermittlung des Monikahauses in Trägerschaft des Sozialdienstes katholischer Frauen e. V. Frankfurt an.

Im Rahmen der Oma-Opa-Vermittlung übernehmen Mitarbeiterinnen des Familienzentrums Monikahaus eine Brückenfunktion, indem sie den Kontakt zwischen interessierten „Patengroßeltern" und jungen Familien initiieren, vermitteln und begleiten. Die Oma-Opa-Vermitt-lung ist somit ein Bindeglied zwischen Jung und Alt und ermöglicht langfristige und gegenseitig unterstützende Beziehungen.

Das Projekt richtet sich an die Generation 50 plus, an Menschen, die Zeit und Lust haben, Kinder zu erleben und sie in ihrer Entwicklung zu begleiten, die ihre Erfahrungen weitergeben und Familien unterstützen möchten sowie neue Kontakte knüpfen wollen oder Familienanschluss suchen.

Junge Eltern können ihre Verantwortung für die Kinder mit jemandem teilen und von den Lebenserfahrungen der Älteren profitieren, die für sie wertvolle Ansprechpartner sind, wenn es um Kindererziehung und um Unterstützung im oft belasteten Alltag geht.

So wird „Zeit haben" für Geschichten, Basteln, Malen, für den Spielplatz, für Kochen und Backen am meisten genannt. Eltern spüren, dass die „Uhr" Grenzen dort setzt, wo Kinder zum wiederholten Mal eine Geschichte, die sie schon auswendig können, hören wollen. Kinder sich erproben lassen und geduldig wiederholt gestellte Fragen beantworten, wird als Wunsch an die Patengroßeltern praktisch im gleichen Atemzug genannt.

Die Kinder genießen den Kontakt mit ihren Patengroßeltern. Für sie sind Großeltern wichtige Bezugspersonen, die in der Lage sind, auf ihre Bedürfnisse und Interessen einzugehen, ihnen Ansprech- und Gesprächspartner zu sein und ihnen wertvolles Wissen zu vermitteln, das mit der älteren Generation auszusterben droht.

„Kostenlose Babysitter sind die Patengroßeltern keinesfalls!" Das stellt Helga Mikuszeit, die das Projekt für das Monikahaus betreut, in ihren Beratungsgesprächen von Anfang an klar. „Die Patenschaft ist kein Ersatz für eine Kinderbetreuung im herkömmlichen Sinne. Es geht um mehr, es geht um den langfristigen Aufbau einer liebevollen Beziehung, sozialen Kontakt und intergenerationale Unterstützung. So wie bei gewachsenen Familienstrukturen auch".

Zielsetzung des Projekts „Oma-Opa-Vermittlung" ist, Ressourcen der älteren und jüngeren Generation im gegenseitigen Umgang zu aktivieren und ein lebendiges Alter(n) zu fördern.

Seit 2008 vermittelt das Monikahaus ehrenamtliche Omas und Opas. „Großeltern-Dienste boomen", sagt Helga Mikuszeit. „Patengroßeltern sind heiß begehrt."

Wie funktioniert die Vermittlung?

Nachdem Familien und potenzielle Paten, in der Regel telefonisch, ihr Anliegen nach einer Vermittlung bei der Vermittlungsstelle bekundet haben, erhalten sie einen detaillierten Fragebogen, der erste Vorstellungen erfasst.

Die Vermittlerin klärt dann im Rahmen von Hausbesuchen persönlich die jeweiligen Erwartungen und Wünsche der Bewerber (wie z. B. Alter der Kinder, Entfernung, Häufigkeit des Kontaktes, Vorstellungen über Ziele der Vermittlung, gemeinsame Unternehmungen, sprachliche Integration, erzieherische Unterstützung, im Einzelfall auch Hilfen bei behördlichen Wegen). Nachdem sie sich ein umfassendes Bild über die jeweilige Lebenssituation verschafft hat, versucht sie, passende Großeltern/Familien-Paare zusammenzustellen. Sie begleitet das erste Kennenlernen von Familien und Großeltern an einem neutralen Ort und, falls dies erfolgreich verläuft, die ersten Begegnungen. Wie in jeder guten Beziehung muss einfach die „Chemie" zwischen Familien und Patengroßeltern stimmen.

Rahmenbedingungen

Der Sozialdienst katholischer Frauen e. V. Frankfurt als Träger des Projekts bietet den Patengroßeltern im Rahmen ihrer ehrenamtlichen Tätigkeit den Abschluss einer Haftpflicht- und Unfallversicherung. Klare Absprachen und Regelungen unter Moderation der Vermittlerin fördern einen entspannten Umgang der Beteiligten miteinander und beugen gleichzeitig Konflikten vor. Hierzu gehören eine schriftliche Vereinbarung und aufgrund der gesetzlichen Vorgaben zum Kinderschutz ein erweitertes Führungszeugnis.

Den Beteiligten entstehen keine Gebühren für die Vermittlung durch das Projekt oder für das erweiterte Führungszeugnis. Der Umgang mit Aufwendungen (finanzieller Art) im Rahmen von Ausflügen etc. wird von den Familien und Patengroßeltern eigenverantwortlich geregelt.

Die ehrenamtlichen Patengroßeltern können an den verschiedenen Fortbildungsangeboten des SkF teilnehmen, z. B. zu Erste Hilfe oder kindlicher Entwicklung. Darüber hinaus gibt es einen begleiteten Großelterntreff, der eine gegenseitige oder individuelle Beratung ermöglicht. Dieses Angebot beinhaltet auch immer aktuelle Themen und reicht von dem Kennenlernen neuer Spielmaterialien bis zum Thema Kinderschutz.

Vermittlungshürden

Eine häufig gestellte Frage von potenziellen Patengroßeltern ist: „Aber kann ich dann noch in den Urlaub fahren?" Die Senioren möchten in ihrem persönlichen Freiraum nicht zu sehr eingeschränkt werden. Dies ist für viele Ehrenamtliche sehr wichtig und unterscheidet sich kaum von den Bedürfnissen der verwandten Großeltern. Deshalb entspricht die Anzahl der Bewerbungen von Senioren leider nicht den Anfragezahlen der Familien. Seit Beginn des Projektes ließen sich durch die Öffentlichkeitsarbeit viele Senioren ansprechen, viele zogen sich aber auch aus den unterschiedlichsten Gründen wieder zurück. Die Gründe sind vielfältig, mal raten die eigenen Familien oder Freunde ab, „im Alter" über einen unbestimmten Zeitraum Verantwortung zu übernehmen, mal sind es eigene Befürchtungen, den Erwartungen nicht gerecht werden zu können, aber auch die Befürchtung, unüberschaubare Risiken einzugehen.

Toleranz und Offenheit bereiten die Grundlage für einen gelungenen Kontakt. Beide Seiten müssen bereit sein, ihren privaten Lebensraum zu öffnen und bis zu einem gewissen Grad Veränderungen zuzulassen, ohne die eigenen Werte aufzugeben. Dazu gehört es manchmal auch, Konflikte nicht zu scheuen, damit sie offen bearbeitet werden können, was gerade für ältere Menschen manchmal ungewohnt sein kann und einen Lernprozess erfordert.

Anfragende Eltern haben dagegen durchweg positive Erinnerungen an die eigenen Großeltern oder in ihrem Umfeld solche erlebt. Sie gehen bei ihrer Anfrage davon aus, dass ältere Menschen Zeit für Kinder haben, die diesen ganz gewidmet werden kann, und dass viele ältere Menschen sich selbstverständlich den Umgang mit Kindern wünschen. Sicherlich trifft dies auch zu. Was viele Anfragende aber nicht bedenken: Ältere Menschen sind im eigenen Umfeld vielfältig verpflichtet und für viele ehrenamtliche Tätigkeiten stark umworben. Daher sind manche Anrufer enttäuscht und mögen es auch häufig kaum glauben, dass eine Vermittlung nicht in absehbarer Zeit zugesagt werden kann. So warten manche Familien lange Zeit auf eine Vermittlung oder entschließen sich zu anderen Planungen für ihre Kinder.

Patengroßeltern dagegen haben keine langen „Wartezeiten". Was Zeit braucht, ist sich damit auseinanderzusetzen, was man sich mit dem Kind und dem Kontakt mit den Eltern zutraut und wo man Grenzen für sich ziehen muss. Eine Patengroßmutter beschreibt dies nach Gesprächen so: „Ich lasse mich zwar auf ein blind date ein, aber ich bin mir jetzt auch weitgehend im Klaren, was ich kann und will; das muss ich rüberbringen".

Die Diskrepanz von Angebot und Nachfrage zeigt auf, dass noch vielfältige Anstrengungen unternommen werden müssen, um insbesondere für Kinder im Kindergartenalter Patengroßeltern zu gewinnen und sie zu überzeugen, dass sie mit ihren Ressourcen und Kompetenzen prädestiniert sind, wertvolle Erfahrungen an kommende Generationen weiterzugeben und gleichzeitig vom Jungsein und der Neugierde der Kinder zu profitieren.

Oma und Opa sind die Besten!

Eine Vermittlung bringt viel Überraschendes für alle. Wer denkt schon daran, dass Straßenbahn fahren über Wochen der Hit ist, er bei der Geburtstagsfeier für die Außenspiele zuständig ist oder sich auf der slackline üben darf, ja sogar skypen lernen kann und dass insbesondere Back- und Kochkünste stark nachgefragt sind. Patengroßeltern können viele Geschichten erzählen, berichten gern über die Entwicklung der Enkelkinder, erhalten viel Zustimmung von verschiedensten Seiten und werben für „ihr" Ehrenamt, wo sie Gelegenheit haben. Die Senioren profitieren von dem Eingebundensein in einen Familienverband und dem Kontakt zur jüngeren Generation, wie z. B. Frau K.: „Inzwischen sind seit dem ersten Treffen vier Monate vergangen und alle Beteiligten sind sich näher gekommen. Ich erlebe diesen Prozess als einen außerordentlich positiven. Was vor allem auch der Haltung der Familie zu danken ist, die mich integriert. So war ich beispielsweise auch zum Geburtstag meines Patenenkels eingeladen. Sie und ich sind inzwischen vertrauter miteinander geworden. Es läuft also alles sehr gut."

Patengroßeltern haben viel Freude dabei, die Entwicklung eines Kindes mitzuerleben und finden in dem ehrenamtlichen Engagement eine erfüllende Aufgabe.

Aber auch für die Familien ist die Patengroßelternschaft eine große Bereicherung: „Frau B. ist eine großartige Frau, die gut zu uns passt und mit deren Philosophie wir uns gut identifizieren können. Eben genau das, was in unserer Familie problematisch ist, versteht sie so zu gestalten, dass kein Konfliktpotenzial entsteht. Sie hat Enormes geleistet, und das ist im Umgang ganz klar spürbar. K. freut sich riesig, wenn sie kommt, wir natürlich auch. Wir schätzen ihre Vorbildfunktion, ihre Freundlichkeit und ihre Gesellschaft außerordentlich!"

Werbeanzeige des SKF Frankfurt

Die Oma-Opa-Vermittlung ist eingebettet in das Familienzentrum Monikahaus im Gallus, das vielfältige Hilfen und Angebote zur Entlastung von Familien unter einem Dach vorhält. Mit einem umfassenden Betreuungs-, Bildungs- und Beratungsangebot unterstützt das Monikahaus Eltern im Alltag und bei der Erziehung ihrer Kinder. Für mehr Informationen nehmen Sie bitte Kontakt mit uns auf unter 069/9738230 oder per E-Mail: monikahaus@skf-frankfurt.de (www.skf-frankfurt.de).

3.2.2 Vorlesen und Erzählen: vom Herzen über den Mund zum Ohr

Ein Kurs für ehrenamtliche Vorleser/innen

BIRGIT REIBEL

Leseförderung für Kinder und Jugendliche ist seit vielen Jahren ein wichtiges Thema von Bildungseinrichtungen wie Kindergärten, Schulen und Bibliotheken. Aber auch eine Zahl von Senior/innen in Altenpflegeheimen, denen das Lesen schwerfällt, freut sich über eine Vorlesestunde. Ehrenamtliche Vorleser/innen können diesen Bedarf decken – und dazu selbst viel Spaß haben.

Vorlesen kann jeder, aber lebendiges Vorlesen, das die Zuhörer auch über einen längeren Zeitraum mitnimmt in die Atmosphäre der Geschichte, will geübt sein. Zudem gibt es vieles rund um die Gestaltung einer Vorlesestunde zu entdecken.

Hier setzt der Kurs ein, der sich über 16 Unterrichtseinheiten an vier Vormittagen erstreckt.

Um die Möglichkeit zu geben, viel zu üben, ist eine Teilnehmerzahl von nicht mehr als acht Personen ideal.

Zielgruppen

Die Motivation der Teilnehmenden ist immer die eigene Freude am Lesen. Das Spektrum reicht von der Großmutter, die gern ihren Enkeln vorliest, über Teilnehmerinnen von Literaturkreisen, ehrenamtlichen Mitarbeiterinnen von Büchereien bis zu ehemaligen Lehrerinnen, die gern auch im Ruhestand weiter mit Kindern arbeiten wollen.

Manche sind Naturtalente, die sich mit Begeisterung in extreme Rollen wie Tiere oder Fantasiewesen stürzen. Andere sind schüchtern, wollen diese Scheu aber gern überwinden.

Hier setzen die ersten kleinen Lese-, Sprech- und Erzählübungen an. Kleine Bewegungs- und Sprachspiele sorgen für eine lockere Atmosphäre und können problemlos auf Kindergruppen übertragen werden.

Ziele

Im Verlauf des Seminars lernen die Teilnehmenden die wichtigsten Grundlagen des Vorlesens und Erzählens.
- Vorlesen und Erzählen ist lebendige Kommunikation. Blickkontakt zu den Zuhörenden ist wichtig.
- In der Vorbereitung sollte eine Geschichte sinnvoll gegliedert und gekürzt werden.
- Der Einsatz von Gegenständen, Bildern oder Klängen kann helfen, eine Geschichte lebendig werden zu lassen.
- Welche Literatur eignet sich für welche Zielgruppe?
- Aktivierende Elemente im Rahmen einer Vorlesestunde einsetzen (Lieder, Bewegungsspiele, Malen etc.)

Ablauf

Herzstück des Seminars aber ist: sich eine Geschichte mit der Vorstellungskraft in allen Sinnen zu eigen machen.

Lese- und Erzählübungen
- Schon am Anfang des Seminars gibt es dazu eine kleine Übung: „Es war einmal ein kleines Mädchen..." Ich spreche diesen Satz zweimal, wobei ich mir jedes Mal ein anderes Mädchen vorstelle (z. B. Sterntalermädchen und Pippi Langstrumpf). Die Zuhörenden erzählen, wie die beiden Mädchen in ihrer Fantasie aussehen (ohne zu wissen, wen ich mir vorgestellt habe). Ziel der Übung ist, zu vermitteln, dass die Stimme unsere inneren Bilder transportiert und auch beim Zuhörer zu wecken vermag. Jede/r Teilnehmer/in kann dann selbst mit einem Geschichtenanfang üben.
- Zum Beispiel: „Es war einmal ein Schloss..." Die anderen beschreiben das Schloss.
- Eine weitere Übung: Jeder zieht (verdeckt) eine Karte, auf der eine Sprechhaltung steht (z. B. freudig, arrogant, fassungslos, angeekelt). Alle bekommen den gleichen Satz (z. B.: „Ich habe den Drachen getötet!") und sollen nun diesen Satz in der Sprechhaltung sprechen, die auf ihrem Kärtchen steht. Die anderen erraten die Haltung.
- Um die Vorstellungskraft zu trainieren, arbeite ich gern mit folgender Übung:
  Alle schließen die Augen. Ich erzeuge mit kleinen Percussionsinstrumenten und Objekten eine beliebige Abfolge von Tönen und Geräuschen. Anschlie-

ßend beschreibt jede der Teilnehmenden, welche Bilder vor ihrem inneren Auge entstanden sind.
- Ähnlich assoziativ ist eine weitere Übung mit Gegenständen: Aus einer vielfältigen Sammlung von Gegenständen (z. B.: Sanduhr, Stein, Kette, Luftballon, Schlüssel etc.) wählt jede Teilnehmende einen Gegenstand aus. In der Mitte liegt ein Tuch, auf das die Gegenstände nacheinander platziert werden, wobei jede kurz etwas zu ihrem Gegenstand sagt. Anschließend kann ein zweiter Gegenstand ausgewählt und dazugeordnet werden.
Aus der Zuordnung der Objekte entsteht ein Ansatz für Geschichten.
Natürlich können umgekehrt gezielt Objekte für eine Vorlesegeschichte gesucht werden.
- Eine der wichtigsten Übungen ist Folgende:
Jede Teilnehmende bereitet einen kleinen Abschnitt ihrer Geschichte so weit vor, dass sie ihn vorlesen kann, ohne am Text zu „kleben". Anschließend wird die Gruppe in zwei Hälften (A und B) geteilt. Je eine Teilnehmende aus Gruppe A und B sitzen sich gegenüber. A liest vor, B unterbricht drei Mal mit Fragen zu einem Detail der Geschichte. Zum Beispiel die Prinzessin: Wie sieht sie aus, welches Kleid trägt sie, wie klingt ihre Stimme, wie bewegt sie sich? Dann wird getauscht. B liest vor und A stellt die Fragen.
Anschließend sucht jede Teilnehmende aus Gruppe B sich eine neue Partnerin aus Gruppe A, und die Übung beginnt von vorn. Schließlich wird noch ein drittes Mal getauscht.
Jede Teilnehmende hat jetzt ihre Geschichte drei Mal gelesen und mit sinnlichem Material aus ihrer Fantasie ausgestattet.
Zum Abschluss liest jede ihren Abschnitt vor der Gesamtgruppe.
Diese Übung leistet zweierlei: Zum einen wird durch das wiederholte Vorlesen die Geschichte ohne Mühe ins Gedächtnis übertragen, die Vorleserin wird unabhängiger vom gedruckten Text.
Zum Zweiten wird durch den Einsatz der sinnlichen Fantasie die Geschichte konkret, und diese konkrete Vorstellung überträgt sich unmittelbar auf die Stimmfärbung.

Der Verlauf des Seminars

Das Wichtigste bei diesem Seminar ist, dass jede ihren eigenen Vorlesestil findet, ihre Stärken herausstellt und sich ihrer Schwächen, an denen sie noch arbeiten möchte, bewusst wird. Deshalb gestaltet sich jedes Seminar im Verlauf anders.

Je nach Wunsch und Interesse der Teilnehmenden kann an besonderen Themen gearbeitet werden.

Beispiele sind:
- Vorlesen von Bilderbüchern, Vorlesen für Menschen im Altersheim.
- Freies Erzählen, eine Geschichte memorieren, Übungen für Atem, Stimme und Artikulation,
- Gestaltung einer Vorlesestunde mit interaktiven Elementen.

Ein immer wiederkehrendes Thema ist: zu schnell vorlesen, sich keine Pausen gönnen.

Hier kann die sinnliche Vorstellungskraft helfen. Wer selbst beim Vorlesen die Bilder sieht, die der Text vorgibt, sie konkret im Raum platziert oder mit einer vorgestellten Bewegung kombiniert, kommt von selbst ins richtige Tempo. Auch der Rhythmus und die Stimmfarbe ergeben sich von selbst, wenn den Vorstellungsbildern vertraut wird.

Ein weiteres immer wiederkehrendes Thema: der Vorlesestil ist starr, aus Angst sich zu versprechen, oder der Vorlesestil ist „künstlich", ein singender „Märchenton" durchzieht die Geschichte. Hier hilft es, einen Abschnitt der Geschichte frei erzählen zu lassen und auf den Blickkontakt zu achten. Die Vorleserin lernt, dass es darum geht, eine Geschichte mitteilen zu wollen, verliert die Angst vor Versprechern und wird in ihrem Erzählen und Lesen authentisch.

Sich den Text zu eigen machen, ihn als Spielmaterial nutzen, ihn in den eigenen Körper nehmen ist Ziel folgender Übung:

Jede nimmt einen kurzen Abschnitt, am Anfang nur wenige Worte, aus ihrem vorbereiteten Text. Alle gehen durch den Raum und murmeln ihren Text vor sich hin. Danach verändern sie die Gangart und lassen den Text in die Bewegung des Körpers einfließen. Sie stampfen den Text in den Boden, pflücken ihn von der Decke, malen ihn mit einem (vorgestellten) Pinsel an die Wand, ziehen ihn wie einen schweren Gegenstand hinter sich her, schenken ihn einem anderen Menschen.

Im Anschluss an die Übungen werden wieder kleine Textpassagen vorgelesen. Es ist schön, zu beobachten, wie die Vorleserinnen freier und authentischer werden, der Text konkret und lebendig beim Zuhörer ankommt.

Abschluss

Zum Abschluss des Seminars werden noch Tipps für die Praxis ausgetauscht.
- Wie finde ich eine interessierte Einrichtung? Was muss ich im Gespräch mit der Einrichtung klären?
- Welcher Zielgruppe möchte ich vorlesen? Buchtipps für die verschiedenen Zielgruppen können ausgetauscht werden.

Wichtig ist vor allem, dass die Vorleserin sich selbst darüber klar wird, was sie leisten kann und will. Denn: Nur wer selbst Freude am Vorlesen und Geschichten erzählen hat, wird seine Zuhörer und Zuhörerinnen begeistern können.

Literaturtipp:

Oehlmann, Christel (2007): Einfach erzählen! Ein Übungsbuch zum freien und gestalteten mündlichen Erzählen. Paderborn: Junfermann Verlag

3.2.3 „Kultur ist, wenn man freiwillig liest"[15] – die Frankfurter Lesepaten

EDITH IBSCHER

Wie man Kindern helfen kann, Deutsch zu lesen und zu verstehen, und Lesepaten an Schulen vermittelt.

Gut 14 % Analphabeten unter den Erwachsenen gibt es in Frankfurt; nicht mehr als 25 % der Eltern lesen ihren Kindern regelmäßig vor; weniger als 50 % der Schüler sind bereit, überhaupt lesen zu wollen.

Um die 25 % der Kinder (deutscher Herkunft) haben Sprachentwicklungsprobleme beim Eintritt in den Kindergarten, um die 30 % beim Eintritt in die Grundschule.

(Prof. Dr. Klaus Ring, Präsident der Polytechnischen Gesellschaft e. V., Frankfurt, auf der Pressekonferenz der FRANKFURTER LESEPATEN im April 2013)

---

15 Antwort eines 14-jährigen Schülers auf die Frage, was für ihn Kultur ist; zitiert von Prof. Dr. Klaus Ring, ehemaliger Präsident der Polytechnischen Gesellschaft e. V., Frankfurt.

Das Projekt DIE FRANKFURTER LESEPATEN richtet sich keineswegs nur an ältere Menschen. Doch aus der Praxis – Lesepaten üben während des Unterrichts mit einzelnen Kindern das Lesen und Verstehen deutscher Texte – ergibt sich, dass die Mehrheit nicht mehr berufstätig ist: Die anderen haben morgens keine Zeit. So haben die meisten ehrenamtlichen Lesepaten eine begeisternde Tätigkeit nach dem Beruf gefunden. Wenn Eltern ihrer Rolle nicht gerecht werden (können), weil sie schlecht Deutsch sprechen, wenig Zeit oder wenig Interesse an der sprachlichen Entwicklung ihrer Kinder haben, versuchen Lesepaten, diese Lücke zu einem kleinen Teil auszufüllen.

Durch Lesen wird der Wortschatz erweitert. Im Kopf des Lesers entstehen Bilder, die die Fantasie anregen und das Gelesene erst verständlich machen. So kommt es zur Lust am Lesen. Wer nicht richtig lesen kann, hat Probleme in allen Schulfächern und im Alltag. Lesen und Sprechen in Deutsch ist eine Schlüsselkompetenz. Nur wer deutsche Texte lesen und verstehen kann, ist in der Lage, in Deutschland selbstbestimmt zu leben. Dazu wollen wir unseren Beitrag leisten.

„Wir", das sind (Stand Juni 2015) rund 300 Lesepaten an 58 Frankfurter Grundschulen, eine Steuerungsgruppe aus vier aktiven Lesepaten und einer Sprecherin, seit April 2015 ein Projekt der Frankfurter Bürgerstiftung im Holzhausenschlösschen.

Wie bei vielen Projekten stand die Idee einer Einzelnen am Anfang: Sie lud eine Handvoll Lesepatinnen – alles Einzelkämpferinnen – ein, um über Organisationsmöglichkeiten zu reden. Ziel: Mehr Lesepaten zu gewinnen.

Grundsätzliche Entscheidungen

Wegen der Formalitäten wollten wir keinen Gemeinnützigen Verein gründen. Also suchten wir ein „Dach" (schon wegen der Spendenquittungen) und wurden zunächst mit dem Frankfurter Bürgerinstitut e. V./Freiwilligenagentur einig.

2010 bildete sich die Steuerungsgruppe mit vier Mitgliedern, Ruheständlern, die von dem Anliegen überzeugt waren. Sie übernahmen mithilfe des Bürgerinstituts die Projektentwicklung. Da die Förderung so früh wie möglich greifen sollte, beschränkten wir den Einsatz von Lesepaten auf sechs- bis zehnjährige Kinder in Grundschulen. Fast ein Jahr lang verglichen wir Projekte in anderen Städten, entschieden, was wir übernehmen, was anders machen wollten:
- *Beispiel 1*: Eine erste Schule mit Lesepaten versorgen, dann erst eine zweite Schule kontaktieren usw.? Das Modell wurde verworfen, Lesepaten aus unterschiedlichen Stadtteilen wollen meist wohnortnah eingesetzt werden.

- *Beispiel 2*: Lesepaten vermitteln, Information und Weiterbildung den Schulen überlassen? Das wollten wir selbst übernehmen.
- *Beispiel 3*: Anmeldeformular (für Adresslisten, auch wegen der Versicherung). Dabei orientierten wir uns am Berliner Modell (www.vbki.de/buerger netzwerk-bildung.html).

Ein wichtiges Thema: Wie können Kinder vor Übergriffen geschützt werden? Um eine gewisse Sicherheit zu schaffen, verlangen DIE FRANKFURTER LESEPATEN einen öffentlichen Raum – Schule oder Bücherei – für die Arbeit mit den Kindern. Auf dem Anmeldebogen unterschreiben die Lesepaten, dass sie nicht vorbestraft sind.

Die Schulen entscheiden, ob sie ein Erweitertes Führungszeugnis anfordern. Wir weisen Lesepaten darauf hin.

Konkrete Vorbereitung

Zunächst erstellten wir eine Liste aller Frankfurter Grundschulen, geordnet nach Stadtteilen, und teilten die Gebiete unter den Mitgliedern der Steuerungsgruppe auf.

Eine Umfrage bei allen Schulen, um den Bedarf zu ermitteln, erwies sich jedoch als Fehler, weil viel Bedarf geäußert wurde und wir noch keine Lesepaten vermitteln konnten.

Wir entwickelten mit dem Bürgerinstitut drei ausführliche Info-Papiere, ließen sie von Schulleitern und Lehrern gegenlesen:
1. Wer sind wir? Was wollen wir?
   Grundidee (Warum lesen?), Arbeit der Lesepaten, Fortbildung, Betreuung, Versicherung, Kontaktadressen,
   Anforderungsprofil an Lesepaten: Sie oder er hat Freude am Lesen und am Umgang mit Kindern, möchte Leselust bei Kindern wecken, hat Geduld, ist an kontinuierlicher Arbeit interessiert, spricht gutes Hochdeutsch, vermittelt Kindern Erfolgserlebnisse und Ermutigung.
2. Merkblatt Aufgaben der Lesepaten
   Ein- oder zweimal wöchentlich für mindestens eine Schulstunde Kindern beim Lesen zuhören, Texte besprechen, Begriffe klären; weitere Tätigkeiten nach Absprache; pädagogische Kompetenz bleibt bei Lehrern.

3. Zusammenarbeit mit Schulen
Raum oder ruhige Zone für Lesepaten und Kind; Ansprechpartner für Lesepaten; Information über Stundenausfall; Kontakt zwischen Klassenlehrern und Lesepaten.

Werbung

Wir waren über das Bürgerinstitut nun auch im Internet vertreten, aber wir mussten bekannter werden, um mehr Lesepaten zu gewinnen.

Eine befreundete PR-Agentur bereitete die erste Pressekonferenz Anfang 2011 in einer Frankfurter Grundschule vor, in der Lesepaten arbeiteten, und die engagierte Rektorin schilderte den Grundschulalltag. Damals waren wir 25 Lesepaten in elf Schulen.

Drei Tageszeitungen druckten große Artikel mit Bildern. Eine Flut von Anmeldungen brach über uns herein; wir waren glücklich, aber völlig überfordert. Es dauerte Monate, bis wir alle Interessenten an Schulen vermittelt hatten.

Generell ist die Resonanz auf Berichte in Zeitungen, also Pressekonferenzen, am größten. In Bibliotheken, Vereinen, Gemeindebüros ausgelegte Faltblätter, Plakate in Einkaufsmärkten brachten dagegen nur wenige Interessenten.

Doch man muss Journalisten „Aufhänger" für Berichte bieten: 2012 begrüßte die neue Frankfurter Bildungsdezernentin Sarah Sorge das Projekt. 2013 hielt Prof. Dr. Klaus Ring, damals Präsident der Polytechnischen Gesellschaft, Frankfurt, den bemerkenswerten Vortrag „Lesen muss man lernen". 2014 stellten wir unsere neue Schirmherrin vor: Prof. Dr. Anne Bohnenkamp-Renken, Direktorin des Freien Deutschen Hochstifts/Frankfurter Goethe-Museum. Die Erfahrung zeigt also, dass es hilfreich ist, bekannte Personen für die Arbeit der Lesepaten zu gewinnen.

Laufende Arbeit der Steuerungsgruppe

Dass die Mitglieder der Steuerungsgruppe den Ansturm nach der ersten Pressekonferenz nur langsam bewältigen konnten, liegt am zeitaufwendigen Procedere der Lesepaten-Vermittlung. Bei jedem Interessenten sind das folgende Schritte:
- Versand der Info-Schriften: Ein Interessent wird an das zuständige betreuende Mitglied vermittelt und erhält die Informationen.
- Treffen Betreuer/Interessent: Im Gespräch lernen wir die Menschen kennen, ehe wir sie in Schulen vermitteln.

- Hospitation: bei dem Betreuer selbst oder einem anderen erfahrenen Lesepaten.
- Aussuchen der Schule: Nicht jede Wunschschule braucht Lesepaten. In Problembezirken werden dagegen Lesepaten gesucht, doch es gibt dort kaum Interessenten.
- Vorstellung in der Schule: Bei der Vorstellung des Lesepaten durch den Betreuer werden der Anmeldebogen ausgefüllt und unterschrieben und der Einsatz besprochen. So halten wir auch Kontakt zu den Schulen.
- Kontaktaufnahme mit neuen Schulen: Auf eine schriftliche Anfrage (Info-Schriften) folgt bei Interesse ein persönliches Gespräch. Es muss Interessenten für diese Schule geben.

Inzwischen betreut jedes Mitglied der Steuerungsgruppe (ausgenommen die Sprecherin) ca. zehn bis zwölf Schulen und 50–90 Lesepaten. Neue Schulen und Paten kommen ständig hinzu, andere Paten hören auf (Krankheit, Terminprobleme) und müssen ersetzt werden. Das ist deutlich mehr (Verwaltungs-)Arbeit, als wir uns vorgestellt haben.

Information und Fortbildung

Dreimal pro Jahr erhalten Lesepaten und Schulen Mitteilungsblätter (Informationen über die Entwicklung des Projekts; Termine von Stadtteiltreffen, von Veranstaltungen zur Weiterbildung; Berichte und Fotos über Veranstaltungen der Lesepaten). Stadtteiltreffen dienen dem Kennenlernen untereinander, dem Erfahrungsaustausch, dem Besprechen von Problemen, der Information.
Einmal im Jahr tauschen wir mit Lehrern Erfahrungen und Wünsche aus. Und mit einem Jahresempfang bedanken wir uns bei Lesepaten, Schulleitern, Lehrern und Sponsoren.

An der Volkshochschule gibt es regelmäßig Kurse für Lesepaten. 2013 haben wir die Referentin für zwei Veranstaltungen zur Weiterbildung unserer Lesepaten gewonnen.

Für solche Treffen braucht man Räume, die nichts oder wenig kosten. Daher sind Beziehungen zu Vereinen und Organisationen sehr hilfreich, etwa zu IHK oder Handwerkskammer.

Ohne Geld geht's nicht

Lesepaten arbeiten ehrenamtlich, erhalten kein Geld. Die allermeisten tragen bei uns auch die Fahrtkosten selbst. Doch ohne Geld geht's leider nicht.

Kosten fallen an für
- Pflege der Adressen von Lesepaten und Schulen,
- Versand von Informationen und Einladungen,
- Druck und Versand der Mitteilungsblätter,
- Pflege des Internet-Auftritts,
- Fahrtkosten,
- Weiterbildung,
- Miete für Veranstaltungsräume,
- Jahresempfang.

Ein Ehrenamts-Projekt wie die Lesepaten braucht entweder einen potenten Träger oder Sponsoren. Spenden einzuwerben ist nicht jedermanns Sache und keine Garantie für eine gesicherte finanzielle Basis. Da bleibt nur, so viel wie möglich selbst zu machen. Die Steuerungsgruppe muss sich hier Hilfe bei den Lesepaten suchen.

Zuwendung und Freude an der Arbeit

Die Lesepaten gehen sehr gern in die Schule. Es macht so viel Freude, wenn Kinder ihren Lesepaten fröhlich begrüßen, wenn sie stolz sind, weil sie einen Text verstanden haben, wenn sie es genießen, dass sich jemand Zeit nur für sie nimmt. Die Zuwendung ist so wichtig wie das Lesen und Erklären. Diese Empathie schafft die Basis fürs gemeinsame Arbeiten.

Worauf Interessierte achten sollten

Die Möglichkeit und Bereitschaft, Zeit für ein Ehrenamt aufzuwenden, kann sich schnell ändern. So arbeiten von den vier Gründungsmitgliedern der FRANKFURTER LESEPATEN noch zwei in der Steuerungsgruppe. Daher gilt es, sich frühzeitig um Ersatz zu kümmern. Man muss alle privaten Kontakte zu Helfern nutzen, um die Kosten niedrig zu halten, kommt aber trotzdem nicht ohne Spenden aus. Zudem sollte die Frage, wie autark das Projekt arbeiten wird und welche Kompetenzen bei dem institutionellen „Dach" bleiben, zu Beginn geregelt werden.

Generell gilt für Entwicklung und Wachstum eines Lesepaten-Projektes:
- anerkannte Organisation suchen, die Erfahrung mit Ehrenamt hat (Hilfe bei der Planung und Spendenakquise, solange das Projekt noch nicht bekannt ist),

- ausreichend aktive Helfer für die Steuerungsgruppe finden,
- „klein anfangen": Beschränkung auf eine Stadt oder Region, evtl. auf eine Schulform,
- gute Kontakte zu Lesepaten und Schulen aufbauen und pflegen.

3.3 Kulturell-historisches Engagement

3.3.1 Laienhistoriker: Stadtgeschichte – engagiert erforscht, neu erzählt

OLIVER RAMONAT

Bürger finden ihre Geschichte vor der Haustür

Das persönliche Interesse für die Geschichte des Ortes, der Region, die Geschichte einer Familie, einer Straße oder eines Stadtteils sind ideale Möglichkeiten, ehrenamtlich etwas Anspruchsvolles auf die Beine zu stellen. Wenn es gelingt, die eigenen, persönlichen Interessen so weit zu verallgemeinern, dass viele Menschen den Wegen und Ergebnissen dieser Forschungen mit Interesse folgen können, wirkt man noch zusätzlich in die Stadtgesellschaft hinein und findet bald Mitstreiter. Laienhistoriker haben die wissenschaftliche Geschichte als komplementären Partner und können sich mit etwas Übung auch an den übergreifenden, meist auf höherem Abstraktionsniveau geführten Debatten der akademischen Historie beteiligen. Entscheidend für den Erfolg sind nachhaltiges Interesse, die Fähigkeit zur Konzentration auf einen einmal eingeschlagenen Weg – und Fantasie und Offenheit. Denn in der Geschichte tun sich laufend neue und unerwartete Aspekte auf, für die man offen und wach bleiben muss, die einen aber auch nicht zu sehr ablenken dürfen.

Interesse und Fragen

Mit dem eigenen Thema und einer Fragestellung geht es los: Wieso heißt meine Straße „Zum Bergwerk"? Seit wann gibt es die ersten „Gastarbeiter" in meinem Stadtteil? Wie hat sich die Gewerbestruktur in meinem Viertel seit 1950 gewandelt? Welche Persönlichkeiten haben meine Gemeinde geprägt? – Dies ist nur eine kleine Auswahl der möglichen Themen und Fragen. Auch das grundsätzliche Geschichtsinteresse kann ganz unterschiedlich sein. Möchte ich eine bestimmte Ereignisfolge oder die Geschichte einer Person aufschreiben, um sie vor dem Vergessen zu bewahren – oder geht es mir eher um historische Aufklärung, möchte ich Dinge richtigstellen oder endlich bekannt machen, die mir wichtig sind? Ist die beabsichtigte Geschichte nach meinem Empfinden lange vorbei oder hat sie im Gegenteil noch engste Bezüge zur Gegenwart?

Die nächste wichtige Entscheidung muss auf die möglichen Quellen zielen. Stehen Firmenarchive oder andere private Sammlungen zur Verfügung, dann lohnt es sich in jedem Fall, diese zu nutzen und so zu einer Darstellung verdichtet der Öffentlichkeit vorzustellen; eventuell mit Quellenanhang, um die Darstellung nicht zu überfrachten. In anderen Fällen sucht man mögliche Quellen in Archiven oder Bibliotheken auf. Versuchsweise kann man an die allgemeine Geschichte zum Thema anknüpfen und auf diese Weise einen ordnenden Rahmen schaffen. Hier helfen die historischen Fachbibliotheken weiter, am besten recherchiert man im Katalog einer Universitätsbibliothek. Für die Ortsgeschichte ist das Stadtarchiv die erste Adresse; hier finde ich in der Regel auch kompetente Ansprechpartner, die wertvolle Hinweise geben können. Wer offen ist und gewillt, zunächst einmal zuzuhören und zu lernen – nach dem Berufsleben kann das eine spannende Erfahrung sein –, der wird sehr profitieren und sich schnell das nötige Handwerkszeug aneignen.

Eine anspruchsvolle Aufgabe

Sobald die eigenen Wünsche an die Präsentation der Ergebnisse über eine einfache Broschüre hinausgehen, sind sie mit vergleichsweise anspruchsvoller Arbeit verbunden, die einen aber umgekehrt mit viel Spaß, neuen Erkenntnissen und Bildungserlebnissen und gesellschaftlicher Anerkennung belohnen kann. Die Arbeit mit Quellen ist schon rein äußerlich nicht immer einfach, sie wollen ermittelt, gelesen und korrekt interpretiert und eingeordnet werden. Es gibt keine Vorschrift dazu, es sind Fingerspitzengefühl und Erfahrung gefragt. Man sollte sich also gerade zu Beginn der Arbeit Zeit nehmen und keinen unnötigen Druck erzeugen. Natürlich sind auch Anmerkungen (Fußnoten) sinnvoll, wenn man die eigenen Ergebnisse für seine Leser nachvollziehbar machen will, das macht aber zugleich weitere Arbeit.

Beim Einbinden von Bildern und anderen Dokumenten schließlich stellen sich Urheberrechtsfragen. Dieser formelle und inhaltliche Anspruch macht aber für viele gerade den Reiz des historischen Arbeitens auf ehrenamtlicher Basis aus. Vielleicht finden sich gerade deswegen auch viele Männer unter den Laienhistorikern, die nach der lebenslangen Erfahrung eines fordernden und erfüllenden Jobs im Alter nicht zurückstecken wollen. Daher sollte man sich gewogener Mitstreiter und geeigneter Helfer versichern. Man findet sie im örtlichen Geschichts- oder Heimatverein, in der Kirchengemeinde oder über das Stadtarchiv. Sprechen Sie die Verantwortlichen an, historisches Interesse verbindet und öffnet einem die Türen!

Projektbeispiel – Die Frankfurter „StadtteilHistoriker"

Wer in Frankfurt am Main wohnt, kann sich einem Projekt anschließen, das dem bürgerschaftlichen Engagement einen geeigneten Rahmen gibt. Die „Stadtteil-Historiker" sind ein Projekt der Stiftung Polytechnische Gesellschaft. Das Projekt richtet sich an engagierte Menschen, die ein Thema der Frankfurter Stadtgeschichte ehrenamtlich bearbeiten wollen. Ziele des Programms sind die Stärkung der Identifikation mit der Stadt durch die Befassung mit ihrer Geschichte und die Pflege des kulturellen Erbes. Das gemeinsame Interesse an Geschichte verbindet dabei Menschen unterschiedlicher Generationen und mit ganz verschiedenem beruflichen Werdegang. Besonders interessante Perspektiven bringen Teilnehmer mit Zuwanderungsgeschichte ein. Das Projekt wird alle zwei Jahre zum September ausgeschrieben, und es stellt einen idealen Rahmen für Stadt- und Regionalhistoriker dar. Die Stiftung unterstützt die zurzeit 25 Stipendiaten mit einer finanziellen Aufwandsentschädigung für ihre Forschungs-, Reise- und Publikationskosten, vor allem aber sachlich und fachlich. Ein Projektkoordinator steht den Stipendiaten mit Rat und Tat zur Seite, er organisiert monatliche informelle Treffen, auf denen alle Fragen im Zusammenhang mit den Projekten besprochen werden können. Außerdem besteht während zweier „Werkstatt-Treffen" die Gelegenheit zu einem fachlichen Austausch mit Fachhistorikern. Die ehrenamtlichen und meistens sehr aktiven Stadtteilhistoriker sollen an Methoden und Kompetenzen herangeführt werden, die ihre Arbeit auf neue und umfassendere Weise ermöglichen sollen.

Gleichzeitig – und das ist eine wertvolle Erfahrung aus mittlerweile zahlreichen Werkstatt-Treffen, die anfangs von der Gerda Henkel Stiftung ausgerichtet wurden, mittlerweile aber in Eigenregie der Stiftung Polytechnische Gesellschaft geplant werden – sind die detaillierten Kenntnisse der StadtteilHistoriker für die professionelle Forschung eine echte Bereicherung. Warum? Kurz gesagt forscht selten ein Fachhistoriker, der naturgemäß eher ein übergreifendes Thema im Auge hat, so fundiert am Einzelfall, wie ein gerade an diesem einen Beispiel interessierter Geschichtsinteressent vor Ort. Hier ergeben sich spannende und weiterführende Konstellationen und Synergien, die auch die Stadtgesellschaft und die innerstädtischen Debatten bereichern können. Typische Leitfragen hierfür sind: Woher kommen wir? Wo sieht sich unsere Stadtgemeinde in 20 Jahren?

Was prägt unsere Identität? – Hier gibt es keine fertigen Antworten, aber viele wertvolle Beiträge.

Mittlerweile sind bereits vier Generationen der Frankfurter „StadtteilHistoriker" aktiv, die in ihren Stadtteilen zum Teil sehr viel bewegen und ein neues historisches Bewusstsein schaffen. Eine fachliche Vor- bzw. Ausbildung ist nicht erforderlich. Das Projekt ist offen für Handwerker, Jugendliche, Studierende aller Fachrichtungen, Seniorinnen und Senioren – entscheidend sind allein das stadthistorische Interesse und das freiwillige Engagement.

Fachtage für ehrenamtlich Aktive

Neben den Geschichtsvereinen haben auch andere Kulturinstitutionen etwas zu bieten. Museen, Büchereien, Vereine – hier bestehen oft bereits Initiativen und es sollte eine gewisse Offenheit für neue Anregungen geben. Das *historische museum frankfurt* ist einen innovativen Weg gegangen und hat im März 2013 einen „Tag der Regionalgeschichte" zum Thema „Rhein-Main im frühen Mittelalter" organisiert und ausgerichtet. Eingeladen waren alle ehrenamtlich tätigen Regionalhistorikerinnen und -historiker. In einem dichten Programm konnten sie sich kostenlos über Ergebnisse neuerer Forschung und in nachmittäglichen Workshops über Aspekte der Regionalgeschichte informieren (Archäologie, Personen- und Gruppenforschung, Kirche und Region, Gründungsdaten von Orten sowie mit dem sogenannten Lorscher Rotulus über eine der zentralen Quellen zum Geschichtsbewusstsein in der Region im 9. Jahrhundert). Die Organisatoren konnten herausragende Referenten und Workshopleiter verpflichten, sodass sich für die engagierten Laienhistoriker ein echter Mehrwert ergab. Zugleich war es das Ziel, dass sich die ehrenamtlich tätigen Historiker untereinander kennenlernen und ins Gespräch kommen konnten. Dazu hatte jeder Teilnehmer ein Namensschild, auf dem auch der Ortsname verzeichnet war. Der „Tag der Regionalgeschichte" bot vor allem während der zeitlich großzügig dimensionierten Workshops eine vorzügliche Gelegenheit, mit Fachleuten in ein echtes Gespräch einzutreten und die eigenen Überlegungen zur Diskussion zu stellen. Die Veranstaltung war so lebendig, dass einem um die Zukunft der Heimat- und Geschichtsvereine eigentlich nicht bange sein muss.

Wichtig ist in jedem Fall der regelmäßige Austausch mit Gleichgesinnten. Die meisten Fragen lassen sich von „erfahrenen" Laien schnell beantworten, auch wenn jede Fragestellung einen eigenen Zugriff verlangt. Dennoch: Das Lesen unvertrauter Schriften, die Ordnung der Archive, die fantasievolle Ermittlung weiterer Quellen, die Übung mit Formatierungsprogrammen zur Erstellung der eigenen Broschüre, Internetseite oder des Flyers – alles das geht in der Gemeinschaft leichter.

Selbst aktiv werden und zum Mitmachen einladen

Wer einen solchen Projektrahmen, wie er sich in Frankfurt am Main und analog auch in anderen Gemeinden etabliert hat, in seiner Gemeinde nicht vorfindet, muss dennoch nicht auf eine informelle Arbeitsgruppe und die möglichen wertvollen Gespräche, Anregungen und praktischen Hilfen verzichten. Nehmen Sie die Initiative doch selbst in die Hand und organisieren Sie einen stadt- oder regionalhistorischen Arbeitskreis vor Ihrer Haustür! Hierzu kann man auch die Agenten/Akteure der Erwachsenenbildung vor Ort nur ermutigen, denn Projekte dieser Art regen den Gedankenaustausch in der Kommune an. Vielleicht genügt ein einfacher Aushang im Rathaus, im Stadtarchiv oder in der öffentlichen Bücherei. Sicher kann man den Aktiven auch Gleichgesinnte nennen. Oder man versucht es mit einem kleinen Artikel im Gemeindebrief oder der örtlichen Presse. Für die anbietenden Organisationen ist der Aufwand überschaubar, denn man möchte ja in aller Regel die ohnehin Aktiven vor Ort ansprechen. Allerdings wollen gerade informelle Gesprächskreise sehr sorgfältig gepflegt sein. Der Erfolg hängt sicher von einem „Projektleiter" ab, der sich in der Sache sehr gut auskennt, sich aber dennoch persönlich zurücknehmen kann. Er hat es mit Erwachsenen zu tun, die sich in einem solchen freiwilligen Kontext nichts sagen lassen müssen und die man – auf der anderen Seite und in leichtem Gegensatz dazu – nur dauerhaft gewinnen kann, wenn man ihnen einen Mehrwert anbieten kann. Um diese Spannung gut auszutarieren, bedarf es großen Einfühlungsvermögens, denn die Runden sollen weder rein gesellig-ergebnislos noch zu straff oder gar autoritär geführt werden. Meine Empfehlung wäre daher immer, einen neutralen Fachmann oder eine neutrale Fachfrau zu berufen, die eben weder Vorsitzende des Geschichtsvereins noch die hauptamtliche Stadtführerin sein sollte. Motivieren, anregen, ermutigen, beraten, lektorieren, auch einmal kritisieren: Das sind nur einige der Aufgaben, die in einem persönlichen Kontakt möglich sind. Wenn sich kein Fachhistoriker findet, entfällt die fachliche Beratung im engeren Sinne, die dann vielleicht über den Geschichtsverein oder das Stadtarchiv hereingeholt werden kann und sollte. Eine gestandene und anpassungsfähige Persönlichkeit ist in jedem Falle nötig.

Empfehlenswert sind auch feste zeitliche Einheiten, sodass die Projekte und auch die informellen Runden jeweils einen gewissen Abschluss haben, der auch wieder einen echten Neuanfang ermöglicht. Hier ist dann auch die wesentliche

Differenz zum Geschichtsverein (als Dauereinrichtung), der aber als wichtiger Akteur sozusagen von außen mitmacht.

Die erste Adresse sollte für die selbst Aktiven daher immer der Heimat- und Geschichtsverein sein, in dem man sein Projekt und seine Erkenntnisinteressen vorstellt. Hier findet man in aller Regel auch Hilfen bei der Veröffentlichung des Werkes, denn möglicherweise existiert bereits eine Publikationsreihe, in die man sich eingliedern kann. Ist das nicht der Fall, ist eine Online-Publikation einem teuren Privatdruck meist vorzuziehen. Man kann auch beides machen und auf das eigene Buch in einem Portal hinweisen. Ein Vortrag in der Stadtbücherei oder im Geschichtsverein macht die Arbeit bekannt und bringt das Thema ins Gespräch. Denn nichts ist ärgerlicher, als wenn die schönen Bücher, die auf ehrenamtlicher Basis entstanden sind, nicht verbreitet werden.

Links zum Weiterlesen:

www.sptg.de/stadtteilhistoriker.aspx
www.historisches-museum-frankfurt.de
www.stadtgeschichte-ffm.de
www.lisa.gerda-henkel-stiftung.de

3.3.2 Von der Kirchenführung zur Kirchenbegehung

Ausbildung zur Kirchenbegehung als neuer Farbtupfer im dritten Lebensabschnitt

FRANK MEESSEN

Zielgruppe

Der Kurs richtet sich an Frauen und Männer im dritten Lebensabschnitt, die an neuen Formen der Kirchenführung interessiert sind und ihre beruflichen Erfahrungen, Qualifizierungen und Interessengebiete einbringen wollen. Ziel ist eine kirchenpädagogische Qualifizierung zu einer eigenständigen Gestaltung von Kirchenbegehungen.

Kurze Beschreibung

Die klassische Führung in und durch eine Kirche geht von der Vermittlung von Wissensinhalten aus. Dementsprechend besteht sie aus einem Vortrag, der den vorgegebenen Zeitrahmen weitgehend ausfüllt und vor allem kognitive Inhalte vermittelt. Der Kirchenführer bezieht sein Selbstverständnis aus seinem Wissensvorsprung, sodass ihm innerhalb des Vermittlungsprozesses in der Tat eine Führungsrolle zukommt.

Der (nicht ganz) neue kirchenpädagogische Ansatz (Neumann/Rössner 2009) zieht die Berechtigung und Sinnhaftigkeit der klassischen Kirchenführung nicht in Zweifel. Er stellt den Vermittlungsprozess aber auf eine breitere Basis, insofern es ihm um die Erschließung des Kirchenraums mit allen Mitteln der modernen Erwachsenenbildung geht. Das Primat kognitiver Wissensvermittlung wird relativiert sowohl durch andere Formen der Wissensvermittlung als auch durch ganz andere Zugänge zu einem Kirchenraum. Sprachlich wird dieser Zugang heute gern als „Kirchenbegehung" bezeichnet.

Die Grundidee

Das Kirchengebäude in seiner äußeren Erscheinung wie auch im Inneren ist ein Alleinstellungsmerkmal der Kirchen. Sie prägen das Bild einer Landschaft, von großen Städten wie von kleinen Dörfern. Sie haben mitunter eine sehr lange Geschichte und gehören zur Identität eines Raumes. Als solches sind Kirchengebäude im Alltag präsent und für alle ein „zugängliches" Thema. Für viele Menschen sind sie Teil ihrer Biografie.

Kirchengebäude können unter einer Vielzahl von Aspekten betrachtet werden. In einer eher objektivierenden Perspektive stehen Kunst-, Kirchen-, Geistes- und Zeitgeschichte, Architektur, Bildprogramm, liturgische Nutzung und literarische Bezüge. Mehr am einzelnen Betrachter orientierte Perspektiven sind Zugänge über die eigene Biografie, subjektive Raumwahrnehmung, erlebnispädagogische, religiös-spirituelle oder kreative Zugänge.

Der Ansatz geht vom pädagogischen Dreieck Kirchenraum-Leiter-Teilnehmende aus. Der Einbezug der Teilnehmenden ist somit grundsätzlich ein elementarer Bestandteil der Kirchenbegehung. Damit ist auch eine zielgruppenspezifische Ausrichtung der Kirchenbegehung möglich und sinnvoll.

Für den Leiter der Kirchenbegehung steht am Beginn seiner Erarbeitung nicht so sehr die Frage, ob ihm der Kirchenraum „gefällt" (auch wenn diese Frage natürlich legitim und gar nicht auszublenden ist). Wichtiger ist die Frage nach der Botschaft des Kirchengebäudes. Was „sagt" mir die Kirche, wo berührt sie mich, wo bin ich fasziniert oder irritiert?

Bei der inhaltlichen Gestaltung ist es nicht nur möglich, sondern gewünscht, dass der Leiter der Kirchenbegehung auch seine frühere berufliche Kompetenz oder seine persönlichen Interessengebiete mit einbringt. Das erhöht die Authentizität und gibt der Kirchenbegehung ein spezifisches Gepräge.

Detaillierte Beschreibung der Umsetzung

Der Kurs „Kirchen entdecken, erleben und verstehen. Ausbildung zur Kirchenbegehung" besteht aus drei Wochenendmodulen und in den dazwischen liegenden Zeiträumen aus je vier Tagesmodulen. Jedes Modul setzt sich aus Impulsreferaten, Exkursionen/Besichtigungen und praktischen Übungen zusammen. Der Kurs umfasst 120 Unterrichtsstunden und kann am Ende mit einem Prüfungskolloquium abgeschlossen werden.

Das erste Modul besteht aus einem Wochenende (Freitag bis Sonntag). Es behandelt grundlegende Fragen, z. B.
- die Klärung der eigenen Motivation (Was motiviert mich persönlich? Was möchte ich mit einer Kirchenbegehung erreichen?)
- das Selbstverständnis des Leiters/der Leiterin (Wie verstehe ich meine Rolle und welche eigenen Kompetenzen und Interessengebiete bringe ich mit?)
- Überlegungen und Übungen für die Wahrnehmung von Räumen (Nach welchen Gesichtspunkten lassen sich Räume wahrnehmen?)
- das Anliegen der Kirchenpädagogik: Kirchenbegehung als kommunikativer Prozess, der nach einem Vier-Phasen-Schema abläuft: von 1) Annäherung an den Kirchenraum von außen. 2) Raumerfahrung im Innenraum der Kirche. 3) Vertiefung i. S. der Akzentuierung eines bestimmten Inhalts. 4) Ablösung als Abschluss und Impuls zur weiteren persönlichen Beschäftigung.
- Geschichte des Kirchenbaus.
- Praktische Übungen zu einzelnen Phasen der Kirchenbegehung, die wichtige persönliche Lernerfahrungen vermitteln.

Das zweite und das dritte Wochenendmodul beschäftigen sich vor allem mit
- Methoden und Didaktik der Kirchenbegehung (biografisch, erlebnispädagogisch, religiös-spirituell, kreativ etc.).
- Zielgruppenorientierung (Welcher Zugang, welche Methoden und Inhalte sind der gegebenen Zielgruppe angemessen?).

- Rhetorik und Kommunikation bei Kirchenbegehungen.
- Praktische Übungen zu einzelnen Phasen der Kirchenbegehung, die wichtige persönliche Lernerfahrungen vermitteln.

Die Tagesmodule greifen Themen auf, die eher objektivierende Zugänge zum Kirchenraum eröffnen. Dazu gehören Themenfelder wie
- Kunst-, Kirchen-, Geistes- und Zeitgeschichte,
- Baustile und Architektur,
- Bildprogramme,
- liturgische Nutzung,
- Kirchenfenster,
- Kirchenjahr,
- Fenster,
- Glocken,
- literarische Bezüge.

Die Auswahl der Themenfelder orientiert sich wesentlich am Bedarf der Teilnehmenden.

Kirchenbegehungen im Kontext

Kirchenbegehungen sind in der Praxis in ganz verschiedenen Zusammenhängen denkbar: zunächst im Rahmen organisierter Touristikangebote wie Stadtführungen u.Ä. Auch im Zusammenhang mit Jubiläen, Einweihungen, Patronatsfesten oder Kirchweih sind Kirchenbegehungen möglich. Im Rahmen organisierter Erwachsenenbildung können Kirchenbegehungen auch als Einzel- oder mehrteilige Seminarveranstaltungen ausgeschrieben werden. Damit lässt sich z. B. der pastorale Raum einer größeren Seelsorgeeinheit bewusst machen.

Indem eine Kirchenbegehung eine Vielzahl von Aspekten einschließt, hat sie auch ganz unterschiedliche „Reichweiten". Sie kann sich an Mitglieder der eigenen Kirchengemeinde richten, die „ihre" Kirche einmal ganz bewusst oder unter einem bestimmten Aspekt erleben können. Sie kann sich an ein kulturell interessiertes Publikum wenden und Kirchen als Orte von Glaubenstradition, von Kunst- und Geistesgeschichte vorstellen. Sie kann als religiös-spirituelles Angebot für Menschen gedacht sein, die an existenziellen Fragen interessiert sind.

Literatur

Neumann, Birgit/Rössner, Antje (2009): Kirchenpädagogik. Kirchen öffnen, entdecken, verstehen. Ein Arbeitsbuch. 4. Aufl. Gütersloh: Gütersloher Verlagshaus

3.4 Interkulturelles Engagement

3.4.1 Das Projekt „Wegbegleiter" – Lotsen und Begleiter als Brücken der Altenhilfe

Ein niederschwelliges Hilfeprojekt von Migranten für ältere Migranten

GABRIELLA ZANIER

Zusammenfassung

Hilfsangebote des deutschen Altenhilfesystems werden von älteren Italienern – wie von älteren Migranten generell – wenig genutzt. Gleichzeitig steigt ihr Bedarf an Beratung und Versorgung. Gründe sind fehlende Informationen oder mangelnde Deutschkenntnisse sowie Hemmungen und andere Wertvorstellungen auf Seiten der Migranten. Zugleich erschweren aber auch Barrieren in den Einrichtungen der Altenhilfe selbst deren Nutzung: Es gibt kaum mehrsprachiges Informationsmaterial und mehrsprachige Angebote, es mangelt vor allem an interkulturellen Kompetenzen im Umgang mit Menschen anderer soziokultureller Herkunft. Hinzu kommt eine große Unübersichtlichkeit und Zuständigkeitsschranken des Hilfeangebots. Das Projekt „Wegbegleiter" baut seit 2008 eine Brücke zwischen den betroffenen rat- und hilfesuchenden Migranten einerseits und den deutschen und migrantischen Institutionen andererseits. Es setzt auf eine Gruppe von Freiwilligen: die „Wegbegleiter".

Hintergrund, Ziele, Zielgruppen

Anlass für die Entstehung des Projekts war eine zweisprachig durchgeführte Informations- und Begegnungsreihe für ältere Italiener, welche ältere Italiener über Möglichkeiten der Hilfe im Alter aufklären, aber auch deren Bedürfnisse und Vorstellungen über das Alter kennenlernen wollte. Es wurde deutlich, dass Informationsdefizite zu gravierenden Fehleinschätzungen der Möglichkeiten und

Grenzen der Altenhilfe führen und so zu Fehlplanungen sowohl in der Alltagsbewältigung als auch in den Lebensentwürfen der älteren Migranten beitragen. Weitere Barrieren sind z. B. divergierende Vorstellungen und Erwartungen hinsichtlich der Hilfe durch das familiäre Umfeld, oder falsche Informationen bezüglich der Berechtigung für soziale und Gesundheitsleistungen. Verstärkt wird dies durch vorliegende psychosoziale bzw. gesundheitliche Einschränkungen sowie oft unzureichende Deutschkenntnisse.

Deutlich wurde aber auch: Den italienischen Migranten erschweren institutionelle Barrieren den Zugang zu den angebotenen Hilfemöglichkeiten. Gerade die immer stärker marktförmige Organisation der Altenhilfe in den letzten Jahren hat zu einer Unübersichtlichkeit für alle Beteiligten geführt. Sie wird verschärft durch Sprach- und Verständigungsprobleme, segmentierte Zuständigkeiten, eine hohe Veränderungsgeschwindigkeit und geringe Leistungstransparenz der Angebote.

Das Konzept zur interkulturellen Öffnung will beide Seiten „zusammenbringen". Es setzt – bildlich gesprochen – auf Lotsen bzw. „Wegbegleiter", die durch eine vertrauensvolle Beziehung zu den Betroffenen in der Lage sind, Brücken zu deutschen Institutionen und Einrichtungen zu schlagen, und die helfen, durch den Ämterdschungel zu „navigieren". Diesen stehen idealerweise in den Institutionen „Brückenköpfe" gegenüber, die den „Wegbegleitern" als Ansprechpartner dienen, die institutionsintern den Weg zur Bearbeitung von Problemen anbahnen und die so mittelfristig zur Reduzierung ämter- und einrichtungsinterner Barrieren beitragen.

Das Projekt will also älteren Italienern, Spaniern, Portugiesen durch die Wegbegleiter eine bessere Übersicht bzw. Nutzung der Leistungen und Angebote des Versorgungs- und Gesundheitswesens ermöglichen, wie auch sonstige Unterstützung in den unterschiedlichsten Alltagsproblemen und Lebensfragen anbieten – auch durch Vermittlung von nahestehenden Personen oder Institutionen. Zum anderen verfolgt das Projekt das Ziel, Einrichtungen und Institutionen über die spezifischen Lebenssituationen und Bedürfnisse der älteren Migranten zu sensibilisieren, eigene *strukturelle* und *kulturelle* Barrieren wahrzunehmen und abzubauen sowie bedarfsgerechte Angebote zu entwickeln. Das Projekt leistet somit gleichermaßen einen Beitrag zur besseren Teilhabe älterer Migranten und einen Impuls zur qualitativen Weiterentwicklung des deutschen Altenhilfesystems (interkulturelle Öffnung).

Implementierung des Projekts

Kooperationspartner und Finanzierung

Das Projekt wurde 2008 durch den Caritasverband Frankfurt initiiert und im Projektverbund mit der Katholischen Italienischen Gemeinde (Missione Cattolica Italiana), dem Patronato ACLI, dem italienischen Generalkonsulat, der Katholischen Erwachsenenbildung Frankfurt und der Stadt Frankfurt/Sozialrathaus Bornheim ins Leben gerufen – zunächst für Italiener. Die Finanzierung des Projekts erfolgt weitgehend durch den Caritasverband, das Italienische Generalkonsulat finanziert einen Teil der Auslagenerstattung an die Freiwilligen, die Katholische Erwachsenenbildung Frankfurt übernimmt die Finanzierung der jährlichen Qualifizierungs- und Fortbildungsmaßnahmen. Preisgelder (Deutscher Altenhilfepreis/DRK im Jahr 2011) und ein Förderzuschuss der Stiftung Polytechnische Gesellschaft ermöglichen die Erweiterung des Modells auf weitere zwei Nationalitäten.

Gewinnung von Wegbegleitern und Koordinatoren

Zunächst haben alle Kooperationspartner in ihren Netzwerken für die Idee geworben. Die Gewinnung von Freiwilligen als Wegbegleiter und Koordinatoren erfolgte entscheidend über Hinweise der Missione Cattolica Italiana und gezielte Informationsveranstaltungen in italienischen Organisationen. Später haben sich die Mund-zu-Mund-Propaganda unter den Landsleuten und die Vermittlung der Wegbegleiter selbst als die effektiveren Werbeinstrumente erwiesen.

Als weitere Öffentlichkeitsmaßnahmen dienten Radiointerviews, öffentliche Projektvorstellungen und Presseberichte. Flyer in italienischer und deutscher Sprache wurden über verschiedene Informationskanäle verteilt und das Projekt auf den Internetseiten der Kooperationspartner bekannt gemacht (vgl. www.caritas-frankfurt.de/54337.html).

Die Arbeit der Wegbegleiter

Für die Aufgabe als Wegbegleiter wurden Landsleute der jeweilgen Nationalitäten mit guten Deutschkenntnissen und einer Grundorientierung über Institutionen und Versorgungssystem in Deutschland gesucht, 19 Ehrenamtliche konnten gewonnen werden. Als Vertrauenspersonen stehen sie älteren rat- und hilfesuchenden Landsleuten bei im Umgang mit Ämtern, Behörden, Einrichtungen des Gesundheits- und Versorgungssystems wie auch bei verschiedensten Fragen des Alltags. Sie erleichtern den Zugang zu und die Nutzung von Informationen und Diensten und unterstützen so die Selbsthilfe und Teilhabe der eigenen Community. Konkret helfen sie beim Kontakt zu Behörden, Institutionen, Ämtern, Einrichtungen, unterstützen bei der sprachlichen und kulturellen Verständigung und bei der Klärung von Missverständnissen, helfen bei der Erledigung von Schriftverkehr und Abwicklung von Anträgen, beim Zugang zu sozialen und Gesundheitsleistungen, helfen bei der Suche nach der richtigen Beratung und der passenden professionellen Hilfe, begleiten zu Arztbesuchen in die Praxis oder ins Krankenhaus. Nicht zuletzt besuchen sie regelmäßig vereinsamte Landsleute zu Hause, im Altenheim und im Krankenhaus, und wo möglich regen sie die Wiederaufnahme des Kontakts zu den Angehörigen und zu der eigenen Community an.

Durch zwei Koordinatoren werden die Einsätze der Wegbegleiter bei den Hilfesuchenden vorbereitet und parallel deutsche Ämter und Fachdienste wie auch italienische Organisationen und Institutionen eingeschaltet.

Rahmenbedingungen für die Arbeit der Wegbegleiter
Den Freiwilligen stehen für die Arbeit als Wegbegleiter folgende Rahmenbedingungen zur Verfügung:
- Ein *Erstgespräch* mit Interessierten führt zum persönlichen Kennenlernen, es informiert und klärt Interessen und Kapazitäten wie auch Erwartungen und Voraussetzungen (Eignung).
- Eine *schriftliche Vereinbarung* hält für beide Seiten – Freiwillige und Projekt – die Bestätigung der Entscheidung zur Mitarbeit schriftlich fest. Bis zur endgültigen Entscheidung für eine einjährige Mitarbeit ist eine vierwöchige *Probephase* vorgesehen. Am Ende des Jahres kann der Freiwillige über die Fortsetzung seiner Mitwirkung im Projekt erneut entscheiden.
- Der erwartete *Einsatzumfang* beträgt mind. fünf Stunden in der Woche.

Als Unterstützung ihrer Arbeit stehen für die Wegbegleiter folgende Angebote zur Verfügung:
- Regelmäßige *Qualifizierung, Praxisbegleitung und Fortbildung*
- *Auslagenerstattung*: Monatskarte des Öffentlichen Personennahverkehrs, bzw. Kilometer-Pauschale bei Nutzung des eigenen Pkw, monatliche Telefonpauschale, Portokosten sowie weitere punktuell anfallende Auslagen (jedoch **keine** Aufwandsentschädigung)
- *Unfall- und Schadensversicherung* über die Versicherung des Caritasverbandes Frankfurt
- *Fester Ansprechpartner*: Projektleitung (und bei den einzelnen Einsätzen der Koordinator)
- *Beteiligung* an der Weiterentwicklung des Projekts.

Aufgaben der Koordinatoren, Anforderungen
Koordinatoren leiten, vernetzen und unterstützen die Einsätze der Wegbegleiter. Die Suche nach geeigneten Personen stellte sich als schwieriger heraus, denn die für diese Aufgabe nötigen Kompetenzen sind nicht unerheblich: gute Kenntnisse der deutschen und italienischen Sprache in Wort und Schrift, Organisations- und Koordinationsfähigkeiten, Grundkenntnisse des Versorgungs- und Gesundheitssystems, soziale Fähigkeiten zur Entwicklung einer Vertrauensbeziehung sowohl zu den Wegbegleitern als auch zu den Institutionen, Bereitschaft zur Selbstreflexion, gute Ortskenntnisse, EDV-Kenntnisse, mind. zehn Stunden wöchentlich verfügbare Zeit sowie Flexibilität für die aufsuchenden Einsätze. Bewerber, die *allen* dieser Forderungen entsprachen, konnten in der kurzen Zeit nicht gefunden werden, sodass entsprechende Kompromisse eingegangen wurden, wobei die Sprachkompetenz eines der wichtigsten Auswahlkriterien war.

Qualifizierung und fachliche Begleitung von Freiwilligen und Koordinatoren
Zur Einführung der ehrenamtlichen Wegbegleiter in ihre Aufgaben wurde eine sechstägige *Basis-Qualifizierung* konzipiert. Die Inhalte der *fortführenden Qualifizierung* werden *jährlich* von der Projektleitung mit Wegbegleitern und Koordinatoren abgestimmt und mit externen Referenten im Detail geplant. Eine regelmäßige Auswertung passt die Qualifizierungsmaßnahmen den Erwartungen und Möglichkeiten der Freiwilligen an und bindet sie in die Planung der Folgemaßnahme ein. Zusätzlich wird die Teilnahme an der *monatlichen Praxisreflexion* zur Begleitung und Unterstützung ihrer Tätigkeiten erwartet. *Monatliche Fortbildungsnachmittage* zu verschiedenen Schwerpunktthemen wie z. B. institutionellen Hilfe- und Versorgungsmöglichkeiten in Frankfurt stehen als ergänzendes Angebot zur Verfügung.

Einsatzverfahren, Klientenkontakte und Hilfeplanung
Für die Entgegennahme der Anfragen und die Zuordnung und Vermittlung der Wegbegleiter ist ein Koordinatoren-Tandem als *Einsatzkoordinationsstelle* installiert worden. Die Organisation und Koordination der operativen Projektarbeit – von der Anfrage bis zum Monitoring – erfolgt idealtypisch in folgenden Schritten:

Entgegennahme von Anfragen
Anfragen durch Dritte werden in der Einsatzkoordinationsstelle mithilfe eines Anfragebogens erfasst, der unter der o. g. Internetseite öffentlich zugänglich ist. Die vermittelnden Institutionen bzw. Personen müssen den Hilfesuchenden vorab den zu erwartenden Kontakt durch den Koordinator ankündigen. Dies erhöht die Chance, dass das Kontaktgesuch durch den Koordinator positiv verläuft.

Selbstverständlich können Hilfesuchende, auf welchem Weg auch immer, die Begleitung/Unterstützung direkt anfragen.

Erstkontakt, Erstgespräch, Bedarfserfassung und Hilfemaßnahmen
Die Einsatzstelle nimmt telefonischen Kontakt zu den Hilfesuchenden auf, um ein *Erstgespräch* zur Erfassung der Lage zu vereinbaren, das in der Regel in der häuslichen Umgebung der Person erfolgt, auf Wunsch aber auch an einem anderen Ort. Zunächst wird im Gespräch der gemeldete Hilfebedarf überprüft und die Selbsteinschätzung der Betroffenen erfragt. Der Koordinator versucht, mit dem Hilfesuchenden auch weitere Lebensbereiche zu sondieren, in denen Probleme vorhanden sein könnten und/oder bei denen sich der Hilfesuchende eine Veränderung wünscht. Anhand des erfassten Bedarfs werden Ziele und Maßnahmen für die Verbesserung der Situation vereinbart. In der regelmäßigen Koordinatorenbesprechung wird dann mit der Projektleitung ein Hilfeplan erstellt.

Zweitkontakt zur Einführung des Wegbegleiters und weiterer Verlauf

Der Koordinator sucht dann einen für den Hilfesuchenden passenden Wegbegleiter aus und stellt dem Hilfesuchenden bei einem zweiten Hausbesuch den

Quelle: Eigene Darstellung.

Wegbegleiter vor, erläutert und stimmt die einzelnen Schritte der geplanten Hilfe ab. Danach kontaktiert er die einzuschaltenden Ämter und/oder Einrichtungen. Der Koordinator dokumentiert die Intervention in einem *Dokumentions-Bogen*. Im Laufe der Begleitung werden Ziele und Effektivität der Maßnahmen im Team kontinuierlich überprüft.

Schwierigkeiten und Hürden
Schwierigkeiten und Hürden bei der Umsetzung des Projekts zeigten sich sowohl bei der Akquise der Koordinatoren und der Wegbegleiter als auch in der Zusammenarbeit mit Institutionen und Hilfesuchenden.

Wegbegleiter und Koordinatoren: Das Projekt setzt auf einen hohen Anteil freiwilliger, ehrenamtlicher Tätigkeiten. Darin liegt eine seiner Chancen und Besonderheiten, aber auch ein hohes Risiko für Kontinuität und Verlässlichkeit der Hilfen. Die häufigsten Hürden für die Gewinnung von Freiwilligen zur regelmäßigen Mitarbeit im Projekt waren und sind: die Erwartung auf eine Verdienstmöglichkeit, berufliche und familiäre Verpflichtungen, unzureichende deutsche Sprachkenntnisse und mangelnde Eignung. Für die Gewinnung der Koordinatoren erwies sich neben den hohen Anforderungen der Tätigkeit vor allem das im Verhältnis zum Aufwand als zu gering bemängelte Honorar als schwierig.

Die Hilfesuchenden: Schwierigkeiten bzw. Hürden mit den Hilfesuchenden ergeben sich vor allem dann, wenn nicht der Betroffene selbst die Hilfe anfragt, sondern eine Institution oder das soziale Umfeld meint, er würde Hilfe brauchen. Skepsis und Ablehnung der Betroffenen können manchmal so groß sein, dass mehrere Versuche notwendig sind, bis überhaupt ein Erstgespräch geführt werden kann. Oft ist eine längere Phase des Kontakt- und Vertrauensaufbaus notwendig. Eine weitere schwierige Konstellation ist, wenn Hilfesuchende zwar konkrete Hilfe erwarten, aber nicht kooperativ bei deren Umsetzung sind. Gründe dafür können sein: wenig Geduld und Kraft bei der Arbeit an Lösungen; schnelle Resignation und Zweifel, wenn die Wirkung der Maßnahmen nicht unmittelbar spürbar ist. Weitere Herausforderungen im Umgang mit den Hilfesuchenden offenbaren sich oft erst im Erstgespräch. So werden finanzielle oder Wohnprobleme in den Vordergrund gestellt, andere, schwerwiegendere Probleme aber werden verschwiegen, wie z. B. Spannungen mit Ämtern und Behörden, Suchtproblematiken, Familienkonflikte, obwohl sie häufig die Ursache davon sind. Trotz muttersprachlichen Personals treten nicht selten sprachliche Schwierigkeiten auf, denn viele Hilfesuchenden sprechen einen muttersprachlichen Dialekt, sodass bei der Wahl der Wegbegleiter auch nach regionalen Übereinstimmungen gesucht werden muss.

Die Zusammenarbeit mit den Institutionen: Die Erfahrungen mit den Einrichtungen, Ämtern und Institutionen, mit denen oft erst im Einzelfall eine Zusammenarbeit entstanden ist, sind unterschiedlich.

Als *negativ* wird beobachtet: Es gibt wenig Erfahrung in der Zusammenarbeit mit Ehrenamtlichen; es bestehen hohe bzw. falsche Erwartungen an die Ehrenamtlichen („hauptamtliche Zuverlässigkeit") bis hin zu Unterschätzung und Misstrauen gegenüber den Fähigkeiten der Wegbegleiter; manchmal werden Problemfälle wegen unzureichender hauptamtlicher Besetzung an das Projekt delegiert und führen zur Überforderung und Ausbeutung der ehrenamtlichen Struktur und Ressourcen der Wegbegleiter; Wegbegleiter werden als Einmischung von „Laien" abgelehnt.

Als *positiv* wird wahrgenommen: Wertschätzung der Unterstützung und der Verbesserung der sprachlichen Verständigung; Wertschätzung der Unterstützung in der Kontakt- und Beziehungsgestaltung zu Nutzern, Klienten und Angehörigen (mehr Sicherheit in der sprachlich-kulturellen Kommunikation); höhere Effektivität der Intervention durch die sprachlich-kulturelle Vermittlung der Wegbegleiter; Erweiterung der institutionellen Ressourcen und Lösungsmöglichkeiten durch die Zusammenarbeit mit dem Projekt.

Besondere Qualitäten des Projektansatzes

Die Besonderheit des Projektansatzes liegt im gewählten Zugang zur Zielgruppe. Dieser ist:

- *niederschwellig*: Aufsuchende Kontakt- und Interventionsangebote erleichtern den Erstkontakt.
- *muttersprachlich*: Sprachbarrieren können so reduziert werden.
- *auf derselben Ebene*: Die Hilfe durch freiwillige „Schicksalsgenossen" (MigrantInnen helfen MigrantInnen aus der eigenen Erfahrung heraus) erreicht eine höhere Akzeptanz als eine institutionelle Intervention. Wegbegleiter sind *Türöffner* zur professionellen Hilfe.
- *prozessbegleitend:* Die kontinuierliche und langfristige Unterstützung bietet hohe Chancen der Zielerreichung.
- *Selbsthilfe fördernd:* Durch Motivierung von Koordinator und Wegbegleiter können die Selbsthilferessourcen der Hilfesuchenden aktiviert werden.
- *ganzheitlich:* Bedarfsklärung und Hilfeplanung erfassen möglichst alle Lebensbereiche.

- *systemisch:* Durch die Berücksichtigung des sozialräumlichen Umfeldes können Bedarfe eher identifiziert und Synergieeffekte bei der Intervention erreicht werden.
- *vernetzend:* Freiwillige und hauptamtliche Ressourcen werden zusammengeführt.
- *strukturell weiterentwickelnd:* Durch die Impulse zur interkulturellen Öffnung am Einzelfall werden strukturelle Defizite sichtbar, die durch eine Vernetzung zwischen deutschen und italienischen Institutionen und Einrichtungen reduziert werden.
- *selbstwirksamkeitsförderndes Empowerment*: Die Beteiligung der Freiwilligen an der konzeptionellen Weiterentwicklung des Projekts fördert deren Partizipation.

Transfer und Fazit – Wegbegleiter als übertragbares Konzept

Das für die italienische Zielgruppe bewährte Modellvorgehen wird seit Mitte 2012 auf anderen Nationalitäten (Portugiesen, Spanier, Chinesen) übertragen und schrittweise erprobt. Dieser Transfer soll hier nicht weiter beschrieben werden. Erste Erfahrungen mit der internationalen Öffnung des Projekts legen aber als Schlussfolgerung nahe: Die Übertragung des Ansatzes auf andere Nationalitäten benötigt Zeit. Das Gelingen hängt nicht nur von Umfang und Differenziertheit der Bemühungen ab, sondern ist auch ein Produkt aktuell gegebener Bedarfs- und Interessenkonstellationen. Manchmal sind es „Zufälle" oder einfach der nicht steuerbare „richtige Zeitpunkt". Der Zugang zu den ausgewählten Communities gelingt nicht immer über die Vermittlung von Migrationsdiensten und Organisationen der jeweiligen Ethnie, sondern läuft häufig über informelle Kontakte auf individueller Ebene. Hier können die verschiedenen Arbeitszusammenhänge der Einrichtung (andere Projekte, Fortbildungsangebote...) helfen. Als Erfahrung bestätigt sich, dass es entscheidend die Personen sind, die zum Gelingen beitragen. Es sind deren Motivation und Funktion, aber auch deren Einschätzung von eigenem Bedarf und den nötigen Ressourcen, die ein Angebot zum Tragen bringen – oder eben nicht.

3.4.2 Migrantenbiografien als Medium interkulturellen Lernens
Erfahrungen aus einem transsektoralen Projekt

HANS PRÖMPER

Zusammenfassung

„Das Leben und die Biografie von Migranten in Frankfurt sichtbar machen – für sie selber wie für andere." Das war die Grundidee des Projektes „Migrantenbiografien als Medium interkulturellen Lernens", das 2009 und 2010 vom Land Hessen als Innovation der Weiterbildung gefördert wurde.[16] In Biografieworkshops, Museumsbesuchen, Lesungen und Erzählcafés erinnerten Migrant/innen aus unterschiedlichen Nationen und Kulturen ihre Lebensgeschichten und entdeckten Schlüsselthemen, die sie dann in künstlerische Präsentationen (Gemälde/Bild, Foto-Collagen, Theater, Filme, Kurzgeschichten ...) umsetzten. Die Kunstwerke wurden öffentlich präsentiert und boten mit verschiedenen Begleitveranstaltungen interkulturelle (und intergenerationelle) Lerngelegenheiten. In Auswertungsgesprächen und einer Zukunftswerkstatt wurden Transfermaßnahmen entwickelt, welche vielfach auf das kollektive Gedächtnis zur Migrationsgeschichte zielen.

Interkulturelle Öffnung von Erwachsenenbildung: Vorgeschichte und Kontext

Die Katholische Erwachsenenbildung Frankfurt verfolgt seit über zehn Jahren ein Konzept der Öffnung im Blick auf Bildungsbenachteiligte und Migranten, das vor allem durch Vernetzung und durch die Mitwirkung an bundes- und landesweiten Innovations- und Organisationsentwicklungsprojekten angestiftet, praktiziert, evaluiert und reflektiert wurde (vgl. Bergold/Mörchen/Schäffter 2002; Prömper 2002; Prömper 2010; Prömper 2010a, insb. S. 206 ff.). Das 2004 bis 2007 aus dem Innovationspool der Weiterbildung in Hessen geförderte Projekt

---

16 Eine Dokumentationsbroschüre des Projekts „Migrantenbiografien" umfasst 44 Seiten und enthält neben den Interviews und Kontaktdaten einen längeren Projektbericht und vor allem eine Auswahl der Bilder und Kunstobjekte: Katholische Erwachsenenbildung Frankfurt (Hrsg.): „Das haben wir geleistet". Lebensgeschichten und Lebensträume von Migranten und Migrantinnen in Frankfurt. Berichte, Fotos, Erfahrungen und Konzepte zur pädagogischen Biografie- und Kulturarbeit mit Erwachsenen aus dem Innovationsprojekt „Migrantenbiografien als Medium interkulturellen Lernens." Frankfurt 2010. Eigendruck. Bestellung (kostenlos) über: KEB Frankfurt, Haus am Dom, Domplatz 3, 60311 Frankfurt, Tel. 069/8008718-460 bzw. info@keb-frankfurt.de. Das Projekt wurde 2011 für den Innovationspreis des DIE (Deutsches Institut für Erwachsenenbildung) nominiert.

„Förderung der Beteiligungsgerechtigkeit in der allgemeinen Erwachsenenbildung am Beispiel älterer MigrantInnen" war mit seinen Erfahrungen, Vernetzungen und Kooperationsstrukturen Ausgangspunkt vielfältiger Bemühungen, trägerübergreifend neue Wege in der Bildungsarbeit mit Migranten und Migrantinnen zu entdecken und zu gehen. Daraus entwickelten sich größere und kleinere Kooperationsprojekte verschiedener Art und in verschiedenen Zusammensetzungen, welche allesamt auf eine größere Beteiligung von Migranten an allgemeiner Erwachsenenbildung zielen.

Eine der wesentlichen Bedingungen dieser Kooperationen ist der ausdrückliche, institutionell verankerte Wille, als Einrichtung der allgemeinen Erwachsenenbildung in diesem Feld überhaupt tätig zu sein. Diesen motiviert neben dem Blick auf die spezifische Bevölkerungsstruktur der Metropole Frankfurt mit ihren hohen (Ein-)Wanderungsanteilen vor allem auch die bildungsethisch motivierte Orientierung am Menschenrecht auf Bildung (vgl. Heimbach-Steins/Kruip/Kunze 2007). Der Exklusion von Bildung und sozialer Beteiligung über die Lebensspanne hinweg sollte im Rahmen allgemeiner Erwachsenenbildung entgegengewirkt werden (zum Begriff der Exklusion vgl. Kronauer 2010).

Sich verändernde Migrationsgemeinden: Die Zielgruppe und ihr Hintergrund

Infolge veränderter Lebensmuster vieler Migranten der ersten, zweiten und dritten Einwanderergeneration verändern sich deren religiöse und kulturelle Gemeinden und Gemeinschaften von Durchgangsstationen auf Zeit für „Arbeitsmigranten" zu dauerhaften Sprachcommunities in einer multikulturellen Großstadt, welche sich in neuer Weise mit Fragen von Sprache, kultureller Identität, Mehrgenerationalität etc. konfrontiert sehen. Dies erzeugt neue Notwendigkeiten von Identitätsvergewisserung sowohl „nach innen" im Gefüge der Generationen als auch „nach außen" in der Positionierung im sozialen Raum der Stadt.[17]

Viele ältere Migranten zählen zu den eher bildungs-/lernungewohnten Gruppen, die von formellen Bildungsangeboten der Bildungsträger oft nicht erreicht wer-

---

17 Ende 2009 legt die Frankfurter Integrationsdezernentin Dr. Nargess Eskandari-Grünberg Grundlagen und Ideen eines neuen Integrationskonzeptes vor, welche die vielfältigen Differenzierungen, transsektionalen Überschneidungen und Vernetzungen im Kontext von sozialen Milieus, sozialer Schicht, Religion und Migration („Supervielfalt") in ein neues Bewusstsein und städtisches Netzwerk einer vielfältigen Bürgergesellschaft überführen möchte, welche soziale Inklusion zur Aufgabe aller macht. In diesem Übergang von einer Gesellschaft des Nebeneinanders abgeschotteter „Multi-Kulturen" zu einem Miteinander in kultureller Vielfalt gewinnt das dargestellt Projekt in seiner Öffnungsstrategie eine weitere kommunale, auch politische Relevanz. (Vgl. Stadt Frankfurt am Main 2009)

den. Deshalb wurden sie vor allem im Rahmen bestehender Migrantengruppen und -treffpunkte angesprochen und zu „Biografiearbeit" eingeladen. Dies meint selbstreflexive Lernprozesse in Form von Biografie-Workshops, Geschichtswerkstätten, Erzählrunden etc., in welchen Migranten ihre eigenen Lebensgeschichten als Orte signifikanter Erfahrungen erinnern und wertschätzen lernen. Die Rahmung durch bestehende Migrantengruppen erleichterte die Vertrautheit, die biografisches Arbeiten und künstlerische Produktion benötigen.

Transsektorale Projektstruktur und Arbeitsphasen

Es kamen Partner aus verschiedenen gesellschaftlichen Sektoren und Handlungsfeldern zusammen. Die Einrichtung der Erwachsenenbildung (KEB Frankfurt; Projektleitung) kooperierte mit Fachdiensten für Migration (Caritas Frankfurt e. V.) und dem Amt für multikulturelle Angelegenheiten (Stadt Frankfurt am Main). Weiter beteiligt waren das Historische Museum Frankfurt, zahlreiche katholische Sprachgemeinden sowie in einzelnen Projektphasen eine Beratungsstelle für jüdische Einwanderer (Günter-Feldmann-Zentrum), die Jugendbegegnungsstätte Anne Frank, das Projekt Stadtteilhistoriker (Stiftung Polytechnische Gesellschaft) und weitere Gruppen und Personen.

Steuerungsgruppe und Vernetzungstreffen

Als Herzstück der Projektarbeit fungierte eine Steuerungsgruppe aus Projektleitung, Kooperationspartnern und den Fachpersonen für Biografiearbeit und künstlerische Begleitung. Sie koordinierte in drei- bis vierwöchentlichen Treffen alle Aktivitäten. Monatliche Koordinierungstreffen verknüpfte die Steuerungsgruppe mit den mitwirkenden Gemeinschaften und Treffpunkten. In diesen Vernetzungstreffen erfolgte die mündliche Kommunikation und Beratung der Projektziele und der möglichen Aktivitäten, aber auch der Unterstützungsmöglichkeiten der einzelnen Gruppen sowie der Austausch über die ergänzenden Bildungsangebote und die Vorbereitung der Ausstellungswochen. Dadurch hatten der weitere E-Mail- und postalische Kontakt oft eher eine erinnernde und bestätigende Funktion. Zur Verbindlichkeit trugen neben der wiederholten und vielfältigen Kommunikation die schriftlichen Mitwirkungserklärungen der Gruppen bei.

Motivierung und Kommunikation

Die Kommunikation der Projektziele und Mitwirkungsmöglichkeiten erfolgte zu Beginn über mehrere Mailings/Briefe sowie persönliche Kontakte zu Multiplikatoren, die konkret zur Mitwirkung motiviert wurden. Angesprochen wurden vor allem Migrantenselbstorganisationen wie kirchliche Sprachgemeinden, muttersprachliche Treffpunkte/Cafés oder der Community vertraute migrationsspezifische/muttersprachliche Beratungsstellen. Wichtige Anker waren in dieser Phase vertraute (bekannte) Einzelpersonen in den Communities. Neben dieser aktiven, persönlichen Einladung motivierten auch die finanziellen Anreize, welche in konkreten Förderangeboten den mitwirkenden Gruppen Möglichkeiten einer weitgehend selbstbestimmt und aktiv ausgestalteten Erwachsenenbildung boten. Über das Angebot außerordentlicher finanzieller Mittel für die jeweiligen Projekte sowie der Möglichkeit der abrufbaren personellen Unterstützung (Vor-Ort-Beratung, Vermittlung von Experten) und der Vermittlung von Sachmitteln (Räume, technische Geräte) konnten auch neue Zielgruppen zur Mitwirkung gewonnen werden.

Biografie-Workshops/pädagogische und organisatorische Unterstützungsangebote

In Gruppen (in der Regel zwischen sieben und 15 Personen) erfolgte eine Auseinandersetzung mit der eigenen Biografie. Es gab Gruppen mit wöchentlichen Treffen sowie Kompaktworkshops am Wochenende. Neben den Plenartreffen oder dem Kontakt per Telefon oder E-Mail trug die direkte Vor-Ort-Beratung und Unterstützung durch eine Honorarkraft zur künstlerischen Begleitung zur Sicherheit und Kontinuität der Arbeit in den Gruppen bei. Die konkreten Unterstützungsmöglichkeiten waren entsprechend der Projektphasen:

In der Phase *Biografie-Workshops*: Vermittlung von Referent/innen und Begleitern; Hilfestellung bei der Formulierung und Entwicklung von Ideen für Biografie-Workshops und andere Formen der Erinnerungsarbeit (Zeitzeugengespräche, Fotosammlungen, Erzählabend, Geschichtswerkstatt, Museumsbesuche, Chronik ...); konkrete Zusagen eines finanziellen Unterstützungsrahmens pro Gruppe für Honorare, Tagungskosten, Raumkosten, Material etc.

In der Phase der *Umsetzung in ein künstlerisches Projekt*: Vermittlung von Referentinnen und Begleitern, Vermittlung von Kooperationspartnern; Hilfestellung bei der Formulierung und Entwicklung von Ideen für künstlerische Präsentationen (Malen, Fotoworkshop, Film- und Tonaufnahmen, Kurztexte, Geschichten, Theateraufführungen ...), Konkrete Zusagen eines finanziellen Rahmens (Honorare, Tagungskosten, Raumkosten, Material ...) pro künstlerischem Objekt.

In der Phase der *Ausstellung mit Begleitprogramm*: Bereitstellung von Ausstellungsflächen und Veranstaltungsräumen im Haus am Dom (in Absprache mit der KEB Frankfurt); Hilfestellung bei der künstlerischen Präsentation; bei Bedarf Übernahme finanzieller Kosten für Bilderrahmen, technische Geräte etc.; Möglichkeiten der Mitwirkung beim Begleitprogramm sowie Öffentlichkeitsarbeit, Werbung (Internet, Flyer, Pressearbeit ...).

Nach Absprache möglich war die Beschaffung bzw. Ausleihe technischer Geräte für Ton- und Filmaufnahmen sowie in Ausnahmefällen die Finanzierung von Übersetzungen. Begleitend erfolgte die Dokumentation durch Fotos und Interviews mit Gruppenvertretern.

Ergänzende Angebote zur Ideengenerierung
Einladungen zu öffentlichen wie gruppeninternen Museumsbesuchen und Kontaktgespräche mit Experten „im Rahmen des Projekts" zielten auf die Generierung weiterer Motivation und Vernetzung, vor allem auch weiterer Ideen zur künstlerischen Umsetzung. Besucht wurden das Historische Museum Frankfurt mit seiner Dauerausstellung „Von Fremden zu Frankfurtern" (mehrere Gruppen), die Anne-Frank-Begegnungsstätte mit einer Sonderausstellung „Unsichtbare Welten" zu Illegalen in Deutschland und der Dauerausstellung „Anne Frank", das Grenzmuseum „Point Alpha" in Rasdorf/Rhön an der ehemaligen DDR-Grenze mit Zeitzeugengesprächen (Tagesfahrt) und das Städel-Museum mit einer Installation zu einem Flüchtlingsdrama (Dierk Schmidt).

Diese Besuche mit jeweiligen Reflexionsrunden weckten und generierten Ideen und Zusammenhänge, auch zu Dokumentationsarten oder potenziellen Kooperationen. Dies betraf einerseits Techniken und Möglichkeiten der künstlerischen Umsetzung, andererseits kamen aber auch je eigene Erfahrungen mit Illegalität, Grenzübertritten etc. ins Gespräch.

Umsetzung in künstlerische Objekte (und Vorbereitung der Präsentation)
Innerhalb der Gruppen, aber auch in eigens angekündigten Workshops wurde dann an der Umsetzung der biografischen Erfahrungen in künstlerische Projekte und Präsentationen gearbeitet. Diese Produktionen wurden sowohl von der Projektmitarbeiterin als auch durch weitere ausgewählte Expertinnen aus den Bereichen Film, Schreibwerkstatt oder Theaterpädagogik begleitet und unterstützt. Im Ergebnis entstanden Gemälde, Foto-Text-Collagen, Kurzgeschichten und Gedichte, Tonarbeiten, Koffer-Installationen mit Erinnerungsstücken, Kurzfilme und Theatersequenzen. Die meisten Gruppen betraten hier künstlerisches Neuland; sie taten Dinge, die sie noch nicht gemacht hatten; sie entwickelten eigene kreative Ideen in der Auseinandersetzung mit ihrer Lebensgeschichte. Vor allem präsentierten sie sich und ihre Geschichte(n) erstmals öffentlich; sie erfuhren sich als Personen, die in ihrem Leben etwas geleistet haben und leisten.

Fazit: Insgesamt wurden ca. 50 Ideen für Bildungsprojekte entwickelt. Zwölf Einrichtungen beteiligten sich mit eigenen Maßnahmen an der Realisierung. In über 20 verschiedenen Teilprojekten wurden über 800 Unterrichtsstunden durchgeführt.

Das Gemälde einer der beteiligten Laien-Künstlerinnen: Es wurde zum Titelbild der Ausstellung „SpurenSuche".

Öffentliche Ausstellung mit Begleitprogramm

Die öffentliche Präsentation der Ergebnisse und der Menschen dahinter erfolgte im Rahmen einer Ausstellung mit dem Titel „SpurenSuche" im Haus am Dom im November 2009 mit begleitendem öffentlichem Bildungsprogramm.

Schon bei der *Ausstellungseröffnung* nahmen viele Menschen die Gelegenheit wahr, sich die Ausstellung von den anwesenden Künstlergruppen vorstellen und erläutern zu lassen. Gut besucht waren sonntägliche *Öffentliche Führungen mit Länderberichten*, bei denen wir unserer Praxis der bewussten Mischung von Ziel- und Sprachgruppen treu blieben: Spanier *und* Portugiesen, Kroaten *und* Koreanerinnen, Italiener *und* Marokkanerinnen an je einem Nachmittag. Weitere Führungen fanden auf Anfrage und individuell durch eine der Künstlerinnen statt, welche sich oft im Haus aufhielt. Ergänzend gab es *„Erzählcafes mit Führungen"* zu verschiedenen Themen sowie ein Angebot „Erzählte Geschichten von und mit Frauen". Dabei wurden ungewöhnliche Präsentationsorte wie ein Schauraum des Dommuseums von den Beteiligten als besondere Form der Wertschätzung erfahren.

Auswertung, Zukunftswerkstatt und Transfer

In einem Evaluationstreffen sowie in einer Zukunftswerkstatt mit Projektbeteiligten und möglichen neuen Akteuren und Interessierten wurde eine Reihe von

Ideen zur Weiterentwicklung und zum Transfer dieses Arbeitsansatzes entwickelt. Die gewonnenen künstlerischen Produkte (Foto-Collagen, Kurzgeschichten, Kalenderblätter, Gemälde, Tonaufnahmen, Kurzfilme ...) regten zu weiteren Aktivitäten an: Ausstellungen, Lesungen, Lesebücher, Zeitzeugengespräche, Chroniken, Bilderbücher oder Kalender.[18] Viele der Ideen zielen neben biografisch-personenbezogenem Lernen auf politisch-gesellschaftliche Lernprozesse als Elemente einer regionalen Kultur bzw. auf den Übergang von der individuellen Migrantenbiografie zur kollektiven Migrationsgeschichte. Einen gelungenen Versuch hierzu bildete 2010 das Bildungsprojekt „Interkulturelle Reise entlang der Linie 11"[19] im Rahmen der interkulturellen Wochen, welches in Form einer Busfahrt mit Unterbrechungen wichtige Orte, Einrichtungen und Themen der Frankfurter Migrationsgeschichte miteinander verband.

Erreichte Zielgruppen und Wirkungen des Projekts

In das Projekt waren verschiedene Migrantengenerationen einbezogen: Einwanderer der „Gastarbeiter"-Generation der 6oer- bis 8oer-Jahre (heute meistens im Ruhestand, den sie in Deutschland bzw. pendelnd verbringen) und jüngere Migrantinnen, welche sich eher als Europäerinnen mit einer hybriden Identität (deutsch-spanisch, deutsch-französisch ...) fühlen. Dabei wurden vor allem in der ersten Gruppe „bildungsungewohnte" Migrantengruppen erreicht, welche – als Gruppen angesprochen – sich in neuer Weise mit ihrer Lebensgeschichte und Lebensleistung auseinandersetzten. Vor allem die kreativ-künstlerischen Formen trugen dazu bei, dass emotionales, signifikantes Lernen ermöglicht wurde, dass sie sich jenseits von Schriftlichkeit einbringen und dass sie die Projektarbeit für Kompetenz- und Identitätsgewinne nutzen konnten. Die öffentliche Präsentation im Rahmen der Ausstellung ermöglichte auch intergenerationelle Gespräche innerhalb der Migrantencommunities. Bleibende Herausforderungen sind dabei der stärkere Einbezug von Männern sowie die weitere interkulturelle Vernetzung mit „deutschen" Gemeinden und Einrichtungen.

Die Biografieworkshops und Kunstprojekte waren Schleusen für tief gehende Erfahrungen der beteiligten Migranten. Einige der teilnehmenden Personen kamen im Verlauf der Gruppenarbeiten aber auch an ihre persönlichen Grenzen bzw. mussten bis dahin erfahrene Begrenzungen überschreiten. Dies bezieht sich vor

---

18 Siehe als Anregungen dazu: Amt für multikulturelle Angelegenheiten 2001; Jugendbegegnungsstätte Anne Frank 2006; Mehdizadeh 2014 (auch Teilergebnis des Projekts); oder das Projekt „Lesefreuden" der Frankfurter Ehrenamtsagentur BüroAktiv mit ehrenamtlichen Vorleserinnen für Vereine, Gruppen etc.
19 Die Straßenbahnlinie 11 ist die längste in Frankfurt, sie verbindet viele Stadtteile vom östlichen Stadtteil Fechenheim bis hin zum westlichen Zentrum Höchst.

allem auf psychische Belastung durch Erinnerungen, auf Möglichkeiten des sprachlichen Ausdrucks und des emotional differenzierenden Erlebens, Zuhörens und Mitleidens (Empathie), aber auch auf den persönlich möglichen künstlerischen Ausdruck. Hier konnten jeweils vorhandene Begrenzungen der Bildsamkeit überschritten werden. Dies führte im Endeffekt zu einer hohen Identifikation mit dem Erreichten, dem gemeinsamen Produkt; aber auch zu einer hohen Dankbarkeit, welche den Gesamtprozess als sehr anerkennend und wertschätzend erfahren ließ.

Migrantinnen und Migranten und ihre Biografien: Ideen und mögliche Anknüpfungspunkte für weitere Maßnahmen

Die folgenden Ideen für weitergehende Schritte und Projekte entstanden im Rahmen von Evaluation und Zukunftswerkstatt. Sie wollen anregen, Erinnerungs- und Biografiearbeit auf vielfältigen Ebenen für eine Kultur der Begegnung und Auseinandersetzung zu nutzen. Dabei werden Nicht-Frankfurter das Frankfurt-Spezifische sicherlich leicht auf ihre eigene Situation beziehen können.
1. Angebot und Durchführung von „Biografiearbeit" im Rahmen bestehender Migrantengruppen und -treffpunkte
2. interkulturell gemischte Biografiegruppen zur Verbreiterung der Erfahrungen
3. gemeinsame Biografie-Workshops zwischen deutschsprachigen Territorialgemeinden und muttersprachlichen Gemeinden
4. Theaterprojekte und künstlerische Werkstätten zu biografischen Themen (z. B. mit Älteren, aber auch Generationen übergreifend oder Kulturen verbindend)
5. gezieltes Biografieprojekt mit Männern (evtl. als Zeitzeugen-Gruppe zur Migrationsgeschichte eines bestimmten Ortes ...)
6. Workshop (mit Einbezug der Migrant/innen) zu einem möglichen neuen Ausstellungskonzept des Historischen Museums Frankfurt zum Thema Migration
7. Gewinnung und Qualifizierung von Migrant/innen als Zeitzeugen: für Museen, Altenclubs, Kindergärten, Schulen und Gemeinden
8. Impuls-Workshop zur Machbarkeit einer „Frankfurter Landkarte der Migration" (mit möglichen Partnern; Ideenaustausch, auch zu Machbarkeitsoptionen; evtl. auch schon Beginn mit einem kleinen Pilotprojekt)
9. Einbezug von Migranten in die „Bibliothek der Alten" des Historischen Museums Frankfurt

10. kleine lokalgeschichtliche Projekte mit Migrant/innen und ggf. Stadtteilhistorikern (auch Vorarbeiten und Dokumentationen für Jubiläen, Festschriften, Erinnerungsbücher, kleine Ausstellungen ...)
11. Erkundung eines möglichen Stadtteilprojekts zum Thema Migration/Migrationsgeschichte(n)/Veränderungen durch Migration, z. B. in Frankfurt-Höchst, z. B. zu Plätzen, Straßen, Orten, Einrichtungen, Gemeinden, Vereinen ...
12. Biografie-Fortbildungen für ehrenamtliche Wegbegleiter in der aufsuchenden Sozialen Arbeit mit Migranten
13. Exkursionen zu deutschen Museumsorten der Migration, z. B. Köln, Ruhrgebiet
14. Vorbereitung eines neuen Ausstellungsprojekts „mixed" im Haus am Dom: mit einer explizit interkulturellen, deutsch-muttersprachlich-gemischten Zusammensetzung als Teil der Aufgabenbeschreibung: um den Einbezug und die Beteiligung der herkunftsdeutschen Bevölkerung sicherzustellen
15. Projekt „Lange Nacht der Migration" im Rahmen der Interkulturellen Wochen: Veranstaltungs-Stafette zur Kommunikation und Vernetzung von Orten und Einrichtungen zur Migration entlang der Straßenbahnlinie 11 von Fechenheim nach Höchst; auch als Bildungsveranstaltung in Form einer „interkulturellen Reise"
16. Zeitzeugenprojekt/Geschichtswerkstatt mit Dokumentation im Internet
17. Transfer-Workshop mit Praktikern und Wissenschaftlern zum Thema Biografie und Migration
18. interkultureller, interreligiöser Biografie-Workshop mit dem thematischen Fokus „Biografie und Religion"
19. Verknüpfung des Themas Biografie und Migration mit anderen Themen wie Ernährung, Erziehung, Kultur ...
20. Buchprojekt mit Berichten/Lebensgeschichten aus Biografiegruppen
21. Fortführung/Neuauflage von Teilen der Ausstellung an weiteren Orten in Frankfurt
22. generell: Versuch des Aufbaus von Dokumentationsseiten im Internet

Literatur

Amt für multikulturelle Angelegenheiten (Hg.) (2001): „Mit Koffern voller Träume...". Ältere Migrantinnen und Migranten erzählen. Frankfurt: Verlag Brandes & Apsel
Bergold, Ralph/Mörchen, Annette/Schäffter, Ortfried (Hg.) (2002): Treffpunkt Lernen. Ansätze und Perspektiven für eine Öffnung und Weiterentwicklung von Erwachsenenbildungsinstitutionen. Bd. 1. (EB-Buch 23) Bonn: W. Bertelsmann Verlag
Heimbach-Steins, Marianne/Kruip, Gerhard/Kunze, Axel Bernd (Hg.) (2007): Das Menschenrecht auf Bildung und seine Umsetzung in Deutschland. Diagnosen – Reflexionen – Perspektiven. Bielefeld: W. Bertelsmann Verlag
Jugendbegegnungsstätte Anne Frank (Hg.) (2006): Zeitzeugengespräche mit Migrantinnen und Migranten. Frankfurt: Verlag Brandes & Apsel
Kronauer, Martin (Hg.) (2010): Inklusion und Weiterbildung. Reflexionen zur gesellschaftlichen Teilhabe in der Gegenwart. Bielefeld: W. Bertelsmann Verlag
Mehdizadeh, Behjat (2014): Wie Erinnerung Geschichte schreibt: Kreative Biografie- und Erinnerungsarbeit. Ein Lesebuch. Frankfurt: Verlag Brandes & Apsel
Prömper, Hans (2002): EMI – Engagement meets Internet: TPL Frankfurt. In: Bergold/Mörchen/Schäffter (2002), S. 123–159
Prömper, Hans (2010): Bildung älterer Migranten. In: Prömper, Hans u. a. (Hg.): Was macht Migration mit Männlichkeit? Kontexte und Erfahrungen zur Bildung und Sozialen Arbeit mit Migranten. Opladen und Farmington Hills: Barbara Budrich, S. 173–182
Prömper, Hans (2010a): Inklusion durch Bildung? Konsequenzen, offene Fragen und pädagogische Impulse für die (Erwachsenen)Bildungsarbeit mit männlichen Migranten. In: Prömper (2010); S. 185–219
Stadt Frankfurt am Main, Dezernat XI – Integration (2009): Entwurf eines Integrations- und Diversitätskonzepts für die Stadt Frankfurt am Main. Frankfurt: Eigendruck

3.5 Selbsterfahrung und Selbstsorge – für ehrenamtlich Engagierte

3.5.1 „Hier bin ich" Selbsterfahrung für Engagierte

RENATE LIPPERT

Sich in Beziehungen entwickeln – etwas von sich weitergeben – sich trotzdem unabhängig erleben. Wie kann das am besten gelingen?

Das Angebot der gruppenanalytischen Selbsterfahrung „Hier bin ich. Selbsterfahrung für Engagierte" gibt es seit Oktober 2012. Es ist Teil eines Trainingsprogramms der Katholischen Erwachsenenbildung Frankfurt, das den persönlichen Weiterbildungswert des sozialen Engagements, der in der „engagierten Selbstentfaltung" liegt, in den Vordergrund stellt.

Ehrenamtlich Engagierte können in dieser Selbsterfahrungsgruppe ihre persönliche Lebenssituation und ihr soziales Engagement in der Gruppe im offenen Gespräch betrachten und reflektieren. Die Gruppe hilft, eigene Fähigkeiten und Potenziale zu sehen, Lebensaufgaben und -ziele zu erkennen, Erfolge und Krisen besser zu verstehen. Neue Verhaltensweisen im Umgang mit schwierigen Situationen oder Menschen können gefunden werden, um den Aufgaben des Alltags klarer, lebendiger und erfolgreicher begegnen zu können.

Sich neu entdecken

Unser ganzes Leben verbringen wir in immer wechselnden Gruppen: in Familie, Schule, Freundeskreis, am Arbeitsplatz. Auch im Ehrenamt engagieren wir uns in Gruppen. Da die Gruppe eine grundlegende soziale Bedeutung für das Individuum hat, bildet sie den idealen Rahmen, um sich in Beziehung zu anderen Menschen besser kennen und verstehen zu lernen. Sie kann uns in Veränderungsprozessen begleiten und dabei unterstützen, uns in der Wirkung auf andere wahrzunehmen, gewohnte Verhaltensmuster zu erleben und zu überdenken.

Die veränderte Altersstruktur der Bevölkerung mit der Tendenz zu einer deutlichen Verbreitung der Altersgruppe der über Sechzigjährigen bildet sich auch in der Selbsterfahrungsgruppe ab. Die Altersspanne der im Herbst 2012 gestarteten Gruppe bewegt sich zwischen 45 und 70 Jahren. Der Großteil der Gruppenmitglieder befindet sich im Ruhestand, bzw. steht kurz davor und bringt ein starkes Bedürfnis nach sinnvoller Tätigkeit (im Alter) und – sofern noch berufstätig – nach beruflicher Selbstverwirklichung mit.

Anpassungsfähigkeit und Kreativität im Umgang mit der eigenen Lebenssituation in dieser Lebensphase äußern sich darin, dass nicht mehr erreichbare Ziele angepasst und zugunsten neuer Ziele aufgegeben werden können. Zentrales Thema ist dabei, wie die Person im Kern von den mit dem Altersprozess einhergehenden körperlichen und geistigen Veränderungen betroffen ist. Wer war ich früher, wie bin ich heute, wie habe ich mich entwickelt und welche stärkenden Veränderungen können die Auswirkungen beeinträchtigender Veränderungen zumindest teilweise kompensieren? Wie kann ich ein selbstständiges und selbstverantwortliches Leben und Autonomie aufrechterhalten?

Soziales Engagement reflektieren

Die Gruppenmitglieder erleben sich mit dem, was sie in die Gruppe einbringen, und mit dem, was sie bewegt, im Spiegel von Beziehungen und können in direktem Kontakt mit anderen ihren Beziehungs- und Verhaltensmustern auf die Spur kommen. Dabei geht es sowohl um das Individuum in der Gruppe als auch um die Gruppe als Ganzes. Es können neue Erfahrungen gemacht werden und man kann sich in der Gruppe ausprobieren.

Zugehörigkeit und Teilhabe, soziale Kontakte innerhalb und außerhalb der Familie, die Unterstützungsleistungen in den Beziehungen sowie soziales Engagement als Ausdruck einer empfundenen Verantwortung gegenüber anderen werden gerade von Menschen jenseits der Berufstätigkeit, im Ruhestand oder im Übergang als positiv erfahren. Hier geht es darum, Ressourcen anzuerkennen, nachzufragen und zu nutzen. Gerade ältere Menschen sind in ihrer Persönlichkeitsentwicklung davon beeinflusst, dass sie sich stärker als Teil einer Generationenfolge erleben. Wurde man als Erwachsener mittleren Alters noch als die maßgebliche Generation im Berufsleben und in der Familie angesehen, so wird man sich nun, im späteren Erwachsenenalter, vermutlich nicht mehr als dominierende Generation erfahren.

Das Konzept von „Generativität versus Stagnation" des Psychologen Erik Erikson wurde von ihm und anderen als das beherrschende Thema dieser Phase angesehen: Um „generativ" zu werden, muss man wissen, wie das ist, wenn man stagniert und das Gefühl hat, nicht mehr zu wachsen, in einem Leben voller Verpflichtungen festzusitzen oder festgefahren zu sein. Was bedeutet es, weniger

Anerkennung, Macht und Autorität zu besitzen, vielleicht bestenfalls als „großelterliche" Generation in der Familie den erwachsenen Kindern oder den Enkelkindern eine Hilfe zu sein? Generativität als eigentliche Aufgabe meint, sich weiterzuentwickeln und sich dabei als Teil eines Gemeinwesens zu begreifen, als Teil einer Sache, die größer ist als man selbst, und das heißt auch, der nächsten Generation ein Vermächtnis zu hinterlassen. Dabei ist eine kreative und produktive Realisierung von Generativität besonders auch außerhalb der Familie und im öffentlichen Raum von Bedeutung.

Die Erfahrung von Kontinuität, Stimmigkeit und Sinn des eigenen Lebens gründet nun vielleicht weniger auf einer Verwirklichung persönlicher Ziele, sondern stärker auf Solidarität mit den Interessen und Belangen früherer und späterer Generationen. Andererseits gewinnen in der Motivstruktur des Engagements neben altruistischen Motiven stark selbstbezogene Motive wie Selbstverwirklichung an Bedeutung. Das Bemühen um soziale und politische Teilhabe im Engagement für andere Menschen hängt nicht zuletzt davon ab, dass und wie die eigenen Ressourcen von anderen anerkannt werden, wie das Engagement auch gesellschaftlich akzeptiert wird.

Gesellschaftlich dominierte Altersbilder tendieren im Prinzip dazu, das Alter primär durch Einschränkung und Verluste zu charakterisieren und die erhaltenen Fähigkeiten und spezifischen Stärken des alternden Menschen weniger in den Blick zu nehmen. Die Reflexion des sozialen Engagements im Gruppenprozess der Selbsterfahrungsgruppe, im Austausch mit anderen bietet hier eine angemessene, realistische und aktive Identifikation mit dem eigenen Altern. Das vermeidet ein resigniertes Stehenbleiben oder Akzeptieren der Altersstereotypen von Verfall, Senilität, Regression, Rigidität und den mit den altersbedingten Veränderungen einhergehenden Ängsten. Es geht darum, den Alterungsprozess, gerade in der Phase des Übergangs ins Rentenalter zu bejahen und bewusst zu erleben, ihn als neue Entwicklungsphase mit spezifischen Entwicklungsmöglichkeiten und mit offenem Ende zu begreifen und weiterhin Wege zu finden, sich zu entwickeln und die spezifisch menschliche Fähigkeit zur Fürsorge (Care), Nähe, Empathie und Liebe kontinuierlich einzusetzen.

Die Gruppe und die Gruppenanalyse

Die Gruppenanalyse nach S.H. Foulkes (1898–1976) basiert auf den Theorien der Psychoanalyse, der Soziologie, der Gestalttherapie und Neurologie. Ihre Methode beruht darauf, Beziehungen und Konflikte, die sich in der Gruppe in Szene setzen, bewusst zu machen und zu klären. Das braucht Raum und Zeit. Die gruppenanalytische Selbsterfahrung des Angebots „Hier bin ich. Selbsterfahrung für Engagierte" wirkt durch einen verlässlichen Rahmen über einen längeren Zeitraum. 40 Treffen finden regelmäßig einmal in der Woche in 90-minütigen Sitzungen statt. Geschützt und vertraulich kann hier über all das gesprochen werden, was die einzelnen Gruppenmitglieder momentan berührt und beschäftigt. In einer Gruppengröße von fünf bis maximal zwölf Mitgliedern arbeitet die Gruppe in stabiler Zusammensetzung über etwa ein Jahr. Die Teilnahme über den gesamten Zeitraum wird unbedingt empfohlen, aber auch ein späterer Einstieg ist möglich.[20] Zur Vorbereitung auf die Gruppe führen die Teilnehmer ein bis zwei Einzelgespräche mit der Gruppenleitung, optimalerweise sollten sich die Gruppenmitglieder nicht kennen. Die Teilnehmer vereinbaren eine verbindliche, kontinuierliche Teilnahme an der Gruppe, Fehlzeiten und Absagen sollten der Gruppe und der Gruppenleitung frühzeitig mitgeteilt werden. Gruppenmitglieder und Gruppenleitung verpflichten sich, alles in der Gruppe Besprochene vertraulich zu behandeln und nicht über die Gruppe hinaus zu kommunizieren.

Grundgedanke von Foulkes' Verständnis der Gruppenanalyse ist, dass die Gruppe und nicht die Gruppenleitung das heilende und korrigierende Agens darstellt. So habe ich als Gruppenleiterin in erster Linie die Aufgabe, Störungen des Gruppenprozesses wahrzunehmen und aufzugreifen, d.h. die Gruppe in ihrer Arbeitsfähigkeit zu unterstützen.

Ein geschützter Raum für das „innere Leben"

Autonomie und Selbstverwirklichung sehen zur Zeit der Pensionierung anders aus als im frühen Erwachsenenalter. Das Ausscheiden aus dem Berufsleben oder der Verlust körperlicher Fähigkeiten verlangen meist die Aufgabe von Rollen und Aktivitäten, in die viel investiert wurde und die Identität gegeben haben. Die Lebensziele verschieben sich mit dem Alter. Eine wichtige Entwicklungsaufgabe ist nun, das Bedürfnis nach Selbstwirksamkeit, Kompetenz und Anerkennung mit alternativen Aktivitäten zu befriedigen.

Mit zunehmendem Alter wird Identität nicht mehr vor allem über Leistung und abstraktes Wissen definiert, sondern zunehmend über Gefühle, Intuition, Nähe, Zärtlichkeit und die Fähigkeit, sich mit dem im Verlauf des Lebens Ausgelebten und nicht Ausgelebten zu arrangieren. Die Selbsterfahrungsgruppe bietet hier einen geschützten Raum, sich mit seinen Stärken und Schwächen besser und differenzierter kennenzulernen, sich mit dem gelebten Leben und der Wirklichkeit

---

20 Der geringe Teilnahmebeitrag (pro Treffen 5,- Euro) sichert neben der Finanzierung der Gruppe über die KEB Frankfurt Ernsthaftigkeit und Kontinuität der Teilnahme.

von Verlusten (Verfall des Körpers, Krankheit, Beschränkung) auseinandersetzen und „versöhnen" zu können.

Ein „psychologisches Lebenszyklusmodell", das Erik Erikson gemeinsam mit seiner Frau entwickelt hat, zeigt, dass jede Lebensphase ihre eigenen Aufgaben besitzt und dass die Entwicklungsaufgaben im Alter eine klare Abgrenzung von den Werten der Jugend mit sich bringen. Die „Stagnation" der mittleren Jahre wird durch „Generativität" abgelöst. Die Eriksons glauben, dass die Integrität, die aus einem Gefühl des persönlichen Ganzseins entsteht, stark genug ist, um dem Sog der unumgänglichen körperlichen Veränderungen und Einschränkungen entgegenzuwirken. Das setzt voraus, dass sich der Mensch in dieser Lebensphase stärker dem „inneren Leben" widmet. Zentral ist dabei zwar, sich besser kennenzulernen und mit dem gelebten Leben zu „versöhnen", aber zur Generativität gehört auch, ein umfassenderes Verantwortungsgefühl zu entwickeln.

Zentrale Themen: Selbstbestimmung und Beziehung

Die themenzentrierte Gruppe (Selbsterfahrung für Menschen, die sich ehrenamtlich engagieren) bietet einen ausgezeichneten Raum, diese Veränderungsprozesse zu begleiten, an der Schnittstelle von innen und außen. Themen in einer solchen Selbsterfahrungsgruppe können sein: Anerkennung, Bilanzziehen, unrealisierte Aspekte des eigenen Selbst, Selbstbestimmung, Kontrolle, Autonomie, Macht, Solidarität, Loyalität, Liebe, Stärke, aber auch Verlust, Tod, Zerfall, Krankheit, Bedürftigkeit, Abhängigkeit, Schwäche, Trauer. Aus all diesen komplexen und oft widersprüchlichen Themen tritt ein Element immer wieder besonders deutlich hervor: Selbstbestimmung und Beziehung. Wie können die Wirkungskräfte der Freundschaft, Liebe und Nähe, die für das Selbstgefühl weiter unerlässlich sind und für ältere Menschen nicht mehr länger durch Sexualität, Geschlechtsrollen, Berufsleben und soziale Rollen automatisch „gegeben" sind, auf neue Weise bewusst hergestellt und erhalten werden? In der Gruppe kann das reflektiert und dabei erfahren werden, wo bewusst Risiken der Nähe einzugehen sind, ein Zusammenkommen mit anderen und gemeinsame Erlebnisse zu schaffen sind, wie Zeit und Raum neu gestaltet werden können, wie Intimität mit anderen Menschen sich weiterentwickeln kann, wenn die Kinder aus dem Haus sind, wenn die Partner oder Freunde gestorben sind, wenn der berufliche Status nicht mehr die oberste Priorität hat.

Ehrenamt und Selbsterfahrung

Die Veränderungen, die das Alter mit sich bringt, sind so grundlegend und vielfältig, dass damit neue Ängste einhergehen, die oft durch die alten Bewältigungsstrategien und Abwehrmechanismen nicht mehr in Schach zu halten sind. Lang gehegte Ziele sind vielleicht endgültig nicht mehr erreichbar, der Verlust nahestehender Menschen durch Tod muss bewältigt werden, lebenslange Beziehungen können abbrechen, ungelöste Konflikte, unbewältigte belastende Erfahrungen werden dringlich. Alte Wege der Auseinandersetzung, Versöhnung und Bewältigung erscheinen häufig nicht mehr gangbar. Das Ehrenamt und das in der Selbsterfahrungsgruppe reflektierte Engagement bergen großes Potenzial: Wo es gelingt, in der ehrenamtlichen Tätigkeit und in der Selbsterfahrungsgruppe – im Spiegel der anderen – Zugang zu den vielschichtigen, unbewussten Bildern und Gefühlen zu finden, sie wahrzunehmen und sie zu erforschen, bringt das einen ein großes Stück weiter auf dem Weg zu sich selbst.

Andererseits geht es auch darum, sich die ehrenamtliche Tätigkeit (mit den hier eingegangenen Beziehungen und gemachten Erfahrungen) sorgfältig daraufhin anzusehen, wo und wie Wachstumsprozesse stattfinden können. Denn das Erleben im Ehrenamt kann möglicherweise auch – gerade wenn es unreflektiert bleibt – einer Abwehr von Ängsten und Verlusten dienen und damit einzelne unbearbeitete Symptome wie Verleugnung, Depression, Zynismus, Dogmatismus, Verzweiflung, Schuldgefühle, Fixierungen, Erschöpfung stabilisieren.

Der Mensch im Ehrenamt braucht sich im Grunde nicht nach opportunistischen Karrieregesichtspunkten zu richten, vielmehr können Fähigkeiten und Erfahrungen, die in der Vergangenheit erworben wurden, integrativ für einen neuen, zukunftsweisenden Zweck eingesetzt werden. Optimalerweise kann das Ehrenamt ein Ort sein, wo man in Beziehung mit anderen alle Seiten des eigenen Selbst erleben kann, aus der „ganzen" Person heraus. Die ehrenamtliche Tätigkeit kann erlebt werden als ein Möglichkeitsraum, in dem es um Veränderung, Wachstum, Wandel geht, auf dem Weg zur Entdeckung des Selbst, mit der Möglichkeit eines neuen Aufbruchs und in der Perspektive einer „bewegenden" Entdeckung von Freiheit, von neuen befriedigenden Verpflichtungen und Entscheidungsspielräumen.

Sich selbst zu zeigen – die Gedanken – die Gefühle. Hier bin ich! Das bin ich! So bin ich!

Übertragbarkeit

Lebenserfahrung nimmt im Ehrenamt und in der Selbsterfahrung eine zentrale Stellung ein. Die Fähigkeit zur Reflexion, sich in der Gruppe zu verstehen und zu stärken hat sowohl für die an der Selbsterfahrung teilnehmenden Gruppenmitglieder persönlich als auch für ihr ehrenamtliches Engagement große Bedeutung.

Das hier beschriebene Beispiel einer Selbsterfahrungsgruppe für Ehrenamtliche, die selbst schon im Rentenalter bzw. im Übergang dazu sind und sich im Alter engagieren, hat deutlich gemacht, wie sinnvoll, unterstützend und bereichernd eine gruppenanalytische Selbsterfahrung für die Zielgruppe der Senioren, in der Altersbildung und der Ehrenamtsqualifikation sein kann. Für die Arbeit mit den Gruppen ist dabei eine gruppenanalytisch ausgebildete Leitung, jedenfalls eine erfahrene Selbsterfahrungs-Leitung unabdingbar.[21]

3.5.2 Atem.Pause

JÜRGEN ROTTLOFF

Ein spirituelles Angebot zum Innehalten und Durchatmen für Menschen, die sich auf verschiedene Weise ehrenamtlich in Besuchsdiensten engagieren. Sie sind eingeladen, eine Pause einzulegen, um Kraft zu tanken, sich zu erholen und eine Wertschätzung für ihr Engagement zu erhalten. Das Angebot bietet einen spirituellen Impuls und damit Gelegenheit, innezuhalten und das eigene Engagement zu überprüfen.

Zielgruppe und Leitung

Angesprochen sind acht bis 14 Helferinnen und Helfer in ehrenamtlichen Besuchsdiensten und Hilfenetzen, die sich untereinander nicht kennen müssen.

Ab zehn Teilnehmenden empfiehlt sich ein Leitungsteam mit zwei Personen. Die Gruppenleiter bzw. -leiterinnen sollten Erfahrungen in Moderation und Gesprächsführung haben, weiter sind bei diesem Konzept grundlegende religionspädagogische Qualifikationen erforderlich.

---

21 Informationen zur gruppenanalytischen Ausbildung und Weiterbildung: www.gruppenanalyse-heidelberg.de, www.gruppenanalyse-berlin.de.

Kurze Beschreibung

Ehrenamtliche Helferinnen und Helfer in Besuchsdiensten investieren Zeit und Aufmerksamkeit. Sie helfen vor allem älteren Menschen, wenn Bedarf besteht. Die „Atem.Pause" ermöglicht, die bei diesen Besuchen gemachten Erfahrungen zu reflektieren; unerwartete Situationen können in der Gruppe besprochen werden. Dieser Tag dient jedoch vor allem dazu, nach dem Einsatz für andere, nach dem Zuhören und dem Verschenken von Zeit für andere, selbst wieder Energie zu schöpfen. Biblische Impulse, Waldspaziergänge, Gespräche und Meditationen helfen, zur Ruhe zu kommen, Kraft zu tanken und neue Erfahrungen mit sich selbst und anderen Helfenden zu machen.

Detaillierte Beschreibung des Tages

1 Ankommen und Kennenlernen

Der Tag beginnt, nach maximal 45 Minuten Anreisezeit, um 9.30 Uhr an einem attraktiven Ort mit einer Kaffeepause. Die Atmosphäre ist wichtig: Kloster, Exerzitienhaus, angrenzender Wald oder Park ...; der Ort selbst sollte schon zum Pause machen einladen. Die Gruppenleitung sollte vor Beginn des Kurses selbst noch einmal tief durchatmen. Wer eine Pause moderiert, sollte nicht dem geschäftigen „Methodenzeitstress" verfallen. Dementsprechend locker kann der Beginn gestaltet werden. Vielleicht begrüßen die Leitenden die Gruppe schon im Stehen rund um den Plätzchenteller. Eine Landkarte hängt an einer Wand, und die Teilnehmer können sich eine Fähnchenstecknadel nehmen, die sie dort in die Karte stecken, wo ihr Wohnort liegt. Halbrund um die Karte stehend wird sich die Gruppe über Entfernungen, unbekannte Nachbarschaften und die Eigenarten verschiedener Wohngegenden unterhalten.

Noch im Stehen könnten jetzt ein paar Fragen gestellt werden: Wer ist der/die Älteste? Die Gruppe stellt sich in eine Reihe. Wer hat in welchem Monat Geburtstag? Wieder bildet sich eine Reihe. Welche ist Ihre Lieblingsfernsehsendung? Hier können die Ecken des Raumes die verschiedenen Genres sein: Informationssendungen, Kriminalfilme, Fernsehshows, Serien, o. a. Die Einzelnen werden sich verteilen. Welches Hobby haben Sie? Versuchen Sie jemanden zu finden, der das gleiche hat. Es bilden sich Paare oder Kleingruppen.

Diese Phase kann 30 bis 45 Minuten dauern, je nach Gruppengröße und Stimmung in der Gruppe.

2 Meditative Übung

Im Sitzen kann ein Leiter auf den Sinn des Tages aufmerksam machen. Warum trifft sich die Gruppe? Was bedeutet „Atem.Pause"? Wie kann man mit dem Atmen Pause machen? Das tut man besser nicht. Wer außer Atem ist, braucht aber eine Pause zum Atmen. Durch eine Atem-Pause kann sich der Atem beruhigen. Man spürt ihn wieder, man spürt sich selbst wieder. Über den Titel der Veranstaltung kann man direkt zu einer meditativen Fantasiereise gelangen, die aus einer Einstiegsphase, der eigentlichen Fantasiereise und einer Ausstiegsphase besteht.[22] Die Gedanken der Fantasiereise beschäftigen sich mit „Empfangen" und „Weitergeben". Nach der Übung ist es wichtig, eine Möglichkeit zum Austausch über die Gedanken bei der Übung zu geben, so erfahren die Leitenden, ob die Teilnehmenden sich in der Gruppe wohlfühlen und mit dem Thema im Kontakt sind. Die thematische Einheit schließt mit der Einladung, aus einem bereitstehenden Krug ein Glas Wasser zu füllen und es in aller Stille zu genießen. Diese kurze Übung schließt an das Titelbild des Handzettels der Veranstaltung an, auf dem aus einem Brunnen Wasser fließt, das von Händen zum Trinken aufgefangen wird.

Diese Phase kann ebenfalls 30 bis 45 Minuten dauern, je nach Gruppengröße und Austauschbedarf in der Gruppe.

3 Reflexionsrunde zum Thema Besuchen und Begegnen

Nach einer kurzen Pause bekommen die Teilnehmenden die Möglichkeit, sich über ihr Engagement im Besuchsdienst auszutauschen. Die Teilnehmenden wählen dazu einen der von der Kursleitung ausgelegten Haushaltsgegenstände (Gläser, Krug, Musik, CD-Player, Kerze, Tuch, Sieb, Brett, Flaschenöffner, Messer, Löffel, Schlüssel, Topf, Nudelholz, Schwamm, Tasse, Thermometer, Pflaster, Buch, Blumentopf, Buch, Seife, etc.), der sie an einen Besuch erinnert oder den sie mit ihrem Engagement verbinden:

Wir möchten Sie nun einladen, sich an dem Tisch, auf dem viele verschiedene Haushaltsgegenstände ausgebreitet sind, den Gegenstand zu wählen, der Sie an Ihr Engagement im Besuchsdienst erinnert, an eine bestimmte Begegnung, oder der einfach gut zu Ihnen passt.

Anschließend werden wir mit einer Drei-Schritte-Methode miteinander ins Gespräch kommen.

- *Im ersten Schritt zeigen Sie den von Ihnen gewählten Gegenstand und erzählen, an was er Sie erinnert.*

---

22 Eine für das Thema passende Einleitung, eine Fantasiereise und eine Anleitung für eine Ausstiegsphase finden sich unter http://www.planetsenior.de/einleitung_phantasiereise/, http://www.planetsenior.de/gruene_wiese/ und http://www.planetsenior.de/rueckhol_phase/

- Im zweiten Schritt können die anderen Teilnehmer sagen, auf welche Ideen sie beim Zuhören gekommen sind.
- Der dritte Schritt gibt Ihnen die Möglichkeit, auf das, was die Gruppe zu Ihrer Vorstellung und zu Ihrem Gegenstand gesagt hat, zu reagieren. Was war aus dem Gesagten für Sie neu oder weiterführend?

Beispiele: Eine Teilnehmerin hat eine Tasse gewählt und berichtet dazu, dass bei vielen Besuchen gemeinsam Kaffee getrunken wird. Dabei erzählen die Besuchten aus ihrem vergangenen Leben. Wichtig ist das Zeitnehmen bei den Besuchen. Eine andere Teilnehmerin wählte einen Kamm. Für die Frau, die sie besucht, ist die eigene Frisur sehr wichtig. Sie macht sich für den Besuch fein und freut sich, wenn sie gefallen kann. Ein anderer Teilnehmer wählte ein Buch. Bei seinen Besuchen geht es oft um das Vorlesen. Gemeinsam tauchen Vorleser und Zuhörer in die Geschichte ein. Und die Bücher werden immer dicker.

Resümee: Einfache alltägliche Haushaltsgegenstände bekommen durch die Erzählungen von Erlebnissen eine neue Bedeutung. Ein einfacher Besuch wird zu einem wichtigen Erlebnis. In den Erzählungen klingt auch immer wieder eine Verbindung zum Thema „Geben und Empfangen" an:
- Was gebe ich bei meinen Besuchen?
- Empfange ich auch etwas dabei?

Diese Phase dauert etwa 50 Minuten.

4 Spaziergang mit Stationen und Gesprächsimpulsen
Nach dem Mittagessen bzw. einer längeren Pause sind die Teilnehmenden zu einem Spaziergang eingeladen. An zwei Stationen werden kurze thematische Impulse gegeben. Die Teilnehmenden gehen nach jedem Impuls zu zweit eine Wegstrecke und sprechen über die mitgegebenen Fragen:

1. Station: Gedicht zum Thema Empfangen („Liebe" von Jürgen Rottloff)

Fragen:
- An welche Situation, in der Sie etwas empfangen haben, denken Sie besonders gern zurück?
- Was war Ihnen dabei wichtig?
- Welche Verbindung gibt es zwischen Empfangen und Nehmen?

Liebe
Unendlich groß ist dein Wort.
Unbegreiflich deine Gabe.
Oft empfangen, oft gegeben.
Nichts hält man in Händen
und doch ist das Geschenkte
das Wertvollste, das man erhält.

JÜRGEN ROTTLOFF

2. Station: Gedicht zum Thema Geben („Brunnen" von Rainer Maria Rilke[23])

Fragen:
- Was empfinden Sie beim Geben?
- Was verändert sich in der Beziehung zwischen zwei Menschen, wenn jemand gibt und jemand empfängt?

5 Bibelarbeit

Nach einer Kaffeepause beginnt die kürzere Nachmittagseinheit mit einer Bibelarbeit zu Joh 4: Jesus und die Frau am Jakobsbrunnen.

1. Schritt: Der Text wird ausgeteilt und vorgelesen.

2. Schritt: *Bitte lassen Sie die Augen noch einmal über den Text streichen. Wenn Ihnen eine Bibelstelle, ein Wort oder ein Satzteil besonders auffällt, dann sprechen Sie ihn laut aus.*

3. Schritt: *Haben Sie Fragen zu dem Text? Welche Textstelle finden Sie besonders wichtig?*

4. Schritt: *Ich teile Ihnen zu dieser Bibelstelle ein Bild des Künstlers Sieger Köder[24] aus. Können Sie etwas aus dem Bibeltext hier wiedererkennen?*

5. Schritt: Die Teilnehmenden werden nacheinander eingeladen, schweigend in eine am Boden stehende gefüllte Schale mit Wasser zu schauen, in der ein Spiegel liegt (Brunnen).

6. Schritt: Reflexion. Die Teilnehmenden erkennen sich im Spiegel des lebendigen Wassers. Sie sind Empfangende wie die Samariterin, die Jesus das Wasser gab.

6 Abschluss

Feedbackrunde: *Am Ende des Tages wollen wir uns noch etwas Zeit nehmen, um die Erfahrungen, die wir gemacht haben, festzuhalten. Bitte geben Sie der Reihe nach kurze Antworten zu diesen beiden Fragen:*
- *Was habe ich heute entdeckt?*
- *Was nehme ich mit?*

Verabschiedung: Die Teilnehmenden stehen auf und bilden einen Kreis. Alle breiten die Arme aus und legen die Arme auf die Schultern des Nachbarn bzw.

---

23 Aus der Sammlung Larenopfer, http://gedichte.xbib.de/Rilke_gedicht_Brunnen.htm
24 Internetadresse zum Bild: http://www.versacrum.de/die-frau-am-jakobsbrunnen-p-280.html

der Nachbarin und spüren die Verbindung in der Gruppe. Das Schweigen und die Verbundenheit werden nach einem Abschiedswort gelöst.

Fazit

Den Teilnehmenden ist es an diesem Tag gelungen, zur Ruhe zu kommen und gleichzeitig neue Impulse für ihr ehrenamtliches Engagement anzunehmen. Die Fantasiereise eröffnete einen inneren Raum, der es anschließend möglich machte, in ruhiger Atmosphäre über sich selbst und die Erfahrungen in den Besuchsdiensten zu sprechen. Im Austausch untereinander erfuhren die Teilnehmenden, dass auch andere Helfende mit ähnlichen Fragen und Problemen beschäftigt sind. Helfen kann belasten, es gibt aber auch Möglichkeiten, mit diesen Belastungen umzugehen und auf den eigenen „Atem" bei der Hilfe für andere zu achten. Nicht jede Methode und jeder Text hatte auf alle Teilnehmenden ein gleich große Wirkung. Die Vielfalt der Methoden bewirkte jedoch, dass jeder an diesem Tag angesprochen wurde. Überraschung und eine besonders intensive Wirkung löste der Blick in den nachgebauten Brunnen in der Schlussphase aus.

3.6 Spezifische Fortbildungskonzepte

3.6.1 Kreative Methoden in der ehrenamtlichen Begleitung alter und demenzerkrankter Menschen

BIRGIT REIBEL, RITA WAGENER, GABRIELLA ZANIER

Entstehungshintergrund: Idee und Anlass zur Fortbildung

Die Idee der Fortbildung ist aus der Praxis des ehrenamtlichen deutsch-italienischen Projekts Wegbegleiter (siehe Kap. 3.4.1) entstanden. Die Erfahrungen der ehrenamtlichen Wegbegleiter, die regelmäßig ältere demenziell erkrankte Italiener im Pflegeheim besuchten, machten die hohen Anforderungen in der Gestaltung der Kommunikation deutlich.

Die *Fortbildung „Kreative Methoden als Schlüssel zu alten und an Demenz erkrankten Menschen"* möchte kulturelle Sensibilität entwickeln, kulturspezifische Elemente sichtbar und für die Anwendung in der Beziehung zum Betreuten nutzbar machen. Sie zielt damit auf die Arbeit in Altenheimen mit Menschen anderer Herkunft, welche den biografischen Ansatz um interkulturelle Kenntnisse und Kompetenzen bereichert. Die Angebote der Heime sind in der Regel auf die Berücksichtigung soziokultureller Unterschiede nicht vorbereitet; eine Zunahme von Bewohnern mit Migrationsgeschichte ist aber in der Zukunft stärker zu erwarten. Hier möchte die Fortbildung den Ehrenamtlichen neben der Muttersprache als weiteren Zugang etwas Konkretes an die Hand geben: die Unterstützung der Kommunikation durch nonverbale Instrumente. Darin liefert die Fortbildung auch nützliche Anregungen für professionelle Helfer.

Zielgruppe und Ziele

Zielgruppen sind Menschen jeder Altersgruppe und soziokultureller Herkunft, die alte und demenzerkrankte Menschen ehrenamtlich begleiten oder in Zukunft in diesem Bereich tätig sein möchten. Als Teilnehmende wurden bewusst Menschen verschiedener Kulturen angesprochen. Die Fortbildungs-Gruppe sollte maximal zwölf Teilnehmende umfassen. In einer Informationsveranstaltung konnten sich Interessierte vorab genau über Inhalte der Fortbildung informieren, bevor sie sich verbindlich anmeldeten. Für die Teilnehmenden war die Fortbildung kostenfrei.

Das Hauptziel der Fortbildung ist das Kennenlernen und Mitentwickeln von kreativen Methoden und Elementen zur Erleichterung der Kommunikation mit demenziell erkrankten Menschen, auch mit Migrationsgeschichte. Diese umfassen kognitive Elemente (z. B. Gedichte, Sprichwörter) wie nicht-kognitive Elemente, die mit den Sinnen aufgenommen werden (visuelle, akustische, sensorische, olfaktorische Elemente) und die in Kommunikationssituationen zwischen Ehrenamtlichen und Besuchten eingesetzt werden können. Dabei wird die Sensibilität für *biografische* Aspekte der betreuten Person und deren *kulturelle* Prägung bei den Teilnehmern gefördert. Die Berücksichtigung dieses Hintergrunds unterstützt die ehrenamtlichen Begleiter bei der Wahl und Erprobung des passenden „Schlüssels" in der Kommunikation mit den von ihnen Begleiteten.

Bausteine und Methoden: Sinnesreize als Schlüssel für die Erinnerungsarbeit

Gefühle (das emotionale Gedächtnis) und sensorische Fähigkeiten bleiben im Menschen im unterschiedlichen Grad noch bis zum Tod erhalten, selbst bei großen kognitiven Defiziten (z. B. Merkfähigkeit, Lernfähigkeit, planerisches Denken und Handeln, zeitliche und örtliche Orientierung in der Gegenwart).

Erinnerungen an Kindheit und Jugend sind vom Gedächtnis noch lange abrufbar, soweit sie mit dem Erleben von intensiven Gefühlen verbunden sind. Vergessene Erinnerungen und die damit verbundenen Gefühle können über Sinnesreize ins Bewusstsein aufgerufen und für den Augenblick wieder erlebbar gemacht werden.

„Schlüssel" bzw. Sinnesreize, welche die Erinnerung anregen, sind:
- Visuelle Elemente: das Betrachten von Bildern, alten Fotos, Kunstwerken, (auch das Selbermalen von Bildern)
- Akustische Elemente: Musik, Lieder mit kulturbiografischen Bezug (Schulzeit, Kindheit, Weihnachtszeit) – hören, singen, musizieren
- Olfaktorische und gustatorische Elemente: Düfte und Gerüche, typische regionale Landeserzeugnisse und Gerichte
- Sensorische und kinästhetische Elemente: Gegenstände (über den Tastsinn erfahrbar), Spielzeuge, vertraute Geräte, Werkzeuge, Kulturgegenstände, Bekleidung, Naturelemente, typische Gesten
- kognitive Elemente aus dem jeweiligen Herkunftskontext: Lieder, Sprichwörter, Gedichte aus der Schulzeit, Gebete, Sagen und Märchen
- Bedeutende epochale Ereignisse oder Persönlichkeiten (z. B. politische Ereignisse oder bekannte Schlager- und Filmstars, die das Lebensgefühl einer Generation transportieren)

Die Anwendung dieser „Schlüssel" ermöglicht zum einen, *Menschen mit einer Demenzerkrankung* auf emotionaler Ebene zu erreichen. Sie bieten differenzierte Zugänge für die Gestaltung von Kommunikation an und können auf Demenzkranke beruhigend oder motivierend wirken, weil sie an noch vorhandene Ressourcen andocken und die Person in ihrem Erleben und ihrer Geschichte bestätigen.

Zum anderen ermöglicht die Anwendung dieser Elemente *den ehrenamtlichen Begleitern* eine befriedigende Begegnung mit den Kranken und Besuchten, die Erweiterung ihres Kommunikationsspektrums und nicht zuletzt auch die Aufwertung ihrer kulturellen Identität.

Ob ein „Schlüssel" passt oder nicht, kann an der Reaktion des Betreuten geprüft werden. Diese Resonanz kann die Begleiterin wahrnehmen und verstärken. Gleiche Interessen oder z. B. die Herkunft aus derselben Stadt können eine Brücke bilden zwischen Begleitern und Besuchten und so eine vertrauensvolle Beziehung schaffen, welche die Grundlage jeder gelingenden Kommunikation ist.

Inhalte und Aufbau der Fortbildung

Ehrenamtliche Begleiter haben die Möglichkeit, durch theoretische Inputs und Übungen diese kreativen Kommunikationsformen zunächst in der Gruppe zu erlernen und mit ihnen zu experimentieren (Phase 1 + 2), sie dann in der Praxis zu erproben (Phase 3) und schließlich das in der Praxis Erprobte in der Gruppe zu reflektieren (Phase 4). Sie werden so aktiv in die Auswertung und Weiterentwicklung von Nutzen und Handhabung dieser Methoden einbezogen. Darüber hinaus werden sie selbst zu Mitgestaltern des Ansatzes, indem sie einen „Fundus" an kulturspezifischen Elementen (z. B. muttersprachliche Lieder, Sprichwörter, Symbole, Rituale) sammeln. Diese können auch anderen Begleiterinnen sowie Pflegepersonal als Anregung zugänglich gemacht werden.

Die vier Phasen der Fortbildung

Phase 1   Theorie und praktische Übungen in der Gruppe

A. Die verschiedenen Kommunikationswege
- Kommunikationstheorien
- Kommunikationsmittel: Kulturabhängige (erlernte) und kulturunabhängige (vererbte/universelle) Kommunikationsmittel; verbale, paraverbale (z. B. Lautstärke, Sprachgeschwindigkeit, Pausen, Rhythmus, Tonfall und nonverbale Kommunikation; Körpersprache (z. B. Körperhaltung, Gestik, Mimik, Blickaustausch), Objektsprache (z. B. Haare, Kleidung...), Raumsprache (z. B. Distanzzonen...)
- Kommunikationswege über alle Sinne (vgl. „Schlüssel")

B. Demenz
- Erläuterungen zu Krankheitsbild, Ursachen, Symptomen, Therapieansätzen
- Auswirkungen der Erkrankung auf das Verhalten der betroffenen Menschen: Was bedeutet eine Demenzerkrankung für den Erkrankten und seine Begleiter?
- Verhalten des Erkrankten verstehen und damit angemessen umgehen
- Informationen zur biografie- und fähigkeitsorientierten Kommunikation und Interaktion

C. Wahrnehmung der kulturellen Dimension in der Beziehung
- Sensibilisierung zur Wahrnehmung der eigenen kulturellen Identität und der verschiedenen Dimensionen von Kultur
- Erweiterung des Verständnisses von Kultur auf die gesellschaftliche und auf die epochale Dimension

- Erkennen der Bedeutung der kulturellen Identität bei Dementen und für den Zugang zu ihnen
- Kulturgeprägte Schlüssel für Zugänge und Kommunikation

D. Kulturelle Bausteine – Kulturgeschichte
- Sammeln von länder- und regionalspezifischem Material (z. B. Lieder, Sprichwörter, Märchen, beliebte Stars, politische Ereignisse)

Phase 2 Methoden in der Gruppe erproben

Anwendung der gesammelten kulturellen Bausteine im geschützten Rahmen der Fortbildungsgruppe in Übungen und Rollenspielen; dabei Erprobung und Auswertung verschiedener kreativer Methoden.

Phase 3 Praxis

Erproben ausgewählter Methoden in der Praxis als Begleiter von Menschen mit eingeschränkten kognitiven Fähigkeiten.

Phase 4 Reflexion der Praxis

Besprechung von Fallbeispielen in der Gruppe, Reflexion und Erweiterung der angewendeten „Schlüssel", Vertiefung und Auswertung der Themen und Erfahrungen.

Der Zeitrahmen der Fortbildung

In der hier vorgestellten, 2013 durchgeführten Form beanspruchen die Phasen folgende Zeiten:

Phase 1 und 2 (Theorie und Übungen): 36 Unterrichtseinheiten verteilt auf acht Tage (zwischen Februar und Juni 2013); Phase 3 (Praxis): Ca. einmal pro Woche mindestens eine Stunde Besuche der Teilnehmenden bei der demenziell erkrankten Person (Juli bis September 2013); Phase 4 (Praxisreflexion): zwölf Unterrichtsstunden (drei Termine Oktober/November/Dezember 2013). Die wöchentlichen Besuche (Praxis) werden in dieser Phase und über die Fortbildung hinaus fortgesetzt.

Beispielhafte Methoden und Übungen der einzelnen Phasen

Phase 1 – Theorie und praktische Übungen in der Gruppe

Baustein A Verschiedene Kommunikationswege

Alter und Altersbilder
In der Kennenlernphase geht es darum, dass die Teilnehmenden sich der unterschiedlichen Altersbilder in verschiedenen Gesellschaften bewusst werden (generations-, geschlechts- und kulturspezifische Unterschiede) und ihr eigenes Verhältnis zum Altern klären.

Übung:
Bilder von alten Menschen in der Kunstgeschichte werden ausgelegt. Die Teilnehmer wählen Bilder aus und diskutieren die verschiedenen Altersbilder, die sie dargestellt finden; dabei lernen sie Sichtweisen des Alters und Alterns wahrzunehmen und zu differenzieren.

Verschiedene Kommunikationswege
Unterschiedliche Kommunikationswege (mit Schwerpunkt auf den nonverbalen Kommunikationswegen) werden vorgestellt. Beispiele aus der DVD von Dorothea Muthesius (s. u.) werden auf diese Kommunikationswege hin analysiert.

Übung:
In den Kommunikationsübungen werden Grundregeln der Kommunikation geübt, die in besonderer Weise auf die Kommunikation mit Demenzerkrankten zugeschnitten sind.

Erprobt werden: aktives Zuhören, öffnende Fragen stellen, Kommunizieren mit Menschen, die eine verzögerte Reaktion haben, Einsatz von Bildern und Objekten als Gesprächsanlass, Wahrnehmung von Gefühlen bei sich selbst und anderen im Verlauf der Kommunikation, Signale der Körpersprache.

Baustein B Demenz

Kenntnisse über Krankheitsbilder
Ein Fachvortrag Demenz stellt Hintergründe und Verlauf von Demenzen vor. Schwerpunkt zum Verständnis von Gedächtnisstörungen/-verlust ist dabei die Erläuterung der sog. „Gedächtnisbibliothek" (aktuelle Gedächtnisinhalte/Tagebücher sind im Krankheitsverlauf immer weniger erinnerbar. Erinnerungen aus frühen Lebensaltern bleiben am längsten verfügbar). Dieses Wissen bildet einen

Ansatz zur biografieorientierten Kommunikation. Frühere Lebenserfahrungen der Erkrankten bieten Themen und Ansatzpunkte zur Interaktion.

Verstehen und mit dem Verhalten umgehen lernen
Eine Methode angemessener, gelingender Kommunikation mit Demenzkranken wird vorgestellt, die von den Begleitpersonen ein hohes Maß von Einfühlungsvermögen und Flexibilität erfordern. Die Elemente des aktiven Zuhörens spielen hierbei eine zentrale Rolle. Als Kommunikationsregel soll gelten „Handle nach dem Motto A B C" im Sinne von:

A „avoid confrontation":	Vermeide die Konfrontation des Kranken mit seinen Einschränkungen.
B „be practical":	Handle zweckmäßig.
C „clarify the feelings and comfort":	Formuliere Gefühle des Kranken in eigenen Worten und spende Trost.

Durch Fall- und Gesprächsbeispiele wird die Anwendung der Kommunikationshilfe verdeutlicht und trainiert.

Bausteine C + D Wahrnehmung der kulturellen Dimensionen in der Beziehung

Verständnis, Manifestationen und Wahrnehmung von Kultur
In einem ersten Schritt wird in diesem Baustein kurz gemeinsam auf die Fragen eingegangen: Was ist Kultur? Was ist meine eigene Kultur (Woher komme ich? Welche Ereignisse prägen mich und meine Generation?)

In einem zweiten Schritt wird das Verständnis von Kultur auch auf regionale Kulturen und soziale Milieus erweitert. Kultur wird als dynamischer Prozess verstanden, der sich wandelt und verändert.

Schließlich sollte die Erkenntnis auf die Betreuungssituation angewandt werden: Welche Elemente der eigenen Kultur sind für die jeweiligen Betreuten relevant? Mit welchen identifizieren sie sich? Welche „Schlüssel" könnten eingesetzt werden, um in Beziehung zu treten?

Übungen:

- *Wahrnehmung der eigenen kulturellen Identität*: Was ist mir wichtig an der deutschen Kultur? Was macht mich zugehörig zu einer Gemeinschaft? ... Erstellen einer Sammlung von Symbolen, Gegenständen, Ritualen, Werten ... – das ABC der deutschen/amerikanischen/italienischen/böhmischen Kultur.

z. B.: ein *ABC der Deutschen Kultur:* A – autoritätsbezogen, F – fleißig, O – Ordnung, P – Pünktlichkeit.
Das Poesiealbum: Werte einer Kultur in einer bestimmten Epoche und für eine bestimmte Generation am Beispiel von Poesiealbumversen verfolgen.

- *Entwicklung kultureller Sensibilität*: Wahrnehmung und Respekt für andere Kulturen schärfen durch behutsames Nachfragen; echtes Interesse für das Andere, das Fremde entwickeln; eigene Werte und Erfahrungen in Bezug auf andere Kulturen/Menschen mit anderer kultureller Herkunft stets kritisch hinterfragen (Gleichwertigkeit der Kulturen).
- *Sammlung von Materialien*, um daraus einen Fundus an *möglichen „Schlüsseln"* zu schaffen: länder- und regionalspezifisches Material (z. B. Lieder, Sprichwörter, Märchen, beliebte Stars, politische Ereignisse).

Phase 2 – Erproben von Methoden in der Gruppe (Beispiele)

Schlüssel zur Erinnerung

Übung 1: Gegenstände als Schlüssel – Ertasten
Unter einem großen Tuch liegen verschiedene Gegenstände, die von den Teilnehmenden ertastet werden, ohne sie zu sehen. Danach berichten die Teilnehmenden, welcher Gegenstand besondere Resonanz ausgelöst hat, Erinnerungen geweckt hat.

Eine Teilnehmerin ertastete z. B. ein Kinderspielzeug (Mini-Fernseher aus Plastik aus den 60er Jahren, der auf Knopfdruck eine Serie von Bilden liefert). Dieses Spielzeug löste sehr klare Erinnerungen an ihr eigenes Spielzeug aus.

Hintergrund: Der Tastsinn bleibt alten Menschen sehr lange erhalten, auch wenn Sehen und Hören schon auf ein Minimum beschränkt sind. Außerdem ist gerade der Tastsinn schon mit der frühesten Kindheit verbunden. Über die konkrete sinnliche Erinnerung werden auch Geschichten, Kontexte und die damals erlebten Gefühle wieder aktiviert.

Übung 2: Gegenstände als Schlüssel – kulturelle Dimension
Ein Gegenstand wird in der Gruppe herumgereicht. Wer den Gegenstand in der Hand hält, sagt eine Assoziation/Erinnerung, die ihm dazu in den Sinn kommt. Der Gegenstand wandert mehrmals im Kreis, sodass immer mehr Assoziationen dazukommen.

Hintergrund: Hier geht es um eine kollektive Erinnerung. Ein Beispiel: Eine Single-Schallplatte aus den 60er Jahren kennen vermutlich alle, die diese Zeit erlebt haben. Man hat ähnliche Erfahrungen gemacht, vielleicht für die gleichen Schlagerstars geschwärmt. In der Gruppe können Erinnerungen Einzelner helfen, anderen Zugänge zu eigenen Erinnerungen zu erschließen. Hier tritt die kollektive Dimension von Kultur stärker hervor, sofern kollektive Erinnerungen innerhalb eines Kulturkreises, innerhalb einer Region geteilt werden. Ein Beispiel: Ein Apfelweinglas löst bei Teilnehmern aus dem Rhein-Main-Gebiet vielleicht Erinnerungen an die Fernsehsendung „Der blaue Bock" aus, die mit der Familie angeschaut wurde. Eine in Italien aufgewachsene Teilnehmerin kann mit dem „Blauen Bock" nichts anfangen. Umgekehrt ist eine altmodische Espressomaschine für eine Italienerin mit vielen Kindheitserinnerungen verbunden, während sie bei deutschen Teilnehmern geringe Resonanz auslöst.

Übung 3: Musik als Schlüssel
Die Teilnehmer schließen die Augen. Ca. 15 verschiedene Musiktitel (s. u.) werden eingespielt, vorwiegend Musik, die in der Jugendzeit der Teilnehmenden modern war. Anschließend erzählen die Teilnehmenden, welche Musik besonders starke Erinnerungen ausgelöst hat. Es kann sich dabei sowohl um angenehme als auch weniger angenehme Erinnerungen handeln.

Hintergrund: Musik ist ein besonders starker „Schlüssel", der Zugang zu den Emotionen liefert. Ob man damit eher angenehme oder unangenehme Erinnerungen belebt, kann nicht vorhergesagt werden. Es ist deshalb wichtig, hier etwas auszuprobieren und an der Reaktion der Menschen herauszufinden, welche „Schlüssel" Zugang zu angenehmen Gefühlen gewähren. Diese Schlüssel sollten dann häufiger angewandt werden.

Kommunikation mit Demenzkranken

Übung 1: Zuhören und Weghören
Die Teilnehmenden gehen zu zweit zusammen. A erzählt B, was er als Kind gern gespielt hat. B hat die Aufgabe, intensiv zuzuhören, evtl. eine Verständnisfrage zu stellen. Danach tauschen A und B die Rollen.

Im zweiten Durchgang erzählt wiederum A (z. B. Weihnachten als Kind) und B hat die Aufgabe, *nicht* zuzuhören, sich mit anderen Dingen zu beschäftigen – danach Partnertausch (B erzählt, A hört zu).

Die Teilnehmenden können zunächst die Erfahrung machen, dass das intensive Zuhören ihres Begleiters der Erinnerung förderlich sein kann. Der zweite Teil bietet die Erfahrung, dass das Nicht-Zuhören bei der Erzählenden die Erinnerung stocken lässt, sie zum Verstummen bringt oder auch aggressiv macht.

Übung 2: Verzögerte Reaktion
Die Teilnehmenden gehen in Dreiergruppen zusammen und einigen sich auf ein Thema, über das sie ein Gespräch führen. A und B unterhalten sich in normalem Tempo. C hat die Aufgabe, erst stumm bis 10 zu zählen, bevor sie aussprechen darf, was sie zum Thema sagen möchte. In dieser Zeit ist das Gespräch von A und B schon weitergegangen. So entstehen Missverständnisse und ggf. Aggression. Diese Situation (verzögerte Reaktion) ist häufig in der Kommunikation mit Demenzkranken zu finden.

Phase 3 und 4 – Praxis und Praxisreflexion
Drei Monate lang begleiteten die Teilnehmer der Fortbildung einmal pro Woche einen hilfebedürftigen Menschen, bevor sie sich erneut in der Gruppe zur Praxisreflexion trafen. Die Besuche fanden in Altenpflegeheimen, in einem Altenwohnheim und bei alten Menschen zuhause statt. Besucht wurden Männer wie Frauen, das Altersspektrum reichte von 48 bis 93 Jahren.

Themen der Praxisreflexion:
- Anwendung der kreativen Schlüssel
- Kommunikation mit dem alten/erkrankten Menschen
- Rituale zur Abgrenzung vor und nach dem Besuch
- Kommunikation mit den Angehörigen
- Einbindung in die Pflegeeinrichtung, Kommunikation mit den Hauptamtlichen.

Die Teilnehmer des Kurses konnten die Übungen zur Kommunikation, insbesondere das aktive Zuhören gut einsetzen. „Man kommuniziert bewusster, kann sich besser vorbereiten und auch nach dem Besuch wieder abgrenzen." Die Beziehung zwischen Ehrenamtlichen und der besuchten Person wurde fast durchweg positiv erlebt, es entstand ein zunehmendes Vertrauensverhältnis. Vor allem von den in Pflegeheimen Lebenden wurden die Besuche als wichtige Abwechslung in ihrem oft standardisierten Heimalltag erlebt. Die Anwendung der kreativen Schlüssel erwies sich als stark abhängig von der Persönlichkeitsstruktur und den Vorlieben der Ehrenamtlichen und der besuchten Menschen; zum Einsatz kamen u. a. Spiele und das Betrachten von Bildern.

Es gab teilweise Unsicherheiten und Konflikte bei der Kommunikation mit den Angehörigen; deshalb wurde in der Reflexion die besondere Situation von Angehörigen pflegebedürftiger Menschen in Form eines Perspektivwechsels behandelt.

Auch die Kommunikation mit den Hauptamtlichen im Heim und beim Pflegedienst war in einigen Fällen sehr schwierig. Hierzu wurde eine Checkliste zur Zusammenarbeit von Ehrenamtlichen mit dem Personal in Pflegeeinrichtungen erarbeitet.

Auswertung und Erkenntnisse

Von 27 Interessierten entschieden sich zwölf zur Teilnahme, während der Fortbildung reduzierte sich die Zahl auf eine aktive Kerngruppe von fünf Personen. Aufgrund des Fehlens von Migrantinnen konnte die kulturelle Dimension, insbesondere das Erstellen von Materialmappen für spezielle Zielgruppen (Italiener, Spanier) nicht umgesetzt werden. Eine deutsche Teilnehmerin verließ die Fortbildung nach dem ersten Treffen, weil sie sich die Aufgabe nicht zutraute. Die fünf Personen, welche die gesamte Fortbildung besuchten, waren bereits in der Begleitung alter und demenzerkrankter Menschen tätig. Sie konnten sich gut auf die Methoden einlassen, sie schon im ersten Teil der Fortbildung in der Praxis erproben und reflektieren. Auch konnten die Teilnehmenden sehr gut voneinander profitieren.

Überlegungen zum Transfer
Inhaltlich und methodisch ist die Fortbildung gelungen. Vorschläge zur Verbesserung sind:
- Eine Teilnahmegebühr könnte eine höhere Verbindlichkeit der Teilnahme gewährleisten.
- Die explizite Ausschreibung für bereits in diesem Bereich ehrenamtlich Tätige könnte sinnvoll sein.
- Ein kürzerer Zeitrahmen für Theorie und Übungen würde Raum für längere Reflexionsphasen schaffen.
- Sinnvoll erscheint eine stärkere Einbindung und Unterstützung der ehrenamtlich Tätigen durch die Einsatzeinrichtungen (Heime und Pflegedienste).
- Wege finden, wie Migranten stärker angesprochen werden können.

Literatur

Böhm, Christiane (2005): Interkulturelle Kompetenz in der Altenpflege. Materialien und Hintergrundwissen für den Unterricht. Mainz: Johannes-Gutenberg-Universität
Engel, Sabine (2012): Alzheimer und Demenzen. Die Methode der einfühlsamen Kommunikation. Unterstützung und Anleitung für Angehörige – auch auf DVD. 2., vollständig überarb. Aufl. Stuttgart: Trias (mit DVD)
Graber-Dünow, Michael (2008): „Das gibt's nur einmal ..." – Kulturarbeit im Altenpflegeheim. Hannover: Schlütersche Verlagsgesellschaft
Muthesius, Dorothea u. a. (2010): Musik, Demenz, Begegnung. Musiktherapie für Menschen mit Demenz. Frankfurt/Main: Mabuse Verlag (mit DVD)
Powell, Jennie (2001): Hilfen zur Kommunikation bei Demenz. Köln: Kuratorium Deutsche Altershilfe
Schneberger, Margarete/Jahn, Sonja/Marino, Elfriede (2013): „Mutti lässt grüßen". Biografiearbeit und Schlüsselwörter in der Pflege von Menschen mit Demenz. Hannover: Schlütersche Verlagsgesellschaft
Specht-Toman, Monika (2009): Biografiearbeit in der Gesundheits-, Kranken- und Altenpflege. Heidelberg: Springer Medizin Verlag

Eingesetzte Medien:
- DVD aus: Engel, Sabine (2012): Alzheimer und Demenzen (s. o.)
- DVD aus: Muthesius, Dorothea u. a. (2008): Musik, Demenz, Begegnung (s. o.)
- Musik-CDs : Musik der 30er bis 60er Jahre
- Alltagsgegenstände aus vergangener Zeit
- Darstellungen des Alters in Kunstwerken verschiedener Jahrhunderte
- Dokumentarische Abbildungen – Zeitgeschichte 30er bis 50er Jahre

3.6.2 Gruppen leiten – sich in Gruppen bewegen

Gruppen- und Leitungskompetenz für ehrenamtlich Engagierte

ULRIKE GERDIKEN

Ein Praxisleitfaden für alle, die in der Gruppenleitung tätig sind oder Gruppenleiter/innen ausbilden möchten. Entwickelt und erprobt von Andreas Böss-Ostendorf und Ulrike Gerdiken im Rahmen katholischer Erwachsenenbildung.

Warum dieses Angebot?

Viele Menschen sind in ehrenamtlichen Zusammenhängen in Gruppen engagiert. Manche dieser Gruppen haben eine lange Tradition, andere sind noch ganz neu und wieder andere sollen erst noch gegründet werden. All diesen Gruppen ist gemeinsam, dass sie nicht nur Teilnehmende, sondern auch Menschen brauchen, die bereit sind, die Leitung zu übernehmen. Mit unserer Schulung wollten wir Ehrenamtliche ermutigen und unterstützen, diese Leitungsaufgabe anzunehmen. Wir haben dazu theoretische Informationen zum Thema Gruppe und Leitung mit praktischen Übungen verknüpft, die den Teilnehmer/innen eine direkte Erfahrung zu dem theoretisch Besprochenen ermöglichen.

Bedingt durch die pädagogischen Schulen, aus denen wir als Kursleiterin und Kursleiter kommen, fließen im Konzept dieser Gruppenleitungsschulung ein gruppenanalytischer und ein systemischer Ansatz ineinander. Dieses Miteinander ist nicht immer widerspruchsfrei, befruchtet aber die Diskussion über die Art und Weise, wie Gruppen gesehen werden können. In der Praxis der Gruppenleitung, dies zeigen die Diskussionen aus den Schulungen, spielen die theoretischen Ansätze nur noch eine geringe Rolle. Sie helfen vielmehr dabei, sich der eigenen Haltung gegenüber der Gruppe und ihrer Mitglieder bewusst zu werden und sie zu reflektieren.

Aufbau und Inhalte

Die Gruppenleitungsschulung besteht aus vier Kurseinheiten á zwei Stunden und findet wöchentlich statt. In ihnen sollen die drei zentralen Aufgaben der Gruppenleitung – Gruppenauftrag, Gruppenrahmen und Gruppenprozess – erfahrungsorientiert und praxisbezogenen vermittelt werden.

Erste Einheit: Kompetenz in Gruppen
Jede/r von uns besitzt Gruppenkompetenz, denn wir bewegen uns täglich in Gruppen. Diese unterscheiden sich durch ihre Formalität: So gibt es formelle Gruppen, die sich aufgrund einer gemeinsamen Aufgabe, eines externen Auftrags oder eines gemeinsamen Zieles bilden (Bürogemeinschaften, Sportgruppen, Musikgruppen, VHS-Kurse etc.). Diese Gruppen haben zudem einen klaren äußeren Rahmen. Informelle Gruppen wie die Familie, der Freundeskreis oder der Stammtisch entstehen durch persönliche Sympathien oder gemeinsame Interessen, haben jedoch nicht zwingend eine gemeinsame Aufgabe oder eine klare Struktur. Schließlich zeigen sich auch in zufälligen Ansammlungen von Menschen in der U-Bahn, auf der Einkaufsstraße oder im Stadion gruppentypische Verhaltensweisen, auch wenn in diesem Fall nicht von einer Gruppe gesprochen wird.

Um in diesen unterschiedlichen Gruppen zurechtzukommen, hat jede/r von uns bewusst und unbewusst Verhaltensweisen entwickelt. Dazu gehören Rücksichtnahme, Gewaltfreiheit oder das Einhalten von Regeln. Gleichzeitig gibt es Strategien, die helfen, sich sicherer und mit aufmerksamer Wahrnehmung in Gruppen egal welcher Form zu bewegen. Drei dieser Strategien werden in der ersten Einheit vorgestellt:
1. Das szenische Verstehen
   In einer Gruppensituation dringt eine Vielzahl von Eindrücken auf uns ein. Sind es zu viele auf einmal oder sind sie unklar, kann es zu Missverständnissen und Konflikten kommen. Das szenische Verstehen hilft, eine Situation klarer wahrzunehmen oder klarer zu vermitteln. Zu diesem Zweck stellt sich der/die Betroffene die aktuelle Situation als eine Theaterszene auf der Bühne vor: Wer spielt welche Rolle, wer hat welchen Text, was passiert in welcher Reihenfolge und wie sieht die Kulisse aus? Auf diese Weise wird die Situation automatisch strukturiert, Beziehungskonstellationen werden leichter erkannt und mögliche Konfliktsituationen können besser benannt und geklärt werden. Szenisches Verstehen hilft, sich aus einer Situation herauszunehmen und sie von außen zu betrachten. Diese Außenwahrnehmung schafft Klarheit.
2. Die höfliche Unaufmerksamkeit
   Die höfliche Unaufmerksamkeit ist eine unbewusste Strategie, die wir im Laufe unseres Lebens erlernen. Sie hilft uns, unsere Wahrnehmung zu filtern und Dinge, die für uns nicht wichtig sind, auszublenden. Könnten wir dies nicht, würden wir mit Eindrücken bombardiert und würden uns im Alltag nicht mehr zurechtfinden. Nehmen wir als Beispiel eine Fahrt in der U-Bahn oder im Bus: Vieles von dem, was um Sie herum passiert, bekommen

Sie nicht mit. Sie sind den Mitfahrenden gegenüber „höflich unaufmerksam". Stellen Sie sich vor, wie die Fahrt für Sie wäre, wenn Sie alles um sich herum bewusst mitbekommen würden!
3. Das Vertrauen in die Weisheit der Gruppe
Wo Menschen aufeinandertreffen, trifft Wissen aufeinander. Jede/r Einzelne bringt unterschiedliche fachliche, soziale und persönliche Kompetenzen mit, und die Gruppe wird so zu einer Ansammlung von Wissen und Weisheit. Als Gruppenleiterin oder Gruppenleiter kann ich darum von vornherein darauf vertrauen, dass die Gruppe Wissen hat und dieses Wissen zur Gestaltung der Gruppe einsetzen wird. Auf dieses Wissen kann ich aufbauen, wenn ich eine Gruppe leite oder mich in der Gruppe bewege.

Es geht in dieser ersten Einheit darum, ein Bewusstsein für vorhandene Gruppenkompetenz zu entwickeln und diese Kompetenz zu stärken. Als Aufgabe bis zur nächsten Einheit können die Teilnehmenden aufgefordert werden, ihren Alltag bewusst szenisch wahrzunehmen und Gruppensituationen im Alltag zu beobachten.

Zweite Einheit: Den Gruppenauftrag im Blick haben (1. Gruppenleitungsaufgabe)
In unserem Kurs geht es um die Leitung von formellen Gruppen. Doch warum bildet sich eine Gruppe? In der ersten Einheit wurde es bereits erwähnt: Die Gruppe hat einen Auftrag. Geht dieser Auftrag verloren, gibt es Unruhe in der Gruppe, sie löst sich auf. Soll die Gruppe bestehen bleiben – im beruflichen Zusammenhängen hat sie oft keine andere Wahl, weil der Auftrag erledigt werden muss –, ist es die Aufgabe der Gruppenleitung, dafür zu sorgen, dass der Auftrag klar ist und nicht aus dem Blick gerät. Wie er oder sie diese Aufgabe erfüllen kann, ist das Thema der zweiten Einheit.

Am Anfang steht zunächst die Frage, was eine Gruppe eigentlich ausmacht und wie sie definiert werden kann. Dazu haben wir uns mit unterschiedlichen Kernaussagen zur Gruppe (s. Anhang) beschäftigt, sie für uns bewertet und diskutiert.

Um für die Bedeutung des Gruppenauftrags und für den Umgang damit ein Gespür zu bekommen, eignet sich die Übung „1001 Farbfleck" (s. Ablauf unten). Hier kann die Gruppe selbst erleben, wie sie mit einem Gruppenauftrag umgeht, wer wann wie agiert, wer in welcher Form in eine Leitungsrolle geht und wie die Gruppe den Auftrag schließlich bearbeitet. Im Anschluss an die Übung ist es wichtig, diese auszuwerten und die Erfahrungen zu besprechen: Wie wurde die Übung erlebt? Wie hat sich jede/r Einzelne gefühlt? Wie wurde der Auftrag gelöst? Welchen Einfluss hatte jede/r Einzelne auf die Entwicklung in der Gruppe?

Welche Rollen wurden eingenommen? Hat eine/r oder haben mehrere aus der Gruppe Leitungsrollen übernommen? Falls ja, welche Funktion hatten diese Leitungsrollen? An diese Reflexion der Übung schließt sich der Austausch über eigene Gruppenerlebnisse und -erfahrungen an. So können die Teilnehmenden Sensibilität und Verständnis für das Verhalten von Gruppen entwickeln und ihre Aufgabe als Gruppenleitung klarer umschreiben.

Dies betrifft vor allem den Umgang mit Störungen. Wenn die Gruppe unruhig wird oder ein Gruppenmitglied seinen Unmut zeigt oder äußert, gilt es für den/die Gruppenleiter/in zu überprüfen, ob der Auftrag (noch) klar ist, ob andere Themen in den Vordergrund geraten sind oder die Gruppenmitglieder sich mit dem Auftrag nicht mehr identifizieren können. In allen Fällen sollte die Störung thematisiert und geklärt werden, damit sich die Gruppe wieder ihrem Auftrag zuwenden kann. Es kann dabei auch Fälle geben, bei denen eine Weiterarbeit am Auftrag nicht mehr möglich ist. In diesem Fall ist die Zusammenarbeit in der Gruppe beendet.

Dritte Einheit: Sich um den Gruppenrahmen kümmern (2. Gruppenleitungsaufgabe)
In der Themenzentrierten Interaktion (TZI) nach Ruth Cohn illustriert das „TZI-Dreieck" die vier Faktoren, die Einfluss auf menschliche Interaktionen haben:

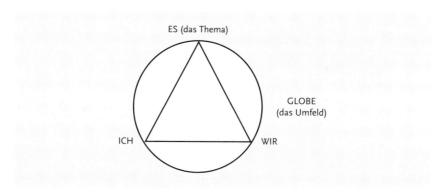

Abb. 1: TZI-Dreieck; eigene Darstellung

Jede Interaktion geschieht zwischen zwei Beteiligten (ICH und WIR) und dreht sich um ein Thema (ES). Dabei geschieht diese Interaktion immer in einem bestimmten Umfeld (GLOBE), das die Interaktion wahrnehmbar oder verborgen beeinflusst. Als gelungen kann eine Interaktion gesehen werden, wenn sich die drei Ecken des Dreiecks ICH, WIR und ES in einem dynamischen Gleichgewicht

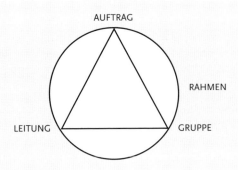

Abb. 2: TZI-Dreieck; eigene Darstellung

befinden. Das heißt, dass das Dreieck nicht fest steht, sondern immer in Bewegung ist. Allerdings pendelt es sich stets so aus, dass eine Kugel, die auf diesem Dreieck rollen würde, nicht herunterfällt.

Die Interaktion in einer Gruppe ist ähnlich aufgebaut wie das TZI-Dreieck: Es gibt eine Gruppenleitung, die Gruppenmitglieder, die Gruppenaufgabe und den Rahmen, in dem die Gruppeninteraktion stattfindet.

Der Gruppenauftrag war das Thema der zweiten Einheit, um den Rahmen geht es in dieser dritten Einheit.

Wie wichtig ein guter Rahmen für erfolgreiches und zufriedenstellendes Arbeiten ist, weiß jede/r, die oder der schon einmal in einer Veranstaltung saß, bei der die Heizung ausgefallen war, es nichts zu trinken gab und/oder die Technik nicht funktionierte. In Erinnerung bleiben von dieser Veranstaltung sicher die schlechten Rahmenbedingungen, aber kaum die Inhalte, um die es eigentlich gehen sollte. Ähnliches gilt auch für die Gruppenarbeit: Wenn die Gruppe gut und erfolgreich ihren Auftrag bearbeiten soll, benötigt sie dafür einen guten Rahmen. Ein störungsfreies „Hier und Jetzt", in dem die Gruppe konzentriert und auf den Auftrag bezogen arbeiten kann, braucht einen Rahmen, der sie vor äußeren Einflüssen schützt und die Gruppe zusammenhält. Ohne das „Hier und Jetzt" kann die Gruppe ihren Auftrag nicht bearbeiten. Es ist darum die Aufgabe der Gruppenleitung, für den Rahmen zu sorgen.

Um herauszufinden, was zu einem guten Rahmen gehört, haben wir in der Gruppe zunächst gesammelt, welche Ansprüche die einzelnen Teilnehmer/innen an einen guten Gruppenrahmen haben. Diese Sammlung haben wir um einige weitere Punkte aus unserer Sammlung ergänzt (s. Anhang) und im Anschluss auf der Grundlage unserer eigenen Erfahrungen eine Prioritätenliste erstellt und überlegt, wie sich der Rahmen in der Praxis gestalten lässt.

Eine etwas ungewöhnliche Übung zum Thema „Rahmen" ist das Bewegen zur Musik. In einem ersten Durchlauf können sich die Teilnehmenden frei zu einem Musikstück bewegen, im zweiten Durchlauf tanzt die Gruppe zur gleichen Musik nach vorgegebenen Tanzschritten. Die Reflexion dieser Übung wird zeigen, dass sich die meisten Gruppenmitglieder mit den vorgegebenen Tanzschritten im zweiten Durchgang sicherer fühlten. Diese Übung macht erfahrbar, welche Bedeutung der Rahmen hat, gerade wenn es sich um eine neue Gruppe oder eine unbekannte Situation handelt.

Vierte Einheit: Den Gruppenprozess begleiten (3. Gruppenleitungsaufgabe)
Nachdem wir in den vorangegangenen Einheiten die Themen Gruppenkompetenz, Gruppenauftrag und Gruppenrahmen bearbeitet haben, dreht sich die vierte und letzte Einheit der Gruppenleitungsschulung um den Prozess, der stattfindet, während eine Gruppe sich trifft.

Mit dem bisher erworbenen Wissen erstellen die Teilnehmenden zunächst ein Modell für den Ablauf einer Gruppenarbeit (s. Anhang): In welche Abschnitte gliedert sich eine Gruppenarbeit? Nicht genannte Abschnitte werden dabei von der Kursleitung ergänzt. Den Abschnitten zugeordnet sind einzelne Entwicklungsphasen, die jede Gruppe in ihrem Zusammensein durchläuft (s. Anhang). Diese Entwicklungsphasen werden vorgestellt und mit den Teilnehmenden, wiederum auf der Grundlage ihrer eigenen Gruppenerfahrung, besprochen. Wichtig für die Begleitung des Gruppenprozesses als Leiterin oder Leiter ist das Wissen, dass die Gruppe diese Entwicklungsphasen nicht gradlinig durchläuft, sondern immer wieder in vorherige Phasen zurückfallen kann.

Nach der Betrachtung der Gruppenentwicklungsphasen, die dem Ablauf der Gruppenarbeit zugeordnet wurden, geht es zum Schluss noch einmal um die Leitungsaufgaben, die einer Gruppenleitung während der einzelnen Abschnitte im Gruppenablauf zufallen. Auch diese werden zunächst von den Teilnehmerinnen und Teilnehmern gesammelt und, falls notwendig, durch die Kursleitung ergänzt (s. Anhang).

Den Abschluss der gesamten Gruppenleitungsschulung bilden schließlich die Reflexion der vier Einheiten und die Rückmeldung an die Kursleitung. Literaturangaben und Handouts können zur individuellen Nacharbeit bereitgestellt werden.

Die Gruppenleitungsschulung in der Übersicht

1. Einheit: Gruppenkompetenz

Inhalt	Methoden	Material
Die Teilnehmenden (TN) sammeln Beispiele für Situationen, in denen sie sich in Gruppen bewegen.	Beispiele auf Moderationskarten aufschreiben und an eine Pinnwand hängen	Moderationskarten, Stifte für alle TN, Pinnwand, Pinnnadeln
Die Beispiele der TN nach formellen, informellen und sonstigen Gruppen ordnen und besprechen.	„Clustern" = Ordnen der Moderationskarten an der Pinnwand	s. o.
Vorstellen und Diskutieren der Strategien „szenisches Verstehen", „höfliche Unaufmerksamkeit", „Vertrauen auf die Weisheit der Gruppe"	Referat und Gruppengespräch	keines

2. Einheit: Gruppenauftrag

Inhalt	Methoden	Material
Einzelne Kernaussagen zur Gruppe werden mit grünen („Ich stimme zu."), roten („Ich stimme nicht zu.") oder gelben („Ich habe noch Fragen.") Punkten bewertet. Anschließend wird die Bewertung besprochen und Fragen werden beantwortet.	Bewertung mit Klebepunkten, Gruppengespräch	Blätter mit Kernaussagen (eine Aussage pro Blatt), Pinnwand, Pinnnadeln, Klebepunkte (rot, gelb, grün)
„1001 Farbfleck" (Hostie, Raymund: Training zur Sensibilisierung für menschliche Beziehungen. Salzburg 1975): Eine Minute lang wird der Gruppe ein Blatt mit vielen Farbflecken gezeigt. Dann wird das Blatt umgedreht. Die Teilnehmer werden nun aufgefordert, sich zu entscheiden, wie viele Farbflecken sie auf dem Blatt gesehen haben. Diese Zahl sollen sie sich merken. Die Gruppe bekommt dann den Auftrag, nach einer 20-minütigen Diskussion eine Zahl zu nennen, mit der alle einverstanden sind.	„1001 Farbfleck"	Plakat mit vielen Farbflecken
Reflexion der Übung Zum Abschluss wird die Anzahl der Farbflecken bekannt gegeben. Es folgt ein kurzer Austausch über persönliche Einschätzungen und das Gruppenergebnis. Wäre es für das Gruppenergebnis besser gewesen, wenn sich Einzelne mehr für ihre Einschätzung eingesetzt hätten?	Gruppengespräch	

3. Einheit: Gruppenrahmen

Inhalt	Methoden	Material
Bewegung zur Musik ohne und mit Vorgaben; im Anschluss Besprechung der Erfahrungen	Bewegung zur Musik – einmal frei, einmal als vorgegebener Tanz	CD-Player, Tanzmusik (z. B. „Leichte Tänze", Fidula-Verlag)
Sammlung von Rahmenbedingungen, die den TN für eine gute Gruppenarbeit wichtig sind; anschließend Besprechung und Ergänzung der Rahmenbedingungen	Rahmenbedingungen auf Moderationskarten schreiben und an eine Pinnwand hängen, Gruppengespräch	Pinnwand, Pinnnadeln, Moderationskarten, Stifte für alle TN, Liste mit zu ergänzenden Rahmenbedingungen
Überlegungen zur Gestaltung von Rahmenbedingungen in der Praxis	Gruppengespräch	

4. Einheit: Gruppenprozess

Inhalt	Methoden	Material
Gemeinsam die Abschnitte einer Gruppenarbeit sammeln und ordnen	Die TN benennen Vorschläge, die Kursleitung schreibt sie auf Moderationskarten und hängt sie an eine Pinnwand; ggfs. ergänzt oder korrigiert sie	Pinnwand, Pinnnadeln, Moderationskarten, Mustervorlage für die Gruppenphasen
Vorstellen der Gruppenentwicklungsphasen, zugeordnet zu den Abschnitten der Gruppenarbeit	Referat	
Benennung von Leitungsaufgaben im Gruppenprozess, anschließend Besprechung der Aufgaben	Einzelarbeit mit Arbeitsblatt, Gruppengespräch	Arbeitsblatt „Leitungsaufgaben im Gruppenprozess" für alle TN, Stifte für alle TN
Reflexion der gesamten Schulung	es gibt viele Möglichkeiten, z. B. Blitzlichtrunde oder Aufstellung auf einer Skala von „sehr gut" bis „ganz schlecht" oder...	

Anhang

Kernaussagen zur Gruppenleitung
- Der Gruppenleiter hat die Aufgabe, gestörte Kommunikation wiederherzustellen.
- Es existiert eine Kluft zwischen dem Individuum und der Gruppe in unserer Kultur.
- Der/die Leiter/in sollte seine/ihre Fähigkeiten zum Besten der Gruppe einsetzen.
- Das Verstehen der eigenen Person geht Hand in Hand mit dem Verstehen von anderen und dem Verstandenwerden von anderen.
- Das „Ich" kann sich nicht sehen, so wenig sich jemand selbst in die Augen sehen kann, außer mithilfe eines Spiegels.
- Kein Leben, Arbeiten, Lernen ohne Gruppe.
- Jeder Mensch ist essenziell sozial orientiert.
- Das Bedürfnis der Teilnehmer nach Kontakt, Kommunikation und Beziehung unterstützt den Zusammenhalt der Gruppe.

Zu beachtende Rahmenbedingungen in der Gruppenarbeit
- Pünktlichkeit
- Arbeitszeiten
- Pausen
- Anwesenheit
- Ort
- Raumgröße
- Farben
- Möblierung
- Anrede
- Kleidung
- Anfahrt
- Luft
- Gruppengröße
- Licht
- Sitzordnung
- Essen und Trinken
- Raumakustik

Abb. 3: Idealtypische Gruppenphasen; eigene Darstellung

Die Abschnitte einer Gruppenarbeit

Die Gruppenentwicklungsphasen

1. Die Orientierungsphase
   Die Gruppe kommt erstmals zusammen, die Gruppenmitglieder lernen sich kennen, sie orientieren sich in der Gruppe: Wer ist da? Wie wirken die Einzelnen auf mich? Wie wirkt die Gruppenleitung auf mich? Wer ist mir sympathisch, wer unsympathisch? Wie fühle ich mich in der Gruppe?
2. Die Positions- und Rollenklärungsphase
   Wer verhält sich wie in der Gruppe? Wer übernimmt Leitungspositionen, wer den Gegenpart zur Leitungsposition? Wer wird zum Außenseiter, wer zum Mitläufer? Alle Rollen, die sich hier herausbilden, sind wichtig. Die Rollen können unter den Mitgliedern wechseln.
3. Die Vertrautheitsphase
   Die Gruppe kennt sich, die Rollen sind geklärt, ein Wir-Gefühl kommt auf. In dieser Vertrautheit kann die Gruppe die Bearbeitung des Gruppenauftrags in Angriff nehmen.
4. Die Differenzierungsphase
   Die Gruppe ist vertraut und hat eine Beziehung aufgebaut. Aus den „Rangkämpfen" der Positions- und Rollenklärungsphase wird eine offenere Struktur, in der Positionen je nach Notwendigkeit oder Situation wechseln können, ohne dass es zu neuen Streitigkeiten führt. Die Gruppe ist in der Lage, differenziert ihren Auftrag zu bearbeiten.
5. Die Ablösungsphase
   Der Auftrag ist bearbeitet, die Aufgabe erfüllt. Damit hat die Gruppe keine Begründung mehr und löst sich auf. Dies kann langsam geschehen, indem einzelne Mitglieder nach und nach die Gruppe verlassen, oder zu einem festgelegten Zeitpunkt, an dem sich die Gruppe zum letzten Mal trifft.

Literatur zur Gruppenarbeit

Schöpping, Horst-Günther/Tielke, Karl-Josef (1998): GruppenLeben. Basistheorien zur Dynamik, Leitung und Führung von Gruppen. Paderborn: BDKJ-Verlag

Arbeitsblatt „Leitungsaufgaben im Gruppenablauf"
Der Gruppenprozess

Gruppenphasen	Leitungshandeln
Anfangsphase	
Arbeitsphase	
Schlussphase	

Arbeitsblatt mit Lösungen
Der Gruppenprozess

Gruppenphasen	Leitungshandeln
Anfangsphase	Herstellung geeigneter Rahmenbedingungen Kontaktaufnahme und Begrüßung Feststellung der Arbeitsfähigkeit Die neue Arbeitsaufgabe abklären
Arbeitsphase	Bearbeitung der Aufgabe Evtl. Untergruppen bilden Zwischenergebnisse identifizieren ...
Schlussphase	Ergebnisse zusammenfassen und mit dem Arbeitsauftrag abgleichen Die Gruppe beenden Verabschieden

3.7 Arbeit mit der (eigenen) Biografie

3.7.1 Sein Leben in die Hand nehmen – Biografische Lebensmuster entschlüsseln

Hintergründe zur Biografiearbeit

BRIGITTE HIERONIMUS

Wer kennt das nicht? Man fragt sich plötzlich: Was wäre wohl anders geworden, wenn ich dieses oder jenes gemacht hätte? War mein eingeschlagener Weg der richtige? Weiß ich, wohin ich heute will? Lohnt sich ein Richtungswechsel überhaupt?

Um Antworten auf diese Fragen zu erhalten, ist es hilfreich zurückzuschauen, um daraus Schlüsse zu ziehen, wie es weitergehen soll. Dabei werden vorhandene Lebenskonzepte neu überdacht, untauglich gewordene Lebensmuster verabschiedet, um aus der Gegenwart das Zukünftige zu gestalten.

Biografiearbeit und biografisches Schreiben

Wer seine Lebensgeschichte aufschreibt, sei es für Nachkommen oder für eine Veröffentlichung, ist gewillt, sich mit seiner Biografie auseinanderzusetzen. Dabei entscheidet er, was besonders hervorgehoben oder verborgen bleiben soll. Beim biografischen Schreiben geht es um persönlich bedeutsame und wichtige Episoden, die aus einem subjektiven Blickwinkel heraus dargestellt werden. Dabei beschäftigt sich vor allem die Kriegs- und Nachkriegsgeneration mit psychosozialen und existenziellen Themen sowie mit der Aufarbeitung traumatischer Erlebnisse des Krieges und der psychischen Auswirkungen auf die nachfolgende Generation.

Allgemeine Gesetzmäßigkeiten und Brüche in der Biografie

Es gibt in jeder Biografie allgemeine Gesetzmäßigkeiten. Die Einschulung ist eine solche. Die Schulsysteme unterscheiden sich allerdings aufgrund der jeweiligen Rahmenbedingungen. Mussten die Eltern z. B. einen Ortswechsel vornehmen, musste das Kind die Schule verlassen, die vertraute Umgebung und Freunde aufgeben, es musste sich an neue Lehrer und Schulkameraden gewöhnen. Entsprechend der psychischen Konstitution können solche Erfahrungen bei einigen Kindern durchaus gravierende Folgen für das weitere Leben haben. Für manche kann es zu massiven Verlustängsten führen, andere gehen neugierig an diese Situation heran. Entscheidend ist die Haltung der Eltern. Unterstützen und ermutigen sie ihr Kind in diesem Anpassungsprozess, geben sie ihm emotionales Verständnis oder gehen sie über dessen Ängste und Unsicherheiten hinweg? Aufgrund der elterlichen Haltung entwickelt das Kind einen individuellen Bewältigungsstil, der ihm hilft, mit Ängsten und Unsicherheiten umzugehen. Das kann ein „Sich fügen", ein Kämpfen und Aufbegehren oder ein Fluchtimpuls sein. Bewältigungsstile, die wir in frühen Lebensaltern entwickeln, werden im Laufe des Lebens zu Lebensmustern, die sowohl förderlich als auch hinderlich sein können.

Biografiearbeit befasst sich mit körperlicher, seelischer und geistiger Entwicklung, die zyklisch verläuft

Der menschliche Lebenszyklus besteht aus aufeinander aufbauenden Entwicklungsstufen und deren spezifischen Aufgaben. Die anthroposophische Einteilung nach Rudolf Steiner (1861- 1925, österreichischer Naturwissenschaftler und Philosoph) umfasst 3x7 Jahre für die körperlich-seelische Entwicklung (Geburt bis 21 Jahre), 3x7 Jahre für die seelische Reifung (28 bis 42 Jahre), 3x7 Jahre für die geistige Weiterentwicklung (49 bis 63 Jahre) sowie das 10. Lebensjahrsiebt und darüber hinaus, welches für die Konsolidierung steht. Zyklen bedeuten in dem Zusammenhang, dass Altes abgestoßen wird, damit etwas Neues entstehen kann. Es geht dabei um ein Hineinwachsen in einen neuen Lebensabschnitt sowie um das Loslassen vom vergangenen Jahrsiebt; dies kann partiell von Krisen begleitet sein.

Kommen wir erneut auf das obige Beispiel der Einschulung zurück. Das Kind erweitert seinen psychosozialen Lernraum. Nach der Schulausbildung folgt der Jugendliche einem Studium oder macht eine Lehre. Nach Ausbildungsabschluss entscheidet sich der Heranwachsende für einen Beruf, wird sich weiter fortbilden oder auch später umschulen. In der zweiten Lebenshälfte kann passieren, dass der alte Arbeitsplatz verlassen werden muss. Der Erwachsene wird jetzt mit einer anstehenden Entwicklungsaufgabe konfrontiert und kann diese Krise (Arbeitslosigkeit, Status- und Imageverlust) durchaus als Chance nutzen. Manche gestehen sich vielleicht zum ersten Mal ein, dass sie in jungen Jahren gar nicht den Beruf gewählt haben, den sie eigentlich wollten; und sie nutzen die Phase der vorübergehenden Arbeitslosigkeit nun zur Überprüfung ihrer Fähigkeiten und Potenziale und schlagen beruflich neue Wege ein oder suchen nach neuen Orientierungspunkten außerhalb des Berufs.

Biografiearbeit setzt sich kontinuierlich mit anstehenden Entwicklungsaufgaben auseinander, die sich bis ins hohe Alter fortsetzen

Dabei steht das reife Zusammenspiel der Ich-Integrität als zentrale Aufgabe im Vordergrund, um das Leben sinnhaft gestalten zu können. Erik H. Erikson (Psychoanalytiker, 1902–1994) beschreibt in seinem Werk „Der vollständige Lebenszyklus" das Fehlen oder den Verlust der gewachsenen Ich-Integrität als Gefahr der Altersverzweiflung, welche aus der Erkenntnis resultiert, am Leben gescheitert zu sein und bestimmte Dinge nicht mehr rückgängig machen zu können. So kommt der Biografiearbeit die besondere Bedeutung zu, Fähigkeiten wie Willenskraft, Zielstrebigkeit, Können, Treue, Liebe, Fürsorge und Weisheit zu stärken, um sein Leben als Individuum in der Gesellschaft zu bereichern. Die psychische Fähigkeit, sich weiterzuentwickeln, hängt dabei von einem Gesamtprozess ab, der den individuellen Lebenszyklus, die Generationsfolge sowie die Gesellschaftsstruktur gleichzeitig reguliert.

Lebensmotivation im (Übergang in den) Ruhestand

Die Phase des Übergangs in den Ruhestand bietet die Gelegenheit, den bisherigen Lebenszyklus rückblickend zu betrachten, Bewältigungs- bzw. Lebensmuster zu identifizieren, ihre Entstehung nachzuverfolgen, ihre Funktionalität zu bewerten und sich ausgehend von einem solchen Resümee mit für einen solchen Übergang typischen Fragen zu beschäftigen.

Gerade im Ruhestand entstehen ungeahnte Möglichkeiten, sich auf neue Weise weiterzuentwickeln. Leben ist Wandlung von Anfang an. Die Lebenskunst im Älterwerden besteht jetzt darin, sich auch in dem, was nicht gelungen und woran man gescheitert ist, anzunehmen und sich damit auszusöhnen. Hektische Beschäftigungen und nervöse Umtriebigkeit behindern den Weg nach innen und führen häufig zu Neurosen und psychosomatischen Krankheitsbildern. Es geht vorranging um die Frage, mit welchen Maßstäben der Mensch an die Bewertung des Lebens herangeht. Achtsamkeit sich selbst und anderen gegenüber sorgt für ein ausgewogenes Maß zwischen dem, was noch im Außen erschaffen werden kann, und dem, was im Innenleben heranreift. Daraus erwachsen reife Lebensaufgaben, die bis ins hohe Alter andauern können.

Jeder Mensch steht innerlich vor den Fragen:
- Was sind meine Lebensmotivationen, wenn ich auf den Ruhestand zusteuere?
- Was sind meine Aufgaben nach dem Arbeitsleben?
- Welche Fähigkeiten besitze ich – auch außerhalb meiner beruflichen Kompetenzen?
- Mit welchen Schwierigkeiten habe ich zu kämpfen – wenn ich nicht „gebraucht" werde?
- Warum wiederholen sich in meinem Leben immer gewisse Situationen – die ich mir in der Ruhestandszeit nun genauer anschauen und gezielt bearbeiten kann?
- Wie verläuft mein roter Faden – der mir hilft, mich am Leben neu zu orientieren?

Wie sehe ich mich in fünf oder zehn Jahren – wenn ich z. B. körperlich beeinträchtigt bin oder ein Pflegefall werde? Wem vertraue ich mich an, von wem lasse ich mir helfen? Wie kann ich meinen Geist dennoch beflügeln?

Welche sind meine eigentlichen Ziele? Was sind meine Werte wert, wenn ich auf mein aktuelles Alter schaue? Wo müssen sie angepasst und neu definiert werden? Was ist wertvoll im Miteinander? Mit welchem Blick schaue ich auf mein derzeitiges Leben?

Es gibt Ziele für kürzere, mittlere und längere Zeitspannen; es hängt von meinem derzeitigen Lebensalter ab, was ich noch erreichen möchte. Z.B. einen Segelschein werde ich mit 70 nicht mehr bekommen, aber ich kann mit anderen zusammen segeln gehen. Je älter der Mensch ist, desto kürzer werden die Wege zum Ziel.

Es gibt Ziele für verschiedene Lebensbereiche (ökonomischer Bereich, Gesundheitsziele, Berufsziele, Beziehungen, Ziele der Selbstentwicklung, Menschheitsziele). Die Zeit nach dem Ruhestand ist geeignet, sich für „höhere" Ziele einzusetzen. Es ist die Zeit, sich auf geistiger, spiritueller, philosophischer oder religiöser Ebene zu entfalten. Es kann ebenso eine Phase kreativen oder künstlerischen Schaffens sein. Es geht um das, was noch verwirklicht und erschlossen werden möchte. Lebenskönnerschaft bedeutet, alle Facetten des Lebens auszuloten und sich der eigenen Seele immer mehr zu öffnen.

3.7.2 „Von wegen ab zum alten Eisen – die fruchtbare Sturm- und Drangzeit des Ruhestandes"

Praxis der Biografiearbeit mit Menschen im (Übergang in den) Ruhestand

BRIGITTE HIERONIMUS

Kurzbeschreibung

Biografiearbeit richtet sich an Menschen, die sich in Lebensübergängen befinden und sich mit ihren anstehenden Entwicklungsaufgaben auseinandersetzen wollen. Der Eintritt in den Ruhestand gehört sicher zu den bedeutsamsten wie aber auch krisenhaftesten Lebensübergängen, in dem es darum geht, seine geistig-schöpferischen Kräfte sinnvoll und kreativ einzusetzen. Es ist eine Zeit der Lebensernte, in der wieder Neues ausgesät werden will. Krisen sollten nicht als Störfaktor betrachtet werden, sondern als aktiv und konstruktiv zu lösende Aufgaben, aus denen der Mensch gestärkt hervorgehen kann, wenn er die Krise als Chance begreift.

Ziel und Zielgruppen

Biografiearbeit ist eine geeignete Methode, um sich einen strukturierten Überblick auf seine persönlich wichtigsten Lebensabschnitte zu verschaffen. Sie hat zum Ziel, die spezifischen Aufgaben deutlicher zu erkennen und in die Tat umzusetzen. Ihre Zielgruppen sind bevorzugt Frauen und Männer zwischen 50 und Mitte 60 sowie Kursleiter und Dozenten, die in der Erwachsenenbildung, in Sanatorien, Krankenhäusern und Kurkliniken tätig sind.

Was ist Biografiearbeit?

In der Vergangenheit war Biografiearbeit überwiegend auf die Altenhilfe ausgerichtet und ging primär von einem „defizitären Ansatz" aus. Es ging überwiegend um Erinnerungsarbeit und die Aktivierung der sich zurückbildenden Sinnesreize. So war man bemüht, durch das Hören von bestimmen Musikstücken Erinnerungen zu wecken oder durch das Anschauen von Filmen und Fotos, die eine persönliche Bedeutung haben, den alten Menschen einen Weg dafür zu ebnen.

Heute hat man sich vermehrt dem „aktivierenden Ansatz" zugewendet: Was kann der Mensch jetzt anders und neu tun, was kann gestärkt und ausgebaut werden? Innerhalb der jeweiligen Biografie finden sich existenzielle Stränge wie Sozio-, Kultur-, Körper-, Öko-, Mytho-, Persönlichkeits-, Bildungs- und Lernbiografie. Durch den anthroposophischen Ansatz Rudolf Steiners sowie durch Erik H. Eriksons (1902–1994) wissenschaftlich anerkanntes Stufenmodell erfuhr die Biografiearbeit eine vertiefte Sichtweise auf die Entwicklungsphasen innerhalb der verschiedenen Lebensjahrsiebte.

In der Biografiearbeit selbst unterscheidet man gesprächsorientierte und aktivitätsorientierte Verfahren.

Zu den gesprächsorientierten Verfahren zählen Gespräche, die in Dialogform geführt werden, sowie der Austausch in Kleingruppen. Spezifischen Fragen zum gegenwärtigen Lebensjahrsiebt (z. B. 56–63 Jahre), die sich u. a. mit dem Zusammenspiel der Ich-Integrität, der Differenzierung in Beziehungssystemen, der angemessenen Lebensform und der Suche nach neuen Orientierungspunkten auseinandersetzen, werden unter Berücksichtigung der eigenen Lebensgeschichte besprochen.

Die aktivitätsorientierte Biografiearbeit zeichnet sich durch eine aktive Tätigkeit aus. Hierbei stehen Elemente der aus der Psychotherapie bekannten Gestaltarbeit zur Verfügung – im Grunde alle Aktivitäten, welche die Sinne des Menschen anregen und in den Vordergrund stellen. Dazu gehört u. a. die Arbeit am Lebenspanorama, die Arbeit mit der biografischen Parabel (s. Anhang) sowie kreatives Schreiben und Malen und die kreative Gestaltung von Lebensübergängen und Ritualen. Die aktivitätsorientierte Biografiearbeit fördert das umfassende Verstehen und Aussöhnen mit der eigenen Lebensgeschichte, wodurch Perspektiven für Neubeginn und persönliche Aufgaben skizziert werden und so eine positive Weiterentwicklung möglich wird.

Biografiearbeit befasst sich mit den drei Zeitdimensionen Vergangenheit (Lebensbilanz), Gegenwart (Lebensbewältigung) und Zukunft (Lebensplanung), sie konzentriert sich jedoch vorwiegend auf die Stärkung vorhandener Kompetenzen und stellt die Lebensbewältigung der Gegenwart und die Lebensplanung der Zukunft in den Mittelpunkt.

Methoden

Zentrales Element ist die Methode der biografisch-narrativen (erzählenden) Gesprächsführung, die sich aus der qualitativen Forschungsmethode des narrativen Interviews entwickelt hat. Dabei geht es um die Entdeckung dessen, was sich durch all die Hindernisse des Lebens dennoch positiv und stärkend auf das Gewordensein ausgewirkt hat. Biografisches bzw. Autobiografisches hilft, den roten Faden des Lebensmusters wiederzufinden und Entwicklungsstaus aus früheren Phasen auf diese Weise aufzulösen. Vorhandende Lebenskonzepte können neu überdacht, untauglich gewordene Lebensmuster verabschiedet werden, um mit neuer Lebenskraft Gegenwart und Zukunft zu gestalten.

Praxisbeispiele:

Ein niederschwelliger Workshop von drei bis vier Stunden Dauer – auch für Kursleiter ohne besondere Vorkenntnisse zur Biografiearbeit

Einführung zur Bedeutung des Namens:

Was weiß ich über die Bedeutung meines Vornamens? – Wer hat ihn ausgesucht? – Wie fühle ich mich mit meinem Namen?

Diese Methode des Erzählens eignet sich sehr gut als Partnerarbeit und anschließend zum Austausch im Plenum. Sie gibt einen ersten Aufschluss über die biografischen Zusammenhänge der Herkunftsfamilie.

Praxis der Biografiearbeit/Übungsteil

„Wenn mein Leben ein Buch wäre, wie würde der Titel lauten? – Wie lauten die wichtigsten sieben Kapitel aus meinem Leben?"

Dazu wird ein großes weißes Blatt zur Hälfte zusammen gefaltet. Auf die erste Seite kommt der „Buchtitel" – auf die Innenseiten die sieben Kapitelüberschriften. Diese intuitive Arbeit wird in Einzelarbeit erstellt. Danach bekommt jeder die Möglichkeit, sich in der Gruppe mit seinem Lebensbuch vorzustellen, und bekommt so auf kreative Weise einen Überblick seines Lebens.

Ein Tagesseminar für erfahrene Anwender – Anleitung für Kursleiter mit Kenntnissen der Biografiearbeit

Einführung in die biografische Parabel

Mithilfe biografischer Fragen zu den Lebensjahrsiebten werden allgemeine Gesetzmäßigkeiten und Besonderheiten der Lebensabschnitte vorgestellt.

Praxis der Biografiearbeit/Übungsteil

Persönliche Fragen des jeweiligen Lebensjahrsiebts werden von den Teilnehmenden in die Parabel übertragen und schriftlich beantwortet.

Es hat sich bewährt, mit dem gegenwärtigen Jahrsiebt zu beginnen und sich im zweiten Schritt mit dem gegenüberliegenden Jahrsiebt aus der ersten Lebenshälfte zu beschäftigen, da in den meisten Fällen ein Entwicklungsstau in dieser Zeit zu finden ist. Anschließend Besprechung der individuellen Unterschiede in Kleingruppen und Vorstellung im Plenum.

Ein Tagesseminar zur Vertiefung und Fortsetzung

Einführung: Ziele in der Biografiearbeit

Zur weiteren Übersicht werden der Biografiearbeit drei Ziele zugeordnet:
- **Stärkung der autobiografischen Kompetenzen**: Die Fähigkeit, sich mit der eigenen Vergangenheit auseinanderzusetzen; den Mut zum Erzählen vermitteln.
- **Rekonstruktion der Lebensgeschichte**: Wiederbelebung einzelner Lebensgeschichten, Herstellen eines ganzheitlichen Verständnisses.
- **Integration der Lebensgeschichte**: Durch positive Verarbeitung können Brüche, Widersprüche, Scheitern, Krankheiten in die Lebensgeschichte integriert und daraus gewonnene Erkenntnisse sinnvoll für die Zukunft genutzt werden.

Praxis der Biografiearbeit/Übungsteil
Transfer in die Biografiearbeit mit Menschen im und vor dem Ruhestand:

Die zentralen Fragen des Jahrsiebts 56–63 (Arbeitsblatt/Übersicht):
1. Habe ich meine wichtigsten Lebensziele verwirklichen können?
2. Wie sieht meine derzeitige Lebensbilanz aus?
3. Wie steht es um meine geistige Schaffenskraft?
4. Was bin ich bereit, der Welt und anderen Menschen zu geben?
5. Welche noch schlummernden Talente und Begabungen rufen mich?
6. Welche Menschen inspirieren, fördern oder beschränken mich?
7. Sehe ich mich als Schöpfer meiner Gedanken und Ideen?
8. Was möchte ich neu in die Hand nehmen?
9. Wie kann ich die kommenden Jahre fruchtbar machen?
10. Wie gehe ich mit körperlichen Beschwerden und Einschränkungen um?
11. Womit möchte ich mich aussöhnen?

12. Gibt es Anzeichen geistiger Sklerose in Form von Starrsinn, Vergesslichkeit und Unbeweglichkeit im Denken?
13. Wie ist meine Haltung zur jungen Generation?
14. Was will ich von mir weitergeben, wie mich engagieren und wofür einsetzen?
15. Kann ich mich von alten Machtansprüchen lösen?
16. Was soll man am Ende meines Lebens über mich sagen?

Die Teilnehmer entscheiden sich zunächst für drei Fragen und tauschen sich in Kleingruppen aus.

Im zweiten Schritt erarbeiten sie als Gruppe ein Lösungsbild, wozu sie sich verschiedener Mittel bedienen können: Rollenspiel – Collage – Pantomime – Mind-Mapping usw.; anschl. Vorstellen im Plenum und Abschluss.

Die Bedeutung der Biografiearbeit als Fortbildungsangebot für Bildungsträger

Zusammenfassend lässt sich sagen, die aktive Arbeit an der eigenen Biografie – vor allem die im dritten Lebensabschnitt – bedeutet, fruchtbares Neuland zu betreten. In meiner langjährigen biografischen Beratung zur Lebensmitte stelle ich fest, dass sich immer mehr Menschen bewusster und zielorientierter auf ihren Ruhestand vorbereiten wollen.

Auch wenn es Männern zunächst noch schwerer fällt, sich nach der Verrentung auf neue Aufgaben und Ziele zu fokussieren, so wird doch deutlich erkennbar, dass sich vor allem die Generation der heute Sechzigjährigen immer mutiger zu anderen Ufern aufmacht. Diese neu erwachte Sturm- und Drangzeit zeichnet sich für viele durch enormen Wissensdurst und Experimentierfreude aus. Man gibt dem Leben noch mal eine entscheidende Wende und will das Beste in sich zutage fördern. Talente und Begabungen, die ein halbes Leben lang brachlagen, wollen neu belebt werden.

Männer bieten ihr Wissen und ihre Kompetenz gern als Mentor in Firmen an, doch sie unterstützen auch innerhalb ihres partnerschaftlichen, familiären oder nachbarschaftlichen Bezugsrahmens. Sie mähen den Rasen der pflegebedürftigen Nachbarn und bauen für die Enkel Holzpferde. Manche arbeiten ehrenamtlich an sozialen Projekten oder wenden sich zum ersten Mal kreativen Dingen zu. Sie beginnen sich künstlerisch zu betätigen, zu musizieren, besuchen Tango- und Kochkurse oder züchten seltene Rosen. Auffallend ist, dass sie sich darum bemühen, den Tagesablauf einfühlsamer und weitsichtiger zu gestalten, und eine Balance zur körperlichen und geistigen Schaffenskraft herstellen.

Frauen streben anders in die Welt hinaus. Familienfrauen entbinden sich in dieser Zeit sanft von familiären Pflichten, widmen sich verstärkt Kunst und Kulturangeboten, organisieren Reisen und Bildungsangebote. Nicht wenige beginnen vor dem eigenen Ruhestand, selbstständig oder freiberuflich tätig zu werden und wollen weiterhin aktiv bleiben. Andere mischen sich aktiv ins Weltgeschehen, engagieren sich in Vereinen oder Kommunen. Für viele bekommt die Großmutterschaft eine neue Bedeutung, es geht nun nicht mehr um die Fortführung der Mutterschaft, sondern darum, der nachfolgenden Enkelgeneration bewusste Zeit und Aufmerksamkeit zu schenken und sie ermutigend in die Welt hinein zu begleiten.

Die moderne Hirnforschung weist zudem darauf hin, dass die Entwicklung eines jeden Menschen bis zum letzten Atemzug geht und neues Lernen zu jeder Zeit möglich ist. Es kommt also darauf an, wie der Mensch auf sein vergangenes Leben zurückblickt und welches Resümee er zieht. Probleme und Lebensaufgaben, die nicht gelöst wurden, zeigen sich dann in Lebensverdruss und Altersverzweiflung. Biografiearbeit hat hier einen besonderen Stellenwert, sofern sie sich um Salutogenese bemüht. Sie stellt Fragen nach dem, was gesund hält, und hilft, frühere Entwicklungsstaus zu beheben, die sich aufgrund früher ungünstiger psychosozialer Lebensbedingungen ergeben haben. Erik H. Erikson weist darauf hin, dass der Mensch gegen Ende seines Lebens einer neuen Auflage seines Lebens begegnet, die er so zusammenfasst: „Ich bin, was von mir überlebt."

Biografiearbeit begleiten/Weiterführende Hinweise

Wer Menschen in der Biografiearbeit unterstützen und begleiten möchte, sollte über ausreichende Erfahrungen im Umgang mit psychosozialen und psychologischen Lebensthemen verfügen. Wer in der Erwachsenenbildung arbeitet, bringt an sich schon recht gute Voraussetzungen mit. Hilfreich ist es, sich regelmäßig zur Biografiearbeit fortzubilden.

Das Frauenseminar Bodensee/Schweiz bietet Kurse an: www.frauenseminar-bodensee.ch

Berufsbegleitende Fortbildungsangebote zur Biografiearbeit sowie Angebote des persönlichen Einzelcoachings finden Sie auf meiner Website: www.brigitte-hieronimus.de (Literaturliste, biografische Fragen zu Lebensübergängen können kostenlos angefordert werden)

Biographie-Parabel Frauen & Männer

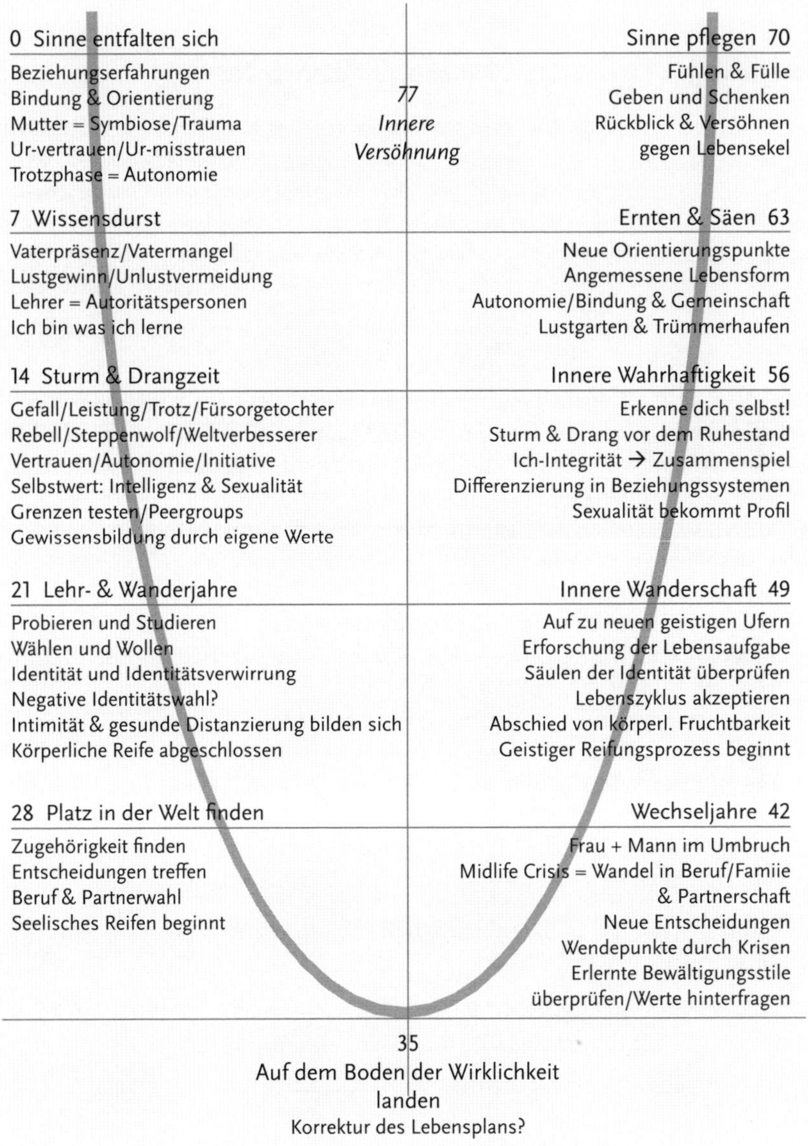

0 Sinne entfalten sich		Sinne pflegen 70
Beziehungserfahrungen Bindung & Orientierung Mutter = Symbiose/Trauma Ur-vertrauen/Ur-misstrauen Trotzphase = Autonomie	77 *Innere* *Versöhnung*	Fühlen & Fülle Geben und Schenken Rückblick & Versöhnen gegen Lebensekel
7 Wissensdurst		Ernten & Säen 63
Vaterpräsenz/Vatermangel Lustgewinn/Unlustvermeidung Lehrer = Autoritätspersonen Ich bin was ich lerne		Neue Orientierungspunkte Angemessene Lebensform Autonomie/Bindung & Gemeinschaft Lustgarten & Trümmerhaufen
14 Sturm & Drangzeit		Innere Wahrhaftigkeit 56
Gefall/Leistung/Trotz/Fürsorgetochter Rebell/Steppenwolf/Weltverbesserer Vertrauen/Autonomie/Initiative Selbstwert: Intelligenz & Sexualität Grenzen testen/Peergroups Gewissensbildung durch eigene Werte		Erkenne dich selbst! Sturm & Drang vor dem Ruhestand Ich-Integrität → Zusammenspiel Differenzierung in Beziehungssystemen Sexualität bekommt Profil
21 Lehr- & Wanderjahre		Innere Wanderschaft 49
Probieren und Studieren Wählen und Wollen Identität und Identitätsverwirrung Negative Identitätswahl? Intimität & gesunde Distanzierung bilden sich Körperliche Reife abgeschlossen		Auf zu neuen geistigen Ufern Erforschung der Lebensaufgabe Säulen der Identität überprüfen Lebenszyklus akzeptieren Abschied von körperl. Fruchtbarkeit Geistiger Reifungsprozess beginnt
28 Platz in der Welt finden		Wechseljahre 42
Zugehörigkeit finden Entscheidungen treffen Beruf & Partnerwahl Seelisches Reifen beginnt		Frau + Mann im Umbruch Midlife Crisis = Wandel in Beruf/Famiie & Partnerschaft Neue Entscheidungen Wendepunkte durch Krisen Erlernte Bewältigungsstile überprüfen/Werte hinterfragen

35
Auf dem Boden der Wirklichkeit
landen
Korrektur des Lebensplans?

Abb. 1

3.7.3 Methodenkoffer Biografiearbeit

ELISABETH VANDERHEIDEN

Storytelling 1: Eigene Geschichten zum Älterwerden

> „Einige Menschen glauben, wir bestehen aus Fleisch, Blut und Knochen.
> Wissenschaftler sagen, wir bestehen aus Atomen.
> Aber ich glaube, wir bestehen aus Geschichten!
> Wenn wir sterben, ist es das, an was sich die Menschen erinnern,
> die Geschichten unseres Lebens und die Geschichten,
> die wir erzählt haben."
>
> (RUTH STOTTER)

Das Erzählen von Geschichten – engl. Storytelling – ist eine der ältesten Formen menschlicher Kommunikation, eine uralte Form der Überlieferung persönlichen und kollektiven Wissens und Erlebens. Geschichten sprechen – nachhaltig – Emotionen an: Eine gute Geschichte bleibt im Gedächtnis, gibt Wissen und Werte weiter, reflektiert Verhalten und Einstellungen und ermöglicht neue Verhaltensoptionen. Geschichten

- bestätigen oder reflektieren Werte und Handlungsmuster,
- unterstützen die Entwicklung kreativer Gedanken,
- unterstützen Gruppen, verstecktes Wissen zutage zu fördern und Erfahrungen und Fähigkeiten zu teilen,
- erzeugen eine neue Einstellung, Vision oder einen Blickpunkt,
- eröffnen den Zugang zu neuen Arbeitsweisen oder neuen Konzepten,
- setzen eigene Geschichten frei und helfen, eigenes unbewusstes Wissen zu entdecken,
- erinnern an erfolgreiche Problemlösungen,
- verstärken die Bindung zu Menschen und Organisation.

Dies trifft insbesondere auf authentische Geschichten (Alltags- oder Erfahrungsgeschichten) zu.

Diese Methode regt Menschen dazu an, ihre eigenen Geschichten im Kontext kultureller Vielfalt zu erzählen und im Austausch mit anderen zu reflektieren.

Ziel:

Die Methode kann dazu beitragen, sich an eigene Erlebnisse und Erfahrungen im Zusammenhang mit dem Altern zu erinnern, neue Sichtweisen und Interpretationen zu entwickeln, Handlungsoptionen und Strategien zu erarbeiten – hin zu einer gemeinsamen Vision vom gelingenden Altern.

Zeitfenster:

ca. 30 bis 90 Minuten bei ca. 6 Personen

Teilnehmende:

optimal 3 – 5 Teilnehmende, ansonsten Kleingruppen

Ablauf:
Alle Teilnehmenden werden gebeten, eine erlebte Geschichte zu erzählen, die von ihren Erfahrungen mit dem Älterwerden berichtet. Dazu können – um den Zugang zu erleichtern und den Austausch zu systematisieren – bestimmte Themen vorgegeben werden, z. B:

- **Die Schule des Lebens**: Erzählen Sie, was Sie das Leben über das Älterwerden gelehrt hat, egal ob positiv oder negativ, und was Sie daraus gemacht haben.
- **Wie ich gerne leben will**: Erzählen Sie etwas, das zeigt, wie Sie gerne leben wollen, welche Werte und Ziele Ihnen im Hinblick auf die nachberufliche Lebensphase wichtig sind.
- **Zukunftstraum**: Erzählen Sie von Ihrer Vision eines (besseren, freieren, bunteren,...) Lebens im Alter.
- **Familienbande**: Erzählen Sie etwas darüber, welche Menschen in Ihrer Familie positive Vorbilder für das Älterwerden oder den Umgang mit dem Altern haben, welche Erlebnisse dahingehend in Ihrer Familie erzählt werden, und welchen Einfluss dies darauf hat, wer Sie heute sind.
- **Ups!** Erzählen Sie etwas darüber, was in Ihrem Leben im Hinblick auf das Älterwerden schief gegangen ist und was Sie daraus gelernt haben.
- **Das beeindruckt mich!** Erzählen Sie von einer Person, die offensichtlich älter ist als Sie selbst, die Sie bewundern und wie Sie davon beeinflusst wurden.

Schritt 1
Die Leitung wählt eine der o. g. Fragestellungen aus und bittet die Teilnehmenden, sich eine entsprechende Geschichte auszudenken bzw. sich an eine solche zu erinnern.

Schritt 2
Die Teilnehmenden erzählen einander ihre Geschichten.

Schritt 3
Die Geschichten werden gemeinsam ausgewertet, z. B. unter folgender Fragestellung:
- Welche Gemeinsamkeiten werden deutlich?
- Welche Unterschiede?
- Was können wir für unser eigenes Älterwerden daraus ableiten?
- Wie sieht der erste Schritt im Hinblick auf ein gelingendes Altern aus?

Literatur

Thier, Karin (2010): Storytelling. Eine Methode für das Change-, Marken-, Qualitäts-, und Wissensmanagement. Berlin: Springer Verlag
Messer, Barbara/Masemann, Sandra (2012): Touch it. Teilnehmer emotional berühren – der Schlüssel zum Trainingserfolg. Bonn: managerSeminare Verlags GmbH
http://www.kas.de/wf/de/71.9275/ (Zugriff 01.08.2013)
http://www.narrata.de/narratives-management/narrative-methoden/was-ist-eine-geschichte/ (Zugriff 01.08.2013)

Storytelling 2: Geschichten vom Altern

Geschichten sind ein sehr wirksames Mittel, um einen Wandel oder die Diskussion über Emotionen, Visionen und Werte zu unterstützen. Durch das Erzählen von Geschichten können individuelle Ressourcen, aber auch Befürchtungen thematisiert, Denk- oder Verhaltensmuster identifiziert, Wissen offenbart und Handlungsoptionen entdeckt werden.

Geschichten unterstützen individuelle Entwicklungsprozesse, inspirieren zur Entwicklung von gemeinsamen Visionen, stiften Sinn und Bedeutung für Ereignisse, dienen der Interpretation von Vergangenem und der Beschreibung der Zukunft, fungieren als soziale Landkarte und Orientierungshilfe, eignen sich für die Thematisierung zwischenmenschlicher Aspekte, zeigen die „inoffizielle" Familien- oder Beziehungskultur auf, geben Richtlinien und Entscheidungshilfen für kritische Situationen.

Gerade konstruierte Geschichten (Geschichten als Kunst- oder Kulturform) können dazu einen wichtigen Beitrag leisten.

Ziel:

Diese Methode regt Menschen dazu an, sich gemeinsam mit anderen über eine Vision auszutauschen, sich auf einen Veränderungsprozess einzulassen – wie es der Eintritt in einen neue Lebensphase nun einmal ist – und zu reflektieren, was sie/er selbst zu diesem Veränderungsprozess beitragen kann. Sie macht die Kraft einer gemeinsamen Vision deutlich und zeigt, dass selbst das Unmögliche oder Unwahrscheinliche Wirklichkeit werden kann.

Material/Aufwand:

Geschichte als Handout zum Mitnehmen (erst nach Vorlesen als Erinnerung verteilen)

Moderationswand, auf der ein Weg eingezeichnet wurde; Moderationskarten und Stifte, Pins

Zeitfenster:

ca. 30 bis 90 Minuten bei ca. 6 Personen

Teilnehmende:

optimal 6 bis 12 Teilnehmende

Ablauf

Schritt 1
Eine Geschichte wird vorgelesen. Geeignet sind:
- **Märchen** (Frau Holle, Rotkäppchen, die Gänsehirtin am Brunnen u. v. m.)
- **Kurzgeschichten und Erzählungen** (z. B. das „Fenster-Theater" von Ilse Aichinger, „Zwei alte Frauen" von Velma Wallis, „Ein Tisch ist ein Tisch" von Peter Bichsel)
- **Lyrische Texte.** Hier finden Sie lyrische Texte, z. B. von älteren Menschen selbst verfasst:
http://www.pflegewerk.com/unternehmen/aktuelles-detailansicht/browse/7/article/1414/gedichte-ueber-das-alter.html
- **Gedichte.** Hier finden Sie Gedichte berühmter DichterInnen:
http://www.deutschelyrik.de/index.php/suche.html?keywords=ALTER
http://www.gedichte.levrai.de/alter_aelter_werden_gedichte.htm
- **Erzählungen älterer Menschen:** Gut eignen sich auch Texte, die älter werdende Menschen selbst verfasst haben. Ein sehr schönes Projekt ist das Projekt „Geschichten vom Altern" – ein WIKI von älteren Studierenden der Universität zu Köln. Hier können Sie die Geschichten älterer Menschen lesen

oder sogar selbst eine Geschichte einstellen: https://wiki.uni-koeln.de/Geschichten_vom_Altern/index.php/Liste_der_%C3%9Cberschriften

Schritt 2
Murmelgruppen zu folgende Fragestellungen:
- Welche „Moral" ziehen Sie aus dieser Erzählung?
- Was war der entscheidende Faktor, der zum Erfolg führte?
- Was heißt dies für unseren/Ihren Prozess des Älter-Werdens?
- Was muss passieren, damit wir für unseren inneren Veränderungsprozess eine ähnliche Aufbruchstimmung erleben?
- Was könnte Ihr eigener konkreter Beitrag dazu sein?

Schritt 3
Alle Teilnehmenden positionieren ihren individuellen Beitrag zu ihrem zukünftigen Veränderungsprozess auf der Moderationswand entlang des gedachten Veränderungsweges.

Als nächstes werden konkrete Umsetzungsschritte vereinbart.

Möglich ist auch, dass sich die Teilnehmenden verabreden, um sich wechselseitig bei der Umsetzung ihrer Schritte zu unterstützen.

Literatur/Weiterentwicklung von:

Blenk, Detlev(2003): Inhalte auf den Punkt gebracht. 125 Kurzgeschichten für Seminare und Trainings. Weinheim: Beltz Verlag
Thier, Karin (2010): Storytelling. Eine Methode für das Change-, Marken-, Qualitäts-, und Wissensmanagement. Berlin: Springer Verlag

Erinnerungskoffer

> *Wir brauchen uns nicht weiter vor Auseinandersetzungen,*
> *Konflikten und Problemen mit uns selbst und anderen zu fürchten.*
> *Denn sogar Sterne knallen manchmal aufeinander und es entstehen neue Welten.*
> *Heute weiß ich: das ist das LEBEN.*
>
> CHARLIE CHAPLIN

In der Erwachsenenbildung ist Biografiearbeit eine unverzichtbare Methode, gerade im Kontext der Arbeit mit älteren Menschen. Sie fördert die Introspektionsfähigkeit, bietet so neue Zugangsweisen zur Betrachtung, Beschreibung und Analyse des eigenen Erlebens und Verhaltens. Sie trägt somit auch zur Selbsterkenntnis bei. Gerade älteren und alten Menschen eröffnet sie neue Wege der Selbstthematisierung, stärkt ihr Selbstbewusstsein und Selbstwertgefühl und fördert im Idealfall die Entfaltung bislang vernachlässigter oder zurückgestellter Interessen.

Dabei stellt die Biographiearbeit den einzelnen Menschen mit den je eigenen Erfahrungen, Bedürfnissen, Sehnsüchten in den Mittelpunkt und folgt seinen/ihren Lebensspuren.

Ziel:

Diese Methode eignet sich besonders für eine individuelle Auseinandersetzung mit der eigenen Biographie, und will insbesondere dazu einladen, das Positive im bisherigen Leben zu sehen, sich von Belastendem zu verabschieden und die nächste Lebensphase als gestaltbare Chance wahrzunehmen.

Material/Aufwand:

Arbeitsblatt, Stifte

Zeitfenster:

ca. 30 Minuten

Teilnehmende:

Bis 10 -15 Teilnehmende, ansonsten Kleingruppen

Ablauf

Schritt 1:
Als Einstimmung kann eine Phantasiereise durchgeführt werden (s. u.).

Schritt 2:
Ein Arbeitsblatt mit dem Bild eines Koffers wird an alle Teilnehmenden verteilt. Sie werden eingeladen, diesen symbolischen Koffer zu beschriften oder – besser noch – mit symbolhaften Bildern zu bemalen:
- Was ist mir so wichtig aus den zurückliegenden Lebensphasen, dass ich es unbedingt in meinen Koffer mitnehmen werde?
- Was darf auf keinen Fall hinein, weil ich es zurücklassen möchte?

Schritt 3:
Auswertung in Zweiergruppen oder im Plenum. Mögliche Fragen:

Sie haben Ihren ganz persönlichen Biographiekoffer bestückt.
- Was hat Sie besonders erstaunt?
- Was besonders beglückt?

Ergänzende Fragen auch in der Methode „Lebensrucksack" (s. u.)

Mein Erinnerungskoffer

Abb. 1: Abbildung aus: Elisabeth Vanderheiden (Hrsg.): Praxishandbuch „Das 3. Leben". Das methodisch-didaktische Begleitbuch zum gemeinsamen Medienverbundprojekt von Katholischer Erwachsenenbildung und SWR. Mainz 2002

Phantasiereise in meine Vergangenheit

Ich sitze bequem auf meinem Stuhl. ⦙ Die Beine stehen hüftbreit nebeneinander, die Arme liegen locker auf den Oberschenkeln. Ich schließe die Augen. ⦙ Ich spüre, wo mein Körper den Stuhl berührt. Ich suche eine bequeme Position. ⦙ Rutsche vielleicht noch etwas hin und her, bis ich gut und entspannt sitze. ⦙ Ich nehme die Geräusche der Umwelt wahr. Sie dringen in mein Ohr, aber sie berühren mich nicht. ⦙ Die Gedanken dürfen kommen und gehen. Sie gehören zu mir.

Ich gehe weit zurück in meine Erinnerung. ⦙ Es gab eine Zeit, da war ich 10 Jahre alt. ⦙ Wie habe ich damals gelebt? Wo habe ich gewohnt? Wer gehörte zur Familie? ⦙ Wie sah die Wohnung aus? Gab es für mich einen Lieblingsplatz? Wer oder was war ganz wichtig für mich? ⦙ Ich sehe die Bilder wieder vor meinem inneren Auge, höre die Geräusche von damals, und rieche den Duft noch einmal. ⦙ Vielleicht gibt es ein Gefühl zu der Erinnerung ...

Nun werde ich älter, ich bin 30 Jahre alt. ⦙ Mein Leben hat sich verändert. Welche Bilder entstehen in meinem Kopf? ⦙ Welche Personen sind mir wichtig? Wo wohne ich jetzt? Was mache ich am liebsten? Ich höre die Geräusche von damals, und rieche den Duft noch einmal. Was fühle ich bei diesen Erinnerungen? ...

Nun bin ich 50. Wieder liegt ein neuer Lebensabschnitt vor mir. Wer begleitet mich? Wie habe ich mir mein Leben eingerichtet? Was beschäftigt mich am meisten? ⦙ Welche Veränderungen hat es gegeben? ...

In meinen Gedanken bin ich nun im „Jetzt" angekommen. Wie sieht mein Leben heute aus? Was beschäftigt mich? Wie wohne ich nun? Wer begleitet mich heute? ⦙ Was ist meine Lieblingsbeschäftigung? ...

Nun gehe ich einen Schritt weiter in die Zukunft. Was erwartet mich dort? Wie möchte ich leben? Womit werde ich mich beschäftigen? Wer wird mich begleiten? ⦙ Ich lasse Bilder vor meinem inneren Auge entstehen, ich kann die möglichen Geräusche hören, und rieche vielleicht einen Duft. Was fühle ich? ...

Ich verweile noch ein wenig in meinen Erinnerungen ... Dann verabschiede ich mich von meinen Bildern.

Ich schließe und öffne meine Hände, damit der Kreislauf wieder in Schwung kommt. Ich atme kräftig ein und aus und dehne und recke mich. ⦙ Nun öffne ich meine Augen und bin wieder im „Hier und Jetzt" angekommen. ⦙ Ich fühle mich ausgeruht und erholt und habe Lust auf das, was noch kommt.

Der Inhalt dieser Fantasiereise lässt sich je nach Thema des Seminars modifizieren.

Quelle für die Phantasiereise:

Stabsstelle für Gleichstellung und Sozialplanung der Stadt Jülich (2004): „Schatzkiste des Lebens – Biografiearbeit mit Senioren"– Projekt „Senioren ins Netz". Jülich

Mein Lebensrucksack

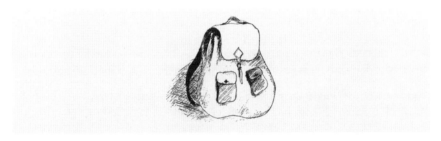

Abb. 2: Abbildung aus: Elisabeth Vanderheiden (Hg.) (2002): Praxishandbuch „Das 3. Leben". Das methodisch-didaktische Begleitbuch zum gemeinsamen Medienverbundprojekt von Katholischer Erwachsenenbildung und SWR. Mainz

Mein Lebensrucksack

> *Die Welt ist wie ein Wald voller Zeichen,*
> *die gedeutet werden wollen.*
>
> UMBERTO ECCO

Eine Variation zum „Erinnerungskoffer" (s. o.).

Ziel:

Diese Methode eignet sich ebenso wie der „Erinnerungskoffer" für eine individuelle Auseinandersetzung mit der eigenen Biographie und dafür, den Blick auf das

Positive zu richten, sich von Belastendem zu verabschieden und eine neue Lebensphase als Chance zur Gestaltung zu betrachten.

Material/Aufwand, Zeit, Teilnehmende, Ablauf: siehe Methode „Erinnerungskoffer"

Ergänzende Fragen zur Arbeit mit dem Lebensrucksack
1. Was hat mich in meinem Leben besonders geprägt? – Was enthält mein „Lebensrucksack"?
2. Wie sieht – zum jetzigen Zeitpunkt – meine ganz persönliche Lebensbilanz aus?
3. Muss mein „Lebensrucksack", damit ich diese Bilanz (noch) positiver gestalten kann, vielleicht erleichtert werden?
4. Was habe ich in diesen „Lebensrucksack" hineingepackt?
5. Was haben andere mir aufgebürdet?
6. Was ist mir wertvoll und soll in meinem „Lebensrucksack" bleiben?
7. Wovon möchte ich mich trennen?

3.7.4 Das Leben zurückerzählen

Anregung für eine biografische Gruppenarbeit

ANNELIESE WOHN

In seinem Buch „Das Licht brennt ein Loch in den Tag" beschreibt Wilhelm Genazino, wie er mit dem Thema Vergesslichkeit umgeht. Er ist beunruhigt, weil er einige Gedächtnislücken bei sich entdeckt. Und so beginnt er Freunden und Freundinnen in Briefen und bei Begegnungen Geschichten zu erzählen. Er bittet sie, diese Geschichten für ihn aufzubewahren und ihm, wenn ihm dann irgendwann wichtige Details seiner Erinnerung verloren gegangen sind, diese Geschichten „zurückzuerzählen".

Ziele:

Ziel dieser Gruppenarbeit ist es, die stärkende Kraft der Erinnerung zu erfahren und den Blick zu schärfen für die schönen Momente des Lebens in der Vergangenheit und dadurch auch in der Gegenwart. Biografisches Schreiben vertieft die eigene Lebensrückschau, da zwischen das Sich-Erinnern und das Erzählen der Prozess des Schreibens tritt. Im Vorlesen erfahren die Teilnehmer/-innen das aufmerksame Zuhören der anderen und in deren wertschätzenden Rückmeldungen die Wertschätzung ihres Lebens.

Zielgruppe:

Gruppen, die sich regelmäßig treffen oder sich in einem biografisch angelegten Seminar oder Kurs erinnern wollen.

Dauer der Durchführung:

Je nach Teilnehmer/-innenzahl sollten Sie 1,5 bis zwei Stunden einplanen.

Material:

Genazino, Wilhelm (2000): Das Licht brennt ein Loch in den Tag. Reinbek bei Hamburg: Rowohlt Taschenbuch

Schönes Briefpapier, Stifte, auch etwas Schmierpapier für Notizen

Bilder, die für unterschiedliche Erfahrungen stehen (z. B. Hochzeit, Babyfoto, Himmel, Meer, Berge, Weg, Kirmes), oder Gegenstände (z. B. ein Spielzeugauto, ein aufgeblasener Luftballon, ein schönes Glas, eine Puppe) oder von beidem etwas.

Vorbereitung:

Das Buch gut lesen und die eigene Lieblingsgeschichte darin finden, um sie in der Gruppe vorzulesen. Ich nehme gern „Lieber Werner" (S. 16), weil sie zeigt, dass es nicht nur die großen und spektakulären Ereignisse sein müssen, die es wert sind, aufgeschrieben zu werden.

Bilder und Gegenstände sammeln oder ausleihen; Schreibpapier und Stifte besorgen oder Teilnehmer/-innen bitten, den Stift mitzubringen, mit dem sie am liebsten schreiben.

Mitte (auf dem Tisch oder dem Boden) mit den Gegenständen und Bildern gestalten. Je nach Gruppe das Augenmerk darauf richten, was Frauen, was Männer ansprechen könnte (vgl. Beitrag von Eckart Hammer in diesem Band).

Wenn Sie im Stuhlkreis sitzen, sollten an den Wänden Tische stehen, damit sich die Teilnehmer/-innen zum Schreiben dort hinsetzen können.

Einstieg:

- Stellen Sie das Buch von Wilhelm Genazino und sein Anliegen kurz vor.
- Rundgespräch: Wie geht es mir mit der Idee des Autors?

Impuls:

Lesen Sie Ihre Lieblingserinnerung aus dem Buch vor. Laden Sie dann die Teilnehmer/-innen ein, sich Zeit zu nehmen.

Impulsfragen:
- An was erinnert mich die gehörte Geschichte?
- Welche Bilder, Gegenstände liegen in der Mitte?
- Welche Erinnerungen wecken sie bei mir?
- Laden Sie die Teilnehmer/-innen ein, in den eigenen Erinnerungen zu blättern: Welche Geschichte fällt mir ein, an die ich mich gern erinnere und erinnern möchte?

Schreibphase:

Die Teilnnehmer/-innen wählen sich ein schönes Blatt Papier und schreiben ihre Geschichte auf. Wer nicht sofort auf das schöne Papier schreiben will, nimmt sich ein anderes Papier zum Vorbereiten. Dazu sollte mindestens ein Zeitrahmen von 15 Minuten zur Verfügung stehen.

Lesephase:

Die Teilnehmer/-innen werden eingeladen, ihre Geschichte laut vorzulesen.

Achten Sie dabei darauf, dass die Teilnehmer/-innen wertschätzend mit den Geschichten umgehen: „Was spricht mich an? An was erinnert mich diese Geschichte?" Es gibt keine guten und schlechten Geschichten.

Abschluss

Bitten Sie die Teilnehmer/-innen zum Abschluss zu überlegen, wem sie diese Geschichte schicken bzw. an welchem Ort sie sie aufbewahren wollen, damit sie nicht verloren geht. Wer möchte, kann dies auch laut sagen.

Feedback

Bitten Sie die Teilnehmer/-innen zum Abschluss, Ihnen zu sagen, wie ihnen das Zusammensein gefallen hat.
- Wie ging es Ihnen mit dem biografischen Schreiben?
- Können Sie sich vorstellen, weitere Geschichten aufzuschreiben? Was benötigen Sie dazu?

Die Feedbackrunde ist ein guter Anlass, um auch auf weitere Angebote zum Thema Biografiearbeit in der Institution und auch bei anderen Trägern hinzuweisen.

Bitte beachten:

Wenn sich die Teilnehmer/-innen noch nicht oder nur zum Teil kennen, sollten Sie nach der Begrüßung eine Vorstellungsrunde anleiten, in der die Teilnehmer/-innen kurz ihren Namen und ihr Alter benennen und sagen, was sie mit dem Thema der Veranstaltung verbinden.

Manchmal kommt es vor, dass ein oder zwei Personen auf keinen Fall schreiben wollen. Auch das darf sein. Sie können sich in Gedanken mit den Erinnerungen beschäftigen und in der Lesephase eine Geschichte erzählen.

3.7.5 Langes Fädchen – faules Mädchen
Anregung für eine biografische Gruppenarbeit

ANNELIESE WOHN

Das Frauenleben meiner Generation (Jahrgang 1952) ist geprägt von vielen Sprüchen, mit denen wir groß wurden.

Wenn ich an meine Kindheit und Jugend zurückdenke, fallen mir diese Sprüche wieder ein. Sollte ich aufräumen und lud mir deshalb viele Gegenstände auf einmal auf die Arme, hieß es: Ein fauler Esel trägt sich auf einmal tot. Pfiff ich ein fröhliches Lied, hieß es: Mädchen, die pfeifen, und Hühner, die krähen, soll man beizeiten den Hals umdrehen. War ich beim Nähen oder Strümpfestopfen und mein Faden war zu lang und verknotete sich deshalb, hörte ich: Langes Fädchen – faules Mädchen.

Manche dieser Sprüche sind einfach praktisch, weil sie z. B. die Arbeit erleichtern, wie der vom langen Fädchen. Andere aber spiegeln das damalige Frauenbild wider und engten uns Mädchen sehr stark ein.

Ziele:

Ziel der Gruppenarbeit ist es, sich der Sprüche, die unsere Kindheit und Jugend begleiteten, zu erinnern, nachzuspüren, wie diese Sprüche unser Frausein prägten, und sich bewusst zu machen, welche Kräfte geholfen haben, sich diesen Sprüchen zu widersetzen oder sie in das Erwachsenenleben zu integrieren.

Zielgruppe:

Frauengruppen, jüngere Seniorinnengruppen, die sich regelmäßig treffen, oder als Einstieg in ein biografisches Seminar

Dauer der Durchführung:

Je nach Teilnehmerinnenzahl sollten Sie 1,5 Stunden einplanen.

Material:

Möglichst viele Karten im Format DIN A 6, auf die die unterschiedlichen Sprüche aufgedruckt sind.

Buntes, etwas festeres Papier, Fotokarton, DIN A 5 bis DIN A 2, zuschneiden oder fertig kaufen.

Stifte, Buntstifte, Wachsmalkreiden, Wasserfarben; Klebstoff; einige Zeitschriften.

Vorbereitung:

Sprüche sammeln, aus der eigenen Erinnerung oder mithilfe des Internets. Die Sprüche in schöner Schrift oder mit dem PC auf DIN-A-6-Karten schreiben. Jeder Spruch sollte nach Möglichkeit zweimal vorhanden sein. Zusätzlich leere Karten mitnehmen für Sprüche, die den Teilnehmerinnen noch einfallen.

Bunten Fotokarton in unterschiedlicher Größe zuschneiden.

Wenn Sie im Stuhlkreis sitzen, sollten an den Wänden Tische stehen, damit sich die Teilnehmerinnen zum Gestalten der Blätter an einen Tisch setzen können.

Die Mitte (auf dem Boden oder auf dem Tisch) mit einem Blumenstrauß gestalten.

Zwei bis drei Stellwände an der Seite, um die fertig gestalteten Blätter aufzuhängen, oder entsprechende Möglichkeiten, um die Blätter an den Wänden aufzuhängen.

Einstieg:

1. Stellen Sie kurz das Thema der Gruppenarbeit vor. Sie können dazu auch den einleitenden Text oben verwenden.

2. Legen Sie dann die Karten um den Blumenstrauß herum aus und laden Sie die Teilnehmerinnen ein, die Sprüche zu lesen und sich einen auszuwählen, der für ihr Leben bedeutsam war – im positiven oder negativen Sinn.

3. Laden Sie die Teilnehmerinnen ein, auf die leeren Karten Sprüche aufzuschreiben, die für sie bedeutsam waren, aber noch nicht ausliegen.

Impuls:

Laden Sie nun die Teilnehmerinnen zum Gespräch ein, etwa über folgende Fragen:
- Weshalb habe ich mir diesen Spruch ausgewählt? Bei welcher Gelegenheit habe ich ihn zu hören bekommen? Fällt mir eine besondere Geschichte dazu ein? Wer hat ihn gesagt?
- Welche Bedeutung hatte der Spruch in meinem Leben? Welchen Einfluss hatte er auf mein Frausein? Zu welchen Gelegenheiten taucht er aus meiner Erinnerung auf? Wie bin ich mit ihm umgegangen? Wie gehe ich heute mit ihm um?

- Gibt es Sprüche, die ich heute z. B. an meine Kinder, Enkel weitergebe? Welche sind das?

Kreativphase:

Laden Sie nun die Teilnehmerinnen ein, mit ihrem Spruch kreativ umzugehen.
- Wählen Sie sich eine Farbe und ein Format aus den bunten Fotokartons aus und geben Sie Ihrem Spruch darauf einen Platz, in der Mitte, an der Seite, oben oder unten, so, wie es Ihnen gefällt.
- Gestalten Sie dann Ihr Gesamtblatt. Sie können es beschriften, bemalen, einen Gegenspruch aufschreiben. Alle Materialien, die hier liegen, können Sie dazu verwenden.

Abschluss:

Alle Sprüche werden nun auf den Stellwänden oder an den Wänden so befestigt, dass eine kleine Ausstellung entsteht. Laden Sie nun alle Teilnehmerinnen ein, von Bild zu Bild zu gehen. Dabei kann jede Frau etwas zu ihrem Bild sagen.

Feedback

Bitten Sie die Teilnehmerinnen zum Abschluss, Ihnen und den anderen Teilnehmerinnen zu sagen, wie ihnen die Gruppenarbeit gefallen hat. Hilfsfragen dazu sind:
- Wie ging es Ihnen mit den Sprüchen?
- Konnten Sie mit der kreativen Umsetzung etwas anfangen?

Die Feedback-Runde ist ein guter Anlass, um auch auf weitere Angebote zum Thema Biografiearbeit in der Institution und auch bei anderen Trägern hinzuweisen.

Bitte beachten:

Derselbe Spruch kann unterschiedliche Wirkungen haben. Die eine Frau findet ihn fürchterlich, für eine andere hat er gar keine Bedeutung. Unterschiedliche Erfahrungen dürfen gleichwertig nebeneinander stehen.

Achten Sie beim Gespräch mit den Impulsfragen darauf, dass alle zu Wort kommen und alle allen zuhören.

Varianten und Übertragbarkeit

Die Arbeit mit Sprüchen lässt sich auch auf andere Zielgruppen übertragen und kann auch in der Arbeit mit gemischten Gruppen oder mit Männergruppen eingesetzt werden.

Beispiele können hier Sprüche zu männlichen Stereotypen sein: „Indianer kennen keinen Schmerz", „Was mich nicht umbringt...", „nur die Harten kommen in den Garten..." usw.

3.8 Leben im sozialen Nahraum

3.8.1 Wer etwas für sich selbst tut, tut auch etwas für seinen Stadtteil – gemeinsam älter werden in ZWAR Netzwerken

PAUL STANJEK

Zusammenfassung

Das neue Bild vom Alter ist bunt und vielfältig. Menschen ab 50 Jahren sind auf der Suche nach neuen Lebensformen und gesellschaftlichen Verantwortungsrollen. Sie möchten unsere Gesellschaft mit ihrer Lebenserfahrung und ihren Kompetenzen mitgestalten und gleichzeitig ihr Alter mit neuen sozialen Kontakten und sinnstiftenden Tätigkeiten bereichern. ZWAR Netzwerke[25] bieten ihnen die Möglichkeit, in selbst organisierter Gemeinschaft selbstbestimmt älter zu werden und sich gesellschaftlich zu beteiligen und zu engagieren. Durch ZWAR Netzwerke entstehen neue Unterstützungsformen, die die Nachbarschaft beleben und die Lebensqualität eines Stadtteils verbessern. Ziele des ZWAR Netzwerkkonzeptes sind die Entwicklung von tragfähigen sozialen Beziehungen, das Erlernen von Selbstorganisation sowie die Unterstützung der Menschen bei der Suche nach ihren eigenen Projekten und deren Planung und Umsetzung gemeinsam mit Gleichgesinnten. Die Infrastrukturen stellen die Kommunen – die Inhalte bestimmen die Teilnehmenden im Netzwerk.

---

25 ZWAR = Zwischen Arbeit und Ruhestand; eine Initiative im Land Nordrhein-Westfalen

ZWAR Netzwerke

Die Idee

ZWAR Netzwerke bieten älteren Menschen die Möglichkeit, in selbst organisierter Gemeinschaft älter zu werden und sich gesellschaftlich zu beteiligen. Es entstehen langlebige zwischenmenschliche Beziehungen und ein von Vertrautheit und Verbindlichkeit getragenes Gemeinschaftsgefühl, das den Boden bildet für ein nachhaltiges soziales Netzwerk und einen dauerhaften Ort der Gestaltung der Lebensphase Alter.

Ein ZWAR Netzwerk wirkt in vielfacher Hinsicht: Es ermöglicht den Teilnehmenden die gemeinsame Entwicklung von neuen Perspektiven für das dritte Lebensalter, es beugt Einsamkeit und Isolierung vor und ist Ausgangspunkt unterschiedlichster Freizeitaktivitäten und Projekte bürgerschaftlichen Engagements. Die Selbstorganisation des Netzwerkes fördert die Eigen- und Mitverantwortung und regt zu Lernprozessen und persönlichem Wachstum an. Die Netzwerkteilnehmenden entwickeln mit der Zeit verbindliche und tragfähige Beziehungen und unterstützen sich auch gegenseitig in schwierigen Lebensphasen. So entstehen im Stadtteil neue Kommunikations- und Unterstützungsformen, die eine Belebung von Nachbarschaft bewirken und dazu führen, dass sich die Menschen umeinander kümmern.

Zielgruppe der ZWAR Netzwerke sind ältere Menschen – unabhängig von sozialem Status, Weltanschauung etc., die an der Schwelle zum Ruhestand stehen, auf der Suche nach neuen sozialen Kontakten und sinnstiftenden Tätigkeiten sind, die ihr Älterwerden gemeinsam mit Menschen in der gleichen Lebenssituation eigenverantwortlich gestalten wollen und die selbst organisiertes und selbstbestimmtes Engagement ohne Anbindung an einen Verband oder Verein bevorzugen.

ZWAR Netzwerke gibt es nur in Nordrhein-Westfalen. Das landesweite ZWAR Netzwerk umfasst 166 stadtteilorientierte ZWAR Netzwerke mit 1805 Gruppen und erreicht über 10.000 Menschen (Stand 31.12. 2013). ZWAR Netzwerke sind auf Dauer angelegt, die ältesten ZWAR Netzwerke sind über 30 Jahre alt.

Die Struktur eines ZWAR Netzwerkes

Ein ZWAR Netzwerk wird gebildet aus der Basisgruppe und den unterschiedlichen Interessen- und Projektgruppen. Der Basisgruppe gehören alle Teilnehmenden des Netzwerkes an. Sie trifft sich regelmäßig alle zwei Wochen. Dort fließen alle für das Netzwerk wichtigen Informationen und es werden die Aktivitäten der Interessen- und Projektgruppen geplant. Wiederkehrende Elemente des Basistreffens sind der gegenseitige persönliche Austausch zur Stärkung der Beziehungen im Netzwerk, Berichte über gelaufene Aktivitäten, Planung neuer Aktivitäten und der Weiterführung schon gelaufener Aktivitäten (so entstehen mit der Zeit festere Interessen- und Projektgruppen) und Themen, die die ganze Netzwerkgruppe angehen, wie gemeinsame Kasse, Verbindlichkeit, Öffentlichkeitsarbeit, Konflikte etc. Alle Teilnehmenden können Aktivitätenvorschläge machen. Gewünscht ist, dass jede Person Verantwortung für ihren Vorschlag übernimmt, indem sie selbst an der Aktivität teilnimmt und als Ansprechpartnerin oder -partner fungiert. Alle Aktivitäten sind für alle Teilnehmenden offen.

Das ZWAR Netzwerkkonzept

Das ZWAR Netzwerkkonzept entstammt der humanistischen Psychologie und betrachtet das Netzwerk als Lernort für persönliches Wachstum und tragfähige und bereichernde Beziehungen mit dem Fokus auf der Entwicklung von Eigenverantwortung und Mitverantwortung, gegenseitiger Motivation und Unterstützung sowie von Verbundenheit und Verbindlichkeit. Der Netzwerkaufbau wird in den ersten sechs Monaten von einer hauptamtlichen Kraft begleitet und ist geprägt von einer unterstützenden, neugierigen und wertschätzenden Haltung, die die Verantwortung für Inhalte, Entwicklung und Durchführung der Aktivitäten vollständig bei den Teilnehmenden lässt. Alle Aktivitäten – seien es Freizeitaktivitäten oder Projekte bürgerschaftlichen Engagements – sind gleichwertig. Entscheidend ist, dass die Teilnehmenden ihre eigenen Ideen, Wünsche und Vorstellungen äußern und gemeinsam in die Tat umsetzen. Die Übernahme von Eigen- und Mitverantwortung und das Lernen von Selbstorganisation wird unterstützt durch das Vertrauen der Netzwerkbegleitung in die Fähigkeiten und Kompetenzen der Teilnehmenden und eine möglichst schnelle Übergabe der Moderation und Organisation an die Netzwerkgruppe.

Ein ZWAR Netzwerk entsteht durch das Engagement seiner Teilnehmenden und ermöglicht es gleichzeitig. Das Engagement in den Netzwerken lässt sich auf vier Ebenen beschreiben:
- Ich für mich (Eigenverantwortung): Ich entscheide mich für die Teilnahme an einem ZWAR Netzwerk, um im Kreise Gleichgesinnter meine Lebensphase „Alter" zu gestalten.
- Ich mit anderen für mich (Mitverantwortung – Organisation des Netzwerkes und der Interessen- und Projektgruppen): Ich beteilige mich an der Organisation des ZWAR Netzwerkes und der Aktivitäten der Interessen- und Projektgruppen.

- Ich mit anderen für andere (gesellschaftliche Verantwortung – bürgerschaftliches Engagement): Durch die Übernahme von Verantwortung für mich selbst und das ZWAR Netzwerk habe ich gelernt, mich zu engagieren und engagiere mich nun auch für Menschen außerhalb des ZWAR Netzwerkes.
- Andere mit anderen für mich (soziale Vorsorge): Wenn ich selbst Hilfe und Unterstützung brauche, finde ich diese in meinem ZWAR Netzwerk (vgl. Fischer/Eichener/Nell 2003; Kade 2001, S. 287 ff.).

Diese Stufen stellen den typischen Ablauf eines Lern- und Entwicklungsprozesses einer/s ZWAR Netzwerkteilnehmenden von der Übernahme von Verantwortung für sich selbst bis zu bürgerschaftlichem Engagement für andere dar.

Das Lernen in ZWAR Netzwerken ist im Wesentlichen informelles Lernen. Das Netzwerk bildet den Lernort, den Rahmen des Lernens. Jeder Mensch ist Experte für sein Leben und trägt alle Kompetenzen und Fähigkeiten zur Gestaltung der Lebensphase Alter und zu persönlichem Wachstum in sich, ist sich nur dessen oft nicht bewusst. Die selbst organisierten Strukturen des ZWAR Netzwerks und die Impulse und Interventionen der Netzwerkbegleitung ermöglichen offene Suchprozesse zum Entdecken und Erkennen der eigenen persönlichen Projekte und Wünsche sowie die Übernahme von Eigenverantwortung und Mitverantwortung bei deren gemeinschaftlichen Umsetzung in einer Gruppe (Vgl. Müller/Pagé).

Zur Unterstützung des Aufbaus tragfähiger und langlebiger Beziehungen und des Erlernens von Selbstorganisation werden sowohl von der Netzwerkbegleitung als auch von der Netzwerkgruppe gruppendynamische Methoden wie Stuhlkreis-Setting, Feedback, Kennenlerneinheiten, Kleingruppenarbeit etc. eingesetzt. Zur transparenten und basisdemokratischen Entscheidungs- und Lösungsfindung wird die Moderationsmethode angewandt (Vgl. Langmaak/Braune-Krickau 2010; ZWAR 2006). Als sehr wirkungsvoll hat sich beispielsweise der Einsatz eines Planungsrasters erwiesen.

Der Aufbau von ZWAR Netzwerken vor Ort

Die ZWAR Zentralstelle NRW wird vom Land Nordrhein-Westfalen gefördert. Sie berät und begleitet Kommunen beim Aufbau von ZWAR Netzwerken und bietet Qualifizierungen und Vernetzungsveranstaltungen für die ZWAR Netzwerke an.

Der Aufbau von ZWAR Netzwerken setzt eine von der Kommune gesteuerte Ermöglichungs- bzw. Infrastruktur voraus, deren Entwicklung die ZWAR Zentralstelle NRW beratend begleitet. Wenn diese zur Verfügung steht, werden die ZWAR Netzwerke in den Stadtteilen auf den Weg gebracht.

Der eigentliche Aufbau eines ZWAR Netzwerkes beginnt mit einem Multiplikatorentreffen, zu dem alle relevanten Akteure aus dem Stadtteil, in dem das ZWAR Netzwerk aufbaut wird, eingeladen werden. Sie werden über das Projekt informiert und es werden mögliche Kooperationen mit dem geplanten ZWAR Netzwerk angeregt.

Zur Gründung des Netzwerkes wird eine Gründungsveranstaltung durchgeführt, an der in der Regel zwischen 80 und 200 Personen teilnehmen. Es werden alle Bürgerinnen und Bürger im Altern von 50 bis 65 Jahren, die in dem betreffenden Stadtteil wohnen, postalisch eingeladen. Zusätzlich wird die lokale Öffentlichkeit durch entsprechende Pressearbeit über das Projekt und die geplante Gründungsveranstaltung informiert. Die Veranstaltung beginnt mit einem von der jeweiligen Kommune und der ZWAR Zentralstelle NRW besetzten Podium. Danach haben die Teilnehmerinnen und Teilnehmer in Kleingruppen die Möglichkeit, sich einen ersten Eindruck vom ZWAR Netzwerkkonzept zu verschaffen. Schwerpunkt der moderierten Kleingruppen ist der Austausch der Teilnehmenden mittels drei Fragen, die die aktuelle Lebenssituation des bevorstehenden Endes der Erwerbs- und Familienarbeit, verschüttete Wünsche und Pläne sowie die aktuellen Aktivitätenwünsche für das neue Netzwerk thematisieren. In dieser Phase können die Teilnehmenden die Erfahrung machen, dass sie mit ihren Hoffnungen und Ängsten für ihren Ruhestand nicht allein sind. Sie bekommen einen ersten Eindruck davon, dass es in einem ZWAR Netzwerk sowohl darum geht, sich menschlich näher zu kommen als auch gemeinsame Aktivitäten durchzuführen. Im Abschlussplenum werden die Ergebnisse der Kleingruppen ausgetauscht. Es wird sichtbar, dass es sowohl eine große Vielfalt an Ideen und Wünschen als auch viele Übereinstimmungen der Vorstellungen der Teilnehmenden gibt. Ziel der Gründungsveranstaltung ist es, den Teilnehmenden eine gute Entscheidungsgrundlage über ihre Teilnahme am neuen Netzwerk zu geben.

Zeitnah folgt das erste Treffen des Netzwerkes, an dem in der Regel zwischen 40 und 100 Personen teilnehmen. Es werden erste verbindliche Verabredungen über gemeinsame Aktivitäten getroffen und das Kennenlernen der Teilnehmenden wird durch entsprechende Angebote gefördert. Zur Vorstellung werden die Teilnehmenden gebeten, aufzustehen, wenn sie Fragen wie „Wer ist noch berufstätig? Bei wem sind die Kinder schon aus dem Haus? Wer ist in (jeweiliger Ort) geboren? etc...." bejahen können. Dadurch kommt Bewegung in die Gruppe, das „Eis" wird gebrochen, Gemeinsamkeiten und Unterschiede werden sichtbar und es entsteht ein erster Eindruck, mit wem man es zu tun hat. Bewährt hat sich auch die Aufteilung der Teilnehmenden in kleinere Gruppen, die dann über wechselnde Fragen (z. B. Wie war mein letzter Urlaub? Mein Lieblingsgericht und seine Geschichte. Was ist für mich eine lästige Pflicht? Wie stelle ich mir einen gemütlichen Abend vor? usw.), die die Netzwerkbegleitung vorschlägt, ins Gespräch kommen. Gut von den Teilnehmenden angenommen wird auch das „Speed-Dating", bei dem sich die Teilnehmenden in zwei Reihen gegenübersitzen und sich in wechselnden Paaren wieder über vorgegebene Fragen austauschen.

Der Aufbau des Netzwerkes wird durch eine Netzwerkbegleitung – in der Regel eine hauptamtliche Mitarbeiterin oder ein Mitarbeiter der kommunalen Seniorenarbeit – unterstützt. Zudem ist bei den ersten Treffen eine Mitarbeiterin oder ein Mitarbeiter der ZWAR Zentralstelle NRW anwesend.

Bereits beim ersten Treffen des Netzwerkes werden die Teilnehmenden in den Prozess des Aufbaus selbst organisierter Netzwerkstrukturen einbezogen, indem sie so früh wie möglich für die Organisation und Moderation des Netzwerkes wichtige Aufgaben übernehmen. Im Mittelpunkt steht dabei die eigenständige Planung und selbst organisierte Umsetzung der unterschiedlichen Aktivitäten und Projekte des Netzwerkes.

Die Länge der begleiteten Anfangsphase, zu der auch das Angebot von Qualifizierungen zur Unterstützung des Netzwerkaufbaus gehört, ist abhängig von dem jeweiligen Gruppenprozess und dauert etwa sechs Monate. Wenn der Prozess des Lernens der Selbstorganisation abgeschlossen ist, beendet die Netzwerkbegleitung ihre Tätigkeit und die Teilnehmenden organisieren und moderieren die Netzwerktreffen vollständig selbst.

Dieser Zeitpunkt markiert einen grundsätzlichen Perspektivwechsel für das Netzwerk. Es hat mit Unterstützung der Netzwerkbegleitung seine eigenen selbst organisierten Strukturen entwickelt und erprobt. Nun ist es selbstständig und für sich verantwortlich. Das heißt aber nicht, dass das Netzwerk alleingelassen wird. Die ZWAR Zentralstelle NRW bietet den Netzwerken Vernetzungsveranstaltungen und Qualifizierungen sowie Moderationen vor Ort zur Reflexion des Gruppenprozesses oder zur Konfliktlösung an. Zudem werden von der ZWAR Zentralstelle NRW auf kommunaler Ebene Vernetzungsveranstaltungen initiiert und von den lokalen ZWAR Netzwerken in Selbstorganisation weitergeführt.

Teilnehmerstimmen und wissenschaftliche Ergebnisse

In narrativen Interviews berichteten Teilnehmende von ZWAR Netzwerken über ihre Erfahrungen. Folgend einige Auszüge (ZWAR Zentralstelle NRW o.J.):

Bärbel A. spürt, dass sich durch ihre Gruppenzugehörigkeit und die verschiedenen Seminare, die sie besucht hat, ihre Persönlichkeit positiv verändert hat: „Ich bin viel freier geworden und habe gelernt, vorurteilsfreier auf andere zuzugehen." Und sie fühlt sich gebraucht und „vielleicht auch ein Stück wichtig". Für sie ist ZWAR eine Bereicherung in ihrem Leben geworden. Das geht so weit, dass ihre Kinder manchmal zu den Enkeln sagen: „Oma hat keine Zeit, die ist bei ZWAR." (Bärbel A.)

Viele Menschen fallen wie Ilona M. in ein tiefes Loch. „Weil es im Alter sehr schwierig ist," sagt Ilona M. „wenn man es vorher nicht gelernt hat, selbst etwas für sich zu tun." Darum plädiert sie auch dafür, dass sich die Erwerbstätigen schon frühzeitig auf den Moment vorbereiten. „Da ist ein großer Bedarf", ist sie überzeugt. Deshalb misst sie der Arbeit von ZWAR eine sehr große gesellschaftliche Bedeutung bei: „Hier werden die Leute aufgefangen." Ilona M.s Gruppe ist jetzt seit zwei Jahren zusammen. Nach der obligatorischen Begleitphase durch ZWAR hat sich die Gruppe gut gefunden: „Das ist eine tolle Gemeinschaft, die miteinander umzugehen und einander zuzuhören gelernt hat. Wir sind uns auch menschlich näher gekommen und wir halten zusammen." Aber neben dem guten Gefühl, das ihr die Gemeinsamkeit mit den anderen bringt, ist für sie auch noch etwas anderes genauso bedeutsam: „Dass ich der eigenständige Mensch bleiben konnte, der ich immer war." (Ilona M.)

Treffpunkt der Gruppe ist das Bürgerhaus in M. Den Kontakt zu Jugendlichen und Kindern finden Bruno B. und die anderen aus der ZWAR Gruppe hochinteressant und bereichernd für ihr Leben. Deshalb haben sie auch sofort zugestimmt, als der Leiter des Bürgerhauses die ZWAR Gruppe bat, in der örtlichen Behindertenschule den Lehrern bei der Betreuung der Kinder zu helfen. Die ersten Bedenken und Ängste wegen der fehlenden Ausbildung waren schnell verflogen. „Man wächst da irgendwie rein und das macht auch große Freude," erklärt er und ergänzt, „ich geh da praktisch als Opa hin." (Bruno B.)

Die Universität zu Köln hat zwei Untersuchungen durchgeführt, die die positive Wirkung der ZWAR Netzwerke sowohl für ihre Teilnehmenden als auch auf das nachbarschaftliche und bürgerschaftliche Engagement im Stadtteil beschreiben: ZWAR Netzwerke bringen die Menschen miteinander in Kontakt, entwickeln neue Formen der Unterstützung im Stadtteil, verbessern die Lebensqualität ihrer

Teilnehmenden, beleben die Nachbarschaft und vergrößern die Angebotspalette bürgerschaftlichen Engagements im Quartier. In Kommune und Stadtteil bilden ZWAR Netzwerke eine niedrigschwellige Ermöglichungsstruktur für nachbarschaftliches und bürgerschaftliches Engagement älterer Menschen. ZWAR Netzwerke bewirken eine deutliche Vergrößerung des Unterstützungsnetzwerkes ihrer Teilnehmenden und wirken auch unterstützend für Menschen außerhalb des Netzwerkes. Sie sind Kristallisationspunkte für neue selbst organisierte Unterstützungsformen, die Stadtteile schaffen, in denen sich die Menschen umeinander kümmern. Unterstützt wird diese Wirkung durch die Einbindung in ein von der Kommune gesteuertes Gesamtkonzept, das Selbstorganisation, gesellschaftliche Teilhabe und bürgerschaftliches Engagement älterer Menschen sowie die Vernetzung und Kooperation der Akteure fördert. (Vgl. CEfAS; Arbeitsgruppe Lernregionen 2012; Costard 2013)

Literatur:

Arbeitsgruppe Lernregionen und Lebensqualität der Generation „Plus" (2012): Ergebnisse und Perspektiven aus Wissenschaft und Praxis. Auszug aus einem nicht veröffentlichten Manuskript des Deutschen Instituts für Erwachsenenbildung und des Centrums für Alternsstudien der Universität zu Köln. Autoren: Astrid Costard, Hartmut Meyer-Wolters. Köln
CEfAS – Centrum für Alternsstudien an der Universität zu Köln (Hg.): Lernen, wer wir sind, herausfinden, was wir wollen und etwas dafür tun
Costard, Astrid (2013): Zur Seniorenarbeit in Hilden – Ergebnisse der Wirkungsmessung 2012. Unveröffentlichtes Manuskript im Rahmen eines Dissertationsprojektes. Köln
Fischer, Veronika/Eichener, Volker/Nell, Karin (2003): Netzwerke – ein neuer Typ bürgerschaftlichen Engagements. Zur Theorie und Praxis der sozialen Netzwerkarbeit mit Älteren. Schwalbach: Wochenschau-Verlag
Kade, Sylvia (2001): Selbstorganisiertes Alter. Lernen in „reflexiven Milieus". Bielefeld: W. Bertelsmann Verlag
Langmaak, Barbara/Braune-Krickau, Michael (2010): Wie die Gruppe laufen lernt. Anregungen zum Planen und Leiten von Gruppen. 8. vollständig überarb. Aufl., Weinheim, Basel: Beltz-Verlag

Müller, Burkhard/Pagé, Max (o.J.): Animation interkultureller Begegnung – das Manifest der existentiellen Animation. Arbeitstext Nr. 15. Download unter: http://www.dfjw.org/paed/arbeitstexte.html
ZWAR Zentralstelle NRW (Hg.) (2006): ZWAR – das pädagogische Konzept. Dortmund: ZWAR Eigenverlag
ZWAR Zentralstelle NRW (Hg.) (o.J.): Zwischen Arbeit und Ruhestand in Bewegung – Erfahrungen aus dem ZWAR Alltag. Download unter: http://www.zwar.org/uploads/media/Erfahrungen_aus_dem-ZWAR-Alltag.pdf

3.8.2 Anders wohnen als gewohnt! Neue Wohnkonzepte für mehr Lebensqualität.

Die Aufgaben einer Koordinations- und Beratungsstelle für gemeinschaftliches Wohnen

BIRGIT KASPER

Es ist nicht nur der demografische Wandel, der den Bedarf nach unkonventionellen Wohnformen stetig wachsen lässt. Immer mehr Menschen – vor allem wenn die Kinder aus dem Haus sind, gegen Ende der Berufstätigkeit oder wenn kein Lebenspartner mehr da ist – machen sich auf den Weg, ihre gegenwärtige Wohnsituation zu überdenken und suchen nach neuen Perspektiven.

In diesem Feld hat es sich die Koordinations- und Beratungsstelle im Netzwerk Frankfurt für gemeinschaftliches Wohnen e. V. zur Aufgabe gemacht, Menschen, die auf der Suche nach neuen Formen des Wohnens und Lebens sind, zu unterstützen: durch die Vermittlung von Kenntnissen oder Anregungen zur eigenständigen Weiterentwicklung des Themas und als Forum, um andere Interessierte kennenzulernen.

Hintergründe gemeinschaftlichen Wohnens

Dabei sind zwei Trends zu beobachten, die den Entwicklungen der letzten Jahrzehnte entgegenlaufen. Einerseits werden immer öfter die Folgen der Individualisierung, Auflösung festgefügter Strukturen des Lebens und die damit vermeintlich einhergehenden zunehmenden Freiheiten als Probleme formuliert: „Was ist, wenn ich nicht mehr so fit bin wie früher, wenn mir das Autofahren nicht mehr so leichtfällt, wenn das Haus zu groß, das Geld im Ruhestand zu knapp wird oder die Familie und die Freunde in alle Himmelsrichtungen verstreut leben?"

Andererseits ist eine selbstbewusste Lebensgestaltung durchaus immer häufiger zu beobachten. Engagement, Beteiligung oder ehrenamtliche Arbeit werden gerade auch von älteren Menschen als Bereicherung ihres Alltags erlebt. Der Sorge vor Vereinsamung oder Anonymität kann entgegnet werden, indem man geeignete Nachbarschaften, Verbindlichkeit und Gemeinschaft im näheren Umfeld aufbaut. Bestenfalls kann man eine Wohnsituation schaffen, die dann ein möglichst langes selbstbestimmtes Wohnen in den eigenen vier Wänden erlaubt und wo man sich für eine Hausgemeinschaft engagieren kann, in der man aufeinander Acht gibt oder sich sogar gegenseitig im Alltag unterstützt – kurz: gemeinschaftliches Wohnen.

Formen gemeinschaftlichen Wohnens

Eine allgemeingültige Begriffsbestimmung, was gemeinschaftliches Wohnen ist, gibt es nicht. Man kann es aber folgendermaßen zusammenfassen:

Gemeinschaftliche oder genossenschaftliche Wohnprojekte entstehen aus einem selbst gewählten Zusammenschluss von Einzelpersonen, die sich in einer Gruppe kennenlernen, Vertrauen aufbauen, ein gemeinsames Konzept oder ein ideelles Leitbild für ihre Hausgemeinschaft entwickeln, sich für einen Standort entscheiden, eine Rechtsform geben, gemeinsam ihr Objekt entwickeln und als Nachbarschaft zusammen wohnen wollen. Wesentlicher Unterschied zu klassischem Wohnen zur Miete oder im Eigentum ist, dass man Einfluss darauf nimmt, wer in der Nachbarschaft wohnt. Während in der Mietwohnung der Eigentümer oder in der Eigentumswohnung der Zufall entscheidet, wer in einer Nachbarwohnung einzieht, stehen bei gemeinschaftlichen Wohnprojekten Sympathie und Vertrauen im Vordergrund. Der Wunsch nach mehr gegenseitiger Verbindlichkeit in der Nachbarschaft macht gemeinschaftliches Wohnen aus.

Ein zweiter Unterschied ist, dass es im Gebäude Räume geben muss, die gemeinschaftliche Nutzungen ermöglichen. Einen Versammlungsraum sollte es mindestens geben. Weitere Räume wie gemeinsam nutzbare Dachterrasse, Fahrradwerkstatt, Waschküche bis hin zum Gemeinschaftsgarten sind denkbar. Aber auch Nutzungen wie Carsharing oder eine Bürogemeinschaft sind möglich und auch weiteren Aktivitäten, die dem Umfeld zugutekommen, sind kaum Grenzen gesetzt. Darum gleicht auch kein Wohnprojekt dem anderen. Konkret brauchen solche Hausgemeinschaften also Gebäude, die von einer standardisierten Aufteilung eines typischen Wohngebäudes – ausschließlich mit privaten Wohnungen und Verkehrsflächen und dem öffentlichen Außenbereich – abweichen und halböffentliche Begegnungsflächen aufweisen.

Netzwerk Frankfurt für gemeinschaftliches Wohnen e. V.

Wie so etwas umsetzbar ist? In Frankfurt am Main haben sich in den letzten Jahren mehrere Wohninitiativen gebildet und zum Netzwerk Frankfurt für gemeinschaftliches Wohnen e. V. zusammengeschlossen. Das Wohnungsamt der Stadt Frankfurt am Main trug den wachsenden Anfragen zu diesem Thema Rechnung und finanziert seit 2009 die bis dahin ausschließlich ehrenamtliche Arbeit der Vereinsmitglieder durch eine Projektförderung. Damit kann das Netzwerk nun eine Koordinations- und Beratungsstelle mit einer hauptamtlichen Wohnprojektberaterin betreiben und die Bürgerinnen und Bürger bei der Realisierung ihrer Wohnvorstellungen unterstützen.

- **Anlauf- und Informationsstelle für Interessierte, die sich für gemeinschaftliches Wohnen interessieren**

Im Rahmen von Sprechstunden oder Informationsveranstaltungen, mit Fragebögen und Checklisten, Kontaktseiten auf der Website des Netzwerks, Newslettern sowie Auskünften über bereits bestehende Wohninitiativen hilft die Koordinations- und Beratungsstelle, sich in Frankfurt mit dem Thema vertraut zu machen. Bestenfalls findet man eine passende, bestehende Gruppe, der man sich anschließen und bei der man mitwirken kann, oder man gründet mit anderen eine eigene Wohninitiative, die ein Wohnprojekt aufbauen will.

- **Zentrale Koordinationsstelle für die inzwischen bestehenden Wohnprojekte und die Wohninitiativen, die ihre Gruppen aufbauen oder auf der Suche nach einem Grundstück, Gebäude oder Investor sind**

Vorträge, Workshops, Filmabende oder Exkursionen bieten den Gruppen die Möglichkeit, sich über Gemeinschaftsbildung, Kommunikationsformen, Konfliktbewältigung, Finanzierung, Rechtsformen oder Projektabläufe zu informieren und ihre Leitlinien zu entwickeln. Jährliche Infobörsen oder andere Veranstaltungen schaffen Räume für den gegenseitigen Austausch oder zur Vernetzung mit anderen Akteuren rund um die Projektentwicklung.

- **Strategische Weiterentwicklung des Themas „Gemeinschaftliches Wohnen" in Frankfurt am Main**

Gemeinschaftliche Wohnformen sind ungewohnt. Das gilt nicht nur für diejenigen, die selbst gemeinschaftlich wohnen wollen, sondern bisher auch für die Politik, die Verwaltung und die Immobilienwirtschaft. In den letzten Jahrzehnten ist Wohnen immer weniger als existenzielles Grundbedürfnis bewertet worden. Stattdessen gelten Wohnungen als Ware, mit der man handeln und spekulieren kann wie mit jedem anderen beliebigen Wirtschaftsgut. Lediglich für die wachsende Zahl der Menschen, die sich nicht aus eigenem Vermögen eine angemessene Unterkunft leisten können, ist die öffentliche Hand zuständig. Um die Produktion von Wohnraum in den Städten in die eigenen Hände zu nehmen – sei es als Baugemeinschaft, als junge Genossenschaft oder als Verein, der mit einem Investor kooperiert –, braucht es allerdings die passenden Rahmenbedingungen. Die Fragen sind, ob und wie leerstehende Flächen mobilisiert werden, wer den Zugriff auf bebaubare Flächen erhält, nach welchem Verfahren die Flächen vergeben werden usw. Der Wettbewerb unter den Projektentwicklern ist hart, denn es geht um viel Geld. Gemeinschaftliche Wohnprojekte als neue Akteure am Wohnungsmarkt werden deshalb in noch wachsenden Regionen nicht gerade mit offenen Armen empfangen. Hier gilt es also, politisch auf geeignete Rahmenbedingungen hinzuwirken für gemeinschaftliche Wohnprojekte, die in ungleicher Konkurrenz zur konventionellen Immobilienentwicklung stehen.

Ein gemeinschaftliches Wohnprojekt gründen

Nun mit Blick auf den Bedarf von Bürgerinnen und Bürgern, die ein gemeinschaftliches Wohnprojekt aufbauen wollen: Wie kann man sich den Ablauf einer solchen Gründung vorstellen? Bei der Entwicklung gemeinschaftlicher Wohnprojekte spricht man im Allgemeinen von fünf Phasen:

1. Orientierungsphase: Einzelne Interessierte informieren sich über das Thema, finden sich als Gruppe zusammen, diskutieren die Ziele und Rahmenbedingungen eines Wohnprojekts und tauschen sich in regelmäßigen Treffen über ihre Wohn- und Lebensvorstellungen aus. Zunächst ist meist noch eine hohe Fluktuation zu verzeichnen, aber es bildet sich auch eine erste Kerngruppe heraus, die das Konzept weiter voranbringt. Die Koordinations- und Beratungsstelle unterstützt diese Phase im Rahmen der oben genannten Aktivitäten.
2. Initiativphase: Eine Gruppe von mehreren Mitgliedern mit übereinstimmenden Wohnvorstellungen und gegenseitiger Sympathie kann nun die Gruppe weiter voranbringen, indem sie sich auf die Suche nach einem geeigneten Standort macht. Auch Fragen zur Rechtsform und Finanzierung werden in dieser Phase geklärt und es sollten Entscheidungen getroffen werden, welche Rechtsform zum beabsichtigten Konzept passen wird. Gemeinschaftliche Wohnprojekte sind denkbar als:
    - Neugegründete, junge Genossenschaft
    - Verein, der sich eine Dachgenossenschaft als Trägerin sucht
    - Verein, der sich eine Traditions-Genossenschaft oder Wohnungsbaugesellschaft sucht

- GmbH oder GmbH und Co. KG
- Neugegründete, eigene Stiftung
- Bau(herren)gemeinschaft oder Eigentümergemeinschaft.

Als Einstieg ist es meist sinnvoll, einen Verein zu gründen, um eine Verbindlichkeit der Interessierten zu schaffen. Das Gesamtkonzept wird dann weiter konkretisiert.

Für einen Teil der Gruppen ist an dieser Stelle empfehlenswert, eine professionelle Wohnprojektberatung oder Moderation einzuschalten, da auch erste größere Ausgaben anstehen oder rechtlich verbindliche Entscheidungen getroffen werden müssen. Da in Frankfurt am Main die Suche nach geeigneten Flächen oder Immobilien nicht einfach ist, moderiert die Koordinations- und Beratungsstelle die Internetseite www.leerstandsmelder.de für Frankfurt. Nicht jeder der dort gegenwärtig vorhandenen 530 Einträge (Stand Dezember 2013) ist für Wohnprojekte geeignet – aber die Seite weist auf die bestehenden Flächenpotenziale in der Stadt hin.

3. Planungsphase: Sobald ein konkretes Objekt oder Grundstück gefunden und vertraglich gesichert ist, startet die konkrete Planung. Spätestens an dieser Stelle muss eine Gruppe mit Fachleuten kooperieren, die bei der Finanzierung und der konkreten Planung behilflich sind. Oder, falls eine Wohninitiative mit einer Wohnungsbaugesellschaft kooperiert, muss sich die Gruppe über das Gebäude, die Nutzungen und das Raumprogramm einigen. Außerdem muss die Gruppe gewisse Regeln aufstellen, möglichst in Form von Konsensentscheidungen. Ein- und Austrittsbedingungen müssen wegen der finanziellen Verbindlichkeiten klar geregelt werden. Wichtig ist es zu diesem Zeitpunkt außerdem einen Arbeits- und Zeitplan zu erstellen, aus dem die anstehenden Entscheidungen und Zuständigkeiten ersichtlich werden. Hier sind Empfehlungen von realisierten Wohnprojekten hilfreich, mit welchen Fachleuten man bereits gute Erfahrungen gemacht hat.

4. Bauphase: Egal ob Neubau, Umbau oder Sanierung – der Bau eines Wohnprojekts ist mit hohen Kosten verbunden. Um den Kostenrahmen nicht zu überschreiten, sollten Verzögerungen vermieden werden. Nachträgliche Abwandlungen von der Planung sind daher meist nur schwer zu integrieren. Da im Rahmen von gemeinschaftlichen Wohnprojekten erfahrungsgemäß immer noch Änderungen notwendig werden (z. B. durch neue Mitglieder), sollte ein bestimmtes Budget für kurzfristig auftretende Änderungswünsche einkalkuliert werden.

5. Wohnphase: Mit dem Einzug ins Projekt können die lang geplanten Ideen realisiert werden. Aber in der ersten Zeit kommen trotzdem neue Aufgaben auf die Gruppe zu, denn die Selbstverwaltung des Projekts muss organisiert

werden und es gilt Formen des Umgangs miteinander zu überprüfen oder neu aufzustellen. Auch hier ist der Austausch mit Wohnprojekten sinnvoll, die diese Phase erfolgreich gemeistert haben. Das Netzwerk ist mehrere Male im Jahr „zu Gast bei ..." einem Wohnprojekt in Frankfurt oder in der Region. An guten Beispielen erkennt man am besten, wie eventuelle Probleme gelöst werden können.

Erfahrungen und Ausblick

Mit der Koordinationsstelle sind in den letzten Jahren sehr gute Erfahrungen und Fortschritte gemacht worden für Gruppen in den ersten beiden Phasen. Mit über 30 Wohninitiativen und Wohnprojekten in Frankfurt am Main gibt es inzwischen eine große Vielfalt, anhand derer Interessierte sich informieren können. Derzeit werden neue Vergabeverfahren diskutiert, mit denen künftige Wohnprojekte bessere Chancen der Realisierung haben. Außer Zweifel steht aber, dass sie für die Bewohnerinnen und Bewohner und ihre neuen Nachbarschaften mehr Lebensqualität bieten in einem selbstbestimmten, vertrauten Wohnumfeld.

Übertragbarkeit?

Dass sich eine neue, zukunftsweisende Wohnkultur nicht über Nacht und von selbst entwickeln kann, das haben auch schon andere Städte, Regionen oder Bundesländer erkannt. Hier sind nicht nur die Kommunen als Akteure beteiligt, sondern auch Träger wie das Deutsche Rote Kreuz oder die Arbeiterwohlfahrt. Die Leistungsfähigkeit dieser Stellen hängt jedoch in erheblichem Ausmaß von der Personalausstattung ab. Die Frankfurter Koordinations- und Beratungsstelle steht inzwischen vor der Herausforderung, dass die Zahl der Anfragen und das Interesse über Frankfurt hinaus in der Region rasant zunehmen. Hier wäre eine vergleichbare Stelle für die Rhein-Main-Region sinnvoll. Wichtig wäre aber auch eine ergänzende Förderung auf Landesebene, wie sie beispielsweise in Niedersachsen mit dem „Niedersachsenbüro – neues Wohnen im Alter" ermöglicht wurde.

Da die gesellschaftliche Relevanz neuer Wohnformen (wie z. B. auch Wohn-Pflege-Gemeinschaften oder Demenz-WGs) bislang völlig unterschätzt ist, werden in der nächsten Zeit durch die wachsende Nachfrage aber sicher noch einige neue Entwicklungen und Lösungen nötig sein.

Hinweise zum Weiterlesen:

www.fgw-ev.de
www.gemeinschaftliches-wohnen.de
www.kompetenznetzwerk-wohnen.de
www.leerstandsmelder.de
www.neues-wohnen-nds.de
www.wohnbund.de
www.wohnprojekte-portal.de
Netzwerk Frankfurt für gemeinschaftliches Wohnen e. V. (2012): Perspektiven für gemeinschaftliches Wohnen. Frankfurt am Main (Bestellung unter info@gemeinschaftliches-wohnen.de; 5 Euro)

3.9 Partnerschaft und Sexualität im Alter(n)

3.9.1 Wenn Paare älter werden – Hintergründe und Zugänge

HANS JELLOUSCHEK

Die durchschnittliche Lebenserwartung der Menschen in unserer Gesellschaft ist heutzutage auf ein Alter von Ende Achtzig bis Anfang Neunzig gestiegen. Gegenüber früheren Jahrzehnten ist die Altersphase also bedeutend länger geworden. Darum unterscheidet man heute vor der Phase der sog. „Hochaltrigen" noch die Phase der „Jungen Alten", die von ca. 60 bis 75 Jahren reicht, und deren physisch-psychischer Gesundheitszustand im Durchschnitt weit besser ist als derjenige der Menschen dieses Alters in früheren Jahrzehnten. Aus diesem Grund erleben auch viel mehr Menschen diese Altersphase als Paar, während in früheren Zeiten einer der Partner in dieser Zeit häufig bereits verstorben war. Dennoch ist diese Zeit für die Paarbeziehung auch eine Krisenzeit, das zeigen nicht zuletzt die hohen Scheidungszahlen auch in dieser späten Phase: Bei einem Viertel aller Scheidungen waren die Partner 2011 älter als 50 Jahre. Sich diese Krisenanfälligkeit sehr konkret bewusst zu machen, ist von Bedeutung, denn nur dann kann eine Krise auch als Chance genutzt werden, nämlich als Chance für neue Lebendigkeit in der Beziehung. Darum gehen wir im Folgenden der Frage nach: Mit welchen Krisen sind Paare in dieser Zeit häufig konfrontiert und wie können sie diese auch als Chancen nutzen?

Die gewohnten „Beziehungsmuster" geraten durcheinander

Früher war der Mann den ganzen Tag im Geschäft, jetzt ist er den ganzen Tag zuhause. Das kann dazu führen, dass sich die Frau in ihrem gewohnten Tagesablauf erheblich gestört fühlt, vor allem dann, wenn der Mann nun anfängt, das häusliche Leben stärker mitgestalten zu wollen, was früher fast ausschließlich ihre Sache war. Oder: Früher war es vor allem die Frau, die Nähe in der Beziehung gesucht hat. Weil sie diese aber beim Mann oft nicht gefunden hat, hat sie resigniert und Nähe bei Kindern und Freundinnen gesucht. Nun aber kann es sein, dass der Mann im Ruhestand plötzlich ihre Nähe sucht, während sie jetzt, weil sie nicht mehr darauf eingestellt ist, eher irritiert reagiert, was wiederum den Mann frustriert. Im Laufe der Zeit haben sich Umgangsweisen miteinander eingeschlichen, die zwar nicht ideal waren, mit denen man sich aber irgendwie arrangiert hat. Diese Muster geraten jetzt durch die Veränderung der Lebenssituation durcheinander. Darin besteht aber gerade auch die Chance einer neuen Verlebendigung. Man könnte solche Irritationen nutzen, um das partnerschaftliche Zusammenspiel neu und bewusster zu gestalten als vorher: So könnten Frau und Mann im ersten Beispiel die Aufgaben zwischen sich anders als bisher – und ausgewogener – verteilen. Oder im zweiten Beispiel könnte darüber verhandelt werden, wie das Verhältnis der beiden von Nähe und Distanz zueinander neu gestaltet werden könnte. Dies käme einer neuen Lebendigkeit der Partnerschaft sehr zugute.

Gemeinsames „Drittes" fällt weg

In der Familienphase gab es vielfältiges Drittes, auf das die Partner ausgerichtet waren: der Existenzaufbau, der Beruf, die gemeinsamen Kinder, die Familie. Das gemeinsame Engagement dafür hat das Paar auch zusammengehalten und seinem Leben Sinn verliehen. Nun geht der Beruf zu Ende, die Existenz ist (meistens) gesichert, die Kinder sind aus dem Haus. Was hält das Paar jetzt noch zusammen? Was gibt seinem Zusammenleben wieder Inhalt und Sinn? Es braucht ein „neues Drittes", auf das die Partner sich ausrichten, zum Beispiel ein Ehrenamt in der Gemeinde, ein neues Hobby, das man entwickelt (oder auch ein altes, auf das man wieder zurückgreift), vielleicht auch eine gemeinsam aktiv ausgeübte Großelternschaft, durch die das alternde Paar den erwachsenen Kindern ermöglicht, Familie und Beruf besser miteinander in Einklang zu bringen usw. Die Altersforschung kommt zu dem Ergebnis, dass man sich selbst schadet, wenn man in dieser Zeit auf den „vollen Ruhestandsmodus" schaltet, weil dadurch das Leben, auch das Zusammen-Leben, sinn-entleert wird.

Unachtsamkeiten im täglichen Umgang miteinander

Die Partner verbringen in der Regel jetzt im Vergleich zu den Jahren davor viel mehr Zeit miteinander. Das bringt mit sich, dass kleine Unachtsamkeiten, die sich im Alltag eingeschlichen haben, nun viel störender werden als sie es früher waren, da man nur wenig gemeinsame Zeit hatte: Man hört nicht zu, wenn der andere etwas sagt; man spricht ihn nicht direkt an, wenn man ihm etwas sagen möchte, sondern nuschelt nur vor sich hin; man achtet bei Tisch zu wenig auf die Bedürfnisse des anderen, weil man so mit dem eigenen Essen beschäftigt ist; man wird in der Hygiene, bei der Kleidung und in den täglichen Umgangsformen nachlässig ... man nimmt sich Dinge dem anderen gegenüber heraus, die man einem fremden Menschen nie zumuten würde. Wenn solche „Kleinigkeiten" auch meist nicht zu akuten Krisen führen, so schaffen sie doch Ärger und Entfremdung voneinander. Wenn Paare dies bemerken, ist es aber gerade auch die Chance, dem Thema „Achtsamkeit füreinander" wieder einen höheren Stellenwert einzuräumen: Dass ich zum Beispiel dem anderen wirklich in die Augen schaue, wenn ich ihm etwas sagen will, dass ich ihn beim Abschied tatsächlich richtig und spürbar in den Arm nehme, dass ich im Zusammensein tatsächlich im Kontakt mit ihm bleibe und nicht in Gedanken ständig mit anderem beschäftigt bin usw. Um uns neu deutlich zu machen, was achtsamer Umgang miteinander sein könnte, müssen wir uns nur kurz in Erinnerung bringen, wie es in der Phase der Verliebtheit war: Hier hatten wir Augen und Ohren nur für den anderen, alle Sinne waren für ihn geöffnet. Wir werden zwar nicht einfach wieder die Gefühle von damals erleben, aber die Acht-samkeit würde unsere Achtung für den anderen wieder wecken, und Achtung für den anderen gibt auch der Liebe wieder eine gute Grundlage (vgl. Jellouschek 2011).

Erotik und Sexualität

Die „Jungen Alten" sind – ebenfalls im häufigen Unterschied zu früher – durchaus noch in der Lage zur Sexualität und verspüren auch oft noch deutliche Lust darauf. Die Frauen haben manchmal sogar – nach der Umstellung des Klimakteriums – ein stärkeres Bedürfnis danach als die Männer. Allerdings ist mit dem langjährigen Partner die Sexualität oft „eingeschlafen". Es war immer so viel zu tun, man ist kaum dazu gekommen, und irgendwann hat ein regelrechter „Entwöhnungsprozess" stattgefunden. Die Lust geht dann mehr in die Fantasie, tobt sich, vor allem bei den Männern, im Cyber-Sex aus – oder es kommt auch noch in diesen späten Jahren zu bitteren Trennungen, weil mit einem/einer anderen die Lust neu entflammt. Das ist natürlich dann sehr bitter, besonders für den Zurückgebliebenen. Was hier vonnöten ist – und für die Lebendigkeit der Beziehung auch eine neue Chance eröffnet: einen Neu-Aufbruch mit dem Partner zu wagen. Man muss wieder aufeinander zugehen, man muss es miteinander einfach „wieder tun"! Es geht oft besser, als man befürchtet hat. Vor allem dann kann die Sexualität eine neue Qualität bekommen, wenn beide sich nun von früheren Leistungsansprüchen befreien: Man muss nicht mehr auf den Orgasmus losstürmen, man hat jetzt Zeit und darf sich Zeit nehmen. „Slow Sex" (Diana Richardson) könnte zur Devise werden: körperlicher Genuss aneinander in einem umfassenden Sinn, ob mit oder ohne Höhepunkt! Dies hat schon bei so manchem Paar zu einer regelrechten Neuentdeckung der erotisch-sexuellen Beziehung geführt – und zwar in einer ganz neuen, umfassenderen Qualität!

Verletzungen aus der Vergangenheit

Nicht selten leiden Beziehungen in dieser Phase darunter, dass nicht verziehene Verletzungen aus der Vergangenheit wieder spürbar wurden. Eine Affäre, als die Kinder noch ganz klein waren, oder eine dringend gebrauchte Unterstützung, die nicht gegeben wurde – man hat solche Verletzungen nicht verziehen, aber das Familienleben musste weitergehen, und so sind sie in den Hintergrund getreten. Jetzt, da es ruhig geworden ist im Haus, tauchen sie wieder auf. Oft werden sie in Streitereien um irgendwelche Kleinigkeiten vom damaligen „Opfer" dem damaligen „Täter" wieder und wieder vorgehalten und vergiften so die Beziehung. In solchen Fällen ist es nötig, diese Verletzungen nochmals zum Thema zu machen. Es braucht die Anerkennung der Verletzung durch den „Täter" (anstatt sich rauszureden), und es braucht das ausdrückliche Verzeihen des „Opfers" (anstatt es dem anderen immer wieder um die Ohren zu hauen). „Eine glückliche Ehe ist die Gemeinschaft von zwei Verzeihenden" – diesen Satz las ich unlängst in einem Bericht über Haltbarkeitsfaktoren von Beziehungen.

Nicht selten werden in dieser Altersphase auch Unversöhntheiten aus der eigenen Lebensgeschichte aktuell. Man muss sich vielleicht noch um die hochbetagten Eltern kümmern und dabei tauchen die unerledigten Themen aus der eigenen Herkunftsfamilie wieder auf: übermäßige Strenge der Eltern, Enttäuschungen, Ungerechtigkeiten anderen Geschwistern gegenüber und dergleichen mehr, was man ihnen immer noch nachträgt. Auch hier steht dann ein Versöhnungsprozess an, der oft dadurch möglich wird, dass man die Eltern mit ihrer eigenen Geschichte und ihrem eigenen Lebensschicksal tiefer zu verstehen sucht, dadurch eine neue Sicht auf sie erhält und so loslassen kann, was man ihnen bisher nachgetragen hat. Eine solche Aussöhnung mit der eigenen Herkunft kommt auch der Paarbeziehung sehr zugute, sie befreit von belastender Vergangenheit und öffnet damit den Blick auf die eigene gemeinsame Zukunft.

Erfahrungen von Minderung, Verfall, Krankheit und Tod

Auch wenn es alternden Menschen heute im Durchschnitt viel länger erheblich besser geht als ihren Altersgenossen früherer Generationen, macht sich auch bei ihnen ein allmähliches Abnehmen der Lebenskraft bemerkbar: Die Augen werden schwächer, die höheren Frequenzen hört man nicht mehr, das Gedächtnis für Einzelheiten, für Namen und Personen lässt nach ... „Vorboten des Todes" hat der Theologe Alfons Auer diese Erfahrungen drastisch genannt. Er hat Recht, denn das sind Anzeichen, dass unser Leben sich dem Ende entgegen neigt. Verglichen mit dem, was hinter uns liegt, schrumpft die Zeitspanne, die noch vor uns liegt, drastisch zusammen. Dies zu verdrängen und die entsprechenden Gefühle einander zu verschweigen, macht in der Beziehung einsam. Darüber zu jammern und wehzuklagen – damit wiederum geht man dem Partner auf die Nerven... Wie also gut damit umgehen?

Hier wird aktuell, was die Alten die „ars moriendi" nannten, wörtlich „die Kunst des Sterbens", womit aber eigentlich gemeint war: die Kunst, so zu leben, dass wir versöhnt auf den eigenen Tod schauen können. Worin besteht diese „ars moriendi"? Dazu hier noch ein paar Hinweise:

Zunächst gehört dazu, dass wir die noch unerledigten Dinge, die wir geneigt sind, vor uns her zu schieben, erledigen: Erbregelungen, Testament, Patientenverfügung ... Das anzugehen, konfrontiert unmittelbar mit der Zeit, in der wir nicht mehr da sein werden. Darum tendieren hier manche dazu, sie vor sich her zu schieben. Aber sie lassen den Aufschieber nicht in Ruhe, immer wieder melden sie sich: „Eigentlich sollte ich ...!" Wenn wir sie hingegen – gemeinsam, im Austausch miteinander oder jeder der Partner für sich – erledigen, hat dies eine befreiende Wirkung, auch für die Beziehung als Paar. Wir können diese Dinge dann endgültig hinter uns lassen und uns voll dem „Hier und Jetzt" unseres gemeinsamen Lebens zuwenden.

Dies gilt es jetzt – und das ist das Zweite, was hier zu sagen ist – überhaupt zu lernen: im „Hier und Jetzt" zu leben. Die Wärme dieses Sonnenstrahls auf meiner Haut, der Geruch dieser aufblühenden Rose, die emsige Geschäftigkeit des Vögelchens, das sein Nest baut, der Schluck Wein auf meiner Zunge, der Geruch deiner Haut in meiner Nase: Tausend Dinge gibt es zu genießen, an denen wir oft so achtlos vorbeihetzen. Jetzt hetzt uns niemand mehr, wir haben Zeit, wir dürfen im Hier und Jetzt verweilen. Wenn wir das üben, steigt unsere Lebensqualität beträchtlich, und es weckt die Liebe zum Leben in uns, und von dieser Liebe zum Leben sagt die Sterbeforscherin Elisabeth Kübler-Ross, dass sie die Furcht vor dem Tod vertreibt.

Zur „ars moriendi", zur „Liebe zum Leben" gehört auch noch, was wir ein „Bündnis der Zärtlichkeit" zwischen den Partnern nennen können: dass wir zwei uns angesichts von Minderung, Verfall und Tod nicht alleinlassen, sondern zusammenstehen und zueinander halten, so wie Ulla Hahn es unnachahmlich in den folgenden Zeilen an ihren Mann zum Ausdruck bringt:

Dein Haar
wird weniger
und meines weiß.
Du siehst mich immer öfter an
wie eine Rarität.
Du fasst nach meiner Hand
als wüsste ich einen Ausweg.

Der näher rückende Tod lässt in uns auch noch die Frage nach dem „Danach" dringlicher werden. Zur Lebenskunst angesichts des Todes könnte man darum schließlich auch eine gemeinsame Spiritualität zählen, das heißt die Suche nach einem gemeinsamen Erfahrungsweg, der uns eine Ahnung vermittelt von der umgreifenden Wirklichkeit, in der wir geborgen sind auch über den Tod hinaus. Ein solcher Weg kann uns in der Tiefe verbinden, sodass eine Gemeinsamkeit möglich wird, wie sie so schön von Hilde Domin in dem Gedicht „Zärtliche Nacht" zum Ausdruck gebracht wird:

Es kommt die Nacht
da liebst du
nicht was schön ist –
was hässlich ist.
Nicht was steigt –
was schon fallen muss.
Nicht wo du helfen kannst –
wo du hilflos bist.
Es ist eine zärtliche Nacht,
die Nacht da du liebst,
was Liebe
nicht retten kann.

Die „lange Liebe" alter Paare muss also für die Partner keineswegs zu einer langweiligen oder unerquicklichen Angelegenheit werden. Die „neuen Alten" haben durchaus die Chance, sie lebendig zu erhalten und zu vertiefen. Sie müssen diese Chance nur nutzen.

Literatur

Jellouschek, Hans (2011): Achtsamkeit in der Partnerschaft. Was dem Zusammenleben Tiefe gibt. Freiburg: Kreuz-Verlag

Als generelle Empfehlung zum Thema:
Jellouschek, Hans (2011a): Wenn Paare älter werden. Die Liebe neu entdecken. Freiburg, Basel, Wien: Herder

3.9.2 Flirtkurse für Seniorinnen und Senioren – ein persönlicher Erfahrungsbericht

WERNER SZEIMIS

Bei der Vorstellung unserer Arbeitsbereiche bei der profamilia Frankfurt erzähle ich gern, dass die älteste Teilnehmerin unserer Seminare bisher eine 87-jährige Frau war – in einem Flirtkurs für Seniorinnen und Senioren. Die Reaktionen darauf sind sich ähnlich, es wird oft mit einem *„Oh wie süß"* quittiert.

Geschichte des Flirtkurses

Matthias Hüfmeier und ich begegneten uns 2007 bei der Messe „Fit ab 60"; bei einem anschließenden Treffen besprachen wir mögliche Seminare für seinen Seniorinnen- und Seniorentreff in der Senioreninitiative Höchst (SIH). Gern wollte er auch das Thema Sexualität und Alter zur Sprache bringen. Nach einer, wie ich im Nachhinein beurteile, eher trockenen Veranstaltung über Veränderungen der Sexualität im Alter baten wir in einer Gesprächsrunde die Teilnehmenden um Vorschläge für weitere Angebote. Die Idee zu den Flirtkursen kam von einer Teilnehmerin mit den Worten: *„Ich hätte gerne einen Flirtkurs. Ich würde das gerne wieder üben. Früher konnte ich flirten, aber heute getraue ich mich nicht mehr."*

Und so entwickelten wir einen Flirtkurs für Seniorinnen und Senioren. Wir, das sind meine Kollegin Claudia Hohmann und ich, sowie Matthias Hüfmeier vom Frankfurter Verband.[26] Wir führen diese Kurse seit sieben Jahren durch und ha-

---

26 Frankfurter Verband für Alten- und Behindertenhilfe e. V.

ben sie kontinuierlich weiterentwickelt. Wir haben großes Vergnügen daran, uns zu belesen, Konzepte und Vorträge auszudenken und zu gestalten.

Ganz wichtig für das Gelingen und den Zugang zu den Seniorinnen und Senioren ist eine persönliche Anbindung an die veranstaltende Institution. In der SIH hat Matthias Hüfmeier unsere zweiteiligen Flirtkurse immer in ein Rahmenprogramm eingebettet. Dazu gehören eine Stilberatung (der moderne Knigge), eine kleine Lesung von Liebesgeschichten, Filmvorführungen, ein Tanzabend, eine PC-Schulung zum Chatten und zur Orientierung in einer Partnerbörse. Außerdem hat Matthias uns in die geragogische[27] Kommunikation eingeführt: Er machte uns deutlich, wie wichtig es ist, alles mehrfach zu wiederholen, es laut und deutlich auszusprechen. Dazu gehört auch, Geduld zu bewahren, wenn einzelne Teilnehmende etwas nicht mitbekommen haben und Dinge noch einmal erklärt werden müssen.

Ziel: die eigene Attraktivität (selbst)bewusst wahrnehmen

Unser primär formuliertes Ziel ist, Seniorinnen und Senioren offener werden zu lassen, sich leichter auf andere einlassen zu können, sich selbst positiv wahrzunehmen und zu mögen und mit Lebensfreude den Alltag zu genießen. Dazu gehört auch, die eigene Attraktivität wahrzunehmen, um darüber Selbstbewusstsein zu schaffen.

Wir haben manche Seniorinnen und Senioren sagen hören: *„Ich bin doch alt, mit mir wollen doch die anderen, vor allem die Jungen, nichts mehr zu tun haben."* Ein Mann, der ursprünglich Ähnliches von sich sagte, beschrieb eine Gesprächssituation in der U-Bahn, in der deutlich wurde, wie charmant er sich in einem Flirt mit einer jungen Frauen befunden hat; er hat die Situation aber weder als Flirt noch als charmant wahrgenommen.

Wir haben auch die Rückmeldung, dass manche den Flirtkurs, ohne ihn zu kennen, als ein wenig frivol empfinden, weil sie glauben, es ginge hauptsächlich um Partnersuche, so als sei der Kurs eine Partnerbörse. Sicher sind schon Beziehungen durch den Kurs angebahnt worden, aber eher selten; in meiner Wahrnehmung waren es in sieben Jahren zwei Beziehungen. Einige Teilnehmerinnen hatten bisweilen auch ihren eigenen Kindern verschwiegen, dass sie in einen Flirtkurs gingen: *„Meiner Tochter habe ich erzählt, ich gehe zu einem Kochkurs."* Aus diesen Gründen sind meine Kollegin und ich immer auch bei den weiteren Angeboten des Rahmenprogramms dabei, um uns persönlich zu zeigen und unser

---

27 http://de.wikipedia.org/wiki/Geragogik

Konzept vorzustellen. Diese persönliche Nahbarkeit schafft schon im Vorfeld Vertrauen, sodass wir oft vor dem eigentlichen Kurs hören: „Wenn *die das machen, dann komme ich.*"

Kursstruktur – vom Angebot zum Selbstläufer

Die Kurse für die SIH und später auch für den Seniorentreff in Bockenheim hatten alle die gleiche Struktur mit einer einleitenden Veranstaltung, zwei im Abstand von einer oder zwei Wochen aufeinanderfolgenden Kursterminen und einer Abschlussveranstaltung. Die Themen der Kurse wechselten dabei jedoch.

Mit dem Ablauf des jeweiligen Kurses äußerten die Teilnehmenden den Wunsch, gern weitergehenden Kontakt zueinander zu haben. So organisierten sie selbst einen regelmäßigen Stammtisch, bei dem sie sich monatlich trafen, oder sie verabredeten gemeinsame Unternehmungen wie Theaterbesuche, Fahrradwanderungen und Konzertbesuche. Aufgrund großer Nachfrage haben wir auch eine zusätzliche nachmittägige Veranstaltung durchgeführt. Als wir zu deren Fortführung auf das Programm im Folgejahr hinwiesen, war das den meisten zu wenig. Eine Frau sagte dann ganz laut in die Runde: *„Ich gehe jetzt noch einen Wein trinken, wer möchte kann gerne mitkommen."* Es fand sich eine bemerkenswert große Gruppe zum Wein trinken zusammen.

Im Rahmenprogramm der Flirtkurse war die Stilberatung sehr begehrt. Dabei mussten wir bisweilen regulierend eingreifen, um den wenigen Männern, die dort waren, auch die Gelegenheit zu geben, sich beraten zu lassen.

Ablauf, Methoden, Umsetzung und Erfahrungen

Die Flirtseminare bestehen in der Regel aus einem einleitenden Vortrag zum Flirten – zu dem, was man richtig, und zu dem, was man falsch machen könnte – sowie Übungen, Spiele und Gesprächsrunden. Wir legen Wert darauf, mit den Teilnehmenden zusammen viele Spiele und Übungen zu machen, die auflockernd wirken, Erfahrungen offenlegen, aber auch Berührungen anbieten. Nach unseren Erfahrungen, dass es für viele Teilnehmerinnen und Teilnehmer mühsam ist, einzeln oder zu mehreren vor eine Gruppe zu treten und Rollenspiele durchzuführen, sind wir dazu übergegangen, diese so zu konzipieren, dass alle an den Rollenspielen gleichzeitig beteiligt sind und so keine Teilnehmerinnen und Teilnehmer unter den Beobachtungen der anderen stehen. Im Anschluss erfolgt in einer Gesprächsrunde immer eine Auswertung, bei der die Teilnehmenden sehr offen über das Erleben in dieser Übung berichten. Nach unserer Erfahrung ist es leichter, mit Seniorinnen und Senioren Spiele zu spielen als mit jüngeren Menschen. Ältere lassen sich ausgesprochen leichtfüßig auf Spiele ein. Entscheidend jedoch ist die Anleitung: die Spiele und Übungen Schritt für Schritt sorgfältig und einzeln erläutern, durchaus zu wiederholen, gegebenenfalls auch noch ein drittes Mal, und die Teilnehmenden erst dann beginnen lassen.

Schwierig wird es, wenn wir bei einem Spiel alles auf einmal erklären und darlegen. Dann machen zwar alle Teilnehmerinnen und Teilnehmer alles, jedoch zu unterschiedlichen Zeitpunkten und nicht synchron. Dies ist unsere besondere Erfahrung in der geragogischen Arbeit. Man sollte sich immer wieder vergewissern, ob das Gesagte auch tatsächlich angekommen ist. Die Seniorinnen und Senioren genießen es oft, sich ein wenig anarchisch aus Konventionen herauszustehlen und ihre vielen kleinen Nebenher-Gespräche zu führen, und das mit riesigem Vergnügen. Es bedeutet kein Desinteresse an dem Kurs, an dem sie deutlich wahrnehmbar gern teilnehmen. Vielmehr habe ich den Eindruck, dass sie einfach keine Lust mehr haben, nur noch irgendwelche Formalien zu erfüllen.

Variationen, Transfer und thematische Ergänzungen

Zu unseren thematischen Angeboten gehören das Flirten, also Beziehungsanbahnung, Beziehungspflege und Liebesbiografie. Das einmal von uns ausprobierte Thema „Lustvoll streiten" würden wir aber nicht als Einzelseminar anbieten, sondern als Bestandteil eines Seminars zur Beziehungspflege. „Meine Liebesbiografie" war ein hochsensibles Seminar. Diese Gesprächsrunden waren sehr dicht, sehr persönlich und intensiv. Auch hatten alle Teilnehmenden Wert darauf gelegt, dass zum zweiten Termin niemand dazukommen sollte, die nicht auch beim ersten Termin dabei gewesen sind.

Bei diesen Kursen spielen wir ein altes Spiel mit großem Erfolg, welches wir uns sonst kaum noch wagen würden anzubieten: die „Waschstraße".[28] Dabei legen die Teilnehmenden fest, welches Fahrzeug oder welcher Autotyp sie sind und verkünden das laut, ebenso welche Wagenwäsche sie haben möchten: intensiv, überall, Unterboden, nur die Seitenspiegel, das Dach sehr intensiv ... anschließend gehen sie durch die sich auf zwei Seiten gegenüberstehenden anderen Teilnehmerinnen und Teilnehmer langsamer oder schneller hindurch und werden von diesen „gewaschen", sprich massiert. Bemerkenswert ist, mit welcher Begeiste-

---

28   siehe Übung 36 „Auto waschen" unter: www.baer-sch.de/download/uebungen.pdf

rung diese erbetenen Berührungen von anderen Teilnehmerinnen und Teilnehmern ausgeführt wurden; sogar Teilnehmerinnen, die selbst jegliche Berührung ablehnten, ließen sich auf dieses Spiel ein und hatten offensichtlich Spaß daran. Im kollegialen Nachgespräch wurde meiner Kollegin und mir deutlich, wie wichtig Berührungen in diesem Alter sind. In Folge bemühten wir uns, solche Spiele zusätzlich in unsere Seminartätigkeit einzubauen: *„Es fehlen die Menschen, die einen berühren."*[29]

Wir haben jeden Flirtkurs neu entwickelt und gefüllt. Wichtig waren uns Inhalte wie Körpersprache, Gesprächsführung, Umgang mit Partnerbörsen und Chatten. Die Übungen lassen sich auch mit größeren Gruppen und an anderen Orten umsetzen. Modifiziert können wir sie mittlerweile auch mit 100 bis 150 Personen aufs humorvollste durchführen.[30]

Ein Beispiel – Komplimente machen und annehmen: „Flirten am Fließband"

Eine unserer Übungen, die wir immer sehr gern durchführen, ist das „Flirten am Fließband": Gruppen von jeweils etwa 20 Personen bilden je zur Hälfte einen Innenkreis, der nach außen schaut, und einen gegenüberliegenden Außenkreis, der nach innen schaut. Die Aufgabe lautet, dem Mann oder der Frau im Innenkreis ein einziges Kompliment zu machen; und die Person gegenüber soll dieses Kompliment mit einem Danke entgegennehmen, ohne es weiter zu kommentieren. Dann wird um je eine Person weitergerückt und dem nächsten Teilnehmenden ein Kompliment gemacht, der/die sich wieder bedanken: so lange, bis der Außenkreis einmal den Innenkreis umrundet hat.

Anschließend findet ein Wechsel statt und diejenigen, welche Komplimente gemacht hatten, erhalten nun von den vorherigen Empfängern Komplimente, die sie wiederum dankend entgegennehmen. Der Wechsel sollte relativ rasch stattfinden, da es um Spontaneität geht und es nicht lange dauert, ein Kompliment zu machen; zehn bis 20 Sekunden reichen aus. Bisweilen haben wir zwei Minuten eingeräumt, um noch kleinen Gesprächen Raum zu geben.

Beispiel: *In der Komplimentrunde hört Dietrich viel Lob für seine strahlend blauen Augen und seine freundliche Ausstrahlung. Dann kommt die 53-jährige Jutta mit Kurzhaarschnitt, mustert ihn durch die Brille kurz und intensiv: „Sie sind ein Clown!"* –

---

29 Autor unbekannt
30 Wir haben im Zeltkino Kuki in Schlüchtern geflirtet (http://www.kukikino.de) und zweimal im Amt für Gesundheit (http://www.frankfurt.de/sixcms/detail.php?id=2996&_ffmpar[_id_inhalt]=102326).

„Ist das ein Kompliment?!" – „Das ist ein Kompliment für einen Clown." Dietrich nickt, grinst verschmitzt, die Frau hat ihn erkannt.[31]

Die Erfahrungen, dass man jedem Menschen jederzeit ein kleines, wohlmeinendes Kompliment machen kann, ist für viele Teilnehmerinnen und Teilnehmer eine sehr positive Erfahrung. Manchmal ist es schwierig, ein Kompliment ohne Abwehr und Abwertung entgegenzunehmen. Dieses zu üben, dieses selbstbewusst und dankend entgegenzunehmen, stärkt auch das Selbstbewusstsein. Was bei dieser Übung immer schön zu beobachten ist, ist wie die Menschen auftauen, lachen, lebendiger werden, die Gesichter sich röten und alle einen großen Spaß haben.

Stolpersteine bei der Durchführung

Beim „Flirten am Fließband" empfiehlt sich, die Männer immer komplett in einer Gruppe zusammenzufassen, weil sie oft aus homophoben Gründen Probleme haben, anderen Männern Komplimente zu machen. Die Männer drucksen am Ende dieser Übung rum und sagen oft, wie schwer es ihnen „natürlich" gefallen ist, wenn sie einen Mann vor sich hatten, diesem ein Kompliment zu machen. Interessant waren die Erfahrungen mit dieser Übung in der Universität des dritten Lebensalters mit einer Gruppe von etwa 40 Teilnehmenden. Wir hatten diese Übung bei einem ersten Treffen mit einer für uns wahrnehmbaren Begeisterung aller Teilnehmenden durchgeführt. Beim Folgetreffen eine Woche später kritisierte einer der Männer diese Übung als albern und kindisch, die es nicht wert sei, ernst genommen zu nehmen. Diese Situation erinnerte mich an eine Aussage eines Kollegen (Dr. Markus Karr) aus meiner Spielpädagogik-Ausbildung: *„Spielen ist eine ernste Sache, denn man wird so sichtbar."* Ich hatte den Eindruck, dieser Mann hatte sich zu sehr gezeigt, was ihn beschämte und ärgerlich hat werden lassen.

Öffentliche Aufmerksamkeit

Auch Journalistinnen und Journalisten finden unsere Arbeit spannend. Häufig suchen sie als Interviewpartnerinnen und -partner ein Paar, das sich bei diesem Flirtkurs kennengelernt und ineinander verliebt hat. Oder sie möchten gern jetzt sofort in dem Seminar filmen, um zu beobachten, wie niedlich die Alten flirten. Das ist für unsere Arbeit sehr anstrengend, aber zum Glück sind nicht alle Jour-

---

31 http://www.deutschlandradiokultur.de/wo-silver-ager-das-flirten-ueben.947.de.html?dram:arti
    cle_id=237283Deutschlandradio © 2009–2013

nalisten so. Eine positive Erfahrung war eine Journalistin, die sich als Teilnehmerin in den Kurs hineinbegab und sich so einfühlsam präsentierte, dass sogar Filmaufnahmen möglich wurden. Wir respektieren aber grundsätzlich, wenn die Teilnehmenden keinen Kontakt zur Presse haben wollen.

Unsere Arbeit war 2013 auch für das Jobcenter in Pforzheim mit dem Regionalpakt „Silver Stars 50 plus"[32] interessant, sodass ich eingeladen war, den Mitarbeitenden im Jobcenter unsere Arbeit vorzustellen. Sie suchten nach Strategien, um die Zielgruppe arbeitsloser Männer über 50 Jahren grundlegend zu motivieren. Immer wieder sind sie damit konfrontiert, dass Männer in ihrer Arbeitslosigkeit antriebslos werden. Ich selbst war sehr erstaunt, in wie viele Richtungen sie ihre Fühler ausstrecken, um sozialarbeiterisch mit ihrer Klientel arbeiten zu können.

Rückmeldungen zu unserer Arbeit

Zu den Veränderungen unserer langjährigen Teilnehmer und Teilnehmerinnen machen wir bemerkenswerte Beobachtungen. So konnten wir bei einer Teilnehmerin, die grau gekleidet, zurückhaltend und verschüchtert an einem unserer ersten Seminare teilgenommen hatte, sehen, wie sie sich mithilfe der Stilberatung farblich frischer kleidete, sich mit einer anderen Teilnehmerin intensiv befreundete, ja sogar nach mehreren Jahren bei einer Veranstaltung des Seniorentreffs eine Solovorführung bestritt. Der kleine Stups in unserem Kurs kann ein Anfang zu dieser Wandlung gewesen sein. Bei anderen Teilnehmenden haben wir ähnliche Veränderungen wahrgenommen.

Die Journalistin Hanne Huntemann, die u. a. in unseren Kursen für ihr Buch zu später Liebe[33] recherchierte und dazu als Teilnehmerin im Kurs mitmachte, berichtete uns, dass sie bei einer der Übungen wahrnahm, wie von den Teilnehmenden ein „Leuchten" ausging.

Eine Teilnehmerin sagte zum Abschluss mit französischem Akzent: *„Sie aben mir das Läscheln beigebracht, dafür bin isch Ihnen dankbar."*

---

32 http://www.silverstars-50plus.de/
33 Huntemann, Hanne/Joschko, Angela (2014): Liebe auf den späten Blick. Partnersuche 60+. Reinbek: Rowohlt

3.10 Akademisches Lernen

3.10.1 Die Universität als Lernort für das 3. Lebensalter

SILVIA DABO-CRUZ

Senioren an der Uni?

Bevor im Folgenden auf die Universität des 3. Lebensalters eingegangen wird, sollen einige „Mythen", die dem „Studium im Alter" hartnäckig anhaften, genannt und auf ihren Realitätsgehalt überprüft werden.

„Ältere Menschen haben an der Universität eigentlich nichts zu suchen, sie wollen doch schließlich keinen Beruf mehr ausüben."
Einer solchen Aussage liegt eine verkürzte Wahrnehmung der Universität als Ausbildungsinstitution zugrunde. Gerade in unserer durch wissenschaftlichen Fortschritt geprägten Gesellschaft kommt Hochschulen die Aufgabe zu, die Öffentlichkeit durch Weiterbildungs- und Informationsangebote an ihren Forschungsergebnissen teilhaben zu lassen. Davon dürfen ältere Generationen, gerade auch angesichts des demografischen Wandels, nicht ausgespart sein.

„Ältere Studierende nehmen jüngeren Studierenden die Plätze weg."
Derzeit steigt nicht nur die Zahl der Erststudierenden, sondern auch die der Studierenden im 3. Lebensalter. An etwa 55 Hochschulen in der Bundesrepublik wird gezielt wissenschaftliche Weiterbildung für Ältere angeboten, die von ca. 30.000 älteren Studierenden in Anspruch genommen wird. Die Einrichtungen folgen keinem einheitlichen Modell. An manchen Orten wird ein sogenanntes Gasthörerstudium angeboten, sodass ältere Studierende in regulären Universitätsveranstaltungen zugelassen sind, an anderen Orten überwiegen gesonderte Programme für die Zielgruppe der Älteren. Es mag aktuell wegen hoher Studierendenzahlen an den Hochschulen zu Überlastsituationen kommen. Es besteht hier aber kein ursächlicher Zusammenhang mit der Teilnahme der älteren Studierenden. Durchgängig findet eine sorgfältige Abwägung statt, ob und in welchen Veranstaltungen Gaststudierende zugelassen werden können. Ohnehin belegen ältere Studierende zwar Sitzplätze im Hörsaal, aber keine Studienplätze im eigentlichen Sinne. Sie haben in der Regel einen Status als Gasthörerinnen und Gasthörer oder als außerordentliche Studierende. Daher durchlaufen sie keine regulären Studiengänge, erwerben keine akademischen Abschlüsse und absolvieren deshalb auch keine Prüfungen.

„Studienangebote an den Hochschulen sind elitär und nur etwas für Akademiker."
Weder Abitur noch vorangegangenes Studium sind in der Regel für die Teilnahme am wissenschaftlichen Bildungsangebot für Ältere notwendig. Die Gruppe der nachberuflich Studierenden ist insgesamt sehr „bunt", ihre Bildungsabschlüsse, Interessen und Studienmotive sind ganz unterschiedlich. Auch wenn nicht von der Hand zu weisen ist, dass Interesse und Zugang zur wissenschaftlichen Weiterbildung durch eine Reihe sozialer und biografischer Faktoren gefiltert ist, ist der formale Bildungsstand nicht entscheidend, denn Kerngedanke ist die Öffnung der Hochschulen für *alle*.

Die drei angeführten Behauptungen lassen sich aus der konkreten Praxiserfahrung heraus schnell als „Mythen" entlarven. Sie weisen aber gleichzeitig auf einen Informations- und Diskussionsbedarf im Feld der nachberuflichen akademischen Bildung hin, der die Rolle und Funktion der Hochschulen und ihrer Weiterbildungsangebote im Kontext des lebenslangen Lernens hinterfragt und weiterentwickelt.

Ein Forum dafür ist z. B. die Bundesarbeitsgemeinschaft wissenschaftliche Weiterbildung für Ältere (BAG WiWA) in der deutschen Gesellschaft für wissenschaftliche Weiterbildung und Fernstudium (DGWF).[34] In diesem Gremium wird die Entwicklung von akademischen Bildungsangeboten für Ältere seit vielen Jahren begleitet und gefördert.

„Bildung und kein Ende" – Die Universität des 3. Lebensalters an der Goethe-Universität Frankfurt

Die Universität des 3. Lebensalters ist als eingetragener Verein an der Goethe-Universität etabliert und zählt zu den größten Einrichtungen der wissenschaftlichen Bildung Älterer in der Bundesrepublik. Die Zahl der Studierenden liegt im WS 2013/14 bei ca. 3.500, mit weiter steigender Tendenz.

Aufbruch und Autonomie – wie alles anfing

Im Wintersemester 1982/83 wurden erstmals Veranstaltungen unter der Bezeichnung „Universität des 3. Lebensalters (U3L)" an der Goethe-Universität organisiert. Die in Frankreich in den 70er Jahren gegründeten „Universitäten des 3. Lebensalters" boten in der Planungsphase eine erste Orientierung. Zeitgleich

---

34 Die Autorin dieses Beitrags arbeitet kontinuierlich in diesem Gremium mit und verdankt dem Kreis manche Anregung. Aktuell wurde ein Positionspapier, die Oldenburger Erklärung, verabschiedet, das die Rolle der Bildung im Alter unterstreicht. Weitere Informationen: http://www.bagwiwa.de/ (19.12.2013).

entstand an verschiedenen Hochschulen in der Bundesrepublik eine Bewegung zur „Öffnung der Hochschulen für Ältere". Die Bewegung wurde von der Frankfurter Gruppe mitgetragen und entwickelt sich zu einem Forum der gegenseitigen Anregung und ideellen Unterstützung. In Frankfurt gelang es in Kooperation mit dem Universitätspräsidium, die U3L als eingetragenen Verein an der Goethe-Universität zu institutionalisieren.

Das Gründungskonzept der U3L war ganz im Sinne der Initiatorin Anitra Karsten gerontologisch ausgerichtet, die zu den Ersten in Europa gehörte, die sich schon in den 1950er Jahren mit Altersforschung befassten. Die U3L sollte – im Medium der Wissenschaft – eine Auseinandersetzung mit der gesellschaftlichen Rolle älterer Menschen ermöglichen in der Absicht, vorherrschende negative Stereotype abzubauen und zu einer Emanzipation alter Menschen von diskriminierenden Altersnormen beizutragen. Ein zentrales Ziel war daher auch die Förderung der Alternsforschung unter Beteiligung der Betroffenen.

Günther Böhme, Professor für Bildungsphilosophie und Bildungsgeschichte, der 1984 den Vorsitz der U3L übernahm und später für fast 30 Jahre behalten sollte, akzentuierte den Ansatz bildungstheoretisch. Er entwickelte in den folgenden Jahren schrittweise seine Bildungstheorie des Alters im Rückgriff auf Bildungspraxis und Begleitforschung an der U3L. Deren Kernaussage besteht in der Annahme von drei Altersphasen, die sich durch spezifische Bildungsbedürfnisse, als Ergebnis einer Wechselwirkung zwischen Person und gesellschaftlichem Kontext unterscheiden lassen, nämlich der Orientierung, der Rationalisierung und der Kontemplation (vgl. Böhme 2012).

Die U3L verstand sich als eine Bildungs- und Forschungsinstitution aus gerontologischem Interesse, zu deren besonderem Profil ein partizipativer Ansatz gehörte. Die Teilnehmenden sollten sich nicht als Gasthörer möglichst reibungslos in den Studienbetrieb einpassen, sondern ihre Fragen aus dem Horizont der Lebensphasen des Alters an die Wissenschaft formulieren. „Eine ‚Universität des 3. Lebensalters' ist in dem doppelten Anspruch, sich einerseits der Wissenschaft zur Verfügung zu stellen und andererseits von sich entwickelnder Wissenschaft Gebrauch zu machen, auf die Wechselseitigkeit von Beiträgen älterer Menschen und wissenschaftlicher Forschung und Erkenntnis verwiesen, auf die Wechselseitigkeit von Lebenserfahrung und wissenschaftlicher Analyse" (Böhme 1985, S. 47).

Etwa 150 Teilnehmende besuchten das erste Veranstaltungsprogramm der U3L, das aus einer Mischung von mehr als 300 regulären, für ältere Menschen geöffneten Veranstaltungen der Goethe-Universität und U3L-eigenen Veranstaltungen bestand. Die von der U3L organisierten Lehrveranstaltungen umfassten Vortragsreihen, Vorlesungen und Seminare verschiedener Fachwissenschaften sowie Arbeits- und Projektgruppen mit sozialgerontologischem Akzent. Insgesamt war das Programm – ganz im Sinne der Zeit – von der Zielsetzung eines selbstbewussten und sich emanzipierenden Alters beseelt.

Die U3L heute – Bologna, Lebenslanges Lernen, demografischer Wandel und die Folgen

Die Organisationsform der U3L und die Profile des Studienangebots bildeten ein gutes Fundament für Konsolidierung und schrittweise Erweiterung. Das Programm wurde ausgebaut, der gerontologische Schwerpunkt durch unterschiedliche Formate – z. B. Gerontologische Tage, Stiftungsdozenturen, Forschungsprojekte – gestaltet. Das Selbstverständnis einer forschenden Einrichtung ist mit einer Reihe von Veröffentlichungen belegt.[35] Die steigenden Teilnehmerzahlen sprechen für die Attraktivität des Angebots.

An der Frankfurter Universität wurden im Zuge des Bologna-Prozesses[36] und der Umwandlung der Universität in eine Stiftungsuniversität eine Reihe von Umstrukturierungen vorgenommen.

Diese Entwicklungen haben die Kooperationsbeziehung zwischen der Goethe-Universität und der U3L beeinflusst. So ist seit 2005 ein Zugang zu regulären Veranstaltungen der Goethe-Universität für U3L-Studierende nur noch in einigen Fällen und nur aufgrund besonderer Absprachen und Kooperationen möglich. Das Angebot der U3L besteht seither hauptsächlich aus gesonderten Veranstaltungen für die Zielgruppe der Älteren. Nicht nur der Vorstand und die Studierenden der U3L empfanden das Fehlen der geöffneten Universitätsveranstaltungen und damit das Fehlen genrationsübergreifender Studiensituationen als Verlust. Auch viele der Hochschullehrerinnen und -lehrer, die ihre Veranstaltungen für Ältere geöffnet und mit der Altersmischung positive Erfahrungen gemacht hatten, sprachen sich gegen die deutlichere Trennung zwischen Goethe-Universität und U3L aus. Auch seitens der jungen Studierenden bestand eine eindeutig empirisch nachgewiesene Akzeptanz[37] der altersgemischten Studiengruppen (vgl.

---

35 Siehe Homepage der U3L: http://www2.uni-frankfurt.de/42658622/veroeffentlichungen (Stand: 25.2.2014)
36 Unter dem Begriff „Bologna-Prozess" wird das Bestreben verstanden, einen homogenen und durchlässigen europäischen Hochschulraum zu schaffen und damit die Wettbewerbsfähigkeit Europas als Bildungsstandort zu stärken. Die Bezeichnung geht zurück auf die am 19. Juni 1999 in Bologna unterzeichnete Erklärung der Bildungsminister aus 29 europäischen Ländern.
37 Das zentrale Ergebnis der dazu an der U3L durchgeführten Studie ist, dass alle Altersgruppen generationsübergreifende Studiensituationen zum überwiegenden Teil positiv bewerten. Die positive Bewertung korreliert zwar mit dem Lebensalter: Die Älteren schätzten das gemeinsame Studieren zu fast 100 Prozent posi-

Brauerhoch/Dabo-Cruz 2005). Um einen der ursprünglichen Kerngedanken der U3L – die Begegnung der Generationen – zu erhalten, wurden seitens der U3L an einigen Fachbereichen Stiftungsdozenturen und -lehraufträge eingerichtet, deren Teilnehmerschaft sich anteilig aus Erststudierenden und U3L-Studierenden zusammensetzt. Zudem ist das gesamte Programm für die Studierenden der Goethe-Universität frei zugänglich und einige Vortragsreihen der U3L bilden einen Teil der „Bürgeruniversität" der Goethe-Universität, eines öffentlichen Vorlesungsprogramms.

Mit dem Stichwort des „Lebenslangen Lernens" nimmt eine globale Entwicklung im Bildungsbereich auf die Hochschulen Einfluss. Sie öffnen sich für nicht-traditionelle Adressatengruppen. Auch wenn bei dieser Öffnung vor allem berufliche Kontexte eine Rolle spielen, werden die älteren nachberuflich Lernenden nun als ein integraler Teil der sich ausdifferenzierenden Studierendengruppe gesehen (vgl. European Universities' Charter on Lifelong Learning 2008, S. 5). Hinzu kommt, dass als Folge der demografischen Entwicklung die Koordinaten von Arbeit und Ruhestand, Engagement und „später Freiheit" neu bestimmt werden und die Verlängerung der Lebensarbeitszeit auf der Agenda steht. Der 2010 veröffentlichte Altenbericht (Sachverständigenkommission 6. Altenbericht 2010) fordert zu einer differenzierten Wahrnehmung des Alters auf, betont Ressourcen und Gestaltungspotenziale älterer Menschen und propagiert eine selbst- und mitverantwortliche Lebensführung. Produktivität, gesellschaftliches Engagement und Lernbereitschaft werden als Garanten eines gelingenden Lebens im Alter gesehen. Mit diesen Entwicklungen steigen die Anforderungen an das Bildungs- und Qualifikationsniveau der Älteren. Wurden in den 1980er Jahren vor allem kompensatorische und emanzipatorische Ziele mit der Bildung im Alter verbunden, so stehen heute Selbstorganisation und zunehmend auch die Vorbereitung auf gesellschaftliches Engagement – oder auch auf eine längere Lebensarbeitszeit – auf dem Programm.

Der Auftrag der U3L – Balance zwischen Anpassung und Emanzipation
Nach dem sich selbst gestellten Anspruch sieht die U3L Wirkungen der Teilnahme älterer Erwachsener an wissenschaftlichen Bildungsangeboten weder in einer relativ unverbindlichen „öffentlichen Wissenschaft" im Sinne einer aus-

---

tiv ein. Aber auch bei den Jungen konnte eine überwiegend positive oder neutrale Einstellung festgestellt werden. Als ein weiterer wichtiger Zusammenhang der Akzeptanz stellte sich die Gruppengröße und Relation der Lebensalter dar. Waren die Erststudierenden in den Vorlesungen und Seminaren der Fachbereiche in der Minderheit – was nur in einigen wenigen Vorlesungen der Kunstgeschichte der Fall war –, „kippte" die Situation, und die Teilnahme Älterer wurde negativer wahrgenommen. Vgl. Brauerhoch/Dabo-Cruz 2005.

schließlichen Informationsvermittlung durch Vorträge noch in der Erfüllung normativer Bildungsverpflichtungen. Vielmehr soll an der U3L eine „Bildung durch Wissenschaft" ermöglicht werden, die sich der forschungsbasierten, methodischen Analyse, Reflexion und Bearbeitung gesellschaftlicher Probleme bedient, die – vor allem im gerontologisch-sozialwissenschaftlichen Bereich – durch die Studierenden mit artikuliert und akzentuiert werden. Dabei soll eine Suche nach Lösungen angestoßen werden, die auch widerständige Theorien und alternative Modelle des Lebens im Alter nicht ausspart.

Damit ist angedeutet, dass die U3L sich einem Bildungsbegriff verpflichtet sieht, der sich auf kritisch-aufklärerische Wurzeln bezieht.

Eine Universität in der Universität – Das Konzept in der Praxis

Als selbstständige Einrichtung unter dem Dach der Goethe-Universität bildet die U3L eine „Brücke" zwischen der Universität und der „Öffentlichkeit". Im Referenzrahmen von Hochschule und Wissenschaft verankert, konturiert sie ein eigenständiges Profil und spricht Menschen an, die nicht zu den traditionellen Zielgruppen der Hochschule gehören.

Für eine *Teilnahme* an der Universität des 3. Lebensalters gibt es weder festgelegte Altersgrenzen noch formale Zugangsvoraussetzungen. Die Anmeldung erfolgt für ein Semester; die Studiengebühr beträgt 110 Euro. Prüfungen oder der Erwerb akademischer Grade sind nicht vorgesehen.

Mit der Anmeldung zur U3L betreten die Studierenden zugleich den *Raum der Universität*. Alle Veranstaltungen finden in den Hörsälen und Seminarräumen der Goethe-Universität statt. Die Studierenden halten sich auf dem gesamten Universitäts-Campus auf, besuchen z. B. auch Bibliotheken und Mensen, nutzen im virtuellen Raum der Universität die Lernplattformen u. a. m.

Die *Vorlesungszeiten* und die zeitliche Struktur der Veranstaltungen sind an die Goethe-Universität angepasst, das Studienjahr in Sommer- und Wintersemester unterteilt.

Das *Programm* besteht in der Hauptsache aus Seminaren und Vorlesungen, die am Fächerspektrum der Goethe-Universität Frankfurt orientiert sind. Einen Schwerpunkt bilden die Geisteswissenschaften. Den Einstieg in das Studienprogramm begleiten propädeutische Angebote. Stiftungslehraufträge und -vorlesungen in Kooperation mit Lehrstühlen der Goethe-Universität – zzt. Entwicklungspsychologie, Interdisziplinäre Alternswissenschaft und Sportmedizin – gehören gleichzeitig zum Lehrangebot der entsprechenden Fachbereiche der Goethe-Universität und ermöglichen intergenerationelles Studieren. Projekt- und Arbeitsgruppen, überwiegend aus dem Bereich der Gerontologie und Geragogik, stellen das „Experimentierfeld" der U3L dar und ermöglichen partizipative Ansätze und forschungsbasierte Studienformen. Ein strukturierter Studiengang mit Zertifikat ermöglicht eine systematische Vertiefung von Studieninteressen; öffentliche und kostenfreie Vortragsreihen runden das Angebot ab.

Das fortlaufende Semesterstudienangebot wird erweitert durch Workshops und Tagungen, die einmalig oder in bestimmten Zeitläufen wiederkehrend organisiert werden. Auch arbeitet die U3L in verschiedenen Bereichen mit anderen Bildungsinstitutionen zusammen und hat Partnerschaften über die Bundesrepublik hinaus mit Slupsk in Polen, Riga in Lettland und beteiligt sich aktuell an einem europäischen Kooperations- und Austauschprojekt mit der Universität des 3. Lebensalters in Zagreb (Kroatien).

Die Lehrenden teilen eine wissenschaftlich-forschende Grundhaltung. Voraussetzung für die Vergabe eines Lehrauftrags ist die wissenschaftliche Qualifikation, in der Regel eine Promotion.

Methodisch orientieren sich die Veranstaltungen an hochschuldidaktischen Formen. Den „roten Faden" bildet das wissenschaftliche Vorgehen, allerdings so weit modifiziert, dass dem Gespräch mehr Raum und der Erarbeitung und Vertiefung der Themen mehr Zeit gegeben wird, als in den Lehrveranstaltungen eines regulären Studiums üblich.

Der Sturm auf den Elfenbeinturm – Die Nutzung des Studienangebots

Insgesamt präsentiert die U3L ein vielfältiges Studienangebot und aufgrund der Nutzung der Bibliotheken, öffentlichen Angebote der Goethe-Universität etc. auch ein offenes Lernumfeld, das von den Studierenden auf unterschiedliche Weise erschlossen und genutzt werden kann.

Der Besuch einer einzigen Vorlesung pro Woche oder ein tägliches Studienpensum von mehreren Stunden sind gleichermaßen möglich. Manche der Studierenden bevorzugen vorwiegend rezeptive Lernhaltungen, andere beteiligen sich aktiv durch Diskussionsbeiträge und Referate. Die Wahlmöglichkeit der Kurse und die zeitliche und räumliche Struktur erlauben eine Kontinuität der Teilnahme, mit thematischen oder persönlichen Anknüpfungspunkten von Semester zu Semester, ohne zu einengend zu sein.

Zwei Drittel der in einer Lehrevaluation Befragten besucht zwischen zwei und vier Veranstaltungen pro Woche. In der Regel ist auch eine Vor- und Nachbearbeitung mit Lektüre oder der Verarbeitung der eigenen Aufzeichnungen notwendig. Die Mehrheit (87 %) kommt mit bis zu zwei Stunden pro Veranstaltung aus. Referate werden von ca. 8 bis 10 % der Studierenden gehalten (vgl. Wagner 2012). Eine lange Studiendauer über mehrere bis viele Semester ist die Regel.

In den Evaluationen und Befragungen, die regelmäßig durchgeführt werden, benennen die Studierenden den Ertrag in einem Zuwachs an Wissen, in der Bedeutung der Bildung für die Gestaltung des Alltags, die persönliche Motivation und für ein aktives Leben. Auch der Einfluss auf eine positive Gestaltung des eigenen Alters spielt in den Antworten eine Rolle.

In den Worten eines Studierenden: „Die Bedeutung der U3L wird durch das bestimmt, was der einzelne Teilnehmer daraus zu machen versteht. (...) Dass geistige Aktivität eine gute und wirksame Voraussetzung für ein gutes Altern ist, habe ich hier erlebt."[38]

Bildung für alle? – Die Studierenden an der U3L

Die Altersspanne der im WS 2014/15 über 3.500 Teilnehmenden reicht von knapp 50 bis über 95 Jahre, wobei die meisten im Alter zwischen 61 und 70 sind (1.762), gefolgt von der Gruppe der 71- bis 80-Jährigen (1.402). 165 Studierende sind älter als 80 Jahre und sechs älter als 90. 179 sind jünger als 60, davon 20 jünger als 50. Zwei Drittel der Studierenden sind weiblich (ca. 60 %). Die formale Bildung variiert: Ein Drittel der Studierenden bringt eine mittlere Schulbildung mit, 45 % haben Abitur und ca. 40 % verfügen über einen akademischen Abschluss.

Hinter den statistischen Koordinaten der Teilnehmenden verbergen sich zwar sehr unterschiedliche Menschen mit vielfältigen Bildungsbiografien und Interessen, dennoch muss im Hinblick auf Fragen der Inklusion und Chancengleichheit kritisch angemerkt werden, dass an der U3L kein repräsentativer Querschnitt der älteren Bevölkerung vorzufinden ist.

Obwohl die U3L das Prinzip verfolgt, das Angebot für alle Interessierten, unabhängig von Vorbildung und Einkommen offenzuhalten, kann sie das Ziel, eine Einrichtung *für alle* zu sein, nur bedingt erreichen. Ob Zugang zu einem Bildungsangebot gesucht wird, ist biografisch bestimmt und hängt mit der gesam-

---

38 Unveröffentlichtes Interview.

ten Lebenssituation und Lebensweise zusammen. Exklusionsmechanismen gesellschaftlicher Ungleichheit, die sich negativ auf die Haltung zu Bildung und Lernen auswirken, lassen sich – leider – nicht einfach durch guten Willen der Akteure im Bildungsbereich außer Kraft setzen.

Das Bildungsangebot an einer Universität erreicht in der Regel eher bildungsnahe Gruppen. Der Umgang mit der offenen Struktur des U3L-Angebots und die wissenschaftliche Arbeitsweise, so gute Möglichkeiten sie auch bieten, setzen zudem reflexive und Selbstorganisationskompetenzen voraus, die nicht bei allen potenziellen Adressaten anzutreffen sind. Zudem erfordert die Auseinandersetzung mit wissenschaftlichem Wissen eine hohe Bereitschaft, mit offenen Prozessen und Ambivalenzen umzugehen. So markiert die Frage, wie niedrigschwellig ein Angebot sein kann, ohne den wissenschaftlichen Anspruch zu verlieren, ein Spannungsfeld der Planung und Didaktik, dem mit einem ausdifferenzierten Angebot mit vielen verschiedenen Zugangswegen und Angebotsformen Rechnung getragen wird.

Übergänge gestalten – Was vermag Bildung?

Das Projekt „Altersbildung im demografischen Wandel", aus dem diese Publikation entstanden ist, thematisiert besonders die Übergangsphase in das dritte Lebensalter.

Für manche der „Erstsemester" an der U3L ist der Schritt an die Universität einer der ersten nach dem Ausscheiden aus dem Beruf. Auch für diese Neu-Einsteiger gilt, dass sie mit ganz unterschiedlichen Motiven und Zielen an die U3L kommen. In Beratungs- und Gesprächssituationen kommt dennoch ein besonderer Bedarf an Orientierung am Beginn einer neuen Lebensphase zum Ausdruck. „Sie ist gekennzeichnet einerseits durch das Bewusstsein der Leistungsfähigkeit und der unbeschränkten Handlungsfähigkeit, andererseits durch das Bewusstsein, an einem Neuanfang zu stehen und vieles von dem hinter sich lassen zu müssen, was bislang Halt und Sicherheit in der Erfüllung von Aufgaben bot." (Böhme 2012, S. 47) Der Besuch der U3L wird zu einer neuen Aufgabe, die jenseits des äußeren Rahmens zugleich als eine Arbeit an sich selbst aufgefasst werden kann.

Der Übergang kann als eine Phase mit besonderem Orientierungsbedarf (Böhme 2012, S. 93) bzw. als eine „kritische Lebensphase" beschrieben werden, die einen besonderen persönlichen Lernbedarf nach sich zieht. Die Auseinandersetzung mit dem eigenen Älterwerden wird von einem Teil der Studierenden bewusst als eine besondere Chance an der U3L wahrgenommen. Gerontologische Akzentsetzungen im Studienangebot bieten Raum für reflexive Bearbeitung persönlicher Zugänge. „Mein Alter ist mein Projekt" sagen manche und nutzen den Bereich der gerontologischen Veranstaltungen gezielt dafür, sich Wissen und Strategien anzueignen, um das eigene Älterwerden zu gestalten. Andere suchen gesellschaftliche Anwendungsbereiche für das neu erworbene gerontologische Wissen und engagieren sich dort. Ein ausgeprägtes Interesse an den Themen im Bereich der Sozialen Gerontologie ist oft auch mit dem Wunsch nach Engagement für andere verbunden.

Neuerdings wird immer häufiger die Frage aufgeworfen, wie eine wissenschaftliche Bildung auf innovative und kreative Weise mit einem Engagement und sinnvollen Handlungsfeldern verknüpft werden kann. Eine direkte Antwort darauf gibt die U3L nicht. Aus ihrem auf die Person und ihre Auseinandersetzung mit Wissenschaft fokussierten Bildungsverständnis heraus sieht sie ihre Aufgabe nicht in einer Ausbildung für bestimmte Engagementfelder. Sie möchte vielmehr einen Beitrag dazu leisten, theorie- und forschungsfundierte Informationen bereitzustellen, die zu Analyse und kritischer Reflexion der Begriffe und Programme im Bereich von Bildung und Produktivität einladen.

Dennoch können auch aus der Teilnahme am Bildungsangebot der U3L bzw. aus dem Kontext der Goethe-Universität unterschiedliche Formen des Engagements erwachsen. Jüngstes Beispiel ist ein Projekt der Patenschaft für ausländische Wissenschaftler an der Goethe-Universität (in Kooperation mit dem Goethe Welcome Centre).

Als integraler Bestandteil der U3L bietet die Beteiligung an Projektgruppen die Möglichkeit, Elemente von Bildung, Forschung und Produktivität zu verbinden (ausgeführt z. B. in der Projektgruppe Partnerschaften 2012).

Literatur

Böhme, Günther (2012): Verständigung über das Alter oder Bildung und kein Ende. 1992, überarbeitete Neuauflage 2012. Idstein: Schulz-Kirchner
Böhme, Günther (1985): Soziale Gerontologie und Erwachsenenbildung. In: Hessische Blätter für Volksbildung 1985/1, S. 44–51
Brauerhoch, Frank-Olaf/Dabo-Cruz, Silvia (2005): Begegnung der Generationen. Alt und Jung im Studium. Idstein: Schulz-Kirchner

European University Association: European Universities' Charter on Lifelong Learning (2008), S. 5 [http://www.eua.be/fileadmin/user_upload/files/Publications/ EUA_Charter_Eng_LY.pdf] (Stand: 4.5.2015)

Projektgruppe Partnerschaften (2012): Partnerschaften in späten Lebensphasen – die Herausforderung des Alters. Erfahrungen und Ergebnisse aus einem forschungsorientierten Projekt. Forschung und Projekte Nr. 3. Frankfurt: Universität des 3. Lebensalters

Sachverständigenkommission 6. Altenbericht (2010): 6. Bericht zur Lage der älteren Generation in der Bundesrepublik Deutschland. Altersbilder in der Gesellschaft. [http://www.bmfsfj.de/RedaktionBMFSFJ/Pressestelle/Pdf-Anlagen/ sechster-altenbericht.pdf] (Stand 10.11.2013)

Wagner, Elisabeth (2012): Ergebnisse der Lehrevaluation im WS 11/12 an der Universität des 3. Lebensalters. [http://www2.uni-frankfurt.de/43329035/Ergeb nisse-Lehreva-WS-11–12.pdf] (Stand: 12.11.2013)

3.10.2 Studieren ab 55 – ohne Hürden, ohne Prüfung
Die Seniorenakademie des Münchner Bildungswerks

MONIKA BISCHLAGER

Seit über fünf Jahren gibt es die Münchner Seniorenakademie, ein Projekt des Münchner Bildungswerks. Gestartet wurde sie im Sommer 2009 mit zwei Kursen, im Wintersemester 2013 studieren circa 300 Teilnehmende in elf Kursen. Dieser Beitrag zeigt auf, welchen Stellenwert Seniorenbildung im Münchner Bildungswerk einnimmt und welche neue Studienform für Senioren sich daraus entwickelt hat.

Seniorinnen-, Seniorenbildung im Münchner Bildungswerk

Das Münchner Bildungswerk ist ein gemeinnütziger Verein und Träger kirchlicher Erwachsenenbildung. Die über 200 Mitgliedseinrichtungen sind zu 75 % katholische Pfarrgemeinden und zu 25 % Verbände in der Stadt und im Landkreis München. Das Münchner Bildungswerk ist eine „förderungswürdige Einrichtung der Erwachsenenbildung in Bayern nach dem Bayerischen Erwachsenenbildungs-Förderungsgesetz (EbFöG)" (Münchner Bildungswerk 2010, S. 13).

Schwerpunkte der Erwachsenenbildung im Münchner Bildungswerk sind: Theologie und Ethik, Familien und Eltern, Bürgerschaftliches Engagement, Senioren,

Kunst und Kultur, Integration und Migration. Durchgeführt wird diese Bildungsarbeit – unter Leitung zweier Führungskräfte – von elf pädagogischen Mitarbeiterinnen und Mitarbeitern, unterstützt von freiberuflichen Honorarkräften (vgl. Münchner Bildungswerk 2010, S. 12–19).

Seit vier Jahrzehnten gehört die Seniorinnen- und Seniorenbildung zu den Kernkompetenzen des Münchner Bildungswerks. Ihre Angebote orientieren sich vor allem an den Standards zur Seniorenbildung der Arbeitsgemeinschaft Katholischer Erwachsenenbildung in der Erzdiözese München und Freising e. V. (KEB 2008). In diesem Konzept heißt es, dass „das Altern heute gestaltbar, aber auch gestaltungsnotwendig geworden ist" (ebd. S. 3).

Das Münchner Bildungswerk hat sich entschieden, den Schwerpunkt auf folgende Bereiche zu legen (Seniorenbildungsteam MBW, S. 3):
- Thematische Angebote mit kulturellen, geschichtlichen oder gesellschaftlichen Themen, Sinnfragen und Wertorientierung, intergenerative und lebensbegleitende Angebote; Aufgreifen aktueller Schwerpunkte
- Altersspezifische Angebote und Vorbereitung auf den Ruhestand mit allgemeinen Fragestellungen des Alters und der nachberuflichen Lebensphase
- Intergenerationelle Angebote in den Bereichen Kunst und Begegnung.

Gründe für die Entwicklung einer Seniorenakademie

In der Lebensphase nach dem Erwerbsleben bzw. nach der Familienphase verfügen Frauen und Männer „über reiche Ressourcen und Kompetenzen, die sie nutzen, um ihren Interessen nachzugehen, Beziehungen zu pflegen und neue Aufgaben zu übernehmen" (KEB 2008, S. 2). Da diese Menschen ständig auf der Suche nach niveauvollen Angeboten sind und bereit sind, sich selbst zu fordern, sind vor allem sie die Zielgruppe für das Angebot der Münchner Seniorenakademie. Durch die Angebote akademischer und kultureller Bildung erfahren die Teilnehmenden kulturelle Zusammenhänge und erleben sie als Bereicherung des eigenen Lebens. Historisches Bewusstsein wird geweckt, die eigene Wahrnehmung geschärft und ein intensives Erleben gefördert. Es kommt sowohl zu einer kognitiven als auch einer affektiven Auseinandersetzung mit einem breiten Themenspektrum auf akademischem Niveau. Das Aufgreifen von aktuellen gesellschaftspolitischen Fragen unterstützt zusätzlich die selbstständige Urteilsbildung und Kritikfähigkeit zu gesellschaftspolitischen Themen.

Kundenbedürfnis und Zielgruppen

> Warum ich gerne an der Seniorenakademie studiere? Weil das Konzept stimmt! Die Themen sind interessant und aufeinander abgestimmt, die Dozenten sind kompetent. Das Vorlesungsniveau ist hoch, die Betreuung persönlich und herzlich und die Mitstudenten interessiert und freundschaftlich. Die ganze Atmosphäre ist sehr gut und die Vorlesungen strukturieren die Woche.
>
> Renate Marquardt,
> Kurssprecherin im 6. Semester

Geplant wurde die Münchner Seniorenakademie zum einen für bisherige Teilnehmende des Münchner Bildungswerks, die ein Interesse für akademisch orientierte Bildung als „neues Produkt" zeigten. Zum anderen sollte ein alternatives Angebot zu örtlich ansässigen Bildungsträgern wie der Ludwig-Maximilians-Universität oder der Katholischen Akademie geschaffen werden, um so neue Kunden zu gewinnen.

2006 wurde eine Marktanalyse erstellt und die bestehenden Einrichtungen mit einem Studienangebot für Senioren in München nach den Aspekten Zugangsvoraussetzungen, Rahmenbedingungen und Veranstaltungsdesign miteinander verglichen. Aus dieser Konkurrenzanalyse entwickelte sich mit Blick auf die Kundenwünsche das Konzept des Münchner Bildungswerks. Das Seniorenstudium des Münchner Bildungswerks sollte die Vorteile der bisherigen Konkurrenz mit beinhalten, jedoch deren Defizite auffangen und damit eine Marktlücke schließen (Achilles 2004, S. 3; Frantzen 2006).

Nach Analyse der Aussagen von Kunden bei verschiedenen Veranstaltungen im Münchner Bildungswerk fand sich als zentraler Wunsch allgemeine akademische Bildung auf „hohem" Niveau und ein akademisches Umfeld (Universität, Studium, Akademie, Einschreibung, Zertifikat, Diplom).

Im Sommer 2006 fand ein Testwochenende mit 30 geladenen Teilnehmenden statt, um zu klären, was Seniorenstudierende brauchen. Die Veranstaltung in Kooperation mit dem Zentrum St. Michael der Jesuiten wurde begeistert aufgenommen. Die Auswertung des gesamten Settings führte zu einem Konzept, das zwar ständig angepasst und erweitert, aber in seinen Grundzügen noch heute angewandt wird. Das neue Seniorenstudium sollte sich – im Unterschied zu bestehenden Angeboten – an folgende Schwerpunkte halten (Achilles 2004, S. 1):
- Seniorinnen und Senioren ohne Altersbegrenzung und Bildungsvoraussetzungen ansprechen

- als Dozierende Wissenschaftlerinnen und Wissenschaftler gewinnen, die aktuell in Forschung und Lehre an Universitäten oder anderen Forschungseinrichtungen tätig sind und didaktisch und inhaltlich auf die spezifischen Bedürfnisse der älteren Studierenden eingehen können
- eine Art Diplom oder Zertifikat ohne Abschlussprüfungen oder Leistungsnachweise nach Beendigung des Studienangebots beinhalten
- ein übersichtliches Studienmanagement ohne komplizierte Stundenpläne anbieten
- nach Absolvierung des Studienprogramms den Teilnehmenden fundierte Kenntnisse über eine breite Palette wissenschaftlicher Themengebiete vermittelt haben
- eine Aufbereitung der Lerninhalte, des Zeitrahmens und des Lerntempos in einer der Altersgruppe angemessenen Form gewährleisten.

Das Angebot der Münchner Seniorenakademie

Die Möglichkeit, im Alter noch studieren zu können, macht großen Spaß, und das ohne jeglichen Stress und Leistungsdruck. Es gefällt mir, mit Gleichaltrigen zu studieren, zu diskutieren und Meinungen auszutauschen. Durch „München aktiv und intensiv" lerne ich die Stadt von einer ganz anderen Seite kennen. Dieses „Studium Generale" mit den breit gefächerten Themenspektren und wissenschaftlichen Beiträgen gestaltet sich sehr interessant und vielseitig. Mehr Bildung im Alter, dafür ist es nie zu spät.

Elisabeth März,
Teilnehmerin im 3. Semester

In der Münchner Seniorenakademie werden ähnlich einem „Studium Generale" Vorlesungen, Seminare und Exkursionen zu geisteswissenschaftlichen, vor allem historischen Wissensbereichen angeboten. Die Zielgruppe sind Seniorinnen und Senioren ab 55 Jahren, die sich auf akademischem Niveau bilden bzw. weiterbilden möchten. Das Studienprogramm ist speziell auf Menschen in der zweiten Lebenshälfte zugeschnitten. Es gibt keine Zulassungsvoraussetzungen, Prüfungen und Anwesenheitspflichten. Durch ein ansprechendes Ambiente wie Tischdekoration und Getränke wird ein offenes und lebendiges Lernklima ermöglicht. Die Kurse mit maximal 45 Teilnehmenden bleiben in den Semestern meist zusammen und wählen eine Kursvertretung, damit sich die Kontakte zum Münchner Bildungswerk unmittelbarer gestalten. Zudem kümmert sich eine bewährte Studienbegleitung darum, dass die Rahmenbedingungen wie z. B. Technik oder

Skripten stimmen. Die Sitzordnung in Tischgruppen lädt zu gegenseitigem Austausch und Diskussionen ein.

Das Semesterprogramm der Münchner Seniorenakademie ist im Grundstudium auf sechs Semester angelegt. Ein Einstieg ist zu jedem Semesterbeginn möglich. Ein Semester besteht aus zehn Vorlesungswochen, in denen jeweils an zwei Vor- bzw. Nachmittagen pro Woche Lehrveranstaltungen stattfinden. In den Schulferien und an Brückentagen wird nicht studiert.

Pro Studientag gibt es eine Vorlesung und zwei Zusatzangebote. Am ersten Studientag in der Woche gibt es eine zweistündige Vorlesung und zusätzlich das Lehrangebot „Intensiv", am zweiten Studientag kommt „München Aktiv" dazu.

In den Vorlesungen werden die Grundbegriffe und Grundmethoden eines Faches, ein Querschnitt der Fachinhalte, punktuelle Vertiefungen und aktuelle Bezüge vermittelt. Den Schwerpunkt bildet dabei das Fach Geschichte. Die Fächer Theologie, Philosophie, Psychologie, Kunstgeschichte, Literatur und Politik ergänzen das Angebot.

Studienaufbau im Grundstudium

	1. Vorlesungstag	2. Vorlesungstag
Semester I	Geschichte Antike	Philosophie Einführung
	München Aktiv	Intensiv
Semester II	Geschichte Mittelalter	Psychologie Einführung, psych. Schulen
	München Aktiv	Intensiv
Semester III	Geschichte Reformation und Revolution	Kunstgeschichte Einführung
	München Aktiv	Intensiv
Semester IV	Literatur Epochengeschichte, Neuzeit	Philosophie/Theologie z. B. Kath. Erwachsenenbildung
	München Aktiv	Intensiv
Semester V	Psychologie z. B. seelische Gesundheit	Theologie Dialog, ökumenische Offenheit
	München Aktiv	Intensiv
Semester VI	Geschichte Gegenwart	Politik Gegenwart, Europa
	München Aktiv	Intensiv

Bischlager 2013, S. 5: Handbuch der Münchner Seniorenakademie

Das Lehrangebot „Intensiv" geht thematisch orientiert vor. Die Inhalte haben stets einen Bezug zu einer der Vorlesungen und machen sie auch in anderen Kontexten greifbar.

Im Lehrangebot „München Aktiv" beziehen sich die Vorlesungsinhalte auf das nähere Lebensumfeld der Teilnehmenden. Ausführliche Stadtexkursionen zu historisch bedeutsamen Plätzen zeigen München aus anderen Blickwinkeln.

Das Grundstudium schließt mit einer „Diplomfeier" ab; den Studierenden, die sechs Semester besucht haben, wird das „Diplom der Münchner Seniorenakademie" ausgehändigt (Bischlager 2013, S. 4–6).

Wie wird evaluiert und mit den Ergebnissen umgegangen?
Am Ende eines Semesters werden die Studierenden zum Kurssetting und Verlauf befragt. Mit den jeweiligen Kursvertretungen gibt es ein Treffen, in dem das vergangene Semester diskutiert wird. Andere Rückmeldungen ergeben sich durch Gespräche mit den Studienbegleitungen, mit den Dozierenden und aus Beobachtungen der Mitarbeiterinnen und Mitarbeiter des Münchner Bildungswerks. Die Ergebnisse dieser Rückmeldungen fließen unmittelbar in die nächste Semesterplanung mit ein.

Werbung
Die Zahl der Mitbewerber in der akademischen Seniorenbildung wächst. Daher wird viel Zeit, Geld und Energie in Werbemaßnahmen gesteckt. Ziel der Öffentlichkeitsarbeit ist die Steigerung des Bekanntheitsgrades sowie die Verbreitung der unterschiedlichen Bildungsangebote der Münchner Seniorenakademie. Durch Veröffentlichung von Anzeigen in Zeitungen, Aushang von Plakaten, Schnupperangebote und Verteilung von Flyern sowie durch eine möglichst aktuelle Homepage wird versucht, präsent zu sein, Studierende zu halten und neue Teilnehmende zu gewinnen.

Ein Studientag in der Praxis

Teilweise kommen die Studierenden bis zu einer Stunde vor Beginn des Studientages. Sie starten mit einer Tasse Kaffee, versorgen sich mit Keksen, tauschen erste Gedanken aus und stellen sich langsam auf das kommende Thema ein. Die erste Vorlesung dauert zwei Stunden, unterbrochen durch eine 20-minütige Pause.

Wichtig ist eine deutliche und nicht zu schnelle Sprache der Dozierenden, bei Bedarf kann ein Headset eingesetzt werden. Vorträge werden meist mit Bildern oder Informationen über den Beamer begleitet, manche Dozenten und Dozentinnen nutzen lieber Flipchart oder Whiteboard. Wenn Unklarheiten oder Diskussionsbedarf entstehen, gehen die Dozierenden darauf ein. Ein kurzes Skript gibt einen inhaltlichen Leitfaden.

Nach einer Zwischenpause folgt das einstündige intensivierende Seminar. Durch Referate der Studierenden sind in diesem Rahmen Einblicke anderer Art in Sachthemen möglich. Das eigene Referieren bietet zudem die Möglichkeit, sich selbst in der Rolle der Vermittelnden zu erleben.

Drei- bis viermal im Semester gibt es eine Exkursion in die Stadtgeschichte Münchens. Diese Führungen in Museen, in und zu interessanten Gebäuden oder in besonderen Stadtvierteln dauern meist 90 Minuten. Einige Studierende lassen die Erfahrungen vor Ort danach bei einem Getränk in kleiner Runde ausklingen, und oft gesellen sich die Dozierenden dazu.

20 solcher Tage gibt es im Semester, und nur wenige der Studierenden fehlen. Dies liegt sicher nicht nur an den beliebten, kompetenten Dozierenden und ihren interessanten Inhalten, sondern auch an den Kontakten und dem Austausch mit Gleichgesinnten.

Auswirkungen über das Studium hinaus

Die Studierenden betonen, wie wichtig das Studium für sie geworden ist. Es gibt ihnen eine Struktur für den Alltag; Kenntnisse, die lange im Verborgenen lagen, werden wieder aktiviert und viel neues Wissen kommt hinzu. Man muss sich mehr merken können und sich gezielt auf Themen vorbereiten. Dadurch fühlen sie sich geistig reger und trauen sich, im privaten Umfeld Diskussionen auf hohem Niveau und in vielen Themengebieten zu führen. Es haben sich Stammtische gebildet, die Studierenden unternehmen selbst organisierte Ausflüge oder Radtouren und manche buchen sogar eine Dozentin oder einen Dozenten für eine Exkursion zu interessanten Objekten.

Vom Start bis zur Seniorenakademie heute

Die Münchner Seniorenakademie begann in Kooperation mit den Jesuiten von St. Michael im April 2009 das Studium. Zum Start erschien ein Artikel in einer großen Tageszeitung und es entstand eine unerwartet hohe Nachfrage. Statt wie geplant mit einem Kurs mit 30 Studierenden wurde mit zwei Kursen mit je 50 Studierenden begonnen. Für weitere Kurse in den darauffolgenden Semestern wurden zentral gelegene Räume gesucht. Sie befinden sich meist in Pfarrsälen, die gut an den öffentlichen Nahverkehr angebunden sind. Mittlerweile werden alle Räume für den Semesterbetrieb angemietet.

Die ersten Studierenden beendeten im Februar 2012 das Grundstudium. Zwei Drittel der Studierenden vom Start sind immer noch dabei. Dies zeigt, dass das Konzept passt und perfekt auf die Studierenden zugeschnitten ist. Auf ihren Wunsch hin wurde das Grundstudium sogar um vier Semester erweitert und durch neue Fächer wie Musik, Naturwissenschaften und Architektur ergänzt.

Nach fast fünf Jahren und zehn Semestern Münchner Seniorenakademie gibt es derzeit vier Kurse im Grundstudium und fünf im Aufbaustudium. Es wurde ein Kurs konzipiert, der nur an einem Tag stattfindet und dafür bis in den Nachmittag hineingeht. Es besteht eine kunstgeschichtliche zehnteilige Reihe von jeweils zwei Stunden im Bayerischen Nationalmuseum und es gibt Sonderreihen zu Themen, die im normalen Studienverlauf keinen Platz finden, wie z. B. Latein. Die Anzahl der Teilnehmenden schwankt je nach Angebot zwischen 20 und 40 Studierenden. Ab dem Sommersemester 2014 wird für die Kurse, die bereits zehn Semester hinter sich haben, ein neues Angebot entwickelt, das sich nach den Wünschen der Studierenden richtet.

Ausblick

Insgesamt ist die Münchner Seniorenakademie noch mitten in ihrer Entwicklung. Es gibt immer wieder Herausforderungen und neue Ideen, wie man das Studienangebot variieren und anpassen, seine Qualität halten und steigern kann. Trotz vieler Konkurrenzangebote, die in diesem Jahr mit Studienprogrammen für Seniorinnen und Senioren starteten, ist der Zulauf bei unserem Schnuppertag zum Kennenlernen mit fast 100 Teilnehmenden sehr hoch. Es entscheiden sich anschließend circa 50 Prozent für ein Seniorenstudium an der Münchner Seniorenakademie.

Literatur

Achilles, Mark (2004): Konzeptvorschlag SeniorenAkademie des Münchner Bildungswerks
Bischlager, Monika (aktualisiert 2013): Handbuch der Münchner Seniorenakademie
Frantzen, Andrea (2006): Konkurrenzanalyse Seniorenuniversitäten/Seniorenakademien

(KEB) Katholische Arbeitsgemeinschaft für Erwachsenenbildung (2008): KEB-Standards zur Seniorenbildung.
Münchner Bildungswerk (2010): Erwachsenenbildung: etwas bewegen. Katholische Erwachsenenbildung in der Stadt und im Landkreis München. Einführung für Bildungsbeauftragte. Altötting: Geiselberger
Seniorenbildungsteam MBW (2010): Konzept Senior/-innenbildung.

4 Männer als neue Zielgruppe der Altersbildung

4.1 Männer altern anders[39]

ECKART HAMMER

Zusammenfassung

Der alte(rnde) Mann ist das weitgehend unbekannte Wesen der Gerontologie und der Männerforschung. Für viele Männer ist der Übergang in den Ruhestand ein kritisches Lebensereignis, das ihre Identität umfassend infrage stellt und für das nachberufliche Leben neue Fragen aufwirft: Wie tragfähig sind die sozialen Beziehungen? Was vermittelt neuen Lebenssinn? Die bislang nur wenig thematisierte Pflege von Partnerinnen kann eine Möglichkeit sein, um dem Mann „seine Tagesdosis an Bedeutung für andere" zu vermitteln.

Der alte(rnde) Mann – das unbekannte, vergessene Wesen

Was wissen wir eigentlich über den Mann jenseits der 50? Obschon jeder dritte Mann (14 Millionen) über 50 ist, ist der alte(rnde) Mann das unbekannte Wesen in der Gerontologie. In den letzten 20 Jahren hat die Gerontologie das Wissen über nahezu alle Fragen des Alter(n)s rasant vermehrt und den noch jungen Kontinent „Alter" fast lückenlos erforscht und vermessen. Doch den älteren Mann hat sie bei ihren vielfältigen Bemühungen weitgehend übersehen und vergessen.

„Das Alter ist weiblich." Die Tatsache, dass der Mann je älter desto seltener wird, dass zwei Drittel der Über-75-Jährigen Frauen sind, hat vielfach dazu geführt,

---

39 Gekürzte und überarbeitete Fassung des Beitrags „Männer altern anders" in: Psychotherapie im Alter 1/2012, S. 39–50. Mit freundlicher Genehmigung des Psychosozial-Verlags, Gießen.
Ich danke Dr. Robert Richter für seine freundliche Unterstützung!

dass der alte Mann als nicht weiter der Rede und Forschung wert betrachtet wird. So ist der alte(rnde) Mann nach wie vor weitgehend unbekannt und unsichtbar, lediglich gesundheitliche und sexuelle Aspekte sind einigermaßen erhellt, was nicht zuletzt mit wirtschaftlichen Interessen an einem wachsenden Gesundheitsmarkt zu tun hat. Auch die kritische Männerforschung hat den alten Mann marginalisiert (Calasanti 2003, S. 18)

So hat die Beforschung des alte(rnde)n Mannes hat nach wie vor viele blinde Flecken (Bartjes/Hammer 1995):

- Warum sterben die Männer im Vergleich zu den Frauen so früh und warum wird dies überwiegend achselzuckend als scheinbares „Naturgesetz" zur Kenntnis genommen?
- Warum steigt die lebenslang überdurchschnittlich hohe Suizidquote der Männer im Alter weiter so unglaublich an?
- Warum haben wir zwar schon lange einen Frauen-, aber erst seit 2010 einen Männergesundheitsbericht (Bardehle/Stiehler 2010), der noch nicht einmal aus dem zuständigen Ministerium kommt, obwohl doch lebenslang die meisten Gesundheitsprobleme zu Lasten der Männer gehen?
- Welche Identitätsprobleme entstehen für den alternden Mann mit dem Ausscheiden aus dem Berufsleben und dem Eintritt in die *weibliche* häusliche Welt?
- Wo findet der Mann in einer weiblichen Altersgesellschaft, in überwiegend feminisierten Senioren- und Altenhilfeangeboten noch seinen Platz?
- Was sind die spezifischen Probleme alleinstehender, verwitweter und geschiedener Männer?
- Wie bewältigen Männer körperliche Einbußen, Gebrechlichkeit und abnehmende Autonomie? Wie können kriegstraumatisierte alte Männer ihr Leben in Frieden abschließen?
- Welche Bedeutung könnte Altersverwirrung auch in diesem Kontext für alte Männer haben?
- Wie pflegen Männer, wie erleben sie eigene Pflegebedürftigkeit, welche familien- und psychodynamischen Verstrickungen und Gewaltpotenziale ergeben sich, wenn Männer durch ihre Partnerin oder die eigenen Kinder gepflegt werden?
- Welche Identitätsprobleme ergeben sich für Männer in der beruflichen Altenpflege?

Einige dieser Fragen sollen im Folgenden aufgegriffen werden.

... viel zu früh, ganz plötzlich und völlig unerwartet

Wann beginnt das Altern des Mannes? Die Arbeit ist der klarste Altersmarker, spätestens der Berufsaustritt ist das eindeutigste Indiz dafür, alt zu sein. Nicht die grauen Haare, nicht die Lebensjahre machen den Mann alt, sondern sein Status im Erwerbsleben. Noch dazuzugehören oder eben nicht mehr, das ist für Männer die entscheidende Alter(n)sfrage. Arbeit ist für die meisten Männer die zentrale Säule ihrer Identität, nicht selten ist es fast die einzige; Frauen beziehen Selbstwert und Identität in der Regel aus mehreren Lebenskreisen.

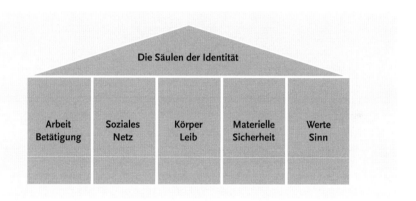

Abb. 1: Die Säulen der Identität (nach Hammer 2008, S. 19)

Das Ende der Berufstätigkeit ist für viele Männer ein kritisches Lebensereignis, das gravierende Verluste nach sich zieht und Anpassungsleistungen und umfassende Neuorientierungen erfordert, wie sie vielen Männern kaum je zuvor im Leben abverlangt wurden (Kruse et al. 2001, S. 37). „Während sich Frauen nicht selten dreimal im Leben aus einem Tätigkeitsbereich zurückziehen, ist es für den Mann etwas ganz anderes, in relativ fortgeschrittenem Alter und bei nachlassender physischer Verfassung den einzigen, endgültigen Abschied von seiner zentralen Lebensrolle als Geldverdiener und Hauptnährer der Familie zu vollziehen." (Friedan 1995, S. 194)

- In einer erwerbszentrierten Gesellschaft gehen öffentlicher Status und gesellschaftliche Anerkennung verloren. Die Ruheständler werden „aus der (aktiven) Männergesellschaft entlassen" (Fooken 1999, S. 444).
- Die Sozialkontakte gehen zurück, „Freunde" waren eben doch nur „Kollegen".

- Die Beziehung zur Partnerin, Distanz und Nähe und häusliche Arbeitsteilung müssen neu definiert und austariert werden.
- Wie im gesellschaftlichen Makrokosmos verblassen auch im familiären Mikrokosmos Status und Selbstwert. Ohne die Rolle des Ernährers findet sich der Mann in einem rollenlosen Zustand wieder; viele Männer müssen zum ersten Mal im Leben ihre Rolle selbst finden, gestalten und definieren. „Männer können nicht auf kontinuierlich ausgeübte Alternativrollen zurückgreifen" (Kruse et al. 2001, S. 49).
- Neue Aufgaben, lohnende Betätigungen, neuer Sinn müssen entdeckt werden. Die vielen, unter dem Vorsatz „Wenn ich erst mal im Ruhestand bin..." aufgeschobenen Aufgaben sind bald erledigt, und nur selten wird ein neues Geschäft begonnen, das nicht schon vor dem Ruhestand ausgeübt worden war. Die meisten Aktivitäten im Alter, so die Ergebnisse der Ruhestandsforschung, sind spätestens im dritten Lebensjahrzehnt begonnen worden (Bröscher et al. 2000).
- Die finanziellen Mittel werden spürbar geringer und engen die Spielräume ein; die Erosion der „Normalarbeitsverhältnisse" und die Entkoppelung von Berufsaustritt und Rentenbeginn werden dies weiter verschärfen.

Viele Männer sind nicht auf diese oft „viel zu früh, ganz plötzlich und völlig unerwartet" eintretende Lebenskrise vorbereitet, nehmen ihre Ursachen nicht wahr, verdrängen sie, was zu diffusen Schmerzen und zu depressiv verkleidetem Leiden führen kann. Viele körperliche Symptome, psychische Verstörungen oder Beziehungsprobleme in dieser Übergangsphase lassen sich als misslungene Formen der Bewältigung deuten. Denn Männer sind geübt darin, Krisen zu verleugnen, sie mit Aktionismus zu überspielen, medikamentös wegzuspritzen oder sie am besten gar nicht erst als solche wahrzunehmen. Deswegen sollten auch Untersuchungsergebnisse, die Männern eine hohe Zufriedenheit im Ruhestand attestieren, mit einer gewissen Skepsis interpretiert werden. Statt auf diese Scheinzufriedenheit zu bauen, sollten dezidiert Zugänge zu Männern gefunden werden, die ihnen im Übergang in den Ruhestand helfen, sich auf die nachberufliche Phase vorzubereiten.

Gemeinsam oder einsam?

Die den Berufsaustritt überdauernden sozialen Kontakte sind häufig von Frauen geknüpfte und gepflegte Netzwerke, in denen Männer sich schwertun, eine Rolle zu finden. So nimmt es nicht wunder, dass die früher oft dem Beruf nachgeordnete Paarbeziehung für den älteren Mann an Bedeutung gewinnt (Hammer 2008). Die Forschung zur Qualität von Ehen im Alter hat zwar widersprüchliche

Ergebnisse erbracht, Untersuchungen weisen jedoch darauf hin, dass einerseits zwar eine Ehe im Durchschnitt umso schlechter wird, je älter sie ist, dass Männer jedoch umso zufriedener mit der Ehe sind, je älter sie selbst werden (Gräser 2002; Höpflinger 2002, S. 15). Männer erleben sich in langjährigen Beziehungen eher von ihren Frauen unterstützt als umgekehrt. Von daher ist das Ergebnis einer Längsschnittuntersuchung erklärbar: Während allein lebende Männer eine geringere Lebenserwartung als verheiratete haben, ist es bei den Frauen genau umgekehrt: Singlefrauen leben länger, Ehefrauen kürzer (Berberich/Brähler 2001; Fooken 2000).

Vor dem Hintergrund dieser Befunde ist es nicht weiter verwunderlich, dass sich die Scheidungsraten älterer Paare seit den siebziger Jahren mehr als verdoppelt haben und dass 20 Prozent aller inzwischen geschiedenen Ehen 20 und mehr Jahre überdauert haben. Zwei Drittel der späten Scheidungen werden von Frauen ausgelöst (Fooken 1999), und viele Männer erleben sich dabei als die Verlierer. Wo die Ehefrau die einzige Gefährtin war, bei der alle Bedürfnisse aufgehoben und versorgt schienen, ist ein Leben ohne diese Partnerin nur schwer vorstellbar. Präventive Ansätze sollten Männer daher darin unterstützen, soziale Kontakte auch jenseits der Erwerbstätigkeit aufzubauen und zu pflegen.

Trotz der Tendenz zur Vereinsamung im Alter ist der Anteil Beratung suchender Männer jenseits der 50 und 60 jedoch nach wie vor gering; es gibt noch immer große Berührungsängste und Vorbehalte, was die Veränderbarkeit und Entwicklungsfähigkeit im höheren Erwachsenenalter betrifft (übrigens auch bei Therapeuten). Als Grundproblem des „beschädigten Mannes" beschreibt Lothar Böhnisch seine „Sprachlosigkeit ... gegenüber sich selbst und im Hinblick auf das, was ihn bedroht". Aus Angst, die Kontrolle über sich und sein Problem zu verlieren, versucht er, sein Problem zu rationalisieren. „Männlichkeit steht quer zur Beratung, weil sie immer dort nach außen strebt, wo die Beratung nach innen will." (Böhnisch 2005, S. 83)

Verschiedene Studien belegen daher für geschiedene oder verwitwete Männer vor allem in den ersten sechs Monaten nach dem Verlust der Partnerin ein erhöhtes Morbiditäts- und Mortalitätsrisiko (Kruse et al. 2002, S. 47), Klein spricht von einem verdoppelten Mortalitätsrisiko gegenüber verheirateten Männern (Klein 1993). Die Suizidrate der Männer zwischen 75 und 80 Jahren ist dreimal höher, die der über 85-Jährigen viermal höher als die jüngerer Männer; über 75-jährige Männer bringen sich elfmal so häufig wie die unter 25-Jährigen ums Leben (Neutzling 2003, S. 33). Und auch im Vergleich zu den Frauen liegt die Selbsttötungsrate der Männer über 65 Jahren 2,7-mal höher (Erlemeier 2001, S. 35).

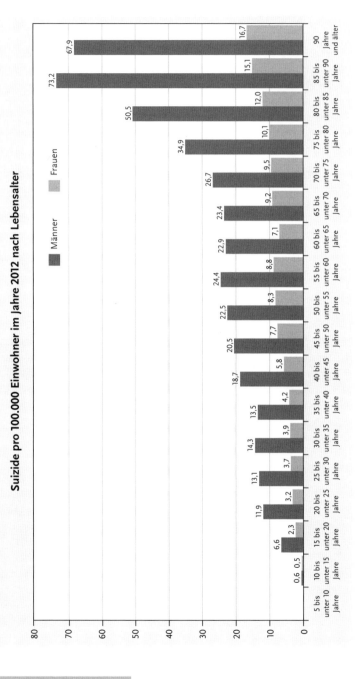

Abb. 2: Suizide pro 100.000 Einwohner in Deutschland (Fiedler 2014)

Suizidgefährdet ist, wer gelernt hat, Schmerzen auszuhalten, wer sich nicht mehr dazugehörig fühlt und wer Angst hat, anderen zur Last zu fallen – drei Faktoren, die besonders für alte Männer gelten. Wenn alles, was die männliche Identität bedeutet, verloren geht, kann der Selbstmord auch als der letzte Versuch verstanden werden, den männlichen Selbstwert durch Selbstbestimmung und Selbstkontrolle zu erhalten (Neutzling 2003, S. 38).

Viele Männer leben, als würden sie nicht älter als 60

Selbstbestimmung und Selbstkontrolle sind die beiden Werte, die dazu führen, dass die Mehrheit der Männer den Gedanken an eine mögliche eigene Pflegebedürftigkeit verdrängt. Amann hat in einer österreichischen Untersuchung ermittelt, dass die Hälfte der 60- bis 70-Jährigen nie oder nur selten über das eigene Älterwerden nachdenkt, wobei die Männer sich viel weniger als Frauen mit dieser Lebensthematik beschäftigen und die Differenz mit zunehmendem Lebensalter noch wächst. „Viele leben, als würden sie nicht älter als 60 Jahre." (Amann 2004) Immobilität und Abhängigkeit sind zwei Einschränkungen, die für Männer in hohem Maße ihre Identität gefährden und für sie fast schon gleichbedeutend mit Sterben und Tod sind. Unabhängigkeit war von Kind an das größte Bestreben und wurde mit Erwachsensein ermöglicht; der Verlust von Selbstständigkeit und Kontrolle bedeutet den Verlust des Erwachsenenstatus, das Zentrum männlicher Identität. Gepflegt zu werden bedeutet: Der alte, pflegebedürftige Mann „fällt gewissermaßen zurück in eine weibliche Welt, in der er wie ein Kleinkind versorgt wird. So war er einmal gewesen, doch so wollte er als Mann nie wieder werden" (Neutzling 2003, S. 37).

Damit kann auch zusammenhängen, dass Männer aufleben, wenn sie ihre Partnerinnen pflegen. Sie können ihrem rollenlosen Zustand als Rentner entrinnen und eine nützliche Funktion übernehmen. Die „Übernahme der ‚Helferrolle' gestattet es den Männern, ihre Identität als ‚Unterstützer der Familie' aufrechtzuerhalten" (Kruse et al. 2001, S. 49–50). Pflegende Ehemänner können ihren Partnerinnen etwas von dem zurückgeben, was sie lebenslang an Fürsorge empfangen haben, und sie verschaffen sich schließlich ihre lebenslang unverzichtbare „Tagesdosis an Bedeutung für andere" (Dörner 2007). Die Pflege von Partnerinnen oder Eltern kann Männern dazu verhelfen, abgespaltene und ungelebte Anteile zu leben und kann ihre fürsorgliche Seite fördern (Gutmann und Huyck 1994, S. 66). Fürsorge und Pflege können eine neue Beziehungsqualität zum pflegebedürftigen Gegenüber ermöglichen, die anfängliche Pflicht kann zum Liebesdienst werden: „A sense of devotion replaced duty, and respondents identified love and emotional connection as significant elements of caring" (Russell 2007,

S. 15). Diese Befunde werden im Übrigen durch Langehennig (2012) und die Ergebnisse einer eigenen derzeit laufenden Studie mit Männern in der Angehörigenpflege bestätigt (Hammer 2014).

Pflegen? – Männersache!

Männer sind deutlich aktiver an Pflege beteiligt, als dies häufig angenommen oder suggeriert wird. Häusliche Pflege ist längst schon zur Männersache geworden, was allerdings – auch in Fachpublikationen – immer wieder übersehen, verschwiegen oder als angeblich quantitativ irrelevant ausgeklammert wird. In der häuslichen Pflege ist der Anteil von Männern an den Hauptpflegepersonen innerhalb von zehn Jahren von 17 % auf 27 % angestiegen (Schneekloth/Wahl 2005). Und wenn man nicht nur die Hauptpflegepersonen betrachtet, sondern alle an der Pflege beteiligten Angehörigen, dann liegt der Anteil der Männer an den Pflegeleistenden deutlich höher: Nach den Ergebnissen des Sozio-ökonomischen Panels beteiligten sich 2003 rund 5 % aller erwachsenen Männer gegenüber knapp 8 % aller Frauen an der Versorgung Pflegebedürftiger; der Anteil der Männer liegt danach bei 37 % aller häuslich Pflegenden (Schupp/Künemund 2004). Bei den Über-65-Jährigen kann darüber hinaus davon ausgegangen werden, dass mehr Männer als Frauen pflegen (Langehennig 2009, S. 46). Auch der zeitliche Umfang der Pflege ist bei Frauen und Männern ähnlich: Frauen verwenden durchschnittlich drei Stunden für die Pflege, Männer etwas mehr als zweieinhalb Stunden (Siebter Familienbericht 2006, S. 141).

Dabei weisen verschiedene Untersuchungen darauf hin, dass Männer vergleichsweise gute Voraussetzungen für Pflege haben: „Männer wahren einen größeren inneren Abstand, sie sind weniger durch soziale Werte zur Pflege verpflichtet, setzen ihre Belastungsgrenzen früher, leisten deswegen seltener Schwerstpflege und fällen schneller die Entscheidung für eine Heimunterbringung." (Bundesministerium für Familie 2002, S. 198)

Alle Männer altern anders – Herausforderungen und Chancen für die Altersbildung

Männer altern anders – als Frauen, aber auch anders als früher ihre Väter und Großväter und künftig ihre Söhne und Enkelsöhne und anders schließlich auch als andere Männer. Entberuflichung und Hochaltrigkeit haben das Alter nach unten und oben ausgedehnt, sodass der neue Kontinent des Dritten Alters sich um rund 20 gute Jahre zwischen Berufsaustritt und beginnender Gebrechlichkeit um die 80/85 ausdehnt. War über Jahrhunderte das Ende der Erwerbstätigkeit häufig gleichbedeutend mit Gebrechlichkeit und baldigem Tod, haben Männer Anfang 60, deren Gesundheitsstatus sich in den letzten 30 Jahren um fünf Jahre verjüngt hat, heute ein zweites Leben vor sich, für das sie noch wenig Vorbilder haben. Ältere Männer (und auch Frauen) im Ruhestand verfügen heute im Durchschnitt über eine gute körperliche und geistige Verfassung, deutlich höhere Bildung als frühere Generationen, sind materiell abgesichert wie nie zuvor und haben kulturelle und gesellschaftliche Spielräume, die für frühere Altengenerationen undenkbar gewesen wären.

Die heute 60-Jährigen sind geprägt von den soziokulturellen Umbrüchen der 60er- und 70er-Jahre, von den Auswirkungen der Frauenbewegung auf die Männerrolle und von einer im Durchschnitt höheren Selbstreflexivität. Traditionelle Männlichkeit wird bei immer mehr Männern infrage gestellt und aufgebrochen, aktive Vaterschaft, gerechtere Verteilung der Haushaltsbewältigung und eine höhere Aufgeschlossenheit gegenüber selbstreflexiven und psychotherapeutischen Verfahren nehmen zu – alles günstige Voraussetzungen, um den Übergang in das nachberufliche Leben und die Herausforderungen des Älterwerdens bewusst und aktiv zu bewältigen. Und es gibt Grund zur Hoffnung, dass sich die guten Erfahrungen der aktiven Väter in der Kinderpflege dereinst auch in einer erhöhten Bereitschaft zur häuslichen Pflege im Alter niederschlagen werden.

Die Erosion der bislang normalen männlichen Vollerwerbsbiografie von der durch Unterbrechungen und Teilzeitbeschäftigungen geprägten Patchworkbiografie wird neue Normalität auch bei Männern. Verbunden mit dem immer späteren Rentenbeginn werden sich allerdings die (materiellen) Spielräume im Alter verkleinern und die Altersarmut wird wieder anwachsen. Vor dem Hintergrund einer zunehmenden Frauenerwerbstätigkeit und Gleichstellung der Geschlechter (auch was die Lebenserwartung betrifft) werden sich die Lebensverhältnisse von Männern und Frauen im Alter tendenziell angleichen.

Aber natürlich altern Männer immer schon und auch heute ganz unterschiedlich: Da gibt es neben dem gut abgesicherten statistischen Durchschnittssenior die Armen, die im Durchschnitt zehn Jahre früher sterben, die zum Verzehr ihrer Alterssicherung gezwungenen Langzeitarbeitslosen, die Migranten mit einem durchschnittlich deutlich schlechteren Gesundheitsstatus, die in belastenden Berufen Verschlissenen und Vorgealterten, die Kinderlosen, Geschiedenen und anderen Alleinstehenden ohne tragende familiäre Netzwerke und die schon vor der Zeit chronisch Erkrankten, Pflegebedürftigen und früh von demenziellen Prozessen Betroffenen. Das Alter ist bunter und heterogener als jeder Lebensabschnitt zuvor. *Das* Alter gibt es nicht – alle Männer altern anders!

Damit bringt das veränderte Alter(n) von Männern vielfältige (Heraus-)Forderungen und Ansatzpunkte für eine männersensible (oder -spezifische?) Bildungsarbeit im Übergang in den Ruhestand mit sich (vgl. u. a. Hammer 2012):

- Flächendeckende erwerbsarbeitsnahe Angebote zur Vorbereitung auf den Ruhestand, die im Rahmen beruflicher Bildung und damit in einem für Männer gewohnten Setting frühzeitig zu einer individuellen und bewussten Auseinandersetzung mit dem eigenen Alter(n) einladen.
- Kooperationen allgemeiner Erwachsenenbildung und Beratung mit betrieblichen Partnern, um Männern den Zugang zu nichtberuflicher Bildung zu erleichtern.
- Die Zusammenarbeit von Erwachsenenbildung und Vereinen kann eine Möglichkeit bieten, auch weniger bildungsgewohnte Männer zu erreichen.
- Positiv ressourcenorientiert formulierte Vorträge und Informationsveranstaltungen zum Thema Alter(n) als Mann, die ggf. beginnende körperliche Einschränkungen als Aufhänger nutzen, können Männer auch für psychosoziale Veränderungen des Alter(n)s sensibilisieren.
- Orientierungshilfen für sinnstiftende nachberufliche Tätigkeitsfelder, die Männer in ihren spezifischen Übergangsthemen und -problemen ansprechen.
- Enttabuisierung und Thematisierung männlicher Depressionen und erhöhter Suizidalität im Alter.
- Öffnung von Räumen der Begegnung für ältere Männer.
- Auf- und Ausbau von Beratungs- und Therapieangeboten speziell für ältere Männer.
- Reflexions-, Austausch- und Unterstützungsangebote für pflegende Männer.
- Entwicklung einer männerspezifischen Methodik und Didaktik, die anschlussfähig ist zu den Lern-, Lebens- und Arbeitserfahrungen von Männern und ihnen so den Einstieg in die Auseinandersetzung mit ihrer weiteren Lebensplanung erleichtert. Z.B. „Rente mit 67 – wie komme ich bis dahin und was kommt danach?"

Literatur

Bardehle, Doris/Stiehler, Matthias (Hg) (2010): Erster Deutscher Männergesundheitsbericht. Ein Pilotbericht. München: Zuckschwerdt
Bartjes, Heinz/Hammer, Eckart (1995): Männer und Männlichkeit in der Sozialen Arbeit – am Beispiel Altenarbeit. In: Sozialmagazin 9, S. 10–28
Bartjes, Heinz/Hammer, Eckart (2005): Mehr Männer in den Altenpflegeberuf. Modellprojekt im Rahmen des Teilprojektes 19 Gender Mainstreaming in der Altenhilfe. Stuttgart: Caritasverband der Erzdiözese Rottenburg-Stuttgart
Berberich, Hermann/Brähler, Elmar (Hg.) (2001): Sexualität und Partnerschaft in der zweiten Lebenshälfte. Gießen: Psychosozial
Bröscher, Petra/Naegele, Gerhard/Rohleder, Christiane (2000): Freie Zeit als gesellschaftliche Gestaltungsaufgabe. In: Aus Politik und Zeitgeschichte 35/36
Bruggmann, Michael (2000): Die Erfahrung älterer Mitarbeiter als Ressource. Wiesbaden: DUV
Bundesministerium für Familie, Senioren, Frauen und Jugend (Hg.) (2002): 4. Bericht zur Lage der Älteren Generation. Berlin
Calasanti, Toni (2003): Masculinities and Care Work in Old Age. In: Arber, Sara/Davidson, Kate/Ginn, Jay (Hg): Gender and Ageing. Changing Roles and Relationships. Philadelphia: Maidenhead, S. 15–30
Dörner, Klaus (2007): Leben und sterben, wo ich hingehöre. Dritter Sozialraum und neues Hilfesystem. Neumünster: Paranus Verlag
Engstler, Heribert (2006): Erwerbsbeteiligung in der zweiten Lebenshälfte und der Übergang in den Ruhestand. In: Tesch-Römer, Clemens/Engstler, Heribert/Wurm, Susanne (Hg.): Altwerden in Deutschland. Wiesbaden: Verlag für Sozialwissenschaften, S. 85–154
Erlemeier, Norbert (2002): Suizidalität und Suizidprävention im Alter. Stuttgart: Kohlhammer
Fiedler, Georg (2014): Nationales Suizidpräventionsprogramm für Deutschland. Suizide in Deutschland 2012. Stand Dezember 2013. www.suizidpraevention-deutschland.de/fileadmin/user_upload/Bilder/Suizide_2012/Suizidzahlen2012.pdf. Abruf 12.04.2014
Fooken, Insa (1986): Männer im Alter – Psychologische und soziale Aspekte. In: Zeitschrift für Gerontologie 19, S. 249–275

Fooken, Insa (1999): Geschlechterverhältnisse im Lebenslauf. In: Jansen, Birgit/ Karl, Fred/Radebold, Hartmut/Schmitz-Scherzer, Reinhard (Hg.): Soziale Gerontologie. Ein Handbuch für Lehre und Praxis. Weinheim, Basel: Beltz, S. 441–452

Fooken, Insa (2000): Soziale Verluste und Veränderungen „nach dem Zenit" – zur intergenerativen Beziehungsdynamik „spät geschiedener" Männer und Frauen. In: Perrig-Chiello, Pasqualina/Höpflinger, François (Hg.): Jenseits des Zenits. Männer und Frauen in der zweiten Lebenshälfte. Bern: Haupt, S. 99–117

Friedan, Betty (1995): Mythos Alter. Reinbek: Rowohlt

Gräser, Horst/Brandtstädter, Jochen/Felser, Georg (2002): Zufriedenheit in Partnerbeziehungen: Analyse latenter Entwicklungsgradienten im 14-Jahres-Längsschnitt. In: Walper, Sabine/Pekrun, Reinhard (Hg.): Familie und Entwicklung. Aktuelle Perspektiven der Familienpsychologie. Göttingen/Bern/Toronto/Seattle 2001, S. 200–218

Gutman, David/Huyck, Margaret Hellie (1994): Development and Pathology in Postparental Men. A Community Study. In: Thompson, Edward H. (Hg.): Older Men's Lives: Thousand Oaks, S. 65–84

Hammer, Eckart (2008): Männer altern anders. 3. Aufl. Freiburg: Herder

Hammer, Eckart (2010): Das Beste kommt noch – Männer im Unruhestand. Freiburg: Kreuz

Hammer, Eckart (2009): Männer – Alter – Pflege. Pflegen Männer ihre Angehörigen? Oder werden sie nur gepflegt? In: Sozialmagazin 7/8, S. 22–28

Hammer, Eckart (2012): Schlaglichter auf eine Politik für alte(rnde) Männer. In: Theunert, Markus (Hg.): Männerpolitik. Was Jungen, Männer und Väter stark macht. Wiesbaden: VS Verlag für Sozialwissenschaften, S. 187–212

Hammer, Eckart (2014): Unterschätzt: Männer in der Angehörigenpflege. Freiburg: Kreuz

Höpflinger, François (2002): Männer im Alter. Zürich: Pro Senectude Schweiz

Jöllenbeck, Dorothea (2007): Zurück nach Hause. Meine alten Eltern und ich. Freiburg: Herder

Kaye, Lenard W./Applegate, Jeffrey S. (1994): Older Men and the Family Caregiving Orientation. In: Thompson, Edward H. (Hg.): Older Men's Lives. Thousand Oaks, S. 218–236

Klein, Thomas (1993): Soziale Determinanten der Lebenserwartung. In: Kölner Zeitschrift für Sozialpsychologie 4, S. 712–730

Kruse, Andreas/Schmidt, Eric/Maier, Gabriele/Pfendtner, Pirjo/Schulz-Nieswandt, Frank (2001): Der alte Mann – körperliche, psychische und soziale Aspekte geschlechtsspezifischer Entwicklung. In: Brähler, Elmar/Kupfer; Jörg (Hg.): Mann und Medizin. Göttingen: Hogrefe, S. 34–53

Langehennig, Manfred (2009): Männer in der häuslichen Angehörigenpflege. Forschungsbefunde, Forschungsartefakte, Forschungsperspektiven. In: Mechtild M. Jansen (Hg.): Pflegende und sorgende Frauen und Männer. Aspekte einer künftigen Pflege im Spannungsfeld von Privatheit und Professionalität. POLIS 49. Wiesbaden: Hessische Landeszentrale für politische Bildung, S. 43–58
Langehennig, Manfred (2012): Männer in der Angehörigenpflege. In der Angehörigenarbeit seinen „Mann" stehen – Einblicke in die gender-konstruierte Sorge-Arbeit pflegender Männer. In: Langehennig, Manfred/Betz, Detlef/Dosch, Erna: Männer in der Angehörigenpflege. Weinheim, S. 13–44
Neutzling Rainer (2003): Mit Mann und Maus – Warum sich mehr Frauen als Männer umbringen. In: Sozialmagazin 6, S. 30–38
Russell, Richard (2007): The Work of Elderly Caregivers. From Public Careers to an Unseen World. In: Men and Masculinities 9(3), S. 298–314
Schneekloth, Ulrich/Wahl, Hans Werner (Hg.) (2005): Möglichkeiten und Grenzen selbständiger Lebensführung in privaten Haushalten (MuG III). Integrierter Abschlussbericht im Auftrag des Bundesministeriums für Familie, Senioren, Frauen und Jugend. München
Schupp, Jürgen/Künemund, Harald (2004): Private Versorgung und Betreuung von Pflegebedürftigen in Deutschland. Wochenbericht des DIW Berlin 20.
Siebter Familienbericht – Familie zwischen Flexibilität und Verlässlichkeit (2006). Perspektiven für eine lebenslaufbezogene Familienpolitik. Berlin: Bundesministerium für Familie, Senioren, Frauen und Jugend
Tesch-Römer, Clemens/Engstler, Heribert (2008): Der Übergang in den Ruhestand: Konsequenzen für die Gesundheit und das soziale Netz. In: Deutsches Zentrum für Altersfragen (Hg.): Informationsdienst für Altersfragen 2, S. 2–7
Thompson, Edward H. (1994): Older Men as Invisible Men in Contemporary Society. In: Thompson, Edward H. (Ed.) Older Men's Lives. Thousand Oaks, S. 1–21

4.2 Erfahrungen, Zugänge und Konzepte zu Männern in der Altersbildung

4.2.1 Bildungsarbeit mit älteren Männern – ein Werkstattgespräch

PETER LEONHARDT, HANS PRÖMPER, HELMUT SCHLEGEL UND
WERNER SZEIMIS IM GESPRÄCH MIT ROBERT RICHTER

Vorgeschichte und Gesprächspartner

Das Projekt „Altersbildung im demographischen Wandel" der KEB Frankfurt hatte neben dem Fokus auf den Übergang in den Ruhestand eine besondere Zielgruppe im Blick: ältere Männer, ihre Bewältigung des Übergangs in den Ruhestand sowie spezifische Angebote, die sie in der (Neu-)Orientierung in dieser Phase unterstützen können.

Männerbildung hat im Angebot der KEB Frankfurt eine langjährige Tradition, sie entwickelte sich in einem Kontext unterschiedlicher Formen persönlicher und institutioneller Kooperationen. Das Werkstattgespräch möchte diesen Erfahrungsschatz exemplarisch „heben" und aus der Perspektive theoretisch fundierter Praktiker zusammentragen, welche Themen (ältere) Männer ebenso wie Männerbildner bewegen, welche Angebote sie ansprechen, welchen Stellenwert der Umgang mit Verlusten im Alter(n) in der Bildungsarbeit mit Männern hat, welche Methoden und Zugänge welche Männer erreichen und was den Erfolg von Angeboten für ältere Männer ausmacht.

Krisen, Übergänge, Lebenslust – je eigene Zugänge zu Männerbildung

Alle vier Gesprächspartner kennzeichnet, dass sie ihren Zugang zur Bildungsarbeit mit Männern über jeweils eigene biografische Betroffenheiten und damit verbundene Krisen gefunden haben. So wird der biografische Übergang des Ausscheidens aus dem Erwerbsleben im Rahmen der Altersteilzeit als Krise erlebt und ist Anlass, sich auf die Suche nach neuen Tätigkeiten zu machen. Eine solche neue Tätigkeit sind z. B. Angebote für ältere Männer im Rahmen der Männerseelsorge, welche die eigene biografische Situation mit den beruflichen Qualifikationen als Lehrer kombinieren helfen:

Peter Leonhardt: Das war für mich eine der Alterstätigkeiten, mit denen ich sowohl mein eigenes Altern erleben und reflektieren – auch mit wissenschaftlicher und populärer Literatur – als auch mit anderen älter werdenden Männern arbeiten konnte. Das war mein Zugang.

Beziehungsbrüche und Trennungen von Partnerinnen sind weitere Anlässe, sich mit Bildungs- und Beratungsarbeit mit Männern zunächst als Teilnehmer, später als aktiver Pädagoge zu beschäftigen:

Werner Szeimis: Biografisch habe ich mich der Männerarbeit zugewandt einfach dadurch, dass eine Beziehung in die Brüche gegangen ist. Und ich dachte, jetzt muss ich mich mal mit mir ordentlich auseinandersetzen. Das war der Anlass.

Robert Richter: Ein Anlass, mich mit meinem Mannsein als Thema zu beschäftigen, war das Ende einer Liebesbeziehung und das Gefühl, ich kenne eigentlich nur Frauen. „Wo sind eigentlich die Männer in meinem sozialen Umfeld?" Ich habe damals in Köln gewohnt und bin mit dieser Frage dann auf das Männerbüro in Köln gestoßen. Ich habe zu der Zeit Pädagogik studiert und war dann ganz schnell in so einer Mischung aus persönlicher Betroffenheit und beruflichem Interesse.

Auch der Verlust des eigenen Vaters und fehlende Vorbilder für reflektiertes, genussvolles Mannsein haben dazu beigetragen, sich persönlich und professionell mit Lebensfragen rund ums Mannsein zu beschäftigen.

Hans Prömper: Der zu frühe Tod meines Vaters war für mich ein markanter Einschnitt. Er hat am Schluss keine Lebenslust mehr gehabt. Aus dieser Erfahrung ist einfach als Motiv entstanden, ich will älter werden als mein Vater, ich will mit mehr Lebensfreude leben, ich will mehr vom Leben haben und nicht in so eine Situation hereinkommen, dass ich irgendwann über den Horizont des Ruhestandsalters hinausgehe – und dann ist alles irgendwie vorbei.

Robert Richter: Im Grunde ist der Todestag meines Vaters, der gestorben ist, als ich 15 war, rückblickend auch mein „Startpunkt" oder Anlass, mich mit meinem Mannsein zu befassen, auch wenn ich das damals so nie hätte sagen können. Mannsein, Vatersein und die Suche nach Vorbildern für ein erfülltes Leben als Mann, das sind Themen, die mich seitdem persönlich und beruflich begleiten.

Analog zu dieser Wahl des beruflichen oder ehrenamtlichen Engagements folgt auch die Wahl einzelner Bildungsthemen den Themen und Fragestellungen aus der eigenen Biografie:

Hans Prömper: Das zweite Motiv ist dann natürlich meine eigene Biografie. Ich habe in den letzten 30 Jahren immer etwas mit Männern gemacht. Und die Themen, die mich beschäftigten, die ich aufgegriffen habe, haben immer auch etwas mit meinem jeweiligen Alter zu tun. So mache ich heute keine Väter-Kinder-Wochenenden mehr, sondern eher Seminare mit älteren Männern. Da habe ich auch gemerkt, dass die Motive der Männer, die sich beteiligen, auch noch einmal andere sind. Im Endeffekt motivieren mich meine eigene Biografie und der Wunsch, selbst gut alt zu werden. Und das nicht allein, sondern mit anderen.

Peter Leonhardt: Dem kann ich mich nur anschließen. Mein Motiv ist auch, für mich und für andere etwas zu tun, um eben mehr vom Alter zu haben, um es schöner und glücklicher, reflektierter zu erleben. Das soll Spaß, aber auch Mut machen. Ich habe immer wieder diesen Satz im Kopf: Ich möchte anderen Männern Mut machen, das eigene Wohlergehen in die Hand zu nehmen.

Robert Richter: Seit ich mich mit Männerthemen beschäftige, arbeite ich immer in einer Verknüpfung von persönlichem und beruflichem Interesse. Angestoßen durch die Beziehungskrisen habe ich erst Bildungs- und Beratungsangebote für Männer allgemein gemacht. Mit der Geburt meines ersten Kindes habe ich mich auf werdende und frisch gebackene Väter konzentriert, viel mit Vätern und Paaren in der Geburtsvorbereitung gearbeitet und das dann auch in Fortbildungen z. B. für Hebammen umgesetzt, weil die einen tollen Zugang zu werdenden Vätern haben.

Themen und Zielgruppen in der Männerbildung

Was sind nun die Themen, welche die Männer ansprechen? Die Gesprächspartner reflektieren ihre Erfahrungen: Welche Angebote nehmen Männer als besonders wichtig wahr? Welche Themen nehmen sie gut an? Ins Gespräch kommen auch Emotionen und ein oft mangelnder Selbstbezug von Männern.

Helmut Schlegel: Ende 2008 kamen Männer mit der Frage auf mich zu: „Gibt es auch eine Männerspiritualität? Was macht ihr da? Wo haben Männer jenseits des Priesteramtes ihren Platz in der Kirche?" Viele der spirituellen Angebote sind schon sehr frauenspezifisch; und Religion und Spiritualität ist etwas, was eher Frauen suchen. Die Motivation war zunächst mal die Frage, was bewegt Männer in diesem existenziellen und spirituellen Bereich. Und da ist deutlich geworden: Wir kommen als Männer in Kirche selten vor. Wir sind gefragt, wenn es um praktische Dinge geht, um Finanzfragen; aber das, was uns bewegt, was das typisch Männliche ist, das kommt selten vor, und das wäre uns aber eigentlich wichtig. Gerade Fragen wie Sexualität, Glauben, Partnerschaft nun mal wirklich nur unter Männern zu besprechen, nicht mit Familie und Frauen, sondern nur mit Männern, das war den Männern relativ wichtig. Es hat sich dann so entwickelt, dass wir monatlich zu solch thematischen Veranstaltungen für Männer eingeladen haben.

Bei älteren Männern – so bis 75 – gibt es eine ganze Reihe, die zu Gruppen kommen, und die ihre Themen einbringen wie Ende des Arbeitsprozesses, Umzug, die neue Lebensphase, wenn die Kinder aus dem Haus gehen. Männer nutzen auch unsere anderen Angebote stark, vermehrter als in anderen kirchlichen Bereichen. Der Bereich Zen ist sehr stark männerbesetzt, gerade auch Zen und Bogenschießen. Unsere Zen-Kurse sind zu 50 % mit Männern besetzt, über alle Altersstufen. Wenig junge Männer, aber so ab 35.

Werner Szeimis: Ich habe an Männerwochenenden oder in Männergruppen die Erfahrung gemacht, dass Männer in einem solchen Rahmen intensiv in Auseinandersetzung gehen über Beziehungen, über Sexualität, über den Umgang mit ihren Kindern.

Bei den biografischen Übergängen ist der in den Ruhestand für die Älteren ja ganz zentral. Einer meiner früheren Dozenten in der Uni ist mittlerweile weit über 80. Der hat Seminare gegeben für Männer, die in Rente gehen. Er hat vor allem mit Polizisten und mit Lufthansa-Piloten gearbeitet, die ja relativ früh in den Ruhestand gehen. Sie sind finanziell gut aufgestellt, wissen aber oft nichts mit sich anzufangen, weil sie es gewohnt waren, Anforderungen von außen gerecht zu werden; aber eben nicht, etwas selbst für sich und aus sich heraus zu entwickeln. Und der hat auch mit deren Partnerinnen zusammengearbeitet, um dann als Paar zu schauen, wie ist es, wenn der Partner auf einmal zuhause ist.

Robert Richter: Beim Übergang in den Ruhestand ist mir die Frage ganz wichtig, wie wir Männern Wege ebnen können, ihre eigene Emotionalität dazu wahrzunehmen und zum Ausdruck zu bringen. In meinem sozialen Umfeld hat ein Mann seinen Übergang in den Ruhestand mit einem Suizid bewältigt. Da hat sich mir massiv die Frage gestellt: Was brauchen Männer in diesem Übergang? Was hilft ihnen, wie kann ein Zugang zu sich selbst stattfinden und wie kann man auch von außen die Nöte wahrnehmen, die Männer da erleben? Wie gedeckelt sind die? Wie ist es für ein soziales Umfeld möglich, sich dafür ansprechbar zu machen und wahrzunehmen, was da in diesen Männern passiert?

Mit Blick auf das Säulenmodell von Petzold (vgl. den Beitrag von Hammer in diesem Band) ist es ja so, dass mit der Erwerbsarbeit eine ganz zentrale Säule der männlichen Identität wegbricht. Damit kann leicht die ganze Person emotional, psychisch und sozial ins Wanken geraten. Auch Eckart Hammers Aussage „Ich dachte ich hätte Freunde, aber es waren Kollegen" fand ich sehr gravierend.

Über alle biografischen Phasen hinweg wichtig ist mir das Thema Selbstbezug.

Werner Szeimis: Diese Frage nach dem Selbstbezug stellt sich ja in allen Lebensphasen. Ich habe in vielen Jahren bei Männerwochenenden, in Männergruppen oder auch Vater-Kind-Wochenenden es sehr spannend empfunden, dass da Männer zusammenkamen, die wirklich so einen Spaß an sich selbst hatten. Die sind mit so einer Lebensfreude da reingegangen, dass da ein sehr positives Männerbild entstanden ist, das ich sonst selten wahrgenommen habe.

Beruflich biete ich jetzt seit fast zehn Jahren Flirtkurse für Seniorinnen und Senioren an. Hier sind ebenso wie im Bereich Sexualität überwiegend Frauen anwesend; dabei ist das Thema Sexualität für Männer ganz wichtig, hat aber wenig Raum.

Ich hatte im Rahmen meiner Arbeit auch ein Beratungstelefon angeboten, da ging es hauptsächlich um Männer und Sexualität. Da sind Männer sehr allein. Frauen sind, glaube ich, eher bereit, sich über ihre Sexualität, über Probleme, z. B. auch über die Wechseljahre auszutauschen. Männer gehen nicht zu irgendeinem Freund und sagen: „Hier du, ich habe das und das Problem, hast du da eine Idee?" Auch wie Männer gesundheitlich mit sich umgehen, ist manchmal haarsträubend und erschütternd.

Robert Richter: Bezieht sich das nur auf das Thema Sexualität oder hat das generell etwas mit Körperlichkeit und Umgang mit sich selbst zu tun?

Peter Leonhardt: Ich denke Letzteres. So habe ich typisch in einem Workshop erlebt, dass ein Mann sagte: „Ich lasse mich nicht untersuchen, das bringt sowieso nichts. Wir Männer sind so. Wir gehen nicht zum Arzt!" Ich habe mir aber vorgenommen, in solchen Situationen zu sagen: „Ja, solche Männer gibt's auch. Und dann gibt es da noch die anderen, zu deren Männlichkeit es nicht gehört, Gesundheitsfragen von sich zu weisen, sondern zu deren Bild von Männlichkeit es gehört, sich um ihre Gesundheit zu kümmern, sich um eine ausgeglichene Partnerschaft zu kümmern, zu denen es auch gehört, auch Sexualität als etwas Vergängliches zu betrachten."

Diese Angst bezogen auf Männlichkeitssymbole betrifft nicht alle Männer. Sondern ich denke, das betrifft vor allem die Männer, die schon von klein an diese Symbole in ihrer Identitätsbildung gebraucht haben. Die nur dadurch existieren, dass sie ihre Männlichkeit spüren, zum Beispiel im Ausüben häufiger Sexualität, auf schweren Motorrädern und so weiter. Und die das wirklich brauchen, um überhaupt auf der Welt zu sein. Die brechen dann am ehesten zusammen, wenn auf einmal der Beruf, als ganz großes Zeichen von Männlichkeit, plötzlich weg ist; und dann wählen Sie vielleicht das Lebensende als letzten Akt der Autonomie – sozusagen, bevor sie ihnen ganz genommen wird.

Umgang mit Endlichkeit als Bildungsthema

Robert Richter: Welches Thema ist aus Ihrer Erfahrung denn besonders wichtig für ältere Männer?

Hans Prömper: Ich rede im Moment lieber von alternden Männern. Denn da blicke ich eher auf diesen Prozess des Älterwerdens. Da hat sich auch biografisch bei mir selbst etwas verändert, andere Themen haben sich eingestellt. Bei mir selbst, aber auch in Gruppen mit älteren Männern habe ich erlebt, dass der Umgang mit und der Angang von Endlichkeit ein wichtiges Thema ist. Das ist etwas sehr Privates und Persönliches, irgendwie einen Umgang damit zu finden, dass ich auch wieder verschwinden werde von der Welt, dass ich sterben werde. Aber auch mit meinen Verlusten umzugehen. Dass Menschen sterben, die mir wichtig sind, dass jemand krank wird; oder dass ich selbst merke, es treten körperliche oder geistige Beeinträchtigungen ein, mit denen ich vielleicht einfach nicht mehr so kann, wie ich gern möchte. Dieses Thema ist für viele Männer ganz wichtig und braucht einen Raum, für das es aber oft keinen Ort gibt. Und das Fehlen dieser Orte hat auch etwas mit Männlichkeit zu tun: Ein richtiger Mann arbeitet ohne Innehalten bis zum Schluss, bis er umfällt.

Robert Richter: Da wird es doch sehr plastisch: Wie ist denn der Umgang mit Verlusten und wie geht es, sich auch den Gefühlen, die damit verbunden sind, auszusetzen und die in Kauf zu nehmen? Für viele ist das ja ganz schwer, sich dem auszusetzen, weil es nicht dem gängigen Bild von Männlichkeit entspricht.

Hans Prömper: Rolf Arnold, ein Pädagogik-Professor, hat vor ein paar Jahren einen kleinen Artikel geschrieben zum Thema „Abschiedliche Bildung". Alle Bildung, die man im Lebenslauf kennt, zielt auf Erfolg, auf Leistung, auf die Bewältigung von etwas. Abschiedliche Bildung zielt darauf, dass wir auch das Heft aus der Hand geben, es genommen bekommen oder geben müssen. Und das ist ein ganz anderer Lernvorgang.

Peter Leonhardt: Gerald Hüther hat das auch in seinem Buch „Männer, das schwache Geschlecht" thematisiert. Männer, die es nicht schaffen, dieses Äußerliche, diese Symbole, diese Elemente der starken Männlichkeit loszulassen, die werden es dann spätestens im Todeszeitpunkt erleben. Er hat das so richtig neurobiologisch erklärt, wenn das Vorderhirn dann zusammenbricht und dann eben loslässt. Aber besser wäre es, schon früher zu lernen, Dinge als vergänglich, als endlich zu betrachten. Und wer das kann ...

Helmut Schlegel: Wenn diese Endlichkeit dann sehr konkret wird, müssen auch wir Professionellen umdenken. Ich glaube, wir haben da auch im Bildungsbereich so eine Idee, immer Alternativen entwickeln zu können oder zu müssen: „Wenn du nicht arbeiten kann, dann kannst du dich auch im Ehrenamt engagieren, kannst anfangen zu lesen, deine Hobbys verfolgen ..." Es ist immer noch sehr dieses Projektive. Aber wenn die Kräfte schwinden, wirklich schwinden, und die Grenzen kommen – ich weiß selbst nicht, wie das mit mir wird. Ich habe Angst davor. Wie geht es mir denn selbst damit, Abschied zu nehmen? Ich finde das schon schwierig. Andererseits geht es gar nicht anders, als langsam Abschied zu nehmen. Aber es ist ein Bruch im Leben, und das tut wahnsinnig weh. Und das können wir uns – glaube ich – auch gar nicht ersparen. Ich möchte in meiner Arbeit jedenfalls nicht so eine prolongierte „irgendwas geht dann immer noch – Stimmung" verbreiten. Aber dieses Sich-abfinden, es wird weniger, und es wird irgendwann einmal ganz aufhören, das ist brutal.

Hans Prömper: Also eines der sehr schönen – wenn man hier von schön reden kann – Bücher zu diesem Thema ist für mich Leopold Rosenmayrs „Schöpferisch altern". Dieses Buch lebt davon, dass Rosenmayr versucht deutlich zu machen: Zu meinem Leben wie dem Leben anderer gehört, dass es Abbrüche gibt, dass es Katastrophen gibt, dass ich bestimmte Dinge nicht mehr kann, dass ich versuche, mich auf einem niedrigeren Niveau neu einzurichten; und dass es da immer noch eine Kreativität gibt. Es gefällt mir nicht, aber ich bin irgendwie in der Lage, zumindest damit umzugehen.

Peter Leonhardt: Ich habe die Erfahrung von Verlust in mehreren Seminaren in einer Erfahrungsübung anschmecken lassen, wo jeder auf Karten schreibt, was ihm wichtig ist an Fähigkeiten, an Körperlichem, an Beziehungen, an allem Möglichen. Im Verlauf der Übung verliert er eine nach der anderen Karte. Sei es, dass der Leiter umgeht und Karten wegnimmt, oder der Nachbar. Und dann kann man fragen: „Schau dir an, was ist dir jetzt gerade weggenommen worden und wie geht es dir damit?" Man kann das sehr intensiv spürbar machen. Es ist natürlich ein Labor, aber wenn einem dann plötzlich die Frau oder das jüngste Kind weggenommen wird, dann geht es ans Eingemachte; oder ich verliere z. B. auch meine Sexualität oder meine Sehkraft.

Werner Szeimis: Ich habe ja auch die Erfahrung, dass ich meine Frau begleitet habe, die über fünf Jahre an einer schweren Krebserkrankung gelitten hat und daran gestorben ist. So schwer das war, wir haben trotz aller Widrigkeiten noch gemeinsame Perspektiven entwickelt, überlegt, auch mit den Kindern überlegt, wie geht es dann weiter. Das war eine intensive Zeit. Für mich selbst war es die Trauer. Ich habe geweint, ich hatte Schmerzen. Aber das meinen Kindern zu sagen, war wirklich das Allerschlimmste. Und auch rückblickend sage ich, das war eine so intensive Lebenszeit, wie ich sie sonst nie erlebt habe.

Hans Prömper: Für mich steckt darin etwas sehr Zentrales: der Mut, auf etwas zuzugehen, es auszuhalten, meine eigene Unfähigkeit, meinen Schmerz, meinen Verlust auszuhalten und trotzdem da zu sein. Wenn es darum geht, auch Endlichkeit anzunehmen, erlebe ich oft Reaktionen wie: „Da kann ich überhaupt nicht mit umgehen." Die Sterbekultur, dieser Umgang damit, dass wir auch wieder weggehen, das verändert sich. Da gibt es anscheinend immer weniger ein Verhältnis dazu.

Für Leopold Rosenmayr gehört zum guten Altwerden, den eigenen Größenwahn zu bearbeiten, davon Abstand zu nehmen. Anzunehmen, dass man nicht alles beherrschen kann. Ein Stück weit erlebe ich das bei Wochenenden und Gruppen mit Männern, wo sie merken: „Die anderen Männer kochen auch nur mit Wasser." Und wir haben nicht immer eine Lösung, aber wir schauen uns das gemeinsam an und teilen es gemeinsam.

Robert Richter: Also so ein bisschen unter der Überschrift „Erfolgreich scheitern"?

Hans Prömper: Da ist noch das erfolgreich drin [alle lachen].

Authentizität als Türöffner – Methoden und Zugänge

Eine wichtige Erfahrung und Triebfeder der Gesprächspartner zur Arbeit mit Männern ist ihre Einsicht, dass es vielfach gerade auch eigene Krisensituationen und ungelösten Konflikte sind, welche die Türen zum Gespräch öffnen.

Helmut Schlegel: Wir selbst haben auch Anteil an den Zwängen und Dilemmata der Männer. Und diese Not dabei auch transparent zu machen, das ist ganz wichtig, auch als Methode.

Robert Richter: Die eigene Not, auch als Seminarleiter?

Helmut Schlegel: Ja.

Hans Prömper: Das erlebe ich in Seminaren immer wieder. Wenn ich selbst mit meinem eigenen Elend komme, ist das ein Türöffner auch für andere: „Ja, wenn der so ist, dann kann ich auch damit herauskommen."

Werner Szeimis: Das macht es ja auch authentisch. Wenn du jetzt sagen würdest, ich bin von allem geläutert, ich bin super, ich komme mit allem super klar, was will man dann noch von dir?

Robert Richter: Was sind denn nun konkrete Methoden oder Settings, mit denen Sie in der Arbeit mit Männern gute Erfahrungen gemacht haben?

Peter Leonhardt: Nach meinem Erleben hilft es älteren Männern sehr, Rituale für das Älterwerden zu finden, diesen Übergang bewusst zu gestalten. Zum Beispiel mit diesem Kursangebot „Das Leben neu erfinden", das wir gemeinsam entwickelt haben (vgl. den Beitrag in diesem Sammelband). Du, Hans, hast das dann hier in Frankfurt auf eine etwas andere Art gemacht als wir in Mainz, wo wir es auch mehrfach erprobt haben. Ich habe dieses Männerseminar abgewandelt auch auf einem Flussschiff gemacht, in Frankreich, und in Form von Männerfrühstücken.

Werner Szeimis: In den Flirtkursen für Ältere sind ja auch Männer und die finden immer mehr Zugang darüber, dass meine Kollegin und ich eine Ausbildung in Spielpädagogik für Kinder- und Jugendarbeit haben; und dass wir diese Spiele in die Seniorenarbeit übertragen. Es macht richtig Spaß, die Leute kommen aus sich raus, leichtfüßig, und lassen sich sofort darauf ein. Also Spiele mit Senioren sind ein Türöffner für Gespräche, auch für biografische Gespräche. Das ist ein wunderbarer Zugang.

Peter Leonhardt: Meine Erfahrung ist, ein Vortragsabend mit anschließendem Gespräch läuft gut. Da kann ein Teilnehmer reingehen in einen Vortrag, braucht nichts von sich zu sagen, nicht mal seinen Namen, kann nur zuhören; aber er kann sich auch an der Diskussion beteiligen oder nach einem Folgeangebot fragen.

Hans Prömper: Bei einer internen Fortbildung für Universitätsangehörige, die ich neulich angeboten habe, zum Thema „Übergang Beruf – Ruhestand" kamen 14 Frauen und nur zwei Männer. Da habe ich noch einmal gemerkt, Männer brauchen einen anderen, einen eigenen Gesprächsraum, um über sich zu sprechen, um einen Zugang zu sich zu bekommen. Einen Raum, der jetzt nicht von Frauen bzw. deren Gesprächskultur bestimmt ist.

Werner Szeimis: Ja, ich glaube auch, gerade als Einstieg brauchen Männer dieses Stück Anonymität. Manche Männer haben keine Lust auf diese weibliche Form der Beziehungsarbeit, also, ich stelle mich vor und erzähle ganz viel von mir. Sondern die wollen erst einmal schnuppern, erst mal gucken, erst mal hören was passiert; und dann vielleicht auch einmal einzusteigen, selbst in Gedanken zu kommen. Aber sie suchen schon die Nähe zu anderen Männern, wenn sie in solchen Gruppen sind.

Milieugebundenheit

Robert Richter: Welche anderen Faktoren erleichtern den Zugang speziell älterer Männer zu Bildungsangeboten, in denen es um sie selbst als Mann, um ihre Lebenssituation und ihre Emotionalität geht?

Hans Prömper: Ich habe noch Erfahrung mit einem anderen Gruppenangebot, das nannte sich „Kolloquium männliches Altern" (vgl. den Beitrag in diesem Band). Das war mehr eine intellektuelle Auseinandersetzung und das hat andere Männer angesprochen, also solche, die schon einmal ein Buch lesen und darüber ins Gespräch kommen. Und mit denen habe ich dann auch ein Kloster-Wochenende gemacht. In diesem Rahmen hat dann auch das persönliche Gespräch stattgefunden. Aber der Zugang war ein anderer.

Wahrscheinlich sind unsere Orientierungen des nachberuflichen Lebens an Freiheit und Ehrenamt schon sehr milieuspezifisch. Viele mit einem eher prekären Rentenniveau haben vielleicht ganz andere Fragen, nämlich wie sie durch Arbeit ihre Rente aufbessern können, d. h. Ehrenamt muss man sich auch leisten können.

Aber auch dieser methodische Zugang, am Selbstbezug zu arbeiten, ist nicht voraussetzungslos. So hat mich in einem Seminar zum Ruhestand ein Ingenieur immer wieder gefragt: „Was wollen Sie von mir wissen?" Dann wiederholte ich die Frage noch einmal, zum Beispiel: „Wie ist denn Ihr soziales Netz, mit wem haben Sie denn Kontakt?" Das konnte er aber nicht dauerhaft auf sein Leben beziehen. Also: Wir sind ein bestimmtes Milieu, aus dem heraus wir auch nur bestimmte Männer in diesem Milieu erreichen.

Peter Leonhardt: Gerade, als du eben den Ingenieur ansprachst, habe ich an mein „Älterwerden, mein Projekt" gedacht. Dort habe ich mit Elementen aus dem Projektmanagement gearbeitet: Ziele konkretisieren, Meilensteine setzen ..., da könnte ich mir vorstellen, dass dieser Ingenieur darauf gut angesprungen wäre. „Betrachten Sie das Ganze doch wie eine Baustelle. An welchen Kriterien erkenne ich, dass das Ziel erreicht ist? Wie kann ich das Ziel variieren? Was sind sogenannte Meilensteine?"

„Wenn die Männer nicht kommen"

Robert Richter: Wie kommen Ihre Angebote denn bei den älteren Männern an? Was macht den Erfolg eines Angebots für ältere Männer aus?

Peter Leonhardt: Also, ich bin auch ein bisschen resigniert. Über vier Jahre Kursangebot kamen von Jahr zu Jahr weniger Anmeldungen. Zum Schluss waren es dann nur noch vier, dann konnte der eine nicht, dann der andere, dann haben wir gesagt, lassen wir es eben bleiben.

Werner Szeimis: Das ist auch wirklich eines der großen und tiefen Geheimnisse der Männerarbeit. Man kapiert es nicht, woran es liegt. Mit den gleichen Angeboten erreichst du an anderer Stelle andere Männer. Müssen wir denn wirklich diese Männer erreichen, die so verbissen und so verkniffen sind? Wenn Sie so glücklich sind...

Helmut Schlegel: Vielleicht müssen wir das gar nicht...

Werner Szeimis: Vielleicht müssen wir auch selbst loslassen...

Helmut Schlegel: Wir haben bei einem festen Angebot bei nachlassender Teilnehmerzahl auch gesagt, wir stoppen das mal, vielleicht ist es wirklich ausgelaufen! Und dann hat sich eine ganz andere Dynamik entwickelt. Die Teilnehmer bemerkten: „Das ist uns ja wichtig." Und sie haben protestiert und gesagt: „Wir machen das jetzt in eigener Regie!" Jetzt bereitet jeweils einer den Abend vor und versucht, ein Thema selbst zu formulieren. Ich bin meistens dabei, wenn ich es schaffe, aber die Thematik wählt dann ein Teilnehmer aus. Es ist jetzt auch nicht so, dass sich wieder die Hallen füllen. Ich kann aber anders umgehen mit dieser Verantwortlichkeit.

Wobei ich bei mir bemerke, dass ich selbst lernen muss, die Dinge loszulassen. Ich kann das gar nicht so gut. Aber ich glaube, erst wenn ich selbst loslasse, lasse ich anderen diesen Raum, dass die Teilnehmenden auch ihre Interessen und Eigeninitiativen einbringen. Das ist eine große Ambivalenz mit dieser Verantwortlichkeit. „Dann bricht vielleicht etwas zusammen und es kommt keiner mehr." Es sind ja auch meine Erwartungen, die enttäuscht werden. Ich merke selbst, wie mich das in eine Zerreißprobe bringt, den Mut zu haben, etwas loszulassen. Und wenn es wichtig ist, dann nehmen die Männer es auch in die Hand. Und wenn nicht, dann muss das nicht heißen, das war erfolglos und ist nicht mehr gut. Es hat seine Gründe auch in vielen anderen Bereichen.

Robert Richter: Ihr Rückzug hat also zu mehr Eigeninitiative geführt bei den Teilnehmenden, die den frei gewordenen Raum dann selbst gefüllt haben?

Helmut Schlegel: Wir hatten schon auch das Gefühl, es kann ja nicht sein, dass wir ein Angebot machen, und man kommt, und man genießt das nur. Die Gruppe war auch so weit, dass sie sich mehr als Gruppe erlebt hat, dass ihnen das Zusammensein wichtiger war, als jetzt nur thematisch zu arbeiten.

Werner Szeimis: Wenn sie zu einem Angebot oder einem bestimmten Format nicht mehr kommen, dann sind die Männer halt müde, wollen es nicht mehr. Die Männer, die man vorher erreicht hat, sind einfach abgesättigt.

Hans Prömper: Irgendwann ist die Zeit vorbei. Es braucht manchmal Mut, das zu sehen. Und manchmal interessiert es wirklich vielleicht nur mich!

Es sind immer die Richtigen da

Robert Richter: Was sind für Sie Indikatoren des Erfolgs Ihrer Arbeit mit Männern und welche Konsequenzen ziehen Sie für Ihre weitere Arbeit aus dem jetzt Besprochenen?

Werner Szeimis: Als Resümee würde ich sagen, Angebote würde ich weiterhin immer machen. Wie auch immer. Man muss sich irgendetwas ausdenken. Man muss es einfach immer wieder probieren. Manche Angebote klappen und manche klappen nicht. Das ist das, was meine Erfahrung aus der Männerarbeit ist. Oder auch ganz persönliche Kontakte, dass Leute wirklich kommen, weil sie einen irgendwo kennengelernt haben, dass man sichtbar und deutlich gemacht hat, wie man arbeitet. Dann kommen die wegen meiner Person. Aber aufgeben würde ich das auf keinen Fall.

Hans Prömper: Also, da ist ein Punkt, da kann ich an Helmut Schlegel anschließen. Natürlich sind wir Leute, die managen, die etwas antreiben. Aber ich lerne auch immer wieder, bescheiden zu sein, meine Bescheidenheit anzunehmen: Es muss nicht sein, wenn Hans Prömper irgendwo ein Seminar anbietet, dass es voll wird; das darf auch ein Flop sein.

Werner Szeimis: Ja, aber wann ist es denn ein Flop? Wenn ich mit zwei Männern da sitze und wir haben ein gutes Gespräch, dann ist das doch kein Flop.

Hans Prömper: Nein, ist es nicht.

Robert Richter: Vor seinem Vortrag gestern Abend habe ich mit dem Referenten spekuliert, wie viele Zuhörer denn wohl kommen. Und wir haben dann beide gesagt, dass es bei aller Unberechenbarkeit eigentlich auch egal ist: Es sind immer die Richtigen da.

Literatur

Arnold, Rolf (2006): Abschiedliche Bildung. Anmerkungen zum erwachsenenpädagogischen Verschweigen des Todes, in: Report. Zeitschrift für Weiterbildungsforschung 2006/3, S. 19–28
Hüther, Gerald (2009): Männer. Das schwache Geschlecht und sein Gehirn. Göttingen: Vandenhoeck und Ruprecht
Rosenmayr, Leopold (2007): Schöpferisch Altern. Eine Philosophie des Lebens. Wien, Berlin: Lit Verlag

4.2.2 Das Leben neu (er)finden? Männer zwischen Beruf und Lebensabend

Ein Kursmodell zur reflexiven und spirituellen Gestaltung der neuen Lebenssituation

HANS PRÖMPER

Das Kurskonzept richtet sich an Männer, die kurz vor dem Ruhestand stehen oder bereits im Ruhestand sind. Im Mittelpunkt der sechsteiligen Kursreihe mit jeweils vier Unterrichtseinheiten steht die Möglichkeit, in Auseinandersetzung mit der eigenen Biografie Krisen und Chancen des neuen Lebensabschnitts bewusst zu gestalten. Im Erschließen einer spirituellen Tiefendimension des Lebens jenseits der Tätigkeitsorientierung eröffnet sich der Erwachsenenbildung ein neues Feld biografischen und religiösen Erfahrungslernens.

Hintergründe und Rahmendaten

Für Männer gibt es bislang kaum spezifische Angebote, welche diese in der Zeit der Statuspassage Beruf-Ruhestand bewusst ansprechen bzw. erreichen. In einer Kooperation zwischen Männerseelsorge im Bistum Mainz und Katholischer Erwachsenenbildung Frankfurt entstand die Idee, Männer in dieser Lebensphase anzusprechen und für eine aktive Auseinandersetzung zu gewinnen. Gedacht war zunächst an die Schulung von Multiplikatoren, damit diese später als Kursleiter oder Netzwerker wiederum anderen Männern im (Vor-)Ruhestand weiterhelfen und zugleich selbst – tätigkeitsorientiert – engagiert sein können. Schnell stellte heraus, dass die angesprochenen Männer ein weitaus stärkeres Bedürfnis hatten, sich erst einmal mit sich selbst zu beschäftigen. Dies war für uns Einladende überraschend, hatten wir doch solche „reflexiven" Bedürfnisse bei Männern der Kriegs(kinder)generation nicht erwartet.

Die Kursreihe „Das Leben neu (er)finden" wurde ab 2007 in mehreren Durchgängen, mit unterschiedlicher Leitung, zu unterschiedlichen Zeiten und an verschiedenen Orten erprobt und durchgeführt.[40] Als sinnvoll hat sich dabei ein jeweils vier- bis fünfwöchiger Abstand zwischen den einzelnen Treffen erwiesen, dies ermöglicht eine stärkere Einbindung in Lebensvollzüge der Teilnehmer. Je nach Kursleiter und Veranstaltungsort unterscheiden sich die bereits durchgeführten Kursreihen in ihrer individuellen Gestaltung, im Einsatz der verwendeten Methoden und Arbeitsmaterialien. Die thematische Verlaufsstruktur insgesamt ist allen Kursreihen grundsätzlich gemeinsam.

Der Veranstaltungsort sollte einen Kontrast zum Alltag bieten bzw. ermöglichen. Optimal sind spirituell konnotierte oder naturnahe Orte. Die Räumlichkeiten sollten eine Haltung der Kontemplation, der Innenschau unterstützen, um Sehnsüchte und (spirituelle) Bedürfnisse nach dem Anderen des Lebens evozieren zu können. Das Alter der Kursleitung sollte nach unserer Erfahrung der Zielgruppe entsprechen. Darüber hinaus sind soziale Kompetenzen und pädagogische Erfahrungen gefordert, um den notwendigen einfühlenden und stützenden Vertrauensrahmen für die Teilnehmer zu schaffen.

Eingesetzte Seminarmaterialien: Fotokartei, Impulstexte, Flipchart, Moderationswände, Arbeitsblätter, Fantasiereisen, Fragebögen, Klebepunkte, Farbstifte, A2- und A3-Blätter, DVD-Player/Laptop und Beamer, Filme, Gebetstexte und Lieder.

Und es braucht die Lust auf Neues: „Wie allem Neuen fehlt dem neuen Altern noch der Sinn. Statt Angst vor der Leere eines neuen, eines neugewonnenen Lebensabschnitts braucht es die Freude am weißen Blatt. Und Freude daran, nicht einfach Altes fortzuschreiben, sondern einem neuen Stück zur Aufführung zu verhelfen." (Gross/Fagetti 2008, S. 23)

1. Treffen: Kennenlernen und Standortbestimmung
Zu Beginn der Kursreihe werden die Teilnehmer nach einem einführenden Überblick über Ziele und Elemente der Veranstaltung angeregt, ihre eigene aktu-

---

40 Hubert Frank, Theologe und Diakon, Männerreferent im Bistum Mainz; Peter Leonhardt, Lehrer im Ruhestand, ehrenamtlicher Mitarbeiter; Dr. Hans Prömper, Diplom-Pädagoge und Theologe, Leiter KEB Frankfurt; Bernd Weil, Leiter KEB Limburg, Wetzlar, Lahn-Dill-Eder; ab 2009 Hermann Bernhard, Bezirksreferent in Wetzlar, zugleich Referent für Seniorenpastoral.

elle Befindlichkeit wahrzunehmen. Im Fokus liegt der Abschied vom Berufsleben und der Neubeginn der nachberuflichen Altersphase: Wo stehe ich jetzt?

Vorstellungsrunde mit Männerbildern

Eine Auswahl von Männerbildern[41] liegt auf dem Boden in der Mitte – bzw. wird nach der Begrüßung und Kurzvorstellung/Einführung in den Kurs ausgelegt. Die Teilnehmer werden aufgefordert, sich diese Bilder in Ruhe anzuschauen und sich für ein Bild zu entscheiden, das sie an sich nehmen. Anschließend stellen sie sich in der Gruppe vor und gehen dabei darauf ein, warum sie das Bild gewählt haben bzw. was es für sie ausdrückt.

- Warum bin ich hier? Was spricht mich an diesem Kurs besonders an?
- Was möchte ich gern mal mit diesem Mann auf dem Bild, das ich mir ausgewählt habe, besprechen? Oder gerade nicht besprechen!
- Welche Wünsche habe ich an die kommende Zeit in meinem Leben?
- Was wünsche ich mir von diesem Kurs?
- Was möchte ich, dass es in diesem Kurs nicht geschieht?

Theorie-Input und inhaltliche Schwerpunktbestimmung

Ein Kurzvortrag mithilfe einer Mindmap beschreibt zentrale Dimensionen, Konfliktfelder und Chancen des Übergangs von Männern vom Beruf in den Ruhestand: Verluste bewältigen, Chancen und Gefahren des Alterns, spirituelle Offenheit, neue Lebensfelder, reflexive Lebenszufriedenheit. Jeder Teilnehmer markiert anschließend auf einer großformatigen Kopie der Mindmap seine persönlichen Interessen. Die vorgetragenen theoretischen Erkenntnisse und Erfahrungen „im Allgemeinen" haben an dieser Stelle – wie aber auch zu anderen Phasen im Seminarverlauf – die Funktion, den Teilnehmern eine Hintergrundfolie zu liefern, auf der sie eigene Anliegen und Erfahrungen bewusster wahrnehmen, verstehen und einordnen können.

Interessant ist übrigens, dass in den bisher durchgeführten Kursen die Teilnehmer sich weniger für die mit dem Altern und dem Abschied vom Beruf einhergehenden Verluste, Probleme, Krisen und Gefahren interessierten. Im Vordergrund stand meistens der Impuls, nach einer Jahrzehnte dauernden Phase der Außenorientierung und des Machens im Beruf nun der Auseinandersetzung mit dem Innenleben, mit dem „Abstieg" und der Endlichkeit, überhaupt dem „Schauen", dem „Ausatmen" und „Genießen" neuen Raum zu geben.

---

41   Zum Beispiel aus der Fotokartei: Mannsbilder. Fotosammlung der GCL – JM, Augsburg 2005.

2. Treffen: Krisen im Leben bewältigen

Die zweite Einheit geht aus von der Annahme, dass die Lebensphase des Übergangs zwischen Beruf und Altersruhestand von Männern als Krise empfunden wird.[42] Sie will Männer anregen, über in ihrem bisherigen Leben erfahrene Krisensituationen zu sprechen und daran anknüpfend ihre Bewältigungskompetenzen zu erinnern und zu entdecken.

Beginn: Soziometrische Übungen zu Lebenssituationen

Zu vorgegebenen Fragen/Dimensionen (Merkmale, Eigenschaften, Kenntnisse, Erfahrungen) positionieren sich die Männer im leeren Raum zwischen zwei Polen und drücken so ihre persönliche Meinung, Betroffenheit, Involviertheit etc. aus. Fragen sind zum Beispiel: Kriegserfahrungen, Kinder, Pflegeerfahrungen, Partnerschaft, Verluste/Abschiede von nahe stehenden Personen, Arbeitslosigkeit, Konfrontationen mit der Möglichkeit des eigenen Todes (Unfall, Krankheit ...), berufliche Sackgassen, Erfahrungen mit Wallfahrt/Pilgern?

Das unmittelbare Wahrnehmen von Gemeinsamkeiten und Differenzen in der Gruppe bewirkt eine offene Atmosphäre und ermöglicht, dass die Teilnehmer feststellen, „damit ich bin ja gar nicht so allein, wie ich immer dachte". Es entsteht in der Regel ein schneller und intensiver Austausch untereinander. Allerdings kann diese Übung leicht an tiefe Verletzungen und Ängste rühren; sie erfordert deshalb eine kompetente und Vertrauen weckende Leitung.

Kleingruppen – Meine Bewältigungsstrategien und -kompetenzen

In Kleingruppen gehen die Teilnehmer der Frage nach, was ihnen bei bisherigen Krisen in ihrem Leben geholfen hat, diese zu bewältigen: Welche Ressourcen standen mir zur Verfügung, diese Krise(n) zu bewältigen? Was habe ich bei früheren Krisen in meinem Leben gemacht? Wie bin ich da herausgekommen? Was hat mir geholfen?

Auch hier geht es neben der Wahrnehmung und Stärkung eigener Kompetenzen immer auch darum zu schauen, wie es sich bei den anderen Männern in der Gruppe verhält.

Einzelarbeit – Säulen meines Lebens

Jeder Teilnehmer zeichnet bzw. malt nach einer Anleitung – optimal mit Fantasiereise – sein aktuelles „Lebenshaus" und dessen „Lebenssäulen" mit den Di-

---

42 Männer leben kürzer als Frauen und bringen sich häufiger um. Die höchsten Suizidraten finden sich bei Jungen in der Pubertät sowie im Alter ab 65 Jahren. Vgl. Böhnisch 2004, S. 254 ff.; Bründel/Hurrelmann 1999; auch Hammer in diesem Sammelband.

mensionen Arbeit/Betätigung, Soziales Netz, Körper/Leiblichkeit, Materielle Sicherheit, Werte/Sinn.[43]

Im Plenum werden anschließend die einzelnen Bilder vorgestellt, Besonderheiten und Gemeinsamkeiten treten zutage und werden besprochen.

3. Treffen: Linien meines Lebens – ein Blick auf die Biografie
Zu Beginn erfolgt wie immer ein Rückblick auf das letzte Mal und die Zeit dazwischen. Die Teilnehmer sollen Gelegenheit haben, ihren Alltag einzubringen und zu spüren, was sie bewegt und beschäftigt.

Biografie-Übungen – Einzelarbeit zu Höhen und Tiefen im Leben
Zur Neuausrichtung auf das Kommende gehört auch der Blick zurück. Die Teilnehmer beschäftigen sich mithilfe des Mediums Malen/Zeichnen mit Höhen und Tiefen, mit Entwicklungslinien und Zufriedenheitserfahrungen in ihrer Biografie. Dabei hilft ein vorgegebenes Raster (auf DIN A 3-Blatt), Dinge zeitlich einzuordnen. Ereignisse, Entwicklungen und Befindlichkeiten können mit Linien, Symbolen oder Bildern markiert und ergänzt werden. Wichtig ist auf jeden Fall eine Hinführung zum Erinnern der eigenen Biografie in Form einer Fantasiereise oder Ähnlichem durch die Leitung. Auch hier ist Erfahrung mit diesem Medium gefordert!

Gemeinsame Auswertung: „Mein Lebensmotto" – Was habe ich gesucht? Was suche ich heute?
Gibt es quasi ein Motto, das ich in meinem Leben entdecken kann? Gibt es einen „roten Faden", eine Suche nach etwas, die sich durch mein Leben zieht? Was steht heute an? Benötige ich ein neues Motto, ein neues Leitbild für mein Leben?

Hausaufgabe „Soziales Netz im Alter"
Ursprünglich aus Zeitgründen – weil es in der Nachmittagseinheit nicht mehr untergebracht werden konnte – erhielten die Teilnehmer einen Fragebogen zu ihrem sozialen Netz als Hausaufgabe: Es werden Freizeitaktivitäten, vorhandene Wegbegleiter und soziale Kontakte bzw. das soziale Netz erfragt.[44] Die Beschäftigung mit diesen Fragen zu Hause, auch im Sinne einer wachen Alltagsbeobachtung hat sich allerdings bewährt, sodass ich sie als „Hausaufgabe" empfehle.

---

43 Vgl. das Fünf-Säulen-Modell im Beitrag von Eckart Hammer in diesem Werkbuch.
44 Ich verwende den Frageleitfaden „Checkup für Freizeit und soziales Netz" aus: Bellicchi u. a. 2000, S. 25–29.

4. Treffen: Abschiedliches Leben

Rückblick und Reflexion der Hausaufgaben

Zum Einstieg wird die Hausaufgabe „Fragebogen soziales Netz" erinnert. Leiten kann dabei, welche Gefühle bei der Beantwortung auftauchten und ob die Beschäftigung damit eher leicht oder schwer war. Erste Auffälligkeiten und Einsichten sollten erfragt und hervorgehoben werden.

Gruppenarbeit zu Kommunikation und sozialem Netz

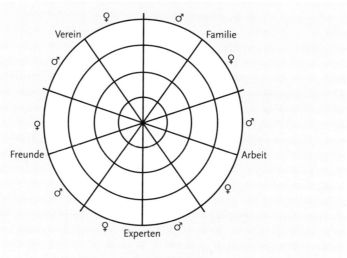

Abb. 1: Arbeitsblatt „Themenrad soziales Netz", entwickelt von Bernd Weil

Als Modell verwenden wir ein „Themenrad", auf welchem die Bereiche Familie, Verein, Arbeit, Freunde und Experten als Segmente dargestellt sind. Die Teilnehmer markieren mit Klebepunkten, wie sie mit wem über bestimmte Themen sprechen. Und ob diese Kommunikation eher sachlich/sachbezogen oder persönlich erfolgt. Dabei gilt: Je weiter außen eine Markierung erfolgt, desto sachlicher und je weiter innen, desto persönlicher wird ein Thema besprochen.

Interessant ist, ob wichtige, persönliche Anliegen eher mit Frauen oder mit Männern besprochen werden. Oft zeigt sich eine tiefe Verletzungsangst durch andere Männer. Diese „Homophobie" rührt vielfach an schmerzliche Erfahrungen mit

Bewertungen und mangelnder Anerkennung durch den Vater und/oder andere Männer. Dies anzusprechen kann helfen, nun neu und anders auf andere Männer zuzugehen.

Umgang mit Endlichkeit: Theorie-Input

Abschied zu nehmen ist ein entscheidendes Thema in dieser Lebensphase. Männer spüren dies über ihre Körperlichkeit, z. B. wenn Kraft oder sexuelle Energie schwächer werden. Erfahrungen mit Krankheiten zeigen, dass der Körper nicht „unzerstörbar" ist. Ausgehend vom Denkmodell „Abschiedliches Leben"[45] wird die Sterblichkeit und Endlichkeit der Männer angesprochen – und nach Möglichkeiten gesucht, damit umzugehen bzw. sich damit anzufreunden.

Ausgangspunkt (Theorie-Input) ist die These, dass wir eine symbolische Vorstellung von Weiterleben, von „Unsterblichkeit" benötigen, um heute, im Hier und Jetzt gut leben zu können. In Anlehnung an den amerikanischen Sozialpsychologen Robert Lifton stellen wir verschiedene Modi symbolischer Unsterblichkeit vor (Lifton 1986).[46] Er unterscheidet die Endlichkeit transzendierende Vorstellungen wie z. B. biologische (in Kindern), schöpferische (in Technik und Kunst), religiöse (Himmel, Auferstehung) oder natürliche (Natur als überdauernder Zusammenhang), in denen wir nach dem Tod weiterleben bzw. etwas von uns den Tod überdauert; für viele zunehmend bedeutsam sieht er heute die erfahrene Transzendenz (Erfahrungen des Einsseins mit dem Universum).

Die längere nachberufliche Lebensphase kann nun Anlass sein, den eigenen „Unsterblichkeits"-Modus zu erspüren und evtl. neu zu gestalten: Wenn ein gestalterischer, sich im Schaffen von Artefakten „verewigender" Modus nach dem Ende des Berufslebens zurücktritt, können gerade auch spirituelle Bedürfnisse und Entwicklungsschritte eine neue Bedeutung bekommen.

Offenes Gespräch über Endlichkeit, Tod und Transzendenz

Je nach Stimmung und Offenheit der Gruppe für „letzte Fragen" ist ein Gespräch über Vorstellungen und Einstellungen zu Tod und Endlichkeit möglich. Gerade

---

45 Rolf Arnold (Arnold 2006) fordert eine Abkehr vom linearen Aufstiegsmodell des Lernens und der Bildung, da hier die Abschiedlichkeit des erwachsenen Lebens verborgen bleibt. „Wer abschiedlich lebt, für den ist Aufbruch nicht das zentrale Thema." (S. 25) Mit Bildern eines aufbrechenden Lebens lassen sich Situationen von Endlichkeit, Abschied, Loslassen und Sterben nicht mehr beschreiben. Der Erwachsene ist vielmehr dabei, seine biografische Gestalt abzuschließen: „Der Erwachsene entfaltet nicht nur seine biografische Gestalt, er ist auch dabei, diese abzuschließen, und die Substanz dieses Entfaltungsprozesses verdankt sich zu erheblichen Anteilen genau dieser Endlichkeit bzw. Abschiedlichkeit." (S. 27)

46 Er entdeckt diese Zusammenhänge in den Traumata der Überlebenden von Holocaust und Atombombenabwurf, in deren Erfahrungen ein „sinnvoller", annehmbarer Tod verloren ging – und damit eine ursprüngliche, sichere „Lebenszufriedenheit".

weil Männer sich mit diesen „unsicheren" Fragen sowohl irgendwie schwertun, aber zugleich schon ihre eigene Meinung dazu haben, ist es wichtig und sinnvoll, hier eine Aussprache in einem Unsicherheiten und Gefühle zulassenden Rahmen zu ermöglichen: Wie beeinflusst die Tatsache des Sterben-Müssens mein Leben? Was kommt nach dem Tod? Wie sehe ich das? Welchen Sinn gebe ich der Lebensphase des Alters? Wie will ich mit meiner Endlichkeit umgehen? Stellt diese Tatsache mir eine (neue) Lebensaufgabe der Bewältigung?

Bei diesem Fragenkomplex spielt das Zulassen einer religiösen Sprache eine wesentliche Rolle. Dabei kann der spirituelle Bezug des Veranstaltungsortes eine elementare Bedeutung erlangen, sofern er es den Teilnehmern erleichtert, diese Seite für sich (neu) zu entdecken. Letztlich geht es um die religiöse Frage meiner Zustimmungsfähigkeit zu meiner Sterblichkeit.[47]

5. Treffen: Der Tod und das Leben

Rückblick und Hinführung zum Thema

Im Anschluss an die Erinnerung des Themas des vorherigen Treffens (Modi symbolischer Unsterblichkeit) wird kurz das Lebensstufenmodell nach Erikson vorgestellt und die Perspektive von Verzweiflung vs. Integrität als Grundkonflikt dieser Lebensphase im Angesicht der Endlichkeit erläutert (Erikson 1966, S. 150 f.). Dabei geht es eigentlich um zwei Themen: Was bedeutet für mich der Tod? Was bedeutet meine Endlichkeit für meine Art zu leben?

Kurzfilme zum Thema Tod

Wir haben uns gemeinsam verschiedene Kurzfilme zum Thema Tod („Das Knäuel", „Gez. Tod" und „Zwei Sterben")[48] angesehen und dabei unsere Vorstellungen von Tod und Leben nach dem Tod miteinander geteilt. Fragen sind zum Beispiel: Was kommt nach dem Tod? Für mich? Für andere? Was bewirkt das Wissen um den Tod in meinem Leben?

Nochmals zum Umgang mit Tod, Endlichkeit und Begrenztheit – „Die heilige Wunde" (Einzelarbeit)

Nach einer (Kaffee-)Pause werden die Männer noch einmal eingeladen, sich mit der Bedeutung der Tatsache ihrer Sterblichkeit („Du wirst sterben") für sich selbst auseinanderzusetzen. Richard Rohr sieht als alternative Lebenshaltungen

---

47 Hans-Joachim Höhn (2002) sieht in der Distanz zum lebensweltlichen Kontext eine notwendige Voraussetzung des Spürens dessen, was menschliches Leben inmitten seiner Verletzlichkeit und Brüchigkeit zustimmungsfähig macht.
48 Es handelt sich um Produktionen für den „3sat-Thementag Bruder Tod" am 7.4.2008; alle Filme auf http://stream-tv.de/sendung/28908/film-das-knaeuel (24.2.2009).

die Verweigerung der Annahme der Endlichkeit (die „Reise in die Verbitterung", Figur des „alten Narren") und ihre Annahme als Weg in die Weisheit und „Heiligkeit" (vgl. Rohr 2005; Rohr 2006, insb. S. 188–197, dort vor allem das Diagramm S. 194 f.). Von ihm stammt auch der Begriff der „Heiligen Wunde", mit welcher er Verwundungen, Verletzungen, Begrenzungen oder Sackgassen des Lebens meint, welche zu Orten und Erfahrungen von Erlösung, Gnade und Heil werden können.[49]

Anschließend werden die Männer aufgefordert, einzeln und mit Ruhe draußen im Garten/Park dieser Frage für sich nachzugehen: Nimm diese Frage der *„heiligen Wunde" mit hinaus in den Park. Nimm dir Zeit zum Schauen, Gehen, Ruhen ... Schaue. Achte auf das, was dir auffällt, was dir begegnet, was dich berührt ... Was zeigt dir die Natur für dein Leben? Findest du einen Hinweis, eine Antwort auf die Frage nach deinem Auftrag in dieser Phase deines Lebens?*[50]

Der Nachmittag schließt mit der Gelegenheit, im Plenum das Erfahrene in der Gruppe auszutauschen und miteinander zu teilen.

6. Treffen: Rückblick, Ausblick und Segen
Das Abschlusstreffen in der Gruppe verknüpft eine religiöse Vertiefung der Kurs- und Lebenserfahrungen mit einer anschließenden Evaluation der Nachmittage. Am Anfang sollte aber zunächst eine Erinnerung an die „Reste" vom fünften Treffen stehen. Im Plenum erfolgt dann eine Überleitung zum letzten Thema der Würdigung dieser Lebensphase.

Einzel-/Paararbeit – „Den Lebensabend genießen"
Nach einer Konzentrations- und Stilleübung[51] (dasitzen, still werden,, den eigenen Atem spüren) werden die Teilnehmer gebeten, einige Fragen zu klären, zunächst in Einzelarbeit, danach im Brudergespräch zu zweit – bezogen auf „mein Leben/meine Biografie":
- Was habe ich erhalten?
- Was habe ich bewirkt?
- Was gebe ich anderen mit? Was bedeute ich anderen?
- Zu wem und wie bin ich geworden?
- Worauf kann ich dankbar zurückblicken?

---

49 „Der Ort der Wunde ist der Ort des größten Geschenks. Unsere Wunden haben die Chance, zu heiligen Wunden zu werden." (Rohr 2005, S. 70)
50 Angesprochen ist in dieser Übung der Kohärenzsinn des Lebens, vgl. Antonovsky 1997.
51 Wir haben einen Text von Pierre Stutz (2001, S. 120 f.) benutzt. Anderes ist auch möglich, es sollte zum Kursleiter passen.

Die anschließende Würdigung dieser Lebenserfahrungen und -bilanzen sollte nach Möglichkeit in einem Raum erfolgen, der den rituellen, liturgischen Charakter unterstreicht – z. B. in einer Kapelle, einem Meditationsraum, auch im Wald ... Die Männer halten ihr Leben vor Gott hin und werden darin gesegnet.

Eine Liturgie, ein Ritual der Wertschätzung des gelebten Lebens

Jeder Teilnehmer schreibt auf zwei Blätter (DIN A 4 oder Moderationskarten: aus etwa zwei Meter Entfernung noch lesbar) jeweils einen Dank und eine Bitte. Im Kreis stehend legen die Männer diese beiden Blätter vor sich ab, anschließend geht jeder Mann im Karussell einen Schritt weiter, sodass er vor den Blättern eines anderen steht. Wir haben zwischen dem Vorlesen von Dank und Bitte eines Mannes jeweils etwas gesungen (das Lied „Ubi caritas"). Ein gemeinsames Gebet[52], eine Lesung aus dem Buch Kohelet (9,7–10), gegenseitiges Segnen[53], nochmals ein Dankgebet „Dankbar mich verneigen"[54] und ein Danklied bringen so den Kurs in einer gemeinsamen Liturgie zum Abschluss.

Im gegenseitigen Zusprechen von Segen verknüpft sich hier Erwachsenenbildung mit Seelsorge und liturgischem Feiern. Diese Elemente lassen sich an dieser Stelle nicht mehr klar voneinander trennen. Eine spirituell motivierte, kirchliche Erwachsenenbildung gewinnt hier ihre besondere, unverwechselbare Qualität.

Auswertungsgespräch

In der abschließenden Kursreflexion haben Teilnehmer deutlich formuliert, dass gerade diese Verknüpfung von biografisch angelegter Erwachsenbildung mit religiösen Ausdruckselementen es den Beteiligten ermöglichte, aus dem diffusen Gefühl eines Loches fehlender Anerkennung und Wertschätzung nach dem Wegfall der Erwerbsarbeit herauszukommen. Und sie hätten – im Nachhinein gesehen – gern noch mehr miteinander gesungen.

Erfahrungen aus den Kursreihen

Erste in den Kursreihen gesammelte Erfahrungen belegen, dass Männer weniger Interesse haben, sich mit altersbedingten Defiziten, wie z. B. Altersarmut, Einsamkeit oder Lebensmüdigkeit in dieser Phase zu beschäftigen. Vielmehr möchten sie sich mit dem auseinandersetzen, was wir „reflexive Lebenszufriedenheit"

---

52 Wir haben Texte verwendet, welche Lebenserfahrungen und Lebenszusagen ausdrücken und vertiefen, z. B. „Liebevolle Zuwendung" und „Heilig werden" aus Stutz 2003, S.100 und 107; oder „Genießen", ebd. S.136.
53 Die Männer suchten sich einen Partner aus, mit dem sie sich wechselseitig einen Segensspruch zusagten. Wir formulierten den Text: „Du bist und bleibst ein würdevoller, königlicher Mann. Dazu brauchst du nichts Besonderes zu tun oder zu leisten. Du bist und bleibst ein Mann mit königlicher Würde."
54 Vgl. Stutz 2001, S.158.

genannt haben. Sie suchen und wünschen eine Einstellung zum Leben, welche ihnen Zufriedenheit schenkt – gerade auch im Rückblick. Dazu gehört das Vermögen, erfahrene Krisen im Leben, wie Krankheit, Tod oder Schicksalsschläge als zum Leben gehörend anzunehmen. Sie suchen eine bejahende Zustimmung zu dem Leben zu finden, das sie jetzt gerade führen. Hierin suchen sie weiter Möglichkeiten, diese letzte Lebensphase spirituell zu bewältigen. Das Thema ihrer Sterblichkeit und Endlichkeit erhält für die Männer eine wachsende Bedeutung, der sie sich stellen möchten. In der reflexiven Auseinandersetzung mit den Themen Tod, Sterben und den Begrenztheiten und Niederlagen des Lebens suchen sie eine tragende Antwort, ja vielleicht sogar eine neue Einstellung zu ihrem Leben. Dies bestätigen auch die Erfahrungen aus anderen Veranstaltungen (vgl. den nächsten Beitrag „Auf dem Weg zur Langlebigkeit").

Methodisch hat sich als hilfreich erwiesen, dass sich der Kurs über ein halbes Jahr erstreckt und Pausen von vier bis fünf Wochen zwischen den einzelnen Kurstreffen aufweist. Die Männer kehren – teilweise mit Hausaufgaben – in ihren Alltag zurück. Ihnen widerfahren im Kurszeitraum mitunter neue, zu dieser Lebensphase gehörende Begebenheiten, die im Kurs aufgegriffen werden können. So wird jemand während des Kursverlaufs mit einer unheilbaren Krankheit oder mit Problemen seiner Kinder konfrontiert. Oder jemand kommt im Kurs auf neue Gedanken und setzt diese um: zum Beispiel die bewusste Entscheidung zum Alleinsein, indem jemand bewusst und erstmalig eine mehrtägige Fahrradtour ohne Begleitung unternimmt.

Zeitgeschichtlich-biografische Einordnung
Die angesprochene Zielgruppe gehört zur Kriegs- und Nachkriegsgeneration. Die Männer haben als Kinder häufig die Erfahrung gemacht, dass es für sie und ihre Befindlichkeiten keinen Raum und keine Zeit gab (Vgl. Radebold 2004; Schulz/Radebold/Reulecke 2005). Frühzeitig hatten sie gelernt, sich nicht so wichtig zu nehmen, zu funktionieren und wenige Ansprüche an das Leben zu haben. Die Energien der meisten Erwachsenen in ihrer Kindheit galten anderem: der Trauer um Verstorbene oder um die verlorene Heimat, dem täglichen materiellen Überleben, dem Wiederaufbau; viele waren durch Front, Gefangenschaft und Bombardierungen traumatisiert. So haben die Kinder früh gelernt, sich emotional um sich selbst zu kümmern. Botschaften wie „Es geht im Leben nicht um mich. Andere sind wichtiger. Ich muss allein klarkommen." prägten und prägen die Lebenseinstellungen dieser Aufbaugeneration der Bundesrepublik. In ihrem Berufsleben ging es dann darum, sich Ziele zu setzen und den Bildern traditioneller Männlichkeit zu entsprechen. Die heutige, neue Lebensphase „nach der Pflicht", in der sie über weitaus mehr Zeit verfügen als früher, bietet die Chance

umzudenken und Neues zu entwickeln. Ich finde es spannend, berührend und ermutigend, diese Veränderungen wahrzunehmen und zu erleben. Erwachsenenbildung wird zum Medium, in welchem Lebenssinn neu erfahren und gestiftet wird.

Bei aller Euphorie aber auch dies zur Einschränkung: Die Kursreihe setzt bei den Teilnehmern bestimmte Kompetenzen in Selbstwahrnehmung und Ausdrucksfähigkeit voraus. Männer, die keinen oder nur einen geringen Selbstbezug haben, können mit den vorgestellten Übungen vielleicht nicht so viel anfangen.

Literatur

Antonovsky, Aaron (1997): Salutogenese. Zur Entmystifizierung der Gesundheit. Tübingen: Dgvt-Verlag
Arnold, Rolf (2006): Abschiedliche Bildung. Anmerkungen zum erwachsenenpädagogischen Verschweigen des Todes. In: Report. Zeitschrift für Weiterbildungsforschung 3/2006, S. 19–28
Bellicchi, John u. a. (2000): Was Männer über 50 bewegt. Nimm dir Zeit. Stuttgart: Kreuz-Verlag
Böhnisch, Lothar (2004): Männliche Sozialisation. Eine Einführung. Weinheim, München: Juventa
Bründel, Heidrun/Hurrelmann, Klaus (1999): Konkurrenz, Karriere, Kollaps. Männerforschung und der Abschied vom Mythos Mann. Stuttgart, Berlin, Köln: Kohlhammer
Erikson, Erik H. (1966): Identität und Lebenszyklus. Frankfurt: Suhrkamp
Gross, Peter/Fagetti, Karin (2008): Glücksfall Alter. Alte Menschen sind gefährlich, weil sie keine Angst vor der Zukunft haben. Bonn: Bundeszentrale für politische Bildung
Höhn, Hans-Joachim (2002): Spüren. Die ästhetische Kraft der Sakramente. Würzburg: Echter
Lifton, Robert (1986): Der Verlust des Todes. Über die Sterblichkeit des Menschen und die Fortdauer des Lebens. München, Wien: Hanser
Radebold, Hartmut (2004): Abwesende Väter und Kriegskindheit. Fortbestehende Folgen in Psychoanalysen. Göttingen: Verlag Vandenhoeck und Ruprecht
Rohr, Richard (2005): Endlich Mann werden. Die Wiederentdeckung der Initiation. München: Claudius
Rohr, Richard (2006): Vom wilden Mann zum weisen Mann, München: Claudius

Schulz, Hermann/Radebold, Hartmut/Reulecke, Jürgen (2005): Söhne ohne Väter. Erfahrungen der Kriegsgeneration. Bonn: Bundeszentrale für politische Bildung

Stutz, Pierre (2001): 50 Rituale für die Seele. Freiburg: Herder

Stutz, Pierre (2003): Du hast mir Raum geschaffen. Inspiriert von den Psalmen. Freiburg: Herder

4.2.3 Auf dem Weg zur Langlebigkeit?
Männer sprechen über ihr Altern. Kolloquium, Gruppe und Klostertage.

HANS PRÖMPER

Altern Männer anders? Was fördert Lebenszufriedenheit nach der Berufsphase? Was gibt ihnen Sinn im Angesicht von Endlichkeit? Wie prägen Arbeitserfahrungen und Lebenseinstellungen die biografische Chance des langen Alters? Wie bewähren sich die Arbeitsmänner im Alter ohne die Krücke der Erwerbsarbeit? Mit diesen Leitfragen beschäftigen sich Männer in der Übergangsphase Beruf-Ruhestand im Rahmen einer kolloquiumsartigen Gesprächsreihe, die – ursprünglich ungeplant – zu einer Werkstatt-Freizeit im Kloster führt. Der Beitrag schildert Motive, Verlauf, Interessen der Beteiligten und reflektiert methodische Elemente.

Wie es dazu kam

Wie gelingt es, älteren Männern Räume der Kommunikation, der „Selbst-Suche" und der offenen Neuorientierung zu erschließen? Gerade auch der Generation der Kriegskinder, also der um 1940 Geborenen, welche häufig schon in Kindheit und Jugend in die Rolle von „kleinen Erwachsenen" schlüpfen mussten und deren Leben geprägt ist durch eine hohe Identifikation mit Beruf, Leistung, Pflichterfüllung. Hartmut Radebold und andere weisen jedenfalls am beginnenden 21. Jahrhundert auf die sprachlosen Leiden und die Spätfolgen der Kriegskinder hin (Radebold 2004; Schulz/Radebold/Reulecke 2005; Radebold/Bohleber/Zinnecker 2008). Deren Eintritt in den Ruhestand öffnet für viele nun biografisch erstmals in ihrem Leben die Möglichkeit, sich von diesem „Pflicht-Korsett" zu lösen und sich neue Welten zu erschließen. Das geht vielfach um den Preis der Erkrankung und der Depression im Alter, wie z. B. Hartmut Radebold an sich selbst spüren und erfahren musste. Dabei können neue Zugänge zu Gefühlen und zu „verschlossenen" Räumen der Kindheit und Jugend entstehen, welche Einstellungen zum Leben verändern, auch neue Lebensfelder erschließen können.

Im Rückblick auf eine in den Jahren 2008 bis 2010 durchgeführte Seminarreihe mit dem Fokus „Kolloquium männliches Altern" finde ich einige Bedingungen und Erfahrungen, die ich gern in ihrem Gelingen darstellen möchte. Ausgangspunkt für meine Versuche mit der Implementierung von Bildungsveranstaltungen mit der Zielgruppe ältere Männer war eine im Jahr 2006 durchgeführte Fachtagung „Selbstbestimmt und engagiert. Männerbildung im dritten Lebensalter"[55], welche gerade im Blick auf die Generation der Kriegskinder den Eintritt in den Ruhestand als (für viele erstmalige) biografische Chance einer neuen, weniger an Pflichten ausgerichteten Lebenseinstellung wertete. Dabei unterstützten mich einige Gespräche mit Heinrich Trosch, Senior und Absolvent des Bundesmodellprogramms „Erfahrungswissen für Initiativen" (EFI) darin, neben der Qualifizierung für ehrenamtliche Tätigkeiten im Alter vor allem auch das Altern selbst als eine Lebensphase der „Bewährung" in den Blick zu nehmen.[56] Daraus entstand die Idee der homosozialen Veranstaltung „Männliches Altern – zwischen Bewältigung und Erfüllung. Kolloquium und Workshop-Reihe". Zu dieser wurde zunächst eine Interessenbekundung erbeten. Als sich genügend Männer gefunden hatten, luden wir (Heinrich Trosch und Hans Prömper) zu einem ersten Treffen ein.

Ablauf und Setting

Das erste Treffen wurde bewusst offen konzipiert. Wir beiden Leiter stellten uns als Personen mit unseren Erfahrungen und Fragen vor. Zentrale inhaltliche Aspekte dabei waren die aktive und wertschätzende Gestaltung der Nacherwerbsphase sowie der Punkt, was ein Gespräch nur „unter Männern" dazu an Gewinn bringen kann. Im Anschluss an eine Vorstellungsrunde der Teilnehmer zu Fragen wie „Was hat mich am Thema der Veranstaltung angesprochen?" oder „Was ist mein Interesse am Thema?" sammelten wir auf Moderationskarten Interessen und Themen, die wir dann auf einer Pinnwand clusterten, auch um Individuelles wie Gemeinsames herauszuarbeiten.

Als *Ziele* wurden übereinstimmend genannt: andere Werte setzen (schauen, was **mir** gut tut)/Mir den Segen bewahren (als Lebenseinstellung)/Die Biografie annehmen und aus ihr leben. Eher im Hintergrund, weil einzeln genannt, blieben

---

[55] Eine Tagung in Kooperation von Hessischer Landeszentrale für politische Bildung, Arbeitsstelle Militärseelsorge der DBK und KEB Frankfurt im Frankfurter Haus der Volksarbeit am 16.11.2006. Referierende waren Aiga von Hippel über Männerbildung und soziale Milieus, Hartmut Radebold über die Generation der Kriegskinder sowie Experten/Praktiker, welche beispielhaft über Bildungsformate berichten konnten, in denen ältere Männer erreicht wurden. Siehe den Bericht von Hochholzer (2006).

[56] Zum dabei gebrauchten Begriff der Bewährung vgl. Ulrich Oevermann (1995).

Wünsche wie: Hilfen von anderen erfahren, geben und nehmen (lernen)/Selbstverwirklichung/Aufgaben finden, die man als Älterer übernehmen kann. Diese Ziele verbinden sich mit *Wünschen* wie: Zweckfreies Genießen/Gesund und zufrieden bleiben/Erfüllung nach bzw. unabhängig von der Erwerbsarbeit finden. Dazu möchten sich die Teilnehmer im Sinne eines *methodischen Lernens* beschäftigen mit Themen und Fragen wie: Was löst das Bewusstsein von Endlichkeit aus?/Was ersetzt Leistung und Erfolg?/Überholte Erfolgsmechanismen?/Lernen, nicht so wichtig und bedeutsam zu sein/Lernen, die Dinge selbstbestimmter zu tun/Persönliche Fähigkeiten und Fertigkeiten reflektieren/Wozu überhaupt noch „Aktivitäten"?

Die Teilnehmer sind im Vorruhestand bzw. am Beginn ihrer Rentenzeit. Als weitere Hintergründe und Motive zur Auseinandersetzung mit dem Altern werden deutlich: teilweise schon längere Suche nach sinnvoller Zeit- und Lebensgestaltung, treibende Erfahrungen mit lebensbedrohlichen bzw. lebenseinschränkenden Erkrankungen, Wünsche nach Kontakten und Begegnung mit Männern, in geringerem Ausmaß auch Wünsche nach Zugängen zu ehrenamtlicher Tätigkeit.

Es werden weitere Treffen vereinbart. Diese sind in der Regel drei- bis vierstündig, liegen tagsüber (konkret vormittags) und haben einen Abstand von jeweils ca. zwei Monaten. Zwischendurch erfolgt die Kommunikation per E-Mail. Und diese Kommunikation „zwischendurch" sollte sich als nicht unwesentlicher Bestandteil erweisen. Denn es werden hin und wieder Aufgaben gestellt, welche die Gespräche in der Kolloquiumsgruppe mit dem Alltag der Einzelnen verbinden. So erhalten die Teilnehmer zwischen dem ersten und zweiten Treffen die Aufgabe, sich die zugesandten Abschriften der auf den Moderationskarten gesammelten Themen noch einmal anzuschauen und zu überprüfen, ob sie noch zutreffen, ob etwas vergessen wurde etc. Und sie werden gebeten, über einen Zeitraum von zwei Wochen ihren Alltag zu beobachten.

Leitfragen zur Selbstbeobachtung des eigenen Alltags:
Ich bitte Sie, in den nächsten Wochen einmal „eine Art Tagebuch" zu führen. Halten Sie Tätigkeiten, Eindrücke, Stimmungen, Befindlichkeiten, Gedanken, Einsichten fest. Stichwortartig. Am besten unter folgenden Aspekten:
- Wie geht es mir in dieser Lebensphase?
  Bin ich zufrieden oder unzufrieden?
  Erfüllt oder leer?
  Gelangweilt oder ausgefüllt und neugierig?

- Mit Blick auf die Themen der Karten:
  Tauchen im Alltag neue oder andere Grundfragen und „Lebensaufgaben" auf?
  Welches Gewicht haben die Themen der Karten in meinem Alltag?
  Wo und wie zeigen sie sich in meinem Leben?

Es geht mir dabei nicht um ein detailliertes Protokoll, sondern ich verstehe dies eher als Aufforderung an Sie, sich und Ihren Alltag ernst zu nehmen und sich immer wieder einmal einen aufmerksamen Blick auf sich selbst zu gönnen. Und wenn Sie etwas interessant und wichtig finden, dies festzuhalten und aufzuschreiben.

Die „Ergebnisse" gehören erst einmal Ihnen. Sie können diese in das nächste Treffen bei der Reflexion der Karten einbringen. Sie können Ihre Notizen aber auch nur für sich selbst nutzen, wenn sie Ihnen zu persönlich sein sollten.

Es bleibt offen, wie die einzelnen Teilnehmer mit diesem Impuls zur Selbstbeobachtung umgehen. Einer nimmt ihn zum Anlass, allen in einer längeren E-Mail – aus der Perspektive des Ruhestandes – seine eigenen Erfahrungen und Gedanken zum Gleichgewicht von Arbeit, sozialen Beziehungen, Leistungsethos und Gratifikationen zu schreiben. Sie gipfelt in meinen Augen in den Sätzen: *„Viel wichtiger ist es aber, sich selbst erst einmal loszulassen. Von sich Abstand zu bekommen, damit man wieder wie ein Mensch handeln kann und nicht wie im Arbeitsleben oft als funktionierende Maschine handelt und sich vorkommt."*

Beim nächsten Treffen der Gruppe bewerten die Teilnehmer im Rückblick auf das letzte Treffen und die verstrichenen Wochen diesen zwischendurch gesetzten Impuls als sehr wichtig und gut! Denn: *„Ich brauche einen Stimulus, einen Antrieb von außen." „Selbstständigkeit ohne die Vorgaben des Berufs muss ich neu lernen." „Ich muss erlernte Wertvorstellungen von Leistung, Nutzen und Effektivität abbauen, um das Leben neu genießen zu können." „Ja, eine neue Selbstfindung, ja eine neue Selbstberufung ist mir wichtig und nötig."*

Bei den weiteren Treffen stellen dann die Teilnehmer auf freiwilliger Vorbereitungsbasis in einem kolloquialen – also gegenseitigen, gleichberechtigten – Austausch Bücher, Zeitungsartikel, eigene Gedanken/Artikel und anderes vor, was ihnen wichtig und darstellenswert erscheint. Es geht um Themen und Fragen wie: Kultur des Alterns in unserer Gesellschaft; Produktivität im Alter; Bewährung und Lebensgestaltung; Umgang mit Krankheit, Begrenzung und Endlichkeit; Religion als Modus der Unsterblichkeit; Seele; Umgang mit Sterbenden; Sinn leben im Angesicht von Endlichkeit; Gelassenheit entwickeln; Zusammenleben (neu) gestalten. Geistige Gesprächspartner und vorgestellte Autorinnen und Autoren sind Sozialwissenschaftler, Psychologen, Theologen oder Literaten wie Ulrich Oevermann, Eva Jaeggi, Franz Kamphaus, Robert J. Lifton, Hanns Dieter Hüsch, Medard Kehl, Hermann Hesse und andere. Die Teilnehmer bringen das ein, was sie lesen und womit sie sich beschäftigen, in ihrer jeweiligen Sprache, Fach- und Herkunftskultur.

Zur Vorbereitung auf das letzte Auswertungstreffen erhalten die Teilnehmer wieder einige Leitfragen mit der Bitte, diese zu bearbeiten.

Leitfaden zur Vorbereitung auf das letzte Treffen:
Kolloquium männliches Altern – meine Bilanz

Ich bitte jeden Einzelnen, sich vorab ein paar Gedanken zu machen und ein kurzes persönliches Fazit mitzubringen; Letzteres in Form von Notizen, einer Geschichte, einem Gedicht ... , was vorgetragen werden kann.

Fragen zur Reflexion sind:
- Was nehme ich persönlich von den Treffen mit? Was haben sie mir gebracht?
- Was haben die Treffen bewirkt? An Gedanken? Aufmerksamkeiten? Neuen Gewichtungen? An Sichtweisen?
- Hat sich etwas geändert? Sehe ich Dinge nun anders? Lebe ich anders? Oder eigentlich genauso?
- Wie bewerte ich den Beitrag der anderen? Welche Rolle hat der Austausch in der Gruppe für mich gespielt?
- Sind alle Fragen geklärt? Oder sind eher neue Fragen und Aspekte entstanden? Oder gibt es gar neue (Lebens-)Aufgaben für mich?

Einige schicken mir ihre Antworten vorab schriftlich zu. Einige bringen beim Treffen Gedichte und kurze Texte mit, in denen sich ihre Bilanz jeweils spiegelt. Jeder Teilnehmer hat im Gruppenraum Gelegenheit, ausführlich seine Gedanken und Lernerfahrungen zu schildern. Da in der Gruppe immer wieder Glaube, Religiosität, Umgang mit Sterblichkeit eine große Rolle spielten, entscheide ich mich für ein gemeinsames liturgisch geprägtes Abschlussritual der Gruppe im Hochchor des gotischen Domes St. Bartholomäus nebenan, der Wahl- und Krönungskirche der deutschen Könige und Kaiser. Ich lade die Teilnehmer ein, mit mir in den Dom zu gehen und dort im leeren Raum des Hochchors ein Ritual des Dankes für die Gruppe und der Wertschätzung ihrer Lebensphase zu erleben bzw. zum Ausdruck zu bringen.

Abschlussritual im gotischen Kaiserdom
1. Schritt: Einzelarbeit zur Sammlung und zur Vergegenwärtigung des in der Gruppe Erfahrenen. Es geht darum, sich zu sammeln, das Erfahrene zu vergegenwärtigen und dieses bzw. sich, seine jetzige Situation evtl. an einem Platz, einem Bild, einem Symbol, einer Skulptur in dieser historischen Kirche zu verorten.
Der von mir mündlich dazu vorgetragene Impuls lautet:
„Geh durch dieses historische Bauwerk und schaue es dir in Ruhe an – mit deinen Fragen und deinen Gedanken zu deinem Leben. Wenn dich etwas anspricht (ein Bild, eine Skulptur, ein Ort ...), dann werde still, schaue es dir an, stelle oder setze dich evtl. dazu – das ist eine Zeit für dich. Anschließend komme wieder hierher in den Hochchor. Lass dir Zeit dabei."
2. Schritt: Wechselseitiger Dank und Segen in der Gruppe. Die Teilnehmer werden aufgefordert, sich gegenseitig Dank und Segen zuzusprechen, je in den eigenen Worten und nach den eigenen Fähigkeiten. Wir tun dies im leeren Raum des Hochchors, bewusst vor dem Epitaph des Günther von Schwarzburg (1304–1349), eines „gescheiterten Mannes", dessen Aufstieg und Fall ich kurz vergegenwärtige.[57]
Die Männer können sich gut darauf einlassen. Sie geben sich einzeln Rückmeldungen, sprechen sich Dank und Segenswünsche zu.
3. Schritt: Gemeinsamer Segenstext durch mich. Und ein Lied zum Abschluss.

Die Tage im Kloster

Im Kolloquium entsteht der Wunsch, mehr Zeit miteinander und am Thema zu verbringen, am besten mit Übernachtung. Im Gespräch ist auch eine gemeinsame Wanderung über zwei bis drei Tage; es soll auf jeden Fall ein anderer Rahmen sein, eine Kombination von Ruhe, Gespräch und Bewegung. Ich lade einige Wochen später zu einem Dreitage-Seminar ein. Der Ort ist ein abgeschiedenes Kloster in der Eifel, das ich von einem früheren privaten Aufenthalt her kenne und in der Einladung entsprechend qualifiziere. Die Einladung geht zugleich an einige Teilnehmer einer früheren (von mir und einem Kollegen geleiteten) Gruppe älterer Männer in einer anderen Stadt, welchen diese Form ebenfalls

---

57 Günther von Schwarzburg wurde von der Partei der Wittelsbacher in Frankfurt zum Gegenkönig gegen Karl IV. gewählt. Er verlor aber bald seinen politischen Einfluss und wurde nach einer militärischen Niederlage zum Verzicht gezwungen. Er verstarb nach kurzer Krankheit (Pest?) in Frankfurt, wo er beigesetzt wurde.

eine Möglichkeit der thematischen Weiterführung bietet. Inhaltliche Elemente der Ausschreibung (in Form eines namentlichen Einladungsbriefes) sind: Vorstellung von Büchern/Gedanken zum Thema, offene Gesprächsrunden und Spaziergänge, Möglichkeit zur Teilnahme am Stundengebet (in einem Männerkloster); das Mitbringen eigener Erfahrungen, Themen, Methoden oder anderer Inputs sind gewünscht und erbeten.

Aus dem Text der Einladung:

Einladung zur Fortführung des Kolloquiums zum männlichen Altern – drei Tage im Kloster Himmerod/Eifel

Am Ende unserer monatlichen Treffen stand damals die Idee, die Themen und den persönlichen Zusammenhang in einer anderen Form weiterzuführen bzw. aufzugreifen: bei einem Treffen in einem Tagungshaus außerhalb, mit längerer Zeit und vor allem auch Raum für Erholung, Gespräche, gemeinsame Aktivitäten ...

Jetzt ist es endlich so weit. Ich habe ein paar Zimmer im Kloster Himmerod reserviert. (...)

Ich kenne das Kloster und finde es einen wunderbaren Ort. Geprägt von der Stille der Eifel-Landschaft und dem Geist der Zisterzienser. Es ist eine kleine Kommunität, die auf eine Gründung durch Bernhard von Clairvaux zurückgeht. Wir wohnen im Gästetrakt des Klosters. Es gibt Raum und Zeit für ein eigenes Programm, aber auch für Wanderungen, für Stundengebete (Teilnahme freiwillig), für frei verfügbare Zeit.

In der Einladung werden schöpferisches Altern und Religiosität von Männern als Themen unter anderen kommuniziert.[58] Einige frühere Teilnehmer können nicht mit wegen Urlaubsplanungen, andere laden weitere Personen aus ihrem Umfeld ein. Es nehmen dann neun Männer teil. Einige reisen schon eine Nacht früher vor dem Beginn der Gruppe ins Kloster an.

Der Verlauf der Tage im Kloster soll hier nicht im Detail geschildert werden. Die miteinander verbrachte Zeitspanne, der Ort, der Wechsel von Teilnahme an Gebetszeiten, Gesprächsrunden, Spaziergängen und Eigenzeiten erzeugen insgesamt eine Atmosphäre des vertrauten und offenen Umgangs miteinander, aber auch der Offenheit für das eigene Innenleben, welche gegenüber den bisherigen Gruppenterminen weitere und auch tiefere persönliche Fragen und Konflikte ansprechen lässt. Insgesamt werden die Tage als bereichernd und wohltuend erlebt.

---

58 Als Literatur z. B. Rosenmayr (2007) und Mink (2009).

Selbstreflexive Vergewisserung des eigenen Lebens. Zum Transfer von Erfahrungen.

Einwilligung in den Prozess des Alterns, Annahme der eigenen Lebensgeschichte, Stärkung von Selbstwert und Selbstsorge, Entfaltung eines „innerlichen" Menschen und damit auch meiner inneren Autonomie: Die beschriebenen methodischen Settings ermöglichen Bildungsprozesse bzw. leisten dazu Anstöße, deren Ziel sich mit „seelischer Reifung" beschreiben lässt. So lenkt der Erwachsenenpädagoge Rolf Arnold den Blick darauf, dass „Erwachsensein" nicht nur ein sozialer Status, sondern ein „Überwachsensein" ist, eben „auch Ausdruck einer gelungenen oder misslungenen Integration der inneren Potentiale, die für eine lebendige und autonome Lebensgestaltung grundlegende Voraussetzungen sind. (...) Menschen werden nicht nur groß, sie absolvieren eine innerliche Reise, in der Muster aufgefächert oder überwunden werden und Kompetenzen einer ebenso reflexiven wie souveränen Lebensgestaltung reifen können." (Arnold 2013, S. 23) Und er erinnert dabei an die Pole „Verzweiflung" vs. „Integrität", welche der Sozialpsychologe Erik H. Erikson schon in den 60er Jahren als Grundkonflikt des Alters beschrieb (Erikson 1966). Der Altersforscher Leopold Rosenmayr bringt diesen in der zweiten Lebenshälfte notwendigen Weg in die Nähe von „Selbstschließung", „Personalisierung" und „Liebe", eine Abkehr vom nutzenorientierten Lernen sei nötig hin zum „Erkennen": „Das Ziel der Bildung ist die Erweiterung seiner eigenen Welt. Dazu gehört Phantasie, die kreative Einsicht und die sich aus ihr ergebende Handlungsfähigkeit. Das späte Leben ist, stärker als allgemein angenommen, fähig, die eigene Welt zu erweitern, sich also der Selbstschließung auszusetzen. (...) Erkennen ist vergleichbar und strukturähnlich zur Liebe. Es ist eine Tätigkeit und Seelenorientierung als Selbstzweck." (Rosenmayr 2007, S. 230)

Das Lernsetting spricht die Teilnehmer als kompetente und autonome Erwachsene an, die selbst etwas in den Lernprozess einzubringen haben.[59] Dies erfordert eine offene Ausschreibung und Ablaufplanung; die Ausschreibung als „Kolloquium" ist sicher milieuspezifisch passend. Wichtige Elemente des Gelingens sind die Orientierung an den Themen der Teilnehmer; die durch die längeren Zeitintervalle des Kurses gegebene Möglichkeit der Lebensbegleitung, dies noch verstärkt durch begleitende Reflexionsaufgaben; die Offenheit für religiöse Fragen; der langsame Übergang vom Allgemeinen zum Persönlichen sowie dadurch die Möglichkeit der Selbststeuerung von Nähe und Distanz; Einbezug von religiös/sakral geprägten Orten und Zeiten in Lernumgebung und Kursgestaltung.

---

59   Zur Autonomie der Lernenden als konstitutives Merkmal von Erwachsenenbildung vgl. Wolf (2013).

Dadurch ergeben sich sowohl Möglichkeiten einer „ausatmenden", zeitlich gelassenen Neuorientierung als auch eines sich Hineinstellens in einen Rahmen „überzeitlicher" Wertschätzung und Tradition von Lebensgestaltung.

Die einzelnen Themen scheinen mir zweitrangig. Wichtig ist – durchaus auch als innere Haltung! –, dass eine Atmosphäre der wechselseitigen Öffnung und der Bezogenheit untereinander entsteht. Dies beobachte ich ähnlich bei einer aktuellen Gruppe von Männern im Übergang Beruf-Ruhestand, die sich im Anschluss an einen Vortrag zum Thema „Männer altern anders" aus den Teilnehmenden am Vortrag herausgebildet hat. Meines Erachtens braucht es hier wenig mehr als den Anstoß dazu. Den Rest – Motivation, Themen, Kompetenzen, Erfahrungen, Fragen – bringen die Männer selbst mit. Sie sind lebenserfahren und kompetent. Sie suchen „nur" einen Rahmen von Gleichgesinnten, denen sie sich mitteilen können, mit denen sie Erfahrungen ihres Lebens teilen können, bzw. besser, der ihnen dieses ermöglicht.

Literatur

Arnold, Rolf (2013): Der innere Erwachsene. In: DIE Zeitschrift für Erwachsenenbildung 2013/4, S. 21–24
Erikson, Erik H. (1966): Identität und Lebenszyklus. Frankfurt am Main: Suhrkamp Verlag
Hochholzer, Martin (2006): Selbstbestimmt und engagiert. Männerbildung im dritten Lebensalter. In: Mann in der Kirche. Informationen und Impulse für Männerseelsorge und Männerarbeit in den deutschen Diözesen, 2/2006, S. 22–24
Mink, Peter-Josef (2009): Die Religiosität von Männern. Eine qualitativ-empirische Untersuchung von Männern der Jahrgänge 1945 bis 1955. Berlin: Lit Verlag
Oevermann, Ulrich (1995): Ein Modell zur Struktur von Religiosität. Zugleich ein Strukturmodell von Lebenspraxis und sozialer Zeit. In: Wohlrab-Sahr, Monika (Hg.) (1995): Biografie und Religion. Zwischen Ritual und Selbstsuche. Frankfurt, New York: Campus Verlag, S. 27–102
Radebold, Hartmut (2004): Abwesende Väter und Kriegskindheit. Fortbestehende Folgen in Psychoanalysen. Göttingen: Verlag Vandenhoeck und Ruprecht

Radebold, Hartmut/Bohleber, Werner/Zinnecker, Jürgen (Hg.) (2008): Transgenerationale Weitergabe kriegsbelasteter Kindheiten. Interdisziplinäre Studien zur Nachhaltigkeit historischer Erfahrungen über vier Generationen. Weinheim, München: Juventa Verlag

Rosenmayr, Leopold (2007): Schöpferisch Altern. Eine Philosophie des Lebens. Wien, Berlin: Lit Verlag

Schulz, Hermann/Radebold, Hartmut/Reulecke, Jürgen (2005): Söhne ohne Väter. Erfahrungen der Kriegsgeneration. Bonn: Bundeszentrale für politische Bildung

Wolf, Gertrud (2013): Im Zeichen der Autonomie. In: DIE Zeitschrift für Erwachsenenbildung 2013/4, S. 25–28

Herausgeber

Hans Prömper, Jg. 1950, Dr. phil., Dipl.-Pädagoge. Langjähriger Bildungsreferent und Lehrbeauftragter an der Fachhochschule Frankfurt. Promotion in Katholischer Theologie mit einer Dissertation über „Emanzipatorische Männerbildung". Seit 1999 Leiter der Katholischen Erwachsenenbildung – Bildungswerk Frankfurt. Aktuelle Arbeitsschwerpunkte: Bildungsmanagement, Fortbildung von Ehrenamtlichen, Männerbildung, Erwachsenenbildung mit Migranten. Projekte und Veröffentlichungen in den Feldern Erwachsenenbildung, Männerbildung und –spiritualität, Kultur, Migration, Altern. Kontakt: proemper@keb-frankfurt.de; hans.proemper@unitybox.de

Robert Richter, Jg. 1969, Dr. phil., Dipl.-Pädagoge; Promotion in Erziehungswissenschaft, systemischer Berater und Sexualtherapeut, Berater bei pro familia. Arbeits- und Forschungsschwerpunkt u. a. biographische Übergänge (Pubertät, Vaterschaft/Elternschaft, Lebensmitte, Ruhestand). Langjährige Erfahrung in der Bildungs- und Beratungsarbeit mit Männern, Vätern, Paaren, Familien und Organisationen und freiberuflich engagiert als (Fach)Berater, Fortbildungsreferent und Autor. Kontakt: www.robert-richter.net

Autorinnen und Autoren

Monika Bischlager, M. A.; Stellv. Geschäftsführerin des Münchner Bildungswerks, Leiterin der Münchner Seniorenakademie. Kontakt: mbischlager@muenchner-bildungswerk.de

Andreas Böss-Ostendorf, Theologe, Pädagoge und Gruppenanalytiker; arbeitet als Referent für Diakonische Pastoral in der Katholischen Stadtkirche Frankfurt am Main. Kontakt: a.boess-ostendorf@bistum-limburg.de

Silvia Dabo-Cruz, Dipl.-Pädagogin; Leiterin der Geschäftsstelle und Wissenschaftliche Mitarbeiterin der Universität des 3. Lebensalters an der Goethe-Universität Frankfurt am Main. Kontakt: dabo-cruz@em.uni-frankfurt.de

Ulrike Gerdiken, Sozialpädagogin (FH) und Erwachsenenbildnerin (M. A.); Bildungsreferentin und Musikerin; Leiterin der Katholischen Erwachsenenbildung – Bildungswerk Main-Taunus. Kontakt: u.gerdiken@bistum-limburg.de

Margit Grohmann, Geschäftsführerin des Familienzentrums Monikahaus in Trägerschaft des Sozialdienst katholischer Frauen e. V. Ortsverein Frankfurt am Main. Kontakt: monikahaus@skf-frankfurt.de

Eckart Hammer, Prof. Dr., Sozialwissenschaftler; Professor für Soziale Gerontologie und Sozialmanagement an der Evangelischen Hochschule Ludwigsburg; u. a. Forschung zu Männer, Alter(n) & Pflege. Kontakt: www.prof-hammer.de

Hartmut Heidenreich, Dr. theol., war bis 2012 Leiter des Bildungswerks der Diözese Mainz; Leiter der Kommission Altenbildung der KEB Deutschland und deren Vertreter in der BAGSO (Bundesarbeitsgemeinschaft der Seniorenorganisationen).

Brigitte Hieronimus, Jg. 1951, Autorin, Zertifizierte Biografieberaterin, Dozentin für Biografisches Schreiben und Traumaarbeit am Frauenseminar Bodensee/Schweiz, Kontakt: info@brigitte-hieronimus.de

Ines Himmelsbach, Prof. Dr., Magistra Artium, Professorin für Soziale Gerontologie an der Katholischen Hochschule Freiburg; Themen: Bildung im Alter, ältere Menschen mit Kompetenzeinbußen, Wohnen im Alter.
Kontakt: ines.himmelsbach@kh-freiburg.de

Edith Ibscher, Dr., war Redakteurin; nach der Pensionierung Mitbegründerin „Der Frankfurter Lesepaten", zu deren Steuerungsgruppe sie gehört.

Hans Jellouschek, Jg. 1939, Dr. theol., Lic. phil., Transaktionsanalytiker (DGTA), Eheberater, Lehrtherapeut für Transaktionsanalye und systemisch-integrative Paartherapie; langjährige Erfahrung im Bereich Fort- und Weiterbildung von Beratern und Therapeuten, Coaching und Training für Führungskräfte.

Birgit Kasper, Dipl.-Ingenieurin, Dipl.-Verwaltungswirtin, Stadtplanerin (AkH), Koordinatorin beim Netzwerk Frankfurt für gemeinschaftliches Wohnen e.V. und Geschäftsführerin der urbane konzepte GmbH; Stadt-, Wohn- und Mobilitätsforschung. Kontakt: kasper@urbane-konzepte.de

Rüdiger Koch, Dr., Biochemiker; seit 1985 beim Unternehmen Merz Pharma KGaA; zuletzt frei gestellter Betriebsratsvorsitzender; Themen: Vereinbarkeit von Beruf, Familie und Privatleben unter Einbeziehung des Themas Pflege, Gestaltung guter Arbeit und einer familien-freundlichen Unternehmenskultur.

Renate Krol, Karriere als Bankerin, lebte in New York, Frankfurt und Bratislava; gab 2004 ihrem Leben eine neue Wendung und legte den Grundstein zum Aufbau von Common Purpose Frankfurt; Programmdirektorin.
Kontakt: renate.krol@commonpurpose.de

Peter Leonhardt, Berufs-, Religions- und Sonderpädagoge; engagiert sich im Ruhestand als Referent für Männerarbeit, Erwachsenenbildner, Gruppenleiter (TZI) und Vorleser. Kontakt: pe-poet@gmx.de

Renate Lippert, Dr. phil., Dipl.-Soziologin; Lehrbeauftrage an der Goethe-Universität Frankfurt mit dem Forschungsschwerpunkt „Film und Psychoanalyse"; arbeitet u. a. als Gruppenanalytikerin.

Frank Meessen, Dr. theol., Dipl.-Theologe, Pädagogischer Leiter des Katholischen Bildungswerks Bergstraße/Odenwald.

Mechthild Messer, Germanistin M. A., Personaltrainerin, Berufs- und Laufbahnberaterin, Biografiearbeiterin; arbeitet für verschiedene Träger in der Erwachsenenbildung, u. a. für die KEB Frankfurt. Kontakt: mechthild.messer@web.de

Helga Mikuszeit, Projektkoordinatorin Oma-Opa-Vermittlung des Familienzentrums Monikahaus in Trägerschaft des Sozialdienst katholischer Frauen e.V. Ortsverein Frankfurt am Main. Kontakt: monikahaus@skf-frankfurt.de

Lucie Perrot, verantwortlich für strategische Kooperationen der berufundfamilie gGmbH, eine Initiative der gemeinnützigen Hertie-Stiftung.
Kontakt: L.Perrot@beruf-und-familie.de

Oliver Ramonat, Historiker, Dr. phil. M.A., u.a. Projektleiter „StadtteilHistoriker" der Stiftung Polytechnische Gesellschaft, Frankfurt.
Kontakt: info@ramonatkom.de

Birgit Reibel, Theologin, arbeitet als Bildungsreferentin und Theaterpädagogin freiberuflich in Frankfurt und Berlin. Kontakt: birgit_reibel@web.de

Jürgen Rottloff, Theologe; Gemeindereferent in der Dompfarrei St. Bartholomäus Frankfurt.

Helmut Schlegel ofm, Franziskaner, Leiter des Zentrums für christliche Meditation und Spiritualität in Frankfurt am Main.

Julia Sipreck, Krankenschwester und Dipl.-Psychologin; bis 2015 langjährige Leiterin der Freiwilligenagentur BüroAktiv im Bürgerinstitut Frankfurt.

Loring Sittler, studierte Anglistik, Geschichtswissenschaft und Politik; seit 2008 Leiter des Generali Zukunftsfonds Deutschland; Initiator zahlreicher Gemeinwohlprojekte zwischen Staat, Unternehmen und Zivilgesellschaft; Träger des Bundesverdienstkreuzes. Kontakt: loring.sittler@generali.com

Claudia Sommer, studierte Europäische Wirtschaft; Programm-Managerin bei Common Purpose Frankfurt. Kontakt: claudia.sommer@commonpurpose.de

Paul Stanjek, Dipl.-Pädagoge; Wissenschaftlicher Mitarbeiter der ZWAR Zentralstelle NRW, Dortmund. Kontakt: pa.stanjek@zwar.org

Werner Szeimis, Dipl.-Pädagoge; freiberuflich tätig als Erwachsenenbildner und Moderator; viele Jahre engagiert in der Männer- und Väterarbeit. Kontakt: www.szeimis.de

Elisabeth Vanderheiden, Studium Lehramt Gymnasium; Geschäftsführerin der Katholischen Erwachsenenbildung Rheinland-Pfalz, Vorsitzende der Katholischen Erwachsenenbildung Deutschland – Bundesarbeitsgemeinschaft e.V. (KEB Deutschland). Kontakt: ev@keb-rheinland-pfalz.de

Henning von Vieregge, Dr. phil., M. A.; bis 2009 Hauptgeschäftsführer Gesamtverband Kommunikationsagenturen GWA; Buchautor und Lehrbeauftragter; engagiert u. a. in Stiftung Mitarbeit, Aktion Gemeinsinn und Gremien der ev. Kirche. Kontakt: henningvonvieregge@gmail.com

Rita Wagener, Dipl.-Pflegewirtin; Angehörigenberatung Demenz beim Caritasverband Frankfurt e. V.

Anneliese Wohn, Studium der Geschichte und Katholischen Theologie; seit 2006 Leiterin des Referats 3./4. Lebensalter im Bistum Limburg; Mitglied des AK Geragogik. Kontakt: lebensalter@bistum-limburg.de

Gabriella Zanier, Dipl.-Soziologin und Dipl.-Gerontologin, systemische Beraterin; Präventive Altenhilfe im Caritasverband Frankfurt und Forum Kultursensible Altenhilfe – Region Mitte-Süd. Kontakt: gabriella.zanier@caritas-frankfurt.de

Bildungsstrukturen in Deutschland und den USA

Entwicklungspotenziale in der nachberuflichen Bildung

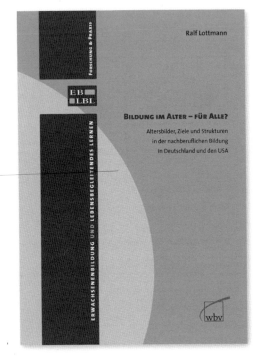

■ **Empirische Studie zur nachberuflichen Bildung**

Wer nimmt an Bildungsangeboten ab 55 Jahren teil? Was sind Hemmnisse? Verfestigt sich soziale Ungleichheit über die Lebensspanne? Und welches Bild haben Lehrende von den Teilnehmenden?

Diesen Fragen geht die Studie in Deutschland und den USA nach.

Ralf Lottmann
Bildung im Alter - für alle?

Altersbilder, Ziele und Strukturen in der nachberuflichen Bildung in Deutschland und den USA

Erwachsenenbildung und lebensbegleitendes Lernen – Forschung & Praxis, 20

2013, 294 S., 34,90 € (D)
ISBN 978-3-7639-5111-6
Als E-Book bei wbv.de

W. Bertelsmann Verlag 0521 91101-0 wbv.de